高等院校“十二五”市场营销专业规划教材
市场营销优秀教学团队建设成果系列教材
全国商业职业教育教学指导委员会推荐教材

广告原理与实务

陈爱国　苏　静　主编

上海财经大学出版社

图书在版编目(CIP)数据

广告原理与实务/陈爱国,苏静主编.一上海:上海财经大学出版社,2014.1
高等院校"十二五"市场营销专业规划教材
市场营销优秀教学团队建设成果系列教材
全国商业职业教育教学指导委员会推荐教材
ISBN 978-7-5642-1759-4/F・1759

Ⅰ.①广… Ⅱ.①陈… ②苏… Ⅲ.①广告学-高等职业教育-教材
Ⅳ.①F713.80

中国版本图书馆 CIP 数据核字(2013)第 221415 号

□ 责任编辑 李志浩
□ 封面设计 张克瑶
□ 责任校对 王从远

GUANGGAO YUANLI YU SHIWU
广 告 原 理 与 实 务

陈爱国 苏静 主编

上海财经大学出版社出版发行
(上海市武东路 321 号乙 邮编 200434)
网 址:http://www.sufep.com
电子邮箱:webmaster @ sufep.com
全国新华书店经销
上海华业装潢印刷厂有限公司印刷装订
2014 年 1 月第 1 版 2014 年 1 月第 1 次印刷

787mm×1092mm 1/16 18.25 印张 455 千字
印数:0 001—4 000 定价:36.00 元

编委会专家团队

市场营销专业创新团队

职教专家参与指导

行业协会协调支持

编委会顾问名单

前　言

广告是一门“有规划”的艺术，广告的存在必须服务于它的销售目的。对于当代的广告活动来说，广告学不仅是一门具有艺术性和美学性的教学课程，还是一门操作性很强的实训性课程。然而，传统的广告原理与实务的教学，偏重知识传授、轻视实战训练的问题很突出，因而无法满足当今社会对应用型人才的需要。本书正是为了适应当代社会人才培养的需求而编写的。

本书以高等职业教育“服务为宗旨，就业为导向”的培养目标为出发点，遵循“理论够用、注重实践”的编写原则，汲取国内外相关教材和最新案例编写而成。本书由广告学基础、广告营销与策划、广告设计与制作三部分组成，分广告概论、广告组织与管理、企业广告规划、市场营销与现代广告、广告心理、广告策划、广告预算、广告文案、广告创意、广告表现与创作十章来论述广告原理与实务。本书在阐述理论的基础上，还查阅资料编写了一些知识链接、小资料、案例分析，有利于学生理解和分析。每节内容最后还有实战演练，做到理论与实践的紧密结合。

本书由陈爱国、苏静主编。陈爱国教授负责全书架构的设计、统稿、总纂及审阅，并进行了第一、第七章的内容写作；苏静参与了全书章节的初步设计，并撰写了第二、第八、第九章；第三、第四、第五章由文秀勤撰写；第六、第十章由沈河清撰写。在撰写过程中，大家吸收了所承担的广告原理与实务方面的相关课题和项目内容，借鉴了省优秀教学团队建设的经验和做法，相互提供了许多参考资料，较好地发挥了优秀教学团队的合作精神。本教材包含了广告原理与实务的基础知识点及相应能力的培养，突出了案例教学和实训教学，可作为高职院校市场营销等相关专业的教材，也可作为自学参考书及企业培训教材。

在编写过程中，编者还参考了大量的相关教材、著作及论文，采用了其中不少资料和观点，在此向这些作者们表示衷心的感谢。

鉴于编者的水平和能力有限，书中不妥之处，敬请读者和同行们指教，以便再版时修正和提高。

编　者

2013 年 11 月

目 录

前言 ………………………………………………………………………… 1

第一部分 广告学基础

第一章 广告概论 ………………………………………………………… 3
第一节 广告原理概述 …………………………………………………… 3
第二节 广告的演进 ……………………………………………………… 14

第二章 广告组织与管理 ………………………………………………… 25
第一节 广告组织 ………………………………………………………… 25
第二节 广告管理 ………………………………………………………… 35

第二部分 广告营销与策划

第三章 企业广告规划 …………………………………………………… 51
第一节 企业广告规划的分类和内容 …………………………………… 51
第二节 企业广告调查 …………………………………………………… 56
第三节 企业广告规划决策的步骤和方法 ……………………………… 68

第四章 市场营销与现代广告 …………………………………………… 79
第一节 市场营销中的广告 ……………………………………………… 79
第二节 整合营销传播理论的基本内容 ………………………………… 86

第五章 广告心理 ………………………………………………………… 97
第一节 广告的感觉与知觉 ……………………………………………… 97
第二节 广告注意 ………………………………………………………… 104
第三节 广告记忆与联想 ………………………………………………… 110
第四节 广告与购买行为 ………………………………………………… 121

第六章 广告策划…………………………………………………………………………………… 129
第一节 广告策划的含义与特点………………………………………………………………… 129
第二节 广告目标策划……………………………………………………………………………… 138
第三节 广告计划…………………………………………………………………………………… 143
第四节 广告主题策划……………………………………………………………………………… 149
第五节 广告效果的评估…………………………………………………………………………… 166

第七章 广告预算…………………………………………………………………………………… 173
第一节 广告预算的内容…………………………………………………………………………… 173
第二节 广告预算的编制…………………………………………………………………………… 178
第三节 广告预算的分配…………………………………………………………………………… 181

第三部分 广告设计与制作

第八章 广告文案…………………………………………………………………………………… 191
第一节 广告文案的基本理论……………………………………………………………………… 191
第二节 广告文案创作程序………………………………………………………………………… 202
第三节 广告文案的修辞…………………………………………………………………………… 217

第九章 广告创意…………………………………………………………………………………… 223
第一节 广告创意的基本理论……………………………………………………………………… 223
第二节 广告创意的策略…………………………………………………………………………… 233
第三节 广告作品的主要类型……………………………………………………………………… 243

第十章 广告表现与创作…………………………………………………………………………… 253
第一节 广告表现…………………………………………………………………………………… 253
第二节 平面广告的创作…………………………………………………………………………… 264
第三节 电子广告的创作…………………………………………………………………………… 274

参考文献……………………………………………………………………………………………… 282

第一部分

广告学基础

第一章　广告概论

【学习目标】

掌握广告的基本内涵、构成和分类；

了解广告的起源和发展及其对经济社会产生的影响和作用；

学习了解各种类型的广告组织及其职能；

明确广告业的主要法规和监管方法。

【能力目标】

在掌握广告基本理论知识的基础上，了解国内广告发展前沿，认识广告营销活动的重要性，能分析各个产品选择不同广告的创意依据和广告形式；

促进广告业的健康发展；培养学生学习广告的兴趣，激发学生较强的学习动机。

第一节　广告原理概述

经典语录：

广告是真与美的结合。——吉田秀雄

广告是为销售商品而存在的，不是为了获得评论家的称赞而存在的。——马力逊·哈帕

理论基石：

一、广告的内涵与构成

现代社会，我们生活中处处渗透着广告。随着经济发展、商品的丰富和人们日益增长的物质文化需求，广告在人们的生活中扮演了重要的角色，人们对广告的认识和理解也越加深入。从专业的角度来看，广告是一种非常有效的营销形式。要想成为一名好的市场营销人员或广告工作者，就要掌握广告的基本原理、广告的内涵及构成。只有这样，才能真正驾驭广告这一为销售商品而存在的促销手段，服务于企业的整体市场营销。

（一）广告的概念

1. 广告的含义

广告一词，就字面理解，即“广而告之”。然而，广告的确切含义，并非像字面含义那么简

单。广告一词最早源于拉丁文 advertere，其意为注意，诱导，传播；到中古英语时代，演变为 Advertise，其意为“使某人注意到某件事”，或“通知别人某件事，以引起他人的注意”。直到 17 世纪末，英国开始进行大规模的商业活动，这时，广告一词便广泛地流行并被使用。Advertise 也被赋予现代意义，转化成为“Advertising”。广告的定义多种多样。美国现代广告之父阿尔伯特·拉斯克尔(Albert Lasker)认为：广告是印刷形态的推销手段。这个定义含有在推销中劝服的意思。美国营销协会定义委员会形成的广告定义为：广告是由可确认的广告主，对其观念、商品或服务所作之任何方式付款的非人员性的陈述与推广。《简明不列颠百科全书》对广告的定义是：广告是传播信息的一种方式，其目的在于推销商品、劳务，影响舆论，博得政治支持，推进一种事业或引起刊登广告者所希望引起的其他反应。在《韦伯斯特辞典(1988 版)》中，广告被认为是运用媒体而非口头形式传递的具有目的性信息的一种形式，它旨在唤起人们对商品的需求，并对生产或销售这些商品的企业产生了解和好感，告之提供某种非营利目的的服务，以及阐述某种意义和见解等。

以上各种广告的定义，都是各个历史时期的特定产物，提供了对广告的不同角度的思考。这些定义既有其合理性，也有其不足的一面，基本是从狭义广告的角度来说明，仅能反映广告某一方面的属性，不能完整、科学地反映广告的本质属性。

一般来说，广告有广义和狭义之分。现代广告的广义概念是：广告是维持与促进现代社会生存与发展的一种大众性的信息传播工具和手段。它包括各种为经济利益服务的商业广告，以及政府发布的布告、公文，单位或个人发布的通知、声明、寻人启事、征婚启事等非商业广告。狭义的广告则专指商业广告，也称经济广告，是指各种有关促进商品或劳务销售的经济信息，其内容多样，表现手法不一，但都是为经济利益服务的。商业广告，也是传统广告学的主要研究对象。从某些更狭义的角度理解，现代广告是一种付费的宣传活动，它是把通过艺术加工和高度提炼后的信息传达给目标受众，以改变和强化消费者对产品和劳务的观念的一种大众传播活动。

2. 广告的特征

以大众传播理论为指导的广告活动，它具有以下几个方面的特征：

(1)广告活动的主体是广告客户。广告客户作为广告信息传播的行为主体，是承担广告行为的法人。这是广告和其他信息传播活动的不同所在。

(2)广告是一种付费的大众信息传播活动。广告传播的不仅仅是商品信息，还包括观念和服务信息，宣传企业形象、企业文化、企业理念。广告活动包括多个环节，管理、策划、制作和刊播，这些都需要消耗相应的费用。广告是一种有组织的应用传播形式，在出资人控制的时间和空间内，以文字的和非文字的形式传播出资人预订的信息。

(3)广告活动的目的是为了促进产品的销售。广告将通过一定的媒介，传递信息、观念和服务，使目标受众了解某种商品和劳务。从这个角度来说，它是促进销售的一种宣传、劝说行为。广告要达到说服的效果，就必须要有较高的艺术表现技巧，要做到根据不同目标受众的需求和特点，迎合消费者的兴趣和欲望，采取不同的劝导、说服方式，使消费者易于和乐于接受这种信息的传播。

(4)广告的传播途径是各种媒介。广告是一种非面对面的大众信息传播行为，它必须有适当的媒介载体。广告的媒介形式多种多样，但以大众媒介为主，向非特定的目标受众广泛传达信息。这决定了它是一种公开的而非秘密的信息传播活动，也就决定了传播者必须置身于社会的公开监督之下。

(二)广告的构成要素

广告的构成要素是指一个完整的广告传播活动所具备的基本构成要素，主要包括广告主、广告信息、广告媒介、广告支出、目标受众。

1. 广告主

我国《广告法》指出："广告主是指为推销商品或者提高服务，自行或者委托他人设计、制作、发布广告的法人、其他经济组织或者个人。"广告主是整个广告活动中的主体，是指发布广告的企业、团体或个人，如工厂、商店、宾馆、公司、个体生产者和个体商贩等。

2. 广告信息

广告信息主要是来自产品的信息，它表明产品提供的主要利益。我们可以通过与消费者、经销商、专家以及竞争者的沟通，形成各种广告思想。其中，消费者是好主意的最主要来源。广告信息包括商品信息、劳务信息、观念信息等。商品信息内容主要是介绍产品的性能、外观、质量、产地、用途、价格及购买时间、地点等，这类广告的主要作用是使消费者能及时了解某种商品的信息。劳务信息包括各种形式的买卖或半商品形式的买卖的服务性活动信息。例如，咨询、培训、文娱活动、理发、浴室、照相、饮食等行业的经营项目。观念信息是通过广告活动倡导某种意识，使消费者从态度上信任某一企业，在情感上偏爱某种品牌，从而树立一种有利于广告主的消费观念。其实质也是为了推销其劳务或商品，只是采取了不同的表现手法。

3. 广告媒介

广告活动是一种有计划的大众传播活动，其信息要运用一定的物质技术手段，才能得以广泛传播。广告媒介就是指能够借以实现广告主与广告对象之间信息传播的物质工具。随着技术的日新月异，广告主有了更多选择，除了传统的各种媒体(如报纸、杂志、广播、电视、招贴画、广告牌、霓虹灯、交通工具、电脑信息网络)之外，iPad、黑莓、互动电视、银行 ATM 自动取款机屏幕(主要用于银行自身企业和产品宣传)、数字信息亭、黄页广告、电话提示音广告等，都可以列入考虑对象。应当注意的是，无论是广告主，还是广告公司，在选择媒介时，一定要对其进行仔细了解、认真研究、择优选用。

4. 广告支出

所谓广告支出，就是从事整个广告活动所付出的全部支出和成本。广告活动需要经费，利用媒介要支付各种费用，如购买户外和公交车广告需要支付相应的费用；购买电台、电视的时间也需要支付费用。即使自己制作广告，如布置橱窗、印刷招贴和传单等，也需要一定的制作成本。另外，在广告活动过程中，工作人员的劳务也是广告支出的一部分。广告主进行广告投资，支付广告费用，其目的是要扩大商品销售，获得更多利润。为了降低成本，取得最大的经济效益，在进行广告活动时，要编制广告预算，有计划地开展广告活动，以节约广告费用开支，获取最佳广告经济效益。

5. 目标受众

目标受众是指广告传播所能覆盖的目标群体，即广告的对象。任何广告，都是针对一定目标受众进行的。目标受众的情况很复杂，可以是选定的，也可以是普遍的；会有年龄、性别、职业的区别，也有收入、心理、个性的不同。所以，要使目标受众都能接受某种广告，是一件很难的事情。要使目标受众接受你的策划、制作和发布的广告内容，必须了解受众的需求，掌握其需要的共同特征，才能创作优秀的广告，达到良好的效果。

二、广告的分类

根据不同的需要和标准，可以将广告划分为不同的类别。不同的标准和分类角度有不同的分类方法。如上述广告概念中，按照广告是否为经济利益服务，可将广告分为商业广告和非商业广告；也可根据广告产品的生命周期划分，将广告分为产品导入期广告、产品成长期广告、产品成熟期广告、产品衰退期广告；或按照广告内容所服务的行业领域，将广告划分为社会广告、经济广告、文化广告等类别。不同的标准和角度有不同的分类方法，对广告类别的划分并没有绝对的界限，主要是为了提供一个切入的角度，以便更好地发挥广告的功能，更有效地制定广告策略。以下介绍一些经常运用到的广告类别。

（一）根据广告受众划分

由于各个不同的主体对象在商品的流通消费过程中所处的地位和发挥的作用不同，配合企业的市场营销策略，广告信息的传播也就要针对不同的受众采用不同的策略。依据广告所指向的受众对象，可以将广告划分为消费者广告、工业企业广告、经销商广告、专业广告、媒介性广告等类别。

1. 消费者广告

此类广告其传播对象直接指向商品的最终消费者，是由商品生产者或是经销商向消费者传播其商品的广告。

2. 工业企业广告

它又可称为生产资料广告。主要是向工业企业传播有关原材料、机械器材、零配件等生产资料的信息，常在专业杂志或专用媒体上发布广告。

3. 经销商广告

这是以经销商为传播对象的广告。它以获取大宗交易的定单为目的，向相关的进出口商、批发商、零售商、经销商提供样本、商品目录等商品信息，比较注重在专业贸易杂志上刊登广告。

4. 专业广告

该类广告主要是针对职业团体或专业人士。由于广告传播对象的专业身份、社会地位的特殊性和权威性，对社会消费行为具有一定的影响力，因此，他们是购买决策的倡议者、影响者和鼓动者，如医生、美容师、建筑设计人员等。专业广告多介绍专业产品，选择专业媒介发布。

5. 媒介性广告

该类广告的诉求对象是对社会消费习惯具有影响力的职业团体或专业人员，广告发布者——工商企业旨在通过他们来影响最终消费者。此类广告专用于介绍一些专业性产品，如药品和保健品由医疗单位或医生来介绍，消费者考虑到权威的可靠性，易使用购买。

（二）根据广告传播范围划分

根据企业的市场营销策略和目标受众不同，广告主所选用的广告媒体也会不同，广告传播所产生的影响和覆盖范围也不相同。因此，可将广告分为全球性广告、全国性广告、区域性广告和地方性广告。

1. 全球性广告

它又称国际性广告，是指选择具有全球性影响力的广告媒介，如全球性报纸、杂志等进行发布，通过全球性传播媒介或者国外目标市场的传播媒介策划实施的广告活动。它在媒介选择和广告的制作技巧上主要是针对国外消费者，是使产品迅速进入国际市场和开拓国际市场必不可少的手段。随着全球性经济的发展，全球性广告也出现了国际市场一体化倾向，如可口可乐、百事可乐、万宝路香烟和柯达胶卷等产品的广告。

2. 全国性广告

这是选择全国性的传播媒介，如报纸、杂志、电视和广播等，发布广告，其目标受众是全国性消费者。同全球性广告一样，这种广告的覆盖区域广，受众人数多，影响范围广，广告成本高。它适用于区域差异小、通用性强、销量大的产品。因全国性广告的受众地域跨度大，广告应注意不同地区受众的接受特点。

3. 区域性广告

这是为配合企业的差异性市场营销策略而限定在某一区域地区传播的广告，如限定在华南区、华北区或是在某个省份开展的广告活动。区域性广告的产品往往是区域性需求较强的产品。

4. 地方性广告

它又称零售广告。为了配合企业密集型市场营销策略的实施，此类广告多采用地方传播媒介如地方的报纸、电台、霓虹灯、路牌等，来促使受众使用或购买其产品。常见于生活消费品的广告，以联合广告的形式，由企业和零售商店共同分担广告费用。广告主主要是商业零售企业和地方性工业企业；广告宣传的重点是促使人们使用地方性产品，或认店购买。

（三）根据广告传播媒介划分

针对不同的广告传播媒介，广告制作就要有不同的特点。选用何种媒介作为广告发布载体，是制定广告策略所要考虑的一个核心内容。传统的媒介划分是将传播性质、传播方式较接近的广告媒介归为一类。一般有以下七类广告：

1. 印刷媒介广告

它也称为平面媒体广告，即刊登于杂志、报纸、招贴、海报、宣传单、包装等媒介上的广告。

2. 电子媒介广告

它是以电子媒介如广播、电视、电影等为传播载体的广告。

3. 户外媒介广告

这是利用路牌、交通工具、霓虹灯等户外媒介所作的广告；还有利用热气球、飞艇甚至云层等作为媒介的空中广告。

4. 直邮广告

即通过邮寄途径将传单、商品目录、订购单、产品信息等形式的广告直接传递给特定的组织或个人。

5. 销售现场广告

它又称为售点广告或 POP 广告(Point of Purchase)，就是在商场或展销会等场所，通过实物展示、演示等方式进行广告信息的传播。有橱窗展示、商品陈列、模特表演、彩旗、条幅、展板等形式。

6. 数字互联媒介广告

它是利用互联网作为传播载体的新兴广告形式之一，具有针对性、互动性强，传播范围广，反馈迅捷等特点，发展前景广阔。

7. 其他媒介广告

即利用新闻发布会、体育活动、年历、各种文娱活动等形式而开展的广告。

在当今整合营销时代，以整合营销传播的观点，针对目标受众的活动区域和范围，可将广告分为：家中媒介广告，如报纸、电视、杂志、直邮等媒介形式的广告；途中媒介广告，如路牌、交通、霓虹灯等媒介形式的广告；购买地点媒介广告；等等。随着科学技术水平的不断提高与发展，媒介的开发和使用也日新月异地变化着，新兴媒介如微博营销不断进入人们的视野，成为广告形式日益丰富的催化剂。

（四）根据广告功能划分

按照广告的功能划分，可以将广告分为：产品广告和企业广告；基本需求刺激广告和选择性需求刺激广告；直接反应广告和延时反应广告。

1. 产品广告

它又称商品广告，是指提供产品知名度，促进销售，利用与销售或产品直接有关的表现形式，说服消费者购买产品。它是以促进产品的销售为目的，通过向目标受众介绍有关商品信息，突出商品的特性，以引起目标受众和潜在消费者的关注，力求产生直接和即时的广告效果，在消费者的心目中留下美好的产品形象，从而为提高产品的市场占有率，最终实现企业的目标埋下伏笔。

2. 企业广告

它又称企业形象广告。此类广告是以树立企业形象，维持信誉，提供知名度，来间接达到销售目的。它是以宣传企业理念，提高企业知名度为直接目的的广告。虽然企业广告的最终目的是为了实现利润，但它一般着眼于长远的营销目标和效果，侧重于传播企业的信念、宗旨或是企业的历史、发展状况、经营情况等信息，以改善和促进企业与公众的关系，增进企业的知名度和美誉度。它对产品的销售可能不会有立竿见影的效果，但由于企业声望的提高，使企业在公众心目中留下了较美好的印象，对加速企业的发展具有其他类别的广告所不可具备的优势，是一种战略意义上的广告。具体还可以分为企业声誉广告、售后服务广告等类别。

3. 基本需求刺激广告

增强消费者对一般产品和服务的需求，努力为整个产品品种创造需求，此种广告旨在引导潜在购买者，告诉他们某类产品的基本价值，而不是强调某个具体品牌。新西兰奇异果广告的广告主不是生产奇异果的某个生产商，而是生产这种水果的行业协会，目的是使更多的中国人喜欢这种水果，为新西兰奇异果在中国市场打开销路。

4. 选择性需求刺激广告

即突出某个具体品牌相对于竞争者的优点。例如，作为一种交通工具，摩托车可以被看作是基本需求，而指名要买本田摩托车就是选择性的了。选择性广告常被企业个体所采用，常在基本需求建立后才加以利用，以提高消费者对某一品牌的需求，也常用作保证某一品牌稳定地位的手段。

5. 直接反应广告

这是旨在激发消费者即时反应的广告，常用于消费者熟悉的产品。当广告请消费者“马上拨打屏幕下方这个免费电话”的时候，它就是一个典型的直接反应广告。直接反应广告通常用在消费者熟悉的产品。这些产品无需在售点详细咨询，通常价格也不会很高。

6. 延时反应广告

这是通过形象和信息强调品牌的优点和它能够使顾客满意的特点。延时反应广告的目的不是激发即时的行动，而是希望通过广告使消费者在长时间内能够识别并认可品牌，常用于建立品牌知名度，强调品牌优势，提升品牌偏好或建立品牌形象，强调品牌优点和使顾客满意的特点。当消费者进入购买决策过程的时候，延时反应广告就会发挥作用。我们在电视和杂志上看到的大多数广告都是此类广告。

（五）按广告的艺术形式分类

按此种方法分类，有图片广告、表演广告、演说广告、文字广告、情节性广告等。

1. 图片广告

它主要包括摄影广告和绘画广告。这种广告以诉诸视觉的写实或创作作为主要表现形式。

2. 表演广告

这是指以一定的表演艺术形式来进行的广告宣传，如电视广告和销售现场广告多采用这种形式。

3. 演说广告

这是指运用语言艺术来推销商品，广播广告和销售现场广告较多。

三、广告的功能

马歇尔把广告分为“情报性”和“说服性”。他和其他新经济学派人士并不认为广告可以增加产品价值，也不认为广告可以提高人们对某类产品的需求。现代经济学家中也有人认为广告的“说服性”是不符合“经济节约”精神的。但有些经济学家针锋相对地认为：推销努力的结果，从广义来讲是把购买商品的决定从消费者移到企业方面来，从而对之进行控制，这种控制和对物价的控制一样，是有积极意义的。

一些社会名流、历史人物对广告也各有他们的看法。英国前首相邱吉尔认为：广告滋养了人们的消耗能力。它创造了对更高生活水准的需求。它在一个人面前树立了追求目标：包括他本人和自己的家庭都有一个美好的住所，更美好的衣着和更精美的食品。广告鞭策了个人奋斗并促进了生产力的发展。它把从来互不相关的事物撮合起来使之繁衍。美国前总统罗斯福热诚地说过：假如我能重新开始生活的话，我将不顾一切投身于广告事业。更有些历史学家、作家讴歌广告：“其社会影响可与学校、教堂等传统性机构相媲美”；“个体交易的时代已是一去不复返了，资本主义注定终归是要充分利用广告……”

广告的功过尽管贬褒不一，然而，广告作为商品经济的产物，无疑在市场经济的舞台上，扮演着越来越重要的角色。

（一）广告的经济功能

广告传播经济信息的功能，其直接作用是促进商品生产和销售。具体表现在沟通流通渠道，扩大产品销售；指导消费，刺激需求；沟通商情，开展竞争，促进生产，降低成本等。例如，衡水老白干酒的广告词：“衡水老白干喝出男人味。”这句广告词说到了男人的心里，甘冽挺拔喝出男子汉的气概来，勾起了消费者购买的欲望。

1. 沟通产需，扩大销售

广告能帮助消费者认识和了解各种商品的商标、性能、用途、使用和保养方法、购买地点和购买方法、价格等项内容，从而起到传递信息、沟通产销的作用。俗话说，货好还得宣传巧。然而，在现实生活中，还有一些企业对广告的作用不十分明了，认为做广告花费大，得不偿失。因此，宁可天南海北、火车轮船、辛辛苦苦到处推销，也不愿做广告。实践证明，广告在传递经济信息方面，是最迅速、最节省、最有效的手段之一。好的产品借助于现代化科学手段的广告，其所发挥的作用不知比人力要高多少倍。

2. 指导消费，刺激需求

在现代商品市场中，由于科学技术的突飞猛进，新产品日新月异，商品种类繁多，各类商品的功能各异，同时，许多商品都分散在各个商业网点，消费者迫切需要了解商品的性能和产、供、销情况。一则好的广告，能起到诱导消费者的兴趣和感情，引起消费者购买该商品的欲望，直至促进消费者的购买行动。曾有这样一个事例：某国烟草公司派了一名推销员去海湾旅游区推销该公司的“皇冠牌”香烟，但该地区香烟市场已被其他公司的牌子所占领，该推销员苦思无计，在偶然间受到了“禁止吸烟”牌子的启发，他就别出心裁地制作了多幅大型广告牌，广告牌上写上“禁止吸烟”的大字，并在其下方加上一行字：“‘皇冠牌’也不例外。”结果大大引起了游客的兴趣，竞相购买“皇冠牌”香烟，为公司打开了销路。

3. 沟通商情，开拓市场

广告也是商品竞争的工具。企业为了获得相对于其他企业的市场优势和有利的市场地位，必须处处维护自己的信誉，保持并不断提高产品质量，努力开发新产品，提高生产能力，提高服务层次，加强企业与消费者的良好关系。在市场竞争中，广告不仅是企业产品的宣传书，而且是企业的保证书，同时，还是企业给生产同类产品的其他企业的挑战书。

美国的“可口可乐”是世界上最为畅销的一种饮料，它打进了135个国家和地区的市场。“可口可乐”为什么如此受到人们喜欢，除其他原因外，广告作用也不可低估。“可口可乐”公司从1886年开始，就不惜功本，充分利用广告手段来扩大产品销路。至今，“可口可乐”的广告被翻译成40种话言、文字，不断出现在世界各地的电视、广播、报纸、杂志和公共场所。在1983年萨拉热窝冬季奥运会上，“可口可乐”公司免费为运动会提供一百万个罐装的“可口可乐”。在比赛场地，在奥运村，在新闻中心，所有参加运动会的运动员、教练员、组织工作人员、记者，随时都可喝到“可口可乐”，而“可口可乐”的广告比奥运会的会徽还醒目，到处可见，给参加奥运会的各国运动员、教练员、记者，留下了非常深刻的印象。

4. 传播信息，指导消费

现代化生产门类众多，新产品层出不穷，如果分散销售，人们很难及时买到自己需要的东西，而广告通过商品知识介绍，就能起到指导消费的作用。金陵南北货商店经营有干鲜果品、蜜饯炒货、干菜调味、腌腊酱品、水产海味、糕点食品、烟酒茶糖等。由于南北货商品有较强的季节性，在经营中既要货源充足、品种齐全、保证供应，又要使季节性商品及时销售，避免积压损耗。商店十分重视收集各种商品知识资料，利用商品陈列，采用多种广告形式，介绍各种商品知识，收到了很好的效果。这样，广告就有意识地承担起了一部分新知识和新技术的社会教育功能，向广大消费者传授科技领域的新知识、新发明和新创造，而这些都有利于开拓广大人民群众的视野，活跃他们的思想，丰富他们的物质和文化生活。

另外，有些产品消费者购买以后，由于对产品的性能和结构不十分了解，因此，在使用和保养方面往往会发生问题。通过广告对商品知识的介绍，也可以更好地指导消费者做好产品的维修和保养工作，从而延长产品的使用时间。

(二)广告的社会影响

1. 宣传教育,规范行为

广告是经济社会的产物,无论是发达国家还是发展中国家,广告都是现代社会引人注目的有效工具。广告通过大众传播媒体传递信息,同时也促进大众传播媒体事业的发展。伴随着商品经济的高度发展,现代广告已经成为社会文化的重要组成部分,与人们的生活密切相连。

广告作为传递信息的一种手段,可通过画面、形象、语言、文字、音乐等形式影响社会风气,教育人民,培养人们的高尚情操和美好言行。良好的广告还可以帮助消费者树立正确的道德观、人生观,培养人们的精神文明,并且给消费者以科学技术方面的知识,陶冶人们的情操。中央电视台有一则公益广告,大致内容是这样的:妈妈给儿子洗完脚,又去给轮椅上的老人洗脚,慈祥的老人爱怜地说:“你也忙了一天啦?”“妈,我不累。”妈妈微笑答道。这一幕被儿子看到,年幼的儿子跑到卫生间,端了满满一盆水,踉踉跄跄地走着到了里屋,边走边说:“妈妈,洗脚。”接着,孩子边洗脚边用幼稚的声音说道:“妈妈,我也给你讲小鸭子的故事。”看似生活中的平凡琐事,却演绎了一番人间最为美好的真实情感,看后久久回味,起到了宣传教育的作用。

2. 丰富生活,为民服务

广告作为一种信息传播的途径,也有为社会团体和人民群众服务的功能,如为人们提供社会福利、社会服务、社会保险的公益广告,以及征婚、寻人、招生、挂失、行医、征文、换房等分类广告等。例如,一些广告语:做环保就是无声的奉献,把掌声送给无声的奉献者(出自日立冷气广告)。还有濮存昕出演的关于奥运时候的一则公益广告:“我们每个人迈出一小步,就会使社会迈出一大步,所以我发现,文明是一种力量,就好像奥运火炬传递一样,在每个人手中传递,也能够汇聚所有人的热情。我相信你,相信屏幕前的你,更多地来发现、来释放自己文明的热情。‘迎奥运、讲文明、树新风。’”这是一则关于树立正确社会风气的耐人寻味的好广告。好广告实际上就是一件精美的艺术品,不仅真实、具体地向人们介绍了商品,而且让人们通过对作品形象的观摩、欣赏,引起丰富的生活联想,树立新的消费观念,增加精神上美的享受。另外,广告也是现代化城市的一个重要标志,为美化环境作出了很大的贡献。闪烁变幻的霓虹灯、陈列商品的华丽的橱窗、五彩缤纷的灯箱广告和售点广告等,都构成了城市亮丽的风景线,为人们的生活环境增添了丰富的艺术色彩和浓郁的现代生活气息。

广告的作用正日益被广大企业所认识和重视,我国的广告事业获得了飞跃发展,在活跃经济、繁荣市场、沟通产销、促进供需等方面发挥了积极的作用。但另一方面,我们也必须承认,我国的广告事业与发达的资本主义国家相比,仍有较大的差距。

【知识链接】

现代广告之父——阿尔伯特·拉斯克尔

阿尔伯特·拉斯克尔(Albert D. Lasker),1880 年出生于德国,12 岁自编出版《加尔维斯顿自由报》,18 岁进入当时美国第三大广告公司洛德暨托马斯广告公司,从清洗痰盂开始,很快成为争取新客户的能手。两年后,他担任该公司执行总裁,很快将它经营成世界上最大的广告公司,并执掌这家公司直至退休。1918 年,应西奥多·罗斯福总统之邀,拉斯克尔执掌共和党宣传部 4 年之久。1952 年 5 月 30 日,73 岁的拉斯克尔因病去世。

“除了我,世上没有其他的广告人。”拉斯克尔在 20 世纪的头 40 年内一手打造了广告业,奠定了现代广告业的基石。他曾执掌一个世界上最大的广告公司达40多年，奥格威盛赞的广告大师肯尼迪与霍普金斯都曾为他效力。他的众多行业创新，极大地改变和引导了美国消费者的购买习惯；他创办及推销的知名品牌至今仍伴随着我们，如新奇士、舒洁等。他的创意至今仍在广告界盛行。整个广告历史，没有他，就不再完整。他不仅重新定义了广告业，还改善了公众生活的很多方面，如政治、交通、公民权利、慈善事业、医学研究等。为表彰医学贡献而设立的拉斯克尔奖，被誉为“美国的诺贝尔奖”。

【小资料】

经典的广告口号有着超乎寻常的生命力和影响力，多年来，许多广告口号甚至超越了其宣传的产品本身，成为我们流行文化的一部分。下面这些广告语现在已经成为其公司和产品的标志。

人类失去联想，世界将会怎样？——联想集团

牛奶香浓，丝般感受。——德芙巧克力

串起生活每一刻。——柯达

神州行，我看行！——中国移动通讯

真诚到永远！——海尔集团

一切皆有可能。——李宁运动服饰

钻石恒久远，一颗永流传。——戴比尔斯钻石

新飞广告做得好，不如新飞冰箱好。——新飞冰箱

技能培养：

自媒体时代

自媒体时代是指以个人传播为主的媒介时代，人人都有麦克风，人人都是记者，人人都是新闻传播者。这种媒介基础凭借其交互性、自主性的特征，使得新闻自由度显著提高，传媒生态发生了前所未有的转变。

自媒体时代，灾害面前的个体自我动员能力迅速提高。经济收入的增长，又使个体行动能力大幅提高。然而，相应社会组织能力仍停留在低水平，政府与民间互信程度却在下降。放宽对社会自我组织的限制，培育公民社会成长，是社会良性前行的必由之路。自媒体时代在互联网上，每一个账号，都像一个小小的媒体。发帖子、转微博、评新闻……信息、观点、态度便汇入了互联网的比特之海。自媒体——自我的小媒体，在近5亿网民、3亿微博的努力之下，焕发出巨大能量：境内50余家微博客网站，每天更新帖文达2亿多条。

新媒体出现后，媒体逐渐从一个高门槛的专业机构操作，变成越来越多的普通人自己可以发布信息、传播信息。从论坛、社区到博客，再到微博，媒体变得越来越个性化、个人化，每个人发言的自由空间越来越大。微博对许多重点、热点事件都起到了重要的推动作用，这种推动不仅是对社会，也是对传统媒体的推动。在新媒体推动之下，传统媒体不得不变得更快、更敏感，甚至在管理方式方面，管理部门也不得不给予传统媒体越来越多的自由、越来越大的空间。

自媒体是一种平民化传媒，“全民皆记者”有助于让更多的老百姓向公民的方向转变，开始更多地关注与自己无关的事情。当很多的民众变成公民，那这个世界和这个国家就将变得

不再一样。自媒体是以个人为中心的传播方式，各种即时通信工具给媒体人带来巨大的方便，例如百度分享，对于一个事件的同样内容，可以立体发布分享到各种新媒体上：百度百科、百度收藏、百度贴吧、各种微博、各种视频网站、行业论坛、行业博客，真正实现立体传播。

（资料来源：百度百科，http://baike.baidu.com/view/7029241.htm）

思考：谈谈自媒体时代下，如何选择广告传播的媒介？

现代广告教皇

1945 年的一个黄昏，在伦敦国会下院的听众席上，坐着一位 30 出头的中年男子，他专心地听着人们的辩论，全神注视着他们，就是那种一心希望踏入政界的人所常露出的神态。

突然，他站起来对自己说："这不是我要的，我已经没有兴趣，这并不适合我。"

然后他走出了经常光顾、往往不忍离开的国会下院。

不久，他创办了一家广告公司。

37 年（1982 年）后，印度的《周日》杂志评出当年的新闻人物，第一位是刚上台的苏联总书记安德罗波夫，第二位是统治了苏联几十年之久的勃列日涅夫，第三位就是大卫·奥格威，第四位是教皇保罗二世。

而当年的《扩张》杂志（EXPANSION）特别对工业革命作了回顾，在列出的 11 位对工业革命具有影响的人中，第一位是发明家爱迪生，第二位是科学家爱因斯坦，大卫·奥格威名列第七位，在他之前是列宁和马克思。

他名字后的注解是：现代广告教皇。

原美国总统罗斯福有句名言："不当总统就当广告人。"这里面有两层意思：一是说明从事广告工作有前途、有空间、能体现价值、能获取财富，是值得研究的学问、值得从事的事业；二是说明，从事广告工作有地位、能辉煌、富有挑战性，值得总统这样的人物，作为自己的事业和前途去奋斗、去追求。

那么什么是广告？为什么广告业有这么大的魅力呢？

【案例教学】

美国《检查者》报曾经在电视上做了这样一则广告：电视画面推出旧金山电报大楼塔顶的特写，画外音："我们正在重复伽利略的试验，以证明究竟是这台电视机重，还是这份报纸——《检查者》报重。"接着，一位著名的报纸出版商将一台电视机和一份报纸同时从塔顶扔下。报纸落地时，竟把人行道撞出个大洞，而电视机仅仅跳了几下。反常的试验结果马上引起人们的争论。一家电台就试验结果发表了一篇措词激烈的评论，要求让记者重复这个试验，以证事实。这件事在美国引起不小反响，不仅地方电视台给予报道，连《纽约时报》和国家广播电视台也报道了此事。结果，《检查者》报被广泛认识，发行量一升再升。

讨论：本则广告从哪些点吸引消费者？

【思维训练】

"你为什么购买这个产品或这个品牌？"这个问句常常被用来测定人们的购买动机。1996 年，由某权威机构进行的一项抽样调查发现，因亲朋好友推荐而购买新产品的占 63%，因看电视广告而买的占 25%，报纸广告占 5%，杂志广告 13%，售点广告 13%（注：上述资料中包括交叉信息)。此后,日本电通以及其他国内外机构的研究也得出相似结论。

基于上述调研结论,请你结合广告传播理论,对上述传播问题提出理论解释,并结合广告传播和策划实例扼要说明你解决问题的思路和要点。

【实战演练】

请每人搜集十则广告案例,以小组讨论的方式,将所有的案例分别按照非商业广告、商业广告的区分细目进行分类,以此了解每类广告的具体特征及相互区别。

第二节 广告的演进

经典语录:

除非你对广告所持的兴趣甚于其他,否则别轻易踏入这一行。——大卫·奥格威

我不想赚大钱,我只要让人知道我的脑子可以做什么。——艾尔伯特·拉斯克尔

理论基石:

广告是一种非常有价值的传播过程,对企业的营销推动有着巨大的作用。在经济高速发展的当今世界,广告已发展成为一种产业,已经和人类社会的经济及人们的文化生活紧密联系在一起。广告是一门科学,同时也是一门艺术,如同人类社会经济的发展一样,它也经历了一个由简单到复杂、由低级到高级的发展历程。对广告起源与演进的研究,可以促进广告朝着更加科学化、规范化、艺术化和合理化的方向发展。

一、中国广告的发展

(一)中国古代广告的发展

广告在中国虽然目前被称为新兴产业,但是已经由来已久,历史源远流长。在早期的奴隶社会已经有了早期广告的雏形,随着社会的发展,其表现方式、技术手法也在不断发展进步。在中国进入夏、商、西周、春秋等几个阶段后,生产力水平得到较大的提高,如夏代出现了造酒技术,商朝的奴隶们掌握了很高的冶炼和青铜铸造术、纺织术,创造了甲骨文。春秋时期,铁制农具和牛耕的使用使农业得到进一步的发展。奴隶主通过掠夺奴隶的农业生产和手工业劳动产品而积累了大量财富,除去自己消耗外,剩余产品就作为商品进行物物交换,构成了最初的商业。自此,商业活动开始活跃起来。最初的商业活动仅限于物物交换,在交易过程中人们为了显示自己的产品,把所出售的东西摆出来,或悬挂在店铺门前,供人选择。在这种以物易物的交换中,出现了最古老的广告——实物广告。商代的“牵车牛,远股贾”及首都朝歌出现的“九市”后的各种口头广告和实物广告,都证明了这一点。

从秦到隋800年间,商业的发展,使口头广告、实物广告和象征广告成为普遍现象。公元618年唐朝建立,我国的封建社会到了鼎盛时期,商业繁荣,全国县以上的城镇都有“市”,市场每天中午开始贸易,日落为止。京都长安是当时世界上最大的商业城市之一,是国内外商人汇集的地方。隋唐五代,广告的发展进入了新的阶段,出现了招牌广告、招贴广告、旗帜广告。

早期商业广告的主要形式是:口头广告、实物广告、标记广告、物价广告。这些形式比较简

单直白，比较适合当时的社会环境和人们的生活方式。再后来又出现了悬帜广告、悬物广告，并且，标记广告也有了发展，这在隋朝前已经产生发展。而且，广告主是一些商家，他们的广告具有针对性。标记广告主要针对城市的居民和部分农民，主要满足人们的日常生活需要。到了隋唐，随着工商业的发展，广告也进一步发展，又出现了灯笼广告、旗帜广告、诗歌广告，并且有了商品陈列、展示广告，并且口头广告有了新发展。这些都推动了广告行业的进步和多样化。在宋朝又出现了招牌广告、幌子广告、音响广告、彩楼、欢门广告，并且，印刷术的发明又使得增添了印刷广告，这是广告行业的大飞跃。同时，书籍广告也得以兴起，广告诗词也得以产生发展。元代时期广告，无论在内容、形式或艺术表现手法上，都比过去有了很大的进步和发展，有的甚至达到了图文并茂的程度。明清时期，招牌广告以故事、寓意引人入胜，对联诗词广告富有名族特色，印刷广告也以插画形式出现，常在书头书尾印刷广告，这种方法至今还适用。

综观我国古代广告的起源和演变，可以看到商品生产和商品交换在广告发展中起到的重要作用。同时，广告的发展与演变也促进了当时经济文化和技术条件的不断进步。

（二）中国近代广告的发展

中国近代广告史是从 1840 年鸦片战争爆发至新中国成立期间广告的发展。在这个时期，随着英国工业革命的飞跃发展，生产力快速提高带来了大量的消费需求，时代呼唤广告和大众营销技巧的进一步发展。广告的形式、内容、表现手法还有制作技巧都朝着越来越近代化、规范化的方向发展。鸦片战争以后，帝国主义列强用不平等条约打开了中国大门，使中国沦为半殖民地半封建社会。为了实行商品输出和资本输出，洋货源源而来，有些国家还在中国开设了工厂（如英美烟公司等），同时，把各种近代的广告形式带进了中国，为它们的经济掠夺服务。然而，从客观上看，也把中国的广告推向了近代化阶段。在这个阶段，国外各种新的广告媒体也在中国出现。

1. 报纸广告

英国传教士马礼逊和米怜 1815 年 8 月 5 日在马六甲创办了第一家中文报纸《察世俗每月统纪传》，该报刊登的“告贴”是中国近代最早的报纸广告。上海在 1872 年开办的《申报》，从创刊号起就登有广告（当时称广告为“告白”），主要是以信局、笔庄、书店、字画装裱店等的广告为主，当时的发行量只有 600 份。辛亥革命后，全国报刊激增，改组后的《申报》以商业性报纸的身份再次轰动中国，也因此出现了专为报纸拉广告和卖报纸生意的报馆广告代理人。1919 年，《申报》发行量增加到 3 万份，广告在版面中的比例逐年上升，达到 50%左右。从 19 世纪 50 年代开始，在中国香港、广州、汉口、福州等地，陆续出现了中国人自己办的近代报纸。1858 年，创办于中国香港的《中外新报》是第一份中国人主办的现代报纸；1874 年 1 月 5 日，王韬在中国香港创办的《循环日报》是近代中国出版时间最长、影响最大的报纸。到 1922 年，我国的中外文报纸已经达到 1 100 多种。其中，刊登广告最多的是《新闻报》（1893 年创办）。

2. 杂志广告

1853 年，英国传教士麦都思在中国香港出版的《瑕边贯珍》是鸦片战争后最早的中文杂志。商务印书馆在 1904 年创刊的《东方杂志》不但历史较长，而且刊登了不少广告，其中有很大一部分是舶来品广告。《生活周刊》、《东方杂志》、《妇女杂志》等在读者中影响较大，它们都刊登较大篇幅的广告。

3. 无线电广播广告

美国在 1920 年开始有无线电广播广告。1922 年，美国人奥斯邦在上海与《大陆报》报馆合作创办了我国境内第一座广播电台，在节目中插播的广告是中国最早的广播广告。1926年，由中国人创办的第一座广播电台——哈尔滨广播电台开始广播。1928年，国民党在南京建立了中央广播电台。1934年“中国电声广告社”成立，为国民党中央台承办广告。抗战爆发的前10年里，中国的广播事业有了较大的发展。1927年3月，第一座中国人创办的民营电台——新新公司广播电台在上海开播。截至1937年6月，全国有民营广播电台55座，仅上海就有44座，多数是商业台。

4. 霓虹灯广告

霓虹灯1920年创始于法国。1926年，中国引进了霓虹灯广告，其后外商在上海开设霓虹灯厂，并为广告公司制造霓虹灯广告。1927年，上海开始出现霓虹灯广告，最早的霓虹灯广告安装在上海大世界屋顶。后来，霓虹灯发展成为设置在主要街道上的大型广告。

5. 电车、公共汽车广告

上海在1908年3月15日开始行使有轨电车，不久，车辆上面和前后就有了广告。英国伦敦有双层公共汽车，1934年在上海也有双层公共汽车，车身前后和两旁都有商品广告。

除了报刊广告和广播广告之外，近代中国也出现了许多其他形式的广告。1917年10月20日开业的上海先施百货公司，制作了我国最早的橱窗广告。1936年，上海《新闻报》把写着“《新闻报》发行量最多，欢迎客选”的广告条幅用气球放入空中，这是我国首次出现的空中广告。除此之外，还有路牌广告等。这些广告媒体，开始是由来华的外商和舶来商品采用的，后来民族资本家也相继采用，特别是一些日用商品，如肥皂、牙膏、药品、卷烟等。随着商品广告的增多和国际趋势的影响，中国的广告公司也陆续出现。1920年前后，外商首先在上海设立广告公司。1926年，中国人在上海创办的规模较大的华商广告公司，成为真正意义上的中国广告公司的开始。随后，1930年，上海联合广告公司成立。在不到10年的时间，广告公司的模式迅速蔓延到天津、重庆等地。另外，不少大企业内部也纷纷设立广告部，如华成烟草公司、上海新亚药厂等民族工商企业。广告业重视广告撰稿人员和广告画家，不惜厚薪，竞相罗致。为了适应广告业发展的需要，1927年，最早的广告同业组织“中华广告公会”在上海成立；1933年，还成立了“上海市广告业同业会”，负责广告同业间及外界的广告事宜。

因此，近代中国的广告可以说是华洋杂处。早期，中国的进出口集中在广州，鸦片战争后移到上海，外来广告和民族资本的广告在上海出现，上海成为中国近代广告的发源地。中国的广告也在20世纪30年代出现过一个繁荣的局面，后来逐步走向低潮。临近解放，民族资本朝不保夕，广告的发展也就十分困难，只能勉强维持。

随着国外对广告教学和理论的研究，以及广告对经济社会产生的重要影响，我国也开始注重对广告理论的研究和广告人才的培养。1918年10月，北京大学成立新闻学研究会，把广告作为研究和教学的内容。1919年，徐宝璜著述的《新闻学》成为对广告论述的专著。1927年，戈公振先生的《中国报学史》出版，该书以丰富的史料，系统地论述了广告的发展历史。此外，厦门大学、燕京大学等也开设了广告课程。从此，广告在中国成为一门独立的综合性学科。

（三）中国现代广告的发展

新中国成立后的相当一段时期，由于经济、政治、社会诸方面的原因，我国的广告事业经历了“恢复—停滞—发展”的一个曲折的过程。

1. 广告恢复阶段

此阶段是指自新中国成立至20世纪60年代初期。新中国成立后，党和政府首先对旧的广告业进行了社会主义改造，以使其适应经济恢复和发展的需要。

从传播媒介来看，《北京日报》、《解放日报》、《文汇报》、《大众日报》等253种报纸从新中国成立初开始创刊、复刊，并陆续刊登广告。北京、上海、南京、天津等83座广播电台在建国不久就开设了广告节目。随着各地传播媒介业的发展，从客观上使广告开始恢复和发展。但是，广告的发展一直比较缓慢。1956年6月，刘少奇视察中央广播事业局，肯定了广告对于经济建设的积极的作用，对轻视广告的思想提出了批评。1957年，商业部派观察员赴布拉格出席由13个国家参加的国际广告工作者会议。这是新中国成立之后我国政府第一次与外国广告界的业务接触。1958年，商业部在北京组织介绍国际广告会议情况，介绍了国外广告业的发展现状，并对我国的广告业发展进行了讨论。此次会议最突出的成就是：归纳出我国社会主义广告的特点，即"政策性、思想性、真实性、艺术性"。

2. 广告停滞阶段

20世纪60年代中期，由于受"左"的路线影响，我国与国际广告界的接触交往几乎断绝。在"文化大革命"的十年动乱中，广告事业受到了前所未有的破坏。在传播媒介上，取缔了广告传播，在报纸上撤掉了广告版面。

3. 广告发展时期

中国的广告理论和广告活动真正的发展时期，是从1978年12月党中央召开十一届三中全会以后开始的，在"对外开放和对内搞活经济"方针的指引下，社会主义商品经济得以迅速发展，我国才迎来了广告事业的春天，广告也开始恢复。

1979年1月28日，上海电视台播出了上海药材公司的参桂补酒广告，这是拨乱反正之后国内的第一条影视广告。由此，1979年被称为中国广告"元年"。此后，中国广告业的30多年的发展大致可以划分为三个时期：1979～1982年是中国现代广告业的恢复期；1983～1994是中国广告业的发展期；1995年至今是中国广告业的成熟期。从1979年广告市场重建以来，中国广告业的发展经历了低起点、高速度的发展形态，各地广告公司如雨后春笋般出现，而媒体在整个广告产业结构中处于核心和强势地位。20世纪80年代，中国广告业每年以40%～50%的速度增长。1979年，我国广告营业额仅为1 500万元，1993年，广告营业额首次突破100亿元大关，达到134亿元，比1992年增加98%。2003年广告营业额首次突破1 000亿元大关，2006年中国广告营业额达1 573亿元，同比增加11.1%。

随着广告学理论研究不断深入，除了广告刊物不断增多之外，我国的广告著述也由一般论述转向深层次、较系统的论述上。同时，国家加强对广告的法制建设。1982年2月，国务院发布《广告管理暂行条例》；同年，国家工商行政管理局发布《广告管理暂行条例实施细则》。1987年10月，国务院在总结经验的基础上正式颁布《广告管理条例》。1988年1月，国家工商行政管理局发布了《〈广告管理条例〉施行细则》。1995年2月1日，《广告法》正式实施。此外，我国广告界与国际广告界的联系与合作日益密切。1996年6月，我国广告界首次组团参加被誉为广告界奥运会的戛纳广告节。

综上所述，我们可以看到，新中国成立以后，中国国内广告与广告业的发展可谓是经过了"肯定—否定—否定之否定"的过程。中国国内广告从允许其存在到完全禁止，一直到改革开放以后的大发展，其历史的阶段性极为显著，这与我国经济发展阶段的不同态势是紧密结合的。新中国成立初期，受制于计划经济体制，致使广告和广告业发展缓慢；20世纪60年代以后，在"左"的思潮冲击下，取消了广告的作用，广告业陷于停滞；1978年党的十一届三中全会后，在解放思想、改革开放形势下，社会主义商品经济迅速发展，客观上带动了广告和广告业的繁荣发展，使广告业成为我国发展最快的行业之一，受到世人瞩目。

二、国外广告的发展

广告在国外的发展历史同样源远流长，最早的广告是3 000多年前在埃及古亚伯斯遗址上发现的一份羊皮纸上的告示。依据各个历史时期的广告技术发展水平，可以把国外广告业的发展大致分为4个时期。

(一)广告原始发展时期

从广告的产生到公元1450年德国人古登堡发明金属活字印刷前，为原始广告时期。这一时期以口头叫卖为主要传播媒介，并逐渐向文字商标演变。

在古希腊、古罗马时期，广告已有叫卖、陈列、音响、文图、诗歌和商店招牌等多种。古希腊人吆喝出有节奏的声音，贩售奴隶、牲畜，由此产生叫卖广告。古代迦太基人将叫卖的内容编成歌曲、小调，并配以工具进行伴奏。古代雅典出现四行诗形式的广告。

公元前3000～前2000年，古代巴比伦已经有了楔形文字。人们用苇子、骨头、木棍等物在潮湿的黏土版上刻字，记载国王修建神殿、战胜碑等各种丰功伟绩。

世界上最早的文字广告，是公元前1550～1080年埃及遗物，现存英国大英博物馆中，写在莎草纸上。它记录了埃及一名奴隶主悬赏缉拿逃奴的广告，信息简单扼要，内容清楚明了，而且有激励人们行动的提示。这则广告是手抄式的“广告传单”。公元前6世纪罗马建立奴隶制共和国，兴起招牌和壁报广告。如：居民房屋墙上涂刻满了粗糙的文字和图画；竞技场的表演预告、遗失物主人的启事以及补鞋匠的广告等。

公元前79年，古代罗马的庞贝城内古代广告已经十分普遍，墙上和柱子上到处可见图画、招牌、文字等广告。在挖掘古城后，广告学家们发现，广告文物的种类非常丰富，其中有官方呼吁参政者要公正的告示及候选人的政治竞选广告，推销商品、文艺演出和寻人启事等，还有出租房屋广告、商标字号广告形式的出现。古希腊和古罗马时期的陶器、金器、灯具上都刻有文字或图案的标记，成为商标的雏形。古代的商标字号是从实物广告逐渐演变为象征性的商业标记。如古罗马的一家奶制品厂以山羊作标记。欧洲初期商品的标志，大多由商人或工匠签刻姓名，后来演变为简单的图形标记。古罗马灭亡后的中世纪时期，是文明毁弃的黑暗时期，贵族和教会垄断了文化，普通民众没有受教育的权利，文化的传承与发展受到很大限制。新的广告形式没有出现，原有的简单叫卖和招贴广告形式仍然在使用。

到公元1141年，法国的贝星州出现了一个由12人组成的口头广告组织。1258年，法国路易七世公布了《叫喊人的法则》，叫卖广告在当时的法国享有一定的地位。

(二)广告世界孕育期

从1450～1850年，为世界广告的孕育期。金属活字印刷术发明后，为印刷广告的发展提供了条件，开创了广告的新纪元。但由于这一时期报纸杂志还未大量发行，所以印刷广告的范围极为有限。

1450年，古登堡发明了铅活字印刷，成为近代广告变革中最重要的因素。人类广告活动由原始古代的口头、招牌、文字广告传播进入到印刷广告的时代。1472年，英国第一个出版人威廉·坎克斯顿印制了推销宗教书籍的广告，这标志着西方印刷品广告的开端。

14世纪前后，欧洲出现最早的报纸雏形“新闻信”，报道市场行情和商品信息，实际是商业广告。16 世纪，地中海沿岸的威尼斯出现了最早的手抄报纸，有了报纸广告的模式。16 世纪以后，一些发达国家陆续出现定期印刷报纸。1609 年，德国出版了世界最早的定期印刷报纸《报道式新闻报》。此时，报纸成为最佳的广告媒介。

17 世纪中叶英国的资产阶级革命和 18 世纪进行的工业革命，促进了社会政治经济的发展，也使英国曾经成为世界广告活动的中心。17 世纪，在英国首先出现了广告代理商。1610 年，英国第一家广告代理店是国王詹姆斯一世让两个骑士建立的。1612 年，法国也出现了“高格德尔”广告代理店。广告代理商的产生，反映了当时社会对广告的需求在不断增加。1690 年 9 月 25 日，美国人本杰明·哈里斯在波士顿出版《国外国内公共纪闻报》，虽然只出版了一期，但仍被认为是北美大陆最早的印刷报纸。最早的报纸广告是 1625 年英国的《信使报》刊载的一则图书出版广告。1650 年，英国《新闻周报》刊登“寻马悬赏启事”，被认为是世界上第一篇名副其实的报纸广告。1666 年，《伦敦报》开辟了广告专栏，这是世界近代第一个报纸广告专栏。

1759 年，英国文坛权威人物约翰逊在《懒惰者》一书中对广告的效力和道德问题做了评述。至此，广告评论出现了。19 世纪以后，英国的报纸发行量越来越大，但是广告量的增加却相对缓慢。1830～1860 年，英国出现“便士报”运动，报纸售价低廉，读者日益增多。19 世纪，由于美国的崛起，世界广告中心逐步转移到美国。

（三）广告的过渡时期

从 1850～1920 年，是世界近代广告向现代广告的过渡期。开始于英国的工业革命在 19 世纪早期席卷了整个美国，机械化生产出大批量的布匹和家具器皿，使人们的生活水平大幅度提高。同时，生产力的提高对应着大量的消费需求，时代呼唤广告和大众营销技巧的进一步发展。19 世纪 50 年代开始，近代广告的繁荣中心由英国转移到美国，得到前所未有的快速发展。这一时期被称为工业时期，意即整个社会的商品生产过程都是工业化的生产过程。工业时期的这种生产状态决定了广告和营销技巧朝着越来越正规的方向发展。与前一时期相比，呈现以下特征：

1. 广告媒介继续发展

报纸广告依然是这一时期广告发展的显著特点。1729 年美国广告之父本杰明·富兰克林在《宾夕法尼亚》的创刊号头刊刊登了一则推销肥皂的广告，此后就大量刊载广告并运用插图等以吸引读者和广告商，自此进一步提高了广告的地位。1850～1911 年，世界上有影响的几大报纸相继创刊，如英国《每日邮报》，美国《纽约时报》，日本《每日新闻》、《读卖新闻》和《朝日新闻》。报纸的主要收入来自广告。如《纽约时报》的广告篇幅占整个篇幅的 62%左右。

2. 现代广告公司产生

广告公司的兴起是广告业发展的重要标志。1841 年，伏尔尼·帕尔默在美国费城开办了第一家广告公司。1860 年，有 30 多家广告公司为 4 000 种美国出版物出售版面。1865 年，乔治·路威尔第一个出版了《路威尔美国报纸目录》。同年，路威尔广告事务所成立，成为典型的专业化广告公司。它向 100 家报社预定固定的广告版面，广告价格可由广告代理自定。广告代理成了报刊的独家广告经纪人。1869 年，美国艾尔父子广告有限公司在费城成立，经营重点从单纯为报纸推销广告版面，转到为客户服务。帮助客户制定广告策略与计划，撰写广告文字，设计广告版面，测定广告效果。1876 年开始，艾尔公司还采用公开订立合同的制度。19 世纪以美国为代表的广告代理业正快速向成熟阶段发展。

3. 广告新技术的应用

新技术应用于广告领域，促使广告形式多样化。1853年，纽约的《每日论坛报》第一次采用照片为一家帽子店做广告。摄影图片成了广告的重要表现手段。1891年，可口可乐公司做了世界上最早的挂历广告。1910年，法国人克劳特在巴黎皇宫安装了霓虹灯广告；同年，法国巴黎的一次国际汽车展览会上，早期的霓虹灯广告登台亮相。巴黎蒙马特林荫大道的时装店，安装了第一个霓虹灯广告招牌。荧光灯管制作首次成功以后，霓虹灯广告就开始风行世界各地了。

4. 广告理论及广告管理的发展

19世纪末，西方学者开始进行广告理论研究。美国历史学家大卫·波特曾指出："现在广告的社会影响力可以与具有悠久传统的教会及学校相匹敌，广告主宰着宣传工具，它在公众标准形成中起着巨大的作用。"19世纪后期，《路牌广告的历史》和《广告的历史》等书先后出版。1898年，美国的E. S. 路易斯提出了AIDA法则：总结出广告必须达到引起注意（Attention）、产生兴趣（Interest）、培养欲望（Desire）和促成行动（Action）的目的。后人对AIDA法则加以补充，加上了可信（Conviction）、记忆（Memory）和满意（Satisfaction）这样几项原则内容。1900年，美国学者盖尔在多年调查研究的基础上写成了《广告心理学》。1903年，美国心理学家斯科特出版《广告原理》，为广告学的建立奠定了基础。广告已逐渐形成为一门学科。1911年开始，美国发动了反对广告弄虚作假，主要是反对卖假药的改革运动。1911年，著名的《普令泰因克广告法草案》出台，被认为是美国最早的广告法案。1914年，美国成立了"销数核计局"，简称ABC。印刷广告标志着近代广告的开端，而报刊广告的迅猛发展及广告公司的出现，则标志着广告业已成为独立的行业。

（四）广告的现代发展时期

20世纪以后，广播、电视、电影、录像、卫星通信、电子计算机等电讯设备的发明创造，使广告进入了现代化的电子技术时代。这是现代广告走向成熟的标志。现代广告业的蓬勃发展有如下几个特点：

1. 电子广告问世

世界上最早开办广播电台的是美国。1920年11月2日，美国KDKA广播电台播出总统候选人当选的新闻。KDKA是美国第一个正式申请营业执照的电台，也被公认为世界上最早的正式广播电台。1921年法国邮电部建立第一座广播电台。1922年苏联莫斯科"共产国际广播电台"是当时世界上功率最强的电台。1922年，美国创建了第一家商业广播电台WEAF，是最早开播广告业务的电台。1926年，"全国广播电台（NBC）"是美国最早的广播网。1928年，无线电广播广告的费用已达1 050万美元，广播广告的效果十分显著。20世纪初至第二次世界大战以前，广播成为继报刊等印刷媒介之后的第二大传播媒介。

电视技术是20世纪的一项重大发明，是科学技术进步的产物。1936年11月2日，英国播出了世界上最早的电视节目，标志着世界电视事业的新阶段。1920年，美国开始试验电视，1941年正式开播商业电视。20世纪50年代美国发明了彩色电视机，电视广告成为最大的广告媒介之一。

2. 广告媒介日趋多样化

新的广告媒介层出不穷，更趋多样化。1923年，一位汽车经销商自法国引进1932～1934年芝加哥百年进步博览会引入了霓虹灯广告。此时，路牌广告也实行了标准化、规格化管理。

购物点广告(POP)也普遍流行。邮递广告由于针对性强,注目率极高。在多元化战略时期,新型传播媒体层出不穷,如录像广告、网络广告、激光广告、烟雾广告等。现代杂志广告超越传统杂志广告,传统杂志只能通过阅览文字接收信息,而现代杂志在专页上安装音响装置,成为有声读物,可以发出音乐和声音,有的还可以散发气味以配合食品广告或香水广告。

3. 注重广告策略应用

企业开始注意广告策略的运用。首先,从企业来看,产品的销售已经打破了地区和国家的界限,发布广告的区域必须与商品销售区域同步甚至超前扩大。现在,许多企业和媒介机构都有专门从事广告工作的部门,一些大的广告公司发展规模越来越大,分工越来越细,并在许多国家设立分公司和办事处。因此,不少发达国家的广告业走上了国际化的道路。如美国的奥美广告公司、BBDO环球广告公司等在20世纪80年代末、90年代初就开始实施世界广告网络化战略,把目光瞄准了国际广告市场。其次,从广告作品来看,已经从专门推销商品为目的的直接露骨的商品广告,逐渐向树立企业形象或新的消费观念和为社会服务等多方面发展。例如,在澳大利亚公路上,相隔不远就有交通安全广告:"请保持在40公里以内,您将继续拥有幸福的家庭……"。最后,许多大企业到国外市场促销产品,针对不同的国家和民族制作不同的广告讯息,这就是国际广告。而像可口可乐、宝洁和柯达等跨国集团则利用全球性广告,在世界各地使用统一讯息来制作和投放广告。

4. 建立各种广告行业组织

各种行业性的组织纷纷成立,大多属于俱乐部性质。国际广告界成立了各种行业性组织。1938年国际广告协会创立,其主要功能是开展国际合作活动、举办各种会议和展览、培训广告人员等。在激烈的竞争中,全球范围内已经形成了广告策划为主体、广告创意为中心、广告人才为前提的现代广告思想。不管是策划还是创意,都需要由优秀的广告人才来完成,所以,对于广告人才的培养成为广告行业取得成功的关键。20世纪80年代,美国掀起了培养广告人才的高潮,据美国42个州、88家商学院的统计,广告专业毕业生1983年为4 952人,1984年为5 465人,1985年有490人获得广告学士学位、54人获得广告硕士学位。

5. 现代信息传播服务的形成

现代广告公司已发展成为一种集多种职能于一身的综合性信息服务机构,它可以收集市场信息、分析消费趋势、提出产品开发意见,并将产品推向市场。广告公司已成为能创造巨大价值的信息化产业。20世纪80年代以后,进入了信息革命的新时期,广告产业成为现代信息产业的重要组成部分。广告公司的功能,也由广告制作和广告代理发展成为一个综合性的传播服务行业。

【知识链接】

老上海的月份牌

月份牌是旧上海政治、经济、文化相互作用的产物,对研究我国近代史、绘画史、商业史以及戏剧、影视、烟草、服饰等有着不可替代的重要价值。

鸦片战争后,上海作为通商口岸开埠,渐成商业繁华之地。随着先进彩印技术的传入以及外国商品的输入,新生的民族资本家仿照洋商在商品中附带印有美女、风景、静物等外国画片进行商业宣传的做法,开始大量印制融中国传统文化和民俗风情于一体的年画,与洋行竞争商品销路。月份牌由此应运而生。

实际上，在1906年清廷发布《政治官报章程》中，已使用“广告”一词，宣告了中国现代广告的诞生。而月份牌则是老百姓喜闻乐见的中国最早的广告形式。月份牌画的题材和内容主要是美女，亦有风景，同时还有古典人物、历史故事、时代女装。西施、杨贵妃、王昭君、貂蝉等古代四大美女以及旧时名伶、名模、名演员在月份牌上最为常见。广告的商品大多是香烟、电池、百货、保险、肥皂、酒类等。这种广告既满足了市民对美的欣赏，又促销了产品，因而在20世纪二三十年代，月份牌的绘画艺术达到了前所未有的高峰。

周幕桥是月份牌创作的早期代表人物。他传统画功力深厚，对古装人物画情有独钟，后在传统画的基础上糅入了西画造型和透视，画面视觉效果特别，作品很受欢迎。郑曼陀是中国近代广告擦笔绘画技法的创始人。他特别注意画人物的眼睛，使观众与画中人的视线接触时，产生“眼睛能跟人跑”的效果，因而名声大震。不少人仿效他的画风，以使擦笔水彩时装美人月份牌画成为广告画的一种流行形式。胡伯翔又是一位富有个性特色的月份牌画家。他是当时唯一不使用擦笔技法而坚持传统水墨造型再敷水彩罩染的设计师。他笔下的人物在半透明的水彩罩染下形成细致柔嫩的肌肤感觉，传递出甜、糯、嗲、嫩的风韵，因而他是当年薪酬最高的月份牌画家。杭稚英在月份牌创作史上地位独特。他开创了中国最早的现代广告公司，设计的月份牌超过1 600种。他的作品《美丽牌香烟》、《双妹牌花露水》等风靡全国，形成了月份牌创作中的“杭派”。老上海月份牌创作的代表人物还有谢之光、袁秀堂、倪耕野、梁鼎铭等，他们个个笔力深厚、画风纯朴、特色各异。

新中国成立后，月份牌经历了社会主义改造，逐渐成为具有上海风格的月份牌年画，俗称“海派年画”。其题材和内容主要反映新时代中的工农兵人物和社会主义新景象。20世纪五六十年代，是新月份牌创作的鼎盛阶段。“文革”初期，月份牌被视为“四旧”受到禁止，从此衰亡。改革开放后，随着挂历和纯广告的兴起以及科技和媒体的迅速发展，月份牌形式的年画逐渐退出了历史舞台。然而，随着城市旧景观的慢慢消失，怀旧情愫复燃。走进上海的一些宾馆饭店，各种旧式月份牌的复制品成为一种时尚装饰。那些飘渺在老月份牌里的香鬓云衫、韵致天成的淑女，仿佛在向人们诉说着旧时上海商业的美丽图腾。人们从这些老月份牌中寻找一份浪漫和对往事的回忆。而月份牌真迹，已成为难觅的收藏种类，备受藏家们的推崇。

月份牌作为一种民族绘画形式，记录着一个时代的历史与文化。繁荣和发展社会主义大文化，我们不应该忘记月份牌所作的贡献。

（资料来源：中国文明网 http://www.wenming.cn）

【小资料】

我国古代著名音响广告例子就是“鼓刀扬声”。屈原的《天问》中写道：“师望在肆，昌何识？鼓刀扬声，后何喜？”讲的是姜子牙在铺子里卖肉时，把刀有意剁得当当响，并高声吆喝招揽顾客。“鼓刀扬声”生动描述了古代的声响广告。此外还有走街串户的货郎敲竹梆、摇拨浪鼓、击音叉等多种形式的声响广告。后来，有些商贩把声响与叫卖结合起来，逐步发展演变成为吹打乐器、吟唱歌谣和曲调等形式，大大增强了广告的艺术性和诱导性。声响广告主要是通过响亮的声音、高亢的乐曲来引起顾客的注意或起到广而告之的作用，这在现代广告尤其是线下活动中的应用也是极为普遍的。

在我国古代继音响广告之后而出现的则是“悬帜广告”。《韩非子·外储说》说道：“宋人有沽酒者，升概甚平，遇客甚谨，为酒甚美，悬帜甚高著。”这是我国酒家和酒旗最早的记录。酒店开设在固定场所，为了招徕顾客，抛出一面酒旗，这也就是吸引主顾的广告形式。这种形式后来沿用不断。如唐代张藉有“高高酒旗悬江口”，杜牧有“水村山郭酒旗风”等诗句。《水浒传》里也有这样描绘：“武松在路上行了几日…… 望见前面有一个酒店，挑着一面招旗在门前，上头写着五个字迹：‘三碗不过岗’。”《元曲·后庭花》中“酒店门前三尺布，过来过往寻主顾”，不但说明了酒旗的尺寸，还说明了酒旗的作用。除了酒旗外，其他行业也有各种标志性的广告形式。据《费长房》中说“市有老翁卖药，悬壶于肆头”，就是用胡芦作为药铺的象征性标志，悬挂街头或药铺的门前。这里的“悬旗”、“悬壶”给人以非常醒目的视觉效果，用现代话说，就是“招牌广告”。

技能培养：

从可口可乐看现代广告的定义

什么是广告？多年来，从事可口可乐广告业务的代理商麦肯广告公司的司徽图案上，有这么一句隽永的标语：“Truth Well Told(善诠涵义，巧传真实)。”麦肯对这一哲学的具体解释是：“以震撼人心的方式表现出来的销售点子。”这一哲学在30年前就被可口可乐公司的管理层在其年度报告中采用，并延续至今。

(可口可乐的)广告应当是一种令人愉快的经验，看得振奋，听得愉快。它必须以存在的质量来反映质量。它会让你说：“我希望我在那儿，我希望我和这些人一起喝可口可乐。”

麦肯的哲学揭示了广告策划的两个最基本的方面：销售点子和震撼人心的表现。简单地说，就是策略和创意；合在一起叫做“创意策略”或“策略性创意”。从麦肯所坚持的信念中可看出，“真实性”永远要放在第一位，而“创意”则是广告的生命力和灵魂。在麦肯，创意人员都遵循这样的信念：我们在此创造，而非复制；用全新的眼光看这个世界，用不同的角度来诠释所看到的事物；用原创的声音去叙述，找出别人看不到的关键点；创造消费者去消费的广告，戏剧化客户品牌的真实面，把这个真实面诠释得如此之好，使消费者因此而动容。

现在广告之父阿尔伯特·拉斯克尔称广告是“印在纸上的推销术”。但是他提出这个定义时，收音机和电视机还没有出现，那时广告的种类和范围还相当有限。今天，我们将广告定义为一种沟通的过程，一种营销的过程，一种经济和社会的过程，一种公共关系的过程，或者说一种信息和说服的过程。按照现今最流行的美国市场营销协会的定义，广告是由特定的出资者，通常以付费的方式，通过各种传播媒介，对商品、劳务或观念等所做的任何非人员的介绍及推广。

可口可乐的经营者始终念念不忘做广告。从1886年到现在，可口可乐用过的代表性广告语达100条，下面节录其中的一些经典广告语：1886年：请喝可口可乐；1904年：美味又新鲜；1911年：享受一杯欢乐饮品；1923年：享受渴望；1932年：阳光下的冰冷；1942年：喜爱可口可乐只因为可口可乐本身；1957年：好味道的象征；1965年：享受可口可乐；1972年：可口可乐……好时光；1982年：这就是可口可乐；1993年：永远的可口可乐……

从中可以看出，可口可乐的广告策略，从理性上，始终强调它的美味和新鲜；从感性上，抓住享受、快乐、渴望的满足，诉求给人们的生活带来美好时光。

【案例教学】

论《遐迩贯珍》表白事款编

《遐迩贯珍》一书，每月以印三千本为额，其书皆在本港省城、厦门、福州、宁波、上海等处遍售，间亦有深入内土，官民皆得披览。若行商租船者等，得藉此书，以表白事款，较之遍贴街衢，传闻更远，则获益良多。今于本月起，遐迩贯珍各号，将有数帙附之卷尾，以载招贴。诸君有意欲行此举者，请每月将帖带至阿里活街，英华书院之印字局，交黄亚胜手，便可照印。五十字以下取银一元，五十字以上每字取多一先士，一次之后，若帖再出，则取如上数之半。至索取之银，非以求利，实为助每月印遐迩贯珍三千本之费用而已。

咸丰四年十一月十三日　谨白

分析：请简要阐述《遐迩贯珍·布告篇》中所表现出来的广告理念和广告运作原理。

世界最早广告内容

奴仆谢姆(Sham)从织布店主人哈布处逃走，坦诚善良的市民们，请协助按布告所说将其带回。他身高5英尺2英寸，面红目褐，有告知其下落者，奉送金环一只；将其带回店者，愿奉送金环一副。

——能按您的意愿织出最好布的织布师　哈布

【实战演练】

从报纸、广播、电视和互联网上各搜集一则广告，说明其来源、信息和接受者，然后讨论其表达方式，并联系你所接触的广告，说明如何较好地发挥广告在企业发展中的职能和作用。

第二章　广告组织与管理

【学习目标】

掌握广告组织的模式与内容；

熟悉广告管理的意义、基本内容以及相关法律。

【能力目标】

能根据广告的管理和组织的内容，分析比较各种广告组织的异同；掌握现代广告法规的管理规定，对实际生活中广告的合法性进行分析。

第一节　广告组织

经典语录：

没有人能在赚钱的同时用有偿广告改变人们的习惯。广告往往是在习惯改变时才加入进来，告诉人们："这次是正确的方法。"

——霍普金斯

广告是一个文字的行业，但很多广告代理商却充斥着无法写作的男女。他们就像在大都会歌剧院舞台上的聋哑人，一样的茫然无助。

——大卫·奥格威

理论基石：

在广告市场中，广告客户（广告主）、广告公司和媒体构成了广告活动的主体。这些专门从事广告活动的单位或机构，就是广告组织。广告组织的含义有广义和狭义之分。广义的广告组织是指承担广告经营活动任务的主体机构；狭义的广告组织是指专门从事有关广告业务活动的单位和个人。广告组织在广告经营管理活动中起着非常重要的作用，发展和进一步健全广告组织，是广告主体顺利开展广告业务活动的重要保证。

现代的广告组织主要包括企业广告组织、专业广告组织、媒体广告组织、广告团体组织等。

一、企业广告组织

它主要是指工商企业内部设立的广告业务机构，专门负责企业的广告业务活动。许多规模较大的工商企业都在其机构内部设有专门的广告部或者设立附设广告公司，来办理广告业务。这些工作过去都是由专门的业务部门或者销售部门承担，现在因为有专业化分工的发展而出现各个工商企业在内部单独设立广告部门的趋势，其负责人也多为企业的高层领导人物，从而增加了广告业务在全局经营中的重要性，提高了广告工作的地位。

(一)企业广告组织的隶属关系和基本模式

1. 隶属关系

公司自设的广告部的地位及其隶属关系因企业的情况而异。一般而言，有直接隶属于总经理的，也有直接隶属于负责销售的副总经理的，还有隶属于销售部或业务部的。此外，在大型企业里，由于产品众多，每一类产品的生产和销售部门都有它自己的广告人员或组织。这些不同的隶属关系都是各企业根据实际需要而自己决定的，其原则是以获取最大效率为标准。

2. 基本模式

其基本模式为：

(1)总经理直辖制。广告部与其他部门并列，作为企业主要部门，直接归总经理领导。

(2)负责销售的副总经理直辖制。广告部作为企业一级下属机构，直接隶属于负责销售的副总经理，对其负责。

(3)市场营销辅助制。广告部作为企业的二级下属机构，隶属于销售部门，在工作上对销售部门负责。

(4)集权制。大型企业在总厂或总公司下，设立广告部，作为其一级下属机构，向上直接对总经理负责，对下则统管企业的下属分厂或分公司的全部广告工作。

(5)分权制。大型企业的各下属分厂或分公司都设立广告部，作为分厂或分公司的直属机构，负责本分厂或分公司的广告工作，只对分厂或分公司负责。

(6)附属广告公司制。这种类型的隶属关系，一般在大型或特大型工商企业中才有。广告公司作为一个独立法人单位，在组织机构和功能上具有与一般专业广告公司一样的特点，其行政关系和财政关系则不具有完全独立的性质，在业务上专门负责其总公司的广告业务。

(二)企业广告组织的机构模式

1. 内部机构的设置

在隶属关系上，企业广告部门设置大致有上述六种形式，而其内部组织机构设置，则也根据企业自身的大小和特殊需要而定。

2. 内部机构的形式

企业内部机构大致有如下几种形式：

(1)职能组织模式。企业的广告部门按广告工作的职能要求，进行内部分工划分。广告的职能包括文案、美术、调查、媒体、促销和新闻发布等，相应的广告部门也分为拥有不同职能的各个部门。

(2)产品组织模式。该模式是以企业的产品来进行内部职能分工和组织划分的。通常，生产不同产品的公司采取此形式，专门的广告人员负责组织、策划不同的产品广告，从而达到更好的广告效果。

(3)市场地区模式。企业的广告组织是以产品的销售地区市场的分布来进行组织计划和职能分工、各自开展工作的。主要针对企业产品品种单一，而又同时销往各个不同市场的企业，根据不同的市场特点制定不同的广告战略和战术。

(4)广告对象组织模式。企业的广告部门是以不同的广告对象——工业、农业、消费品的产品用户划分来划分其内部组织和进行职能分工的。往往是企业产品销售对象集中、销售量大时可以采用此形式。

(5)广告媒介组织模式。企业的广告部门是按不同媒介的要求，根据媒介的特点、媒介的选择、媒介的运用和媒介的关系等方面对其内部进行组织划分和职能分工的。

(三)企业广告部门的类型

从我国企业的广告管理现状来看，其企业广告管理组织大致可分为公关宣传型、销售配合型和营销管理型三类。

1. 公关宣传型广告管理模式

这是基于企业广告的宣传功能定位，将企业广告纳入企业的行政管理系统，是企业行政职能部门的一个分支机构。这种模式比较注重企业的形象推广和企业的内外信息沟通，但也存在着广告运作缺乏实效性和针对性、脱离市场等缺陷。

2. 销售配合型广告管理模式

这是目前国内外较多采用的一种模式，企业的广告组织从属于企业的销售部门，其主要作用在于销售配合。也就是企业的广告组织在行销主管的管理下，与企业的其他行销部门一起，共同为企业行销服务。在实际操作中，又可以分为以市场或产品为基础的两种组织管理类型。

例如，美国的大部分消费品行销组织实行的"品牌经理制"，就是以产品为基础的组织管理类型，它最早始于1929年的美国P&G公司。而目前国内企业较多采用的是以市场为基础的广告管理组织模式。其广告的管理与执行，表现出明显的层级性，企业的广告部门，既是企业的广告管理部门，又是企业的广告执行与行销服务机构。销售配合型的广告管理模式能更好地发挥广告的直接销售效果。但因过分强调广告对销售的配合，影响了企业对广告的长期规划管理，并且由于管理与执行层次繁多，也影响了广告传播的整体效果。

3. 营销管理型广告管理模式。

这是将企业广告部门从具体的销售层次中分离出来，提升为与其他职能部门并列的独立机构，是企业营销的重要推广组织和企业实施整体发展战略的重要组成部分。它注重将企业广告的宏观决策、组织管理和具体实施结合起来，减少了企业广告的管理层次，加强了企业广告的统一管理和长远规划，有利于企业广告资源的充分开发与合理调配。

不管企业采取何种广告管理模式，其广告基本运作程序却是大体一致的。也就是企业广告运作一般都要经过广告决策——确立企业广告基本战略思想和总体战略目标；广告计划——确立并制订出切实可行的具体广告计划；广告执行——广告计划的具体实施三个阶段。

在具体运作中，我国企业广告主要有自我执行和委托代理制执行这两种方式。所谓的自我执行，就是企业配置了功能齐全的广告部门组织，其广告部门承担了企业广告运作的一切工作和职责。这与我国的广告代理制度尚未完全成熟有关。而实际情况是，企业广告运作要达到完全自我执行，难度极大，有必要实行部分代理，把企业依靠自身力量难以完成的广告运作环节(如广告策划与制作等)委托广告代理公司代理，以减少不必要的损失。相应地，委托代理执行方式能极大地提高企业广告效率，增强企业广告的投入产出比，不仅是现代广告发展的需要，也符合企业发展的根本利益。

二、专业广告组织

专业的广告组织是广告发展的产物，是广告主和消费者联系的基本桥梁。专业性的广告组织又可称为广告代理公司，是指专门从事广告经营活动的机构。专业的广告组织担负着向广大消费者介绍、宣传产品的主要任务。

（一）专业广告公司的机构设置

专业广告公司的机构设置一般分为四大部门：客户服务部、媒介部、创作部和市场研究部。每个部门都有特定的工作范围与专业要求。

1. 客户服务部

广告客户部是直接与客户发生接触的专职部门，负责接洽客户，协调广告主与广告公司的关系。在广告公司接触客户时，首先由客户部作初步接触，由客户部提供有关资料，如产品知识、市场情况、广告费用预算及市场计划等。客户部在对这些资料加以整理后，便会同其他有关部门制订出初步的广告计划方案，订下工作日程，由各部门执行。在广告活动进行过程中，客户部门还负责与广告客户的联络和信息反馈，负责对广告的设计、创作和实施过程进行监督。因此，客户部工作人员都扮演着双重角色，对外代表广告公司，对内则代表客户的利益。在广告公司内，客户部门往往还承担着公司公共关系的任务。

2. 媒介部

媒介部门负责制定广告的媒介策略、广告媒介的选择、和有关媒介部门接洽联络。这些工作任务要求媒介部门的工作人员有丰富的媒介知识，熟悉各种媒介的特性和有关媒介部门的情况，并同有关媒介部门保持着一定的联系。在广告活动中，媒介部门不仅要为广告活动制定广告媒介策略，为广告计划和广告预算的制订提供具体意见，而且，在广告实施过程中，还应与有关媒介单位保持经常性的联系，对广告的实施进程进行监督，并在实施完毕后代理媒介部门收取广告费。

3. 创作部

广告创作部门负责广告的设计、创作和制作。广告创作部门具体可细分为文稿、画面和制作合成。文稿负责广告文稿（标题和正文）的设计创作，是广告创意的关键，它要求文稿人员具有较强的语言能力和创造性思维，以及非凡的写作才能，要能用精练的语言来表达广告的创意，传达广告信息，展开对消费者的宣传。图画或摄影人员的工作任务是为广告配上相应的画面，要求有艺术性，富有情趣和容易引发人们的联想，增强广告的记忆效果。广告制作合成人员的任务则是完成广告文稿与广告画面的设计合成。这些工作往往由文稿人员和广告画面创作人员共同承担，或由专职员工负责。在定稿之后，便可送去制作。广告活动要求广告创作人员同样熟悉各种类型的媒介，并根据不同的媒介要求，进行广告的创意研究、广告设计、创作和制作，同时还要求创作人员熟悉各种媒介广告的制作过程，并对广告的制作（印刷或摄影、录像）过程和制作质量进行监督。

4. 市场研究部

广告调研部门的工作任务，是按照广告活动的要求，开展目标市场调查，为广告主和广告公司制订广告计划提供有关的市场环境和市场潜力的背景资料，并就有关市场问题提供咨询意见和建议，为广告决策以及广告主的市场决策提供客观依据。这要求广告调研人员具有丰富的专业知识和技能，了解广告产品的各项基本性能，并能够把握市场的变化趋势和市场调查程序，具有一定水平的文字写作能力。

此外，除业务部门外，广告公司一般还有财务、后勤等管理部门和后勤支援部门。

（二）专业广告公司的分类

专业广告公司按其功能可分为四类：全面服务性广告公司、有限服务广告公司、广告代理商和广告制作机构。

1. 全面服务性广告公司

这种广告公司为客户提供全面性的服务,包括市场调查、广告计划的广告策略拟定、广告的设计与创作、选择媒介、制定预算、广告效果预测、信息反馈处理、公关服务等。专业广告公司具有七大服务标准内容。

(1)产品研究。广告公司通过搜集各方面的资料并经研究分析之后,为广告客户提供制订广告计划所需的产品研究资料。

(2)市场调查与预测。通过分析市场调查资料和市场历史,广告公司为客户找出潜在顾客、显在顾客、影响市场销售的外在因素以及市场环境对市场的影响等。

(3)产品销售分析。广告公司对产品的销售渠道和销售网络的情况进行一定的调查了解,使广告能在分销网的建立健全和良性运转的基础上发挥作用。

(4)媒介分析。广告公司应能够为广告客户选择最有效而又最便宜的媒介,把广告信息传播到消费者的心中。

(5)拟定广告计划。为客户提供有关确定产品市场、改进销售网点、改变价格策略、创作广告作品、应使用的广告媒介、广告诉求主题、广告信息内容、广告预算和广告活动内容的建议和咨询意见,以达到最佳的促销效果。

(6)执行广告计划。在制订广告计划后,广告公司必须把广告计划中的建议付诸实施,负责到底。

(7)配合客户的其他市场活动,以使广告活动发挥最大的效益。

2. 有限服务广告公司

它只承担广告活动中的部分工作,如有的广告公司只负责承担广告的创作、制作和发布,不承担或只承担简单的广告策划与广告调查。这类公司只能帮助企业广告部门解决某些特别需要。

3. 广告代理商

它也是专业广告组织的组成部分之一。其本身不承担广告的创作和制作任务,只承担广告主与广告媒介之间的联系工作,负责为广告主寻找广告媒介,或为广告媒介寻找广告主,从中收取佣金。它们就是通常所说的广告经纪人。

4. 广告制作机构

一般是一些美术社、摄影社、装潢社等,其只负责广告的设计、创作和制作,而不负责广告的策划和发布,只收取制作费用。

(三)专业广告公司的地位和作用

1. 专业广告公司的地位

在广告代理制度得以发展并日趋完善之后,专业广告公司的功能越来越齐全,其地位越来越重要,所发挥的作用也越来越大。它们为企业进行广告调查、广告策划和进行广告创作,并为广告的发布选择合适的媒介。专业广告公司承担着广告信息的加工、处理任务,是联系广告主和广告媒介之间的桥梁和纽带。对广告主而言,它们代理广告主的广告业务,为广告主节省大量的人力、物力和财力;而对于媒介而言,它们代理媒介寻找广告主,并在广告发布之后代理媒介向广告主收取广告费用。

2. 专业广告公司的作用

广告主委托专业广告公司承担广告工作,有如下作用:

(1)制定较完善的广告策划。功能齐全的广告公司具有丰富的广告经验,拥有专业的和经验丰富的广告人才,与广告媒介联系密切,与其他地区的广告代理业有业务往来,并拥有齐全和完备的广告调查机构,掌握着商品市场动态,能为广告客户制订完善的广告计划,设计制作高水平的广告作品。

(2)及时了解广告效果。广告公司可以为广告主进行广告效果测试,并进行反馈处理,总结经验,修订计划,提高广告作品制作水平。

(3)节省广告费用。在委托广告公司负责办理广告业务之后,多数工商企业都只需设立精简的广告机构来处理日常的广告事务,这样既节省广告开支,又能收到较好的广告效果。

三、媒体广告组织

广告媒体是指传递广告信息的物体。凡能在广告与广告对象之间起媒介作用的物质都可以称之为媒介物或媒体。广告媒体是广告信息传播过程的载体,是广告信息从出发者到接受者的中介。没有广告媒介,企业的广告信息就无法到达目标消费者。

(一)媒体广告组织的机构设置

媒介广告组织因其广告业务规模不同,有的比较精简,有的则发展得很完善,职能齐全,机构也很复杂。

1. 报纸

报纸广告组织的机构设置制度一般有两种类型。

(1)列举制。在报社总编辑下设编辑部、广告部、发行部、印刷业务部等各主要业务部门。编辑部负责报纸各版面的编辑出版,在广告业务上则负责为广告安排版面;发行部专门负责报纸的发行、收订以及发行事务的安排、发行渠道的组织、报纸的发放等;印刷业务部则负责报纸的印刷事务,包括与印刷厂的联系工作、印刷时间安排和印刷计划安排,并监督印刷工作,检查印刷质量;广告部是专门负责报纸广告业务的职能部门,它承担广告业务的接洽、签约、设计制作和实施发布等工作,并对外来的广告作品负责编辑、检查审核和安排发布时间与版面的事宜。

(2)综合制。综合制为一般小报所采用,在总编辑下设编辑部,编辑部内设广告组,其下再设编辑、营业、分类广告等专业小组。

2. 杂志

杂志广告部门也同报纸一样,根据机构大小、业务量多少而设置。

(1)小型杂志。小型杂志社由于其业务量小,一般不单独另设广告机构,由编辑、美工和发行人员兼办广告业务。

(2)大型杂志。大型杂志一般有一套与大型报社相类似的机构设置。总编辑室下设编辑组、美工组、印刷业务组、发行组和广告业务组等专业小组。编辑负责文字编排,而美工则负责美工设计和杂志版式设计,他们都在一定程度上参与广告的编排制作工作。尤其是美工组,杂志广告的版式设计、图画创作一般由他们去完成。印刷业务组负责杂志的印刷事宜。发行组专责发行。广告组则负责广告业务的联系接洽、签约、策划和设计制作,以及广告实施发布等事宜,其工作量也相当可观。

(3)广播。由于其业务量相对较大,一般广播媒介单位的机构设置都很健全,有独立的广告部。在广告部下设业务、编辑、导演、录音、制作合成、财务等。并按工业、农业、商业、外贸等设立专业小组，负责接洽业务、制作广告和实施发布等工作。

(4)电视。电视媒介单位的广告机构设置基本与广播单位相同，但多了摄影、摄像、美工人员等。

(二)媒介广告组织的工作任务

媒介广告组织的工作任务，主要是负责发布广告、设计制作广告和收集广告反馈。

1. 发布广告

广告媒介是实施广告的工具和手段，是传播广告信息的载体。其主要任务就是发布广告。广告的来源主要有两方面：一是直接受理广告客户的广告；二是广告公司代理承揽的各项广告业务。媒介广告部门与本地或外地的广告公司签订合约，出售一定的广告版面或广告时间，以便各广告公司有计划地安排版面或时间发布广告。

2. 设计制作广告

广告媒介单位在接受广告任务时，一部分广告已制作成广告作品，只是负责安排版面或时间。但有的广告客户只提供广告资料和广告要求，须由广告部门负责策划、设计和制作。如报纸、杂志广告的文稿撰写、美工设计；电台、电视广告的脚本撰写、演员排演、录音录像、拍摄、剪辑等。

3. 收集广告反应

广告媒介部门在发布广告之后，往往收到许多人来函来电，提出查询或投诉，媒介广告部门应定期整理，向广告主反映，加强与广告主或广告代理公司之间的联系，及时掌握广告反应，稳定广告客户的信心。

四、广告团体

广告团体主要指广告行业组织，由从事广告业务、广告研究、广告教育或与广告业有密切关系的组织和人员自愿组成，对促进广告行业的业务交流、沟通协调及增强行业自律和管理具有重要的作用。广告行业组织按照地域范围可分为国际性广告行业组织、地区性广告行业组织和国内广告行业组织。

(一)国际性广告行业组织

其主要有国际广告协会、世界广告行销公司等。它的出现，对于协调、促进各国广告界的交流与合作，提高广告业务水平做出了重要贡献。

创建于1938年的国际广告协会(简称IAA)，是目前最大和最权威的国际广告组织，总部设在美国纽约。它是由个人会员和团体会员组成的非营利性组织，会员遍布世界近80个国家和地区。该协会每两年召开一次世界广告会议，交流广告经验并探讨有关广告理论与实务方面的问题。我国于1987年5月12日，以“国际广告协会中国分会”的名义加入了国际广告协会。

世界广告行销公司(简称WAN)，由世界各地著名的广告公司组成，总部设在英国伦敦。该组织主要为成员提供业务帮助，如培训人员、交流国际经济与市场动态的信息，等等。

(二)地区性广告行业组织

如亚洲广告协会联盟等。亚洲广告协会，简称亚广联，成立于1978年，是由亚洲地区的广告公司协会、与广告有关的贸易协会和国际广告协会在亚洲各国、各地区的分会等联合组成的洲际广告行业组织，每两年召开一次广告会议。它是一个松散型的组织。我国于1987年6月

14 日以"亚洲广告联盟中国国家委员会"的名义加入"亚广联"。

(三)国内广告行业组织

1. 广告行业组织——广告协会

广告协会是广告经营单位联合组成的行业组织。它是代表政府对广告行业进行指导、协调、咨询、服务活动和执行行业自律的广告行业组织。我国最早的广告行业协会组织，是 1927 年由上海 6 家广告社成立的"中华广告公会"，后几经改名，在 1933 年定名为"上海市广告同业公会"，解放后更名为"上海市广告商业同业公会"。1979 年，我国广告市场得以恢复和发展，广告行业组织也获得飞速发展。1981 年，中国对外经济贸易广告协会成立；1983 年，中国广告协会成立。随后，全国相继成立了省、市、地、县等各级广告协会，各地区的媒介也先后成立了广告协会组织。其中，中国广告协会是我国最大的全国性广告行业组织，会员为团体会员，由国内的广告经营单位联合组成，每两年举行一次会议。其最高权力机构是会员代表大会。它对我国的广告行业具有较强的指导力和监督力。

2. 广告学术组织——广告学会

广告学会主要由广告行业中有关广告理论研究、广告管理部门联合组成的民间学术研究组织，是从事广告工作的艺术人员、业务人员、科研人员、教育工作者以及广告专业企业、兼营单位、大专院校有关广告专业科系等组成的团体。其目的是联络上述广告人员和组织，积极开展广告理论的学术研究，提高广告的专业水平和理论水平。

【知识链接】

国际广告协会

国际广告协会是国际上最大、最有权威的国际广告团体的一种形式。它成立于 1938 年，现有 2 000 多名会员，遍布世界 75 个国家或地区。其宗旨是团结和联合世界各国的广告界人士，共同探讨广告理论、交换意见、交流经验，促进国际广告业的发展，加强各国广告机构的相互合作。国际广告协会的组织机构为：理事会、协会主席、执行委员会和办事处。在世界各大洲还设有区域会议或分会。世界广告行销公司是由世界各地著名的广告公司组成的世界性广告组织，凡参加该公司的会员组织均可得到帮助。例如，协助开拓国际市场、培训会员、提供最新广告业的信息和经济动向。世界广告行销公司是世界上有影响力的广告组织。亚洲广告协会是亚洲广告协会联盟的简称。它由亚洲地区的广告界人士为了相互交流经验，开发广告人才，共同研讨广告理论而根据自愿原则建立起来的区域性国际广告团体。亚洲广告协会联盟的会员有正式会员、准会员、个人会员和特别会员。亚洲广告联盟的会员都是以国家委员会的名义加入的，所以，它的会员一般都是先按照地区或国家组成亚洲联盟国家委员会，然后加入亚洲广告联盟。1987 年 6 月 14 日，我国以亚洲广告联盟中国国家委员会的名义加入了亚洲广告协会联盟。

【小资料】

恒美 DDB 公司(DDB Needham Worldwide)

恒美 DDB 公司(DDB Needham Worldwide)于 1949 年成立于美国纽约，是一家具有 50

多年历史的世界顶级 4A 广告公司。恒美 DDB 的全称为 Doyle Dane Bernbach。它是传播公司集团 Omnicom 集团的子公司。在 96 个国家和地区设有 206 个分公司或办事处。1949 年，威廉·伯恩巴克与道尔戴恩(M. Dane)共同创办 DDB 广告公司(Doyle Dane Bernbach，即恒美广告公司)。DDB 广告公司是著名的世界十大广告公司之一，全球的营业额是 180 亿美金。

北京新世纪恒美广告有限公司是由北京新世纪广告有限公司与美国恒信传媒集团(DDB Worldwide Communications Group Inc.)于 2001 年重组成立的合资广告公司，凭借对本土市场的深度理解以及国际化的运作经验，为国际国内众多客户提供全面的广告服务，在上海、广州设有分公司和办事处。

(资料来源：http://baike.baidu.com/view/4227885.htm)

技能培养：

广告代理业的出现

广告代理业是随着近代报刊广告经营活动的需要而产生并逐步发展起来的。最初的广告代理业与报刊业共生共存。早在公元 1141 年，法国卜莱州就出现了一个由 12 人组成的叫卖组织，可谓世界上最早出现的广告组织。但这种组织形式只是在特定条件下的产物，从严格意义上说，与后来从事广告经营活动的组织机构没有太大的联系。只有到了公元 17 世纪以后，随着工业革命的兴起，近代报纸迅速在欧洲和美洲大陆发展起来，报纸广告经营才被提到议事日程上来。由于报纸能够通过广告经营获得可观的收入，读者通过阅读广告栏的内容能够获取日常生活的消费信息，而商人则能够通过报纸广告把有关的销售信息在更大的空间范围扩散开来而获利，这种相互依存的利益促使报纸广告业务日益兴旺发达，需要有从事报纸广告业务的代理机构，于是就产生了以经营报纸版面为生计的"报纸掮客"，这即是早期的广告代理业。

随着广告市场的扩大和业务量的增加，广告代理业逐渐从媒体中分离出来。1865 年，美国出现了由乔治·罗威尔创建的"广告批发代理"。他预先购买下 100 家报纸的广告版面，然后再将广告版面以略高价格分售给不同的广告主，从中赚取差价。实际上，也就是从罗威尔开始，广告代理业出现转化，成为名副其实的媒体和广告主之间的"中间批发商"。罗威尔的这种经营方式，逐渐成为广告代理经营共同遵守的一项原则。罗威尔还创办了广告专业杂志《印刷者墨汁》和《美国报纸导读》。这份导读罗列了美国 5 000 多种报纸的名称，尽量评估出这些报纸的发行量的确切数字和版面的公平价位，促进了报纸的正当经营，加大了对广告客户的服务。1869 年，美国艾耶父子广告公司在费城成立。这家广告公司不仅份演"掮客"的角色，还为客户设计、撰写方案，建议和安排适当的媒体，并制作广告。所有这些业务，标志着现代广告公司的出现。英国的美瑟暨克劳瑟公司(奥美广告公司的前身)到 1894 年，也已提供与艾耶父子广告公司类似的深度服务，并拥有 100 名员工的规模。这些，都显示现代广告业在逐步形成。

(资料来源：MBA 智库百科 http://wiki.mbalib.com)

分析：根据以上知识，谈谈你对外国广告代理制度的理解和认识，分析我国广告代理制度现状。

上海广告有限公司

上海广告有限公司成立于1962年，是我国最早成立的本土广告公司之一。上海广告有限公司曾经作为上海本土广告公司甚至全国本土广告公司的一个标志，引领着中国广告行业的发展。上海广告有限公司是全国第一家代理外商来华广告的广告公司；1993～2002年连续10年排名中国广告公司综合实力前十强，这既显示了上海广告有限公司的综合实力，也表明了上海广告有限公司企业品牌的含金量。2004年2月，上广加入上海世博(集团)有限公司，公司将以先进的经营理念，结合专业优势和资源优势，通过整合营销传播，致力于为客户创造更富市场竞争力的品牌，成为最具本土竞争力的传播企业。目前主要服务客户：现代起亚、华晨汽车、中国电信、千里马汽车、GP超霸电池、《申江导报》、生命保险、豫园等。公司所获荣誉：中国广告行业文明单位；中国广告优势企业；中国广告一级企业；上海市文明单位。公司在业界引起强烈反响的事件：千里马营销案例荣获2004年度艾菲奖金奖。

谈谈你对广告公司工作内容的认识，并谈谈你对国内其他著名广告公司的了解。

2011年中国内地广告公司排名

1. 盛世长城广告公司
2. 广东省广告股份有限公司
3. 杭州无境广告公司(NEVEND)
4. 灵智精实(euro rscg)
5. 北京电通广告有限公司
6. 上海腾迈广告有限公司(TBWA)
7. 梅高广告公司(Meikao)
8. 旭日因赛(NEWSUN/JWT)
9. 威汉营销传播(WE Marketing)
10. 奥美广告(O&M)
11. 李奥贝纳广告公司(Leo Burnett)
12. 博达大桥国际广告传媒有限公司
13. 北京东方仁德广告有限公司
14. 达彼思141
15. 天联广告公司(BBDO)
16. 广东英扬传奇广告有限公司
17. 北京欧阳盛世文化传播有限公司
18. 扬罗必凯广告公司(Y&R)
19. 阳狮广告公司(Pulicis)
20. 麦肯·光明广告(McCann)

(资料来源:http://baike.baidu.com/view/16888.htm)

各学习小组从上述企业中挑选一个，进行企业发展史资料收集，并在课堂集中讨论。

【案例教学】

挑选广告机构：内部还是外部

加拿大财产及灾害保险业经历了历史上最糟糕的两年。加拿大最大的保险公司之一——协邦保险(Co-operators)的管理层厌倦了与广告公司打交道。这些广告公司似乎根本不了解协邦保险公司或整个保险行业存在的问题。于是，协邦公司成立了一个内部营销团队，任务是重振公司的知名品牌，把品牌认知与特定的属性联系起来。该团队通过内部研究和数据挖掘描绘了公司顾客的特征，并聘请了一名顶尖创意总监帮助创作新广告。结果就产生了名为“Heritage”的电视广告。这个广告及配套宣传材料的焦点是一个农场主协会，协会成员信赖一个有同情心、友善、喜欢分享、正直诚实的加拿大保险公司。广告及整个传播活动非常成功。

但是，由内部人员负责广告创作也有缺点。一个问题是，公司可能变得因循守旧，意识不到其他促销或广告机会。内部团队也可能不具备足够的专业知识来完成所有必要的职能。结果可能变成削减广告成本，而不是利用广告公司的知识和专长。在全球市场中，公司内部成员缺乏对国外目标市场的语言、习惯和购买行为的必要了解，所以必须有所选择。

从公司规模上看，小客户对广告公司通常没有吸引力，因为没有多大收益。从投入媒体的资金来看，小客户对广告公司而言似乎不经济，因为更多的资金必须花在制作广告而不是购买媒体时间或广告位上。在这方面，有一个"75-15-10"经验法则，即75%的资金用于购买媒体时间或广告位，15%的资金用于支付广告公司进行创意，10%用于广告的实际制作。但对于小客户来说，资金分配比率更可能是25-40-35，即75%的资金用于广告创意和制作上，只有25%的资金用于购买媒体。因此，除非75%的广告预算可用于购买媒体，否则明智的做法可能就是由内部团队或小广告公司负责所有的广告活动。

与内部团队相比，广告公司更可能客观公正。内部创意人员很难不偏不倚，不受组织内其他人的影响。组织内的其他人可能并不完全理解广告艺术层面。外部创意人员就不会面临这些影响和压力。

复杂产品的广告则是不同的情况，因为外部广告公司的人一开始可能难于理解这一复杂的产品。让他们尽快熟悉情况，往往要花费相当多的时间和资金。因此，对于一些更复杂的产品来说，任用内部团队可能会更好；而一些通用的或更标准化的产品更适合聘用外部广告公司。

最后一个要考虑的问题是创造力。广告公司声称它们能提供更好的创意，许多时候的确如此。但是，内部团队也可以只在广告设计阶段聘用兼职创意人员。因此，问题就变成了是把整个项目外包出去，还是只使用广告公司的创意人员及其他专家。

如果最终决定选用外部广告公司，那么为了利用广告和传播计划扩大受众，公司就得投入大量资源。

（资料来源：[美]Kenneth E. Clow. 广告、促销与整合营销传播[M]. 冷元红译. 北京：清华大学出版社，2008.）

分析：1. 企业实施广告使用内部广告团队与使用外部广告公司有什么区别？

2. 广告主应该如何挑选广告代理机构？

3. 挑选广告公司有哪些步骤？应该遵循什么准则？

【实战演练】

同学们首先分组对社会知名广告公司进行调研，研究公司组织结构，分析公司经营模式。然后，以本班同学为目标对象，成立一个专业广告公司，要求责、权、利分工明确，并就某一产品的宣传推广进行试运行。

第二节 广告管理

经典语录：

每一个广告，都是商品印象(brand image)的长期投资，丝毫不允许有冒渎印象的行为。

物竞天择，适者生存。——大卫·奥格威

为拙劣的产品做广告，只会加速它的一败涂地。——伯恩巴克

理论基石：

近年来，我国的广告业有了快速稳定的发展，广告活动也受到越来越多的消费者关注。广告活动和一般的经济活动一样，是一种受到一定约束、限制和控制的活动。为了进一步促进广告传播活动有序地开展，使广告业沿着健康的轨道运行，现在人们越来越重视广告管理工作了。

一、广告管理

广告管理主要是指国家、社会、广告业内部对广告活动的指导、监督和控制。广告管理的目的不仅是为了限制广告活动的不良倾向，规范广告行为，更重要的是指导广告业务健康发展，为社会主义市场经济的繁荣发挥积极作用。

（一）广告管理的必要性

广告从其产生之日起就带有了明显的商业性和功利性，所以，在具体的广告运作上会因种种因素出现某些违法行为，从而扰乱社会经济秩序，侵害消费者权益。因此，国家通过立法对广告活动进行监督管理，规范广告市场，来保护合法经营者和广大消费者的利益，限制和取缔非法广告与非法经营者，促进社会主义市场经济朝着合法有序的方向发展。

1. 保证广告业正常运行和健康发展

广告活动是一种广泛涉及社会经济生活和精神文明生活的市场行为。作为一种竞争手段和一种基本的市场经营方式，其形式、内容、运作方式是否合法，对社会和经济的有序发展有着直接影响。健康有序的广告活动可以成为社会经济发展的润滑剂，而缺乏规范、混乱无序的广告活动则会扰乱市场秩序，危害社会经济生活。改革开放以来，我国的广告业恢复和发展得很快，是知识密集、人才密集、技术密集的新兴产业。但是，在这种迅速发展的过程中，不可避免地出现了一些消极因素和不健康因素，如果不通过行政、经济、社会监督的方式、方法来进行调整，就可能会出现一些不必要的社会不稳定因素，会对我国广告业的发展形成一种严重的障碍。广告管理是国家广告业健康、稳妥、有序发展的基本保障。

2. 保护企业权益，维护市场经济秩序

市场经济良性发展，必须有良好的社会经济秩序作保证。广告作为在市场经济运行过程中不可或缺的主角，其内容和形式的合法，对社会经济秩序有着直接的影响。广告管理就是对广告业的市场进行有序的管理，使各工商企业和广告经营企业的合法经营得到保护。所以，在这种情况下不断完善广告法规，通过行政、社会和行业等多方面加强广告管理，就能在保护企业的合法权益、抵制不正当经营、促进竞争、推动经济发展等方面起到积极作用。在我国经济与世界经济不断同行的过程中，我国加入世界贸易组织，更要按照国际规则开展经营活动，进一步加强我国市场经济的竞争能力，广告管理的作用更加不容忽视。

3. 加强广告管理，保护消费者权益

现在的时代是一个信息飞速发展的时代，广告作为一种信息传播的主要手段，已经是现代消费者获取消费信息的主要媒介。广告是消费者购买商品的指南，因此必须真实地传递商品信息，不得欺骗公众，牟取暴利，损害消费者的利益。特别是一些关系人身安全与健康的医药、

食品、化妆品、家用电器，不实的广告宣传会使消费者上当受骗，危及人身、财产安全，直接影响社会秩序的稳定。工商行政管理部门必须加强对广告的管理，防止违法者利用广告妨害社会秩序，损害消费者权益。

（二）广告的管理机构

1. 广告的行政管理

广告的行政管理，是指政府广告监督管理机关（国家工商管理总局和地方县级以上各级工商行政管理机构）依据相关法律、法规和有关政策规定对广告活动实施管理。

根据我国《广告法》第六条规定，县级以上人民政府工商行政管理部门是我国的广告监督管理机关。

在我国，广告管理机关在组织结构上有如下设置：

(1)国家工商行政管理总局下设广告司，管理全国的广告行业。

(2)各省、自治区、直辖市及计划单列市的工商行政管理局设广告处，管理本辖区的广告业务。

(3)地、市工商行政管理局设广告科，管理本辖区的广告业务。

(4)县、自治县工商行政管理部门设广告股，管理本辖区的广告业务。

2. 行业管理机构

我国的广告行业自律管理主要由中国广告协会组织实施。即由中国广告协会组织成员共同制定自律规章，作为本行业成员共同遵守的规范(《广告行业自律规则》)，对全国广告业者进行指导、协调、咨询和服务，协助政府进行行业管理。该协会包括广告公司、电视、报纸、广播、学术、公交、铁路和法律咨询等多个专业委员会。

3. 社会监督机构

广告的社会监督又称广告消费者监督和广告舆论监督，主要是通过消费者自发成立的消费者组织，依据国家的广告管理法规、法律对广告进行日常的监督和管理。同时，针对广告活动中存在的问题，向有关管理部门提出建议。

消费者组织是依法成立的对商品和服务进行社会监督的保护消费者合法权益的社会团体，是公众进行广告监督的主要阵地。

现在全国县级以上的消费者组织就有2万多个，工商企业建立的各种监督站1万多个，形成了全国性的消费者组织网络。各级消费者组织根据《消费者权益保护法》、《反不正当竞争法》、《产品质量法》、《商品法》等相关法律，积极开展工作，履行自己的职责。《消费者权益保护法》规定消费者协会应当履行的职责主要有：(1)向消费者提供消费信息和咨询服务；(2)参与有关行政部门对商品和服务的监督、检查；(3)就有关消费者合法权益的问题，向有关行政部门反映、查询，提出建议；(4)受理消费者的投诉，并对投诉事项进行调查、调解；(5)投诉事项涉及商品和服务质量问题的，可以提请鉴定部门鉴定，鉴定部门应当告知鉴定结论；(6)就损害消费者合法权益的行为支持受损害的消费者提起诉讼；(7)对损害消费者合法权益的行为，通过大众传媒予以揭露、批评。

另外，随着大众传媒事业的发展，新闻舆论的社会作用越来越重要，在揭露虚假广告、促进广告健康发展方面发挥了极其重要的作用。新闻舆论对广告的监督主要有开展新闻揭丑活动、宣传优秀广告活动和广告作品。

(三)广告管理的内容

1. 对广告经营和广告发布活动的管理

(1)对广告主的管理。对广告主的管理主要是实行验证管理制度，是指广告主在委托广告经营者设计、制作、代理、发布广告时，必须向其出具相应的文件或材料，以证明自己主体资格和广告内容的真实、合法。

(2)对广告经营者的管理：

①对广告经营者的审批登记管理，必须符合我国《民法通则》(包括受理申请、审查条件、核准资格和发放证照四个阶段)的基本规定。

②对于广告业务员的管理，必须符合广告业务员认证制度，特别是专职从事承揽、代理广告业务的工作人员。

③广告合同制度，是指参与广告活动的各方，包括广告主、广告经营者和发布者，在广告活动实施前，为了明确双方当事人之间相互的权利和义务，必须依法签订协议的一种制度，以保护参与广告活动的各方的正当权益不受侵害。作为合同的双方当事人发生纠纷后，双方可以通过协商、调解、仲裁、诉讼的方法来解决纠纷。

④对于广告经营者的业务档案管理，主要是指通过广告业务档案制度进行的。所谓的广告业务档案制度是指广告经营者对广告主所提供的关于主体资格和广告内容的各种证明文件、材料，以及在承办广告业务活动中涉及到的承接登记、广告审查、广告设计制作、广告发布等情况的原始记录材料，进行整理、保存并建立业务档案以备随时查验的制度。其基本的作用是业务参考、法律活动的凭证。

⑤对广告经营单位的年检注册，主要是通过对其单位的《广告经营单位年检注册证》进行年度检验。

(3)对广告发布者的管理。它又称广告媒介物管理或广告媒介管理，是指广告管理机关依照国家广告管理法律、法规的有关规定，对以广告发布者为主体的广告发布活动的全过程实施的监督管理行为。其主要内容有：对广告发布者经营权的管理；对广告发布者提供的媒介覆盖率即媒介覆盖范围和覆盖人数的管理；对广告发布者利用媒介时间、版面和篇幅的管理。

(4)对广告信息的管理。广告信息主要包括广告信息的内容及其表现，它是以广告作品的形式经媒介的发布完成传播。

①广告内容的管理，即对广告内容的真实性、合法性进行管理，以确保广告内容的真实、合法和健康。

②广告表现的管理，主要内容是：对广告表现真实性的管理；对广告表现合法性的管理；对广告表现道德性的管理；对广告表现公益性的管理；对广告表现独创性的管理；对广告表现可识别性的管理。

(5)广告收费的管理。广告收费是指广告经营者、广告发布者在承接和完成广告主委托的广告业务后，所收取的广告设计费、制作费、代理费和发布费。广告收费管理是指广告管理机关会同物价、城建、公安等职能部门，依照广告管理法律、法规的有关规定，对广告经营者、广告发布者在设计、制作、代理、发布等广告业务活动中的收费行为的合法性进行的管理。我国对广告收费实行国家定价(国内10%和国外15%)管理和备案价格管理相结合的原则。

(6)对户外广告的管理。作为户外广告，其内容必须真实、合法，并且要与社会人文环境、自然环境相适应，同时，户外广告必须实行登记管理制度。

2. 行业自律管理

行业自律管理是指广告业主(包括广告主、广告经营单位、广告发布者及其相应的行业组织等),通过制定公约、章程、规则、倡议书等形式进行自我协调、自我约束、自我管理、自我负责,使自己的行为更符合国家法律、社会公德和职业道德,确保广告市场有序进行。

我国广告行业自律管理的主要内容有:

(1)广告活动力求广告的经济效益和社会效益的统一,并以此原则检验广告效果。

(2)制作、发布的广告内容要健康向上,符合社会主义精神文明的要求。除非有充分的论证,广告中不应有“独家”、“首创”、“第一”、“最好”等绝对声明用语。广告中不得有诽谤、贬低他人和竞争者的内容。

(3)广告经营单位之间的竞争应体现在优质服务方面,不得采取不正当手段;要按规定支付国内外广告代理费用,不得随意压低或抬高代理标准;广告发布价格标准应根据媒体的收视率、收听率、读者范围、媒体的权威性及服务水平等来制定。各经营单位需按媒体价格标准统一报价,不得随意提高或压低广告价格。在接受广告时,要认真审查广告内容,查验有关证明文件,建立经营管理制度。

(4)承办广告应进行市场调查,特别是进行消费者研究及相关法规许可范围的研究,以保证广告的科学性、合法性,避免盲目性。广告创作要坚持创新,尊重版权,不得抄袭他人创意,不得侵犯公民的肖像权。

(5)广告经营单位之间应当友好合作,密切配合。对于广告公司经过认真策划、设计制作的广告,各媒体单位应予以支持。广告公司应按媒体的特点和技术要求代理广告,保证广告质量。

3. 社会监督管理

广告的社会监督,主要是指人民群众通过某些社会组织和社会团体、舆论机构、各种群众自治组织或者公民,自行对广告活动各个方面进行的监督,包括消费者的监督、广大群众的监督、新闻舆论监督等。推行社会监督,是为了保护消费者利益,使广告活动取得良好社会效益的基础性管理工作,历来是工商行政管理部门广告管理的重要工作内容之一。通过社会监督,对不良广告行为进行检举或批评,从而限制、制止有危害消费者利益、社会公众利益行为的广告出现。

4. 广告管理的要求

(1)广告宣传内容的要求

广告宣传内容必须真实、合法、健康。《广告法》第 3 条规定:“广告应当真实、合法,符合社会主义精神文明建设的要求。”这就要求在制定宣传商品内容的广告时必须做到:以事务为依据,准确、具体、客观地传播商品或服务信息,不得虚夸、伪造;广告内容及其宣传形式必须符合我国宪法、法律、行政法规和地方性法规文件;广告宣传必须为社会主义精神文明建设服务,做到经济效益和社会效益兼顾协调,尊重社会主义公德和社会公共利益。

(2)从事广告活动的细则

从事广告活动应当遵循守法、公平、诚信的原则。《广告法》第 5 条规定:“广告主、广告经营者、广告发布者从事广告活动,应当遵守法律、行政法规,遵循公平、城实信用的原则。”

(3)广告内容和形式应当符合基本的要求

我国的《广告法》从广告的内容和形式两方面,对广告内容的导向、广告禁止的内容、广告的可识别性、广告内容的组织等作了明确规定(第7～13条)。

二、广告法律规范

广告法律规范是指由国家政权机关制定的关于广告宣传和管理的法律规范的总称。它是国家行政法律规定的范畴,是国家法律规范的重要组成部分。广告法律规范是国家运用法律手段对广告业进行管理的重要手段。

(一)广告法律规范的体系及构成

作为部门法从其体系构成来看,各国的广告法律规范在内容上是千差万别的,但从总的法律规范体系上看都可归纳为以下两种部门法的建构方式:

(1)没有专门的广告法律、法规,有关的广告法律规定散见于有关民事活动和市场经济活动的相关法律规范中。世界上大多数国家的广告法律规范属于此体系。由于没有专门的广告法,所以涉及到的广告问题比较多,负责制定和执行相应民事法律的管理部门就要担负起对非本部门权责范围内的广告违法行为的管理,由此,不仅涉及到的广告法律规范多,而且参与的管理的部门也众多。美国和法国是这种法律规范体系的代表。

(2)以本国的宪法为根本,以《广告法》为总的规范性文件,其他的相关法律规范作为补充,来调整广告活动。目前只有为数不多的国家设立了专门的《广告法》,大多数国家都是用条例来调整。广告由于其特殊的性质,广告法只调整商业性的广告,而非商业性的广告仍需要按有关的条例来办理。广告活动是一种民事行为,除了遵守《广告法》之外,还要遵守相应的法律法规,如:民法、合同法、消费者权益保护法、反不正当竞争法等。这种以广告法为主干,所有的这些法律法规构成了完整的广告法律规范体系。英国和日本是这种法律法规体系的代表,我国也属于这种法律法规体系。

我国的广告法律规范体系有一个专门的基本法律即《广告法》,同时由一系列广告法律规范文件组成。我国的广告法系,从法律效力上来看,形成了以《广告法》为主干和核心,以《广告管理条例》为必要补充,以国家工商行政管理局单独或会同有关部门制定的行政规章为具体的操作依据,以地方性行政规定为实际针对性措施的多层次的法律规范体系。从广告法律法规的内容上来说,《广告法》主要针对商业广告;《广告管理条例》则兼容社会类、公共类广告。从法律性质上来说,我国的广告法律法规规范容纳了程序性规定、限制性规定、资质条件规定和政策性规定。如程序性的规定主要有:药品、医疗器戒、农药、兽药广告审查标准及《临时性广告经营管理办法》、《户外广告登记管理规定》、《广告服务收费管理暂行办法》等;限制性的广告规定主要有:《烟草广告管理暂行办法》、《酒类广告管理办法》等;资质条件规定主要有:《关于设立外商投资广告企业的若干规定》、《广告经营者、广告发布者资质标准及广告经营范围核定用语规范》、《广告审查员管理办法》、《关于进一步加强境内企业在香港发布广告管理的通知》等;政策性规定主要有《关于加快广告业发展的规划纲要》等。

(二)广告法律规范的主要内容

《广告法》第7条规定:"广告内容应当有利于人民的身心健康,促进商品和服务质量的提高,保护消费者的合法权益,遵守社会公德和职业道德,维护国家的尊严和利益。"

1. 广告发布内容的禁止性标准

(1)广告不得使用中华人民共和国国旗、国徽、国歌。包括不得以任何形式使用或者变相使用国旗及其图案、国徽及其图案、国歌及其词曲。曾出现在某广告中展示我国一位奥运冠军身披国旗绕赛场奔跑的画面，该广告就违反了这一禁止性规定。违反此项规定较为常见的情形是将国歌或其旋律作为广告的背景音乐等，这些均构成违法广告。但这一规定在公益广告中例外。

(2)广告不得使用国家机关和国家机关工作人员的名义。包括各级国家权力机关、行政机关、司法机关、政协、工会、共青团、妇联及军队、武警等机关、组织及其工作人员。在商业广告中禁止以任何形式使用上述机关、组织及其公共人员的名义、形象、言论等。

可以使用国家机关及其工作人员名义的例外情况：一是公益广告，二是重大政治题材类影片的电影广告宣传。

(3)广告不得使用国家级、最高级、最佳等用语。在对绝对化用语的认定和掌握上，根据国家工商行政管理总局的规定，以下情形均属于绝对化用语：

①顶级、最佳、极品、至尊、第一品牌等表述。

②商品包装中使用"极品酒"、"极品烟"等字样。

③在商品或服务的名称中使用绝对化用语。利用广告宣传商品或服务名称的，应当认定为广告用语，其内容同样受广告法律法规规范。因此，在广告中出现的商品或服务名称中的诸如"顶级"等绝对化用语同样受此规范的约束。

(4)广告不得妨碍社会安定和危害人身、财产安全，损害社会公共利益。

(5)广告不得妨碍社会公共秩序和违背社会良好风尚。

(6)广告不得含有淫秽、迷信、恐怖、暴力、丑恶的内容。

(7)广告不得妨碍环境和自然资源保护：

①广告不得宣传不符合环保标准的产品。

②广告不得宣传不利于环保和自然资源保护的产品，如国家工商行政管理总局规定禁止传播电力捕鱼工具的广告。

③广告不得出现破坏生态平衡，经营国家保护野生动、植物等的内容。

(8)法律、行政法律规范规定禁止的其他情形：

①乱评比、乱排序。1996年，中共中央办公厅、国务院办公厅发布《关于严格控制评比活动有关问题的通知》，据此，国家工商行政管理总局发布了《关于严格控制评比类广告的通知》，1999年又发布了《关于停止发布含有乱评比、乱排序等内容广告的通知》等一系列规范性文件。

②将人民币变相作为奖券使用。

③有奖销售价值超过5 000元，在抽奖式的有奖销售中，下列几种表现形式不得发布广告：经营者单独或与有关部门利用各种彩票设置奖励推销商品，最高奖的金额超过5 000元的；以价格超过5 000元的物品的使用权作为奖励的；以提供就业、聘为顾问等名义，并解决待遇、给付工薪等方式设置奖励，不论奖励现金、物品或其他经济利益，也不论是否要求中奖者承担一定义务，最高奖的金额超过5 000元的；商品销售与彩票相结合，该彩票的最高净额低于5 000元，由于中奖几率的不确定性，广告中不得将彩票的奖励作为经营者有奖销售额进行宣传，以免误导消费者。

④擅自利用重大政治题材进行商业牟利。

2. 广告发布内容的命令性标准

广告发布内容的命令性标准是相对其禁止性标准而言的。禁止性标准是规定广告不得出现的情形的标准；而命令标准则是规定广告必须或者应当如何的标准，是一种作为义务。

(1)保护儿童和残疾人的身心健康。《广告法》第 8 条规定："广告不得损害未成年人和残疾人的身心健康。"广告的内容不得对未成年人和残疾人的身心健康造成不利影响。

广告对未成年人的保护标准主要体现在对儿童广告的具体规范上。

①具体内容包括：儿童广告必须有利于儿童的生理和心理健康，有利于培养儿童优秀的思想品质和高尚的品德；不适于儿童使用的产品的广告，不得有儿童参加演示，如药品、烟草、酒类广告等，也不宜使用卡通等儿童喜闻乐见的形象进行宣传；针对儿童宣传的广告，应当进行浅显的、能够为儿童正确理解的描述；广告中出现的儿童或家长，应当表现为具有良好行为或态度的典范。

②要求不得发布下列儿童广告：有损儿童的身心健康或道德品质的；利用儿童给家长施加购买压力的；影响儿童对长辈或他人尊敬或友善的；影响父母、长辈对儿童的言行进行正确教育的；以是否有某种商品使儿童产生优越感或自卑感的；儿童模特队宣传的商品演示超出一般儿童行为能力的；表现不应有儿童单独从事的某种活动的；可能引发儿童任何不良事故或行为的；利用超出儿童判断力的描述，使儿童误解或者变相欺骗儿童的；使用教师或儿童教育家、儿童文艺作家、儿童表演艺术家等名义、身份或形象的。

(2)关于商品或服务性能、产地、价格、赠送礼品等的表示的问题。根据《广告法》第 9 条规定，广告中对商品的性能、产地、用途、质量、价格、生产者、有效期限、承诺或者对服务的内容、形式、质量价格、承诺有表示的，应当清楚、明白，不得使人产生误解。

广告中表明推销商品、提供服务附带赠送礼品的，应当标明赠送的礼品的品种和数量。一旦经营者对其商品或服务有虚假表示，足以使一般消费者受到欺骗或误导，并且消费，因此而接受了经营者的商品和服务，则可认定经营者对消费者构成了消费欺诈行为。

(3)关于广告使用的数据、统计资料、调查结果、文摘、引用语问题。《广告法》第 10 条规定："广告使用的数据、统计资料、调查结果、文摘、引用语，应当真实、准确，并表明出处。"

(4)关于专利广告问题。《广告法》第 11 条规定："广告中涉及专利产品或专利方法的，应当标明专利号和专利种类。未取得专利权的，不得在广告中谎称已取得专利权。"

(5)关于广告使用他人名义、形象问题的内容如下：

①有关人物形象运用的基本原则性规定见《广告法》第 25 条。

②关于名人广告问题。对名人名义、形象的使用，要严格按照合同约定的使用方式和期限等使用，不得超出合同许可的范围。

③关于药品、医疗器械、农药、医疗广告中的形象问题。《广告法》第 14 条中规定，药品、医疗器械广告不得利用医药科研单位、学术机构、医疗机构或者专家、医生、患者的名义和形象作证明。

④关于化妆品广告中的形象问题。《化妆品广告管理办法》第 8 条规定，化妆品广告中不得出现使用化妆品前后形象对比的情形。

⑤关于食品广告中的形象问题。《食品广告发布暂行规定》第 8、第 9 条规定：食品广告不得使用哺乳妇女和婴儿的形象。不得使用医疗机构、医生的名义或者形象。食品广告中涉及特定功效的，不得利用专家、消费者的名义或者形象作证明。

3. 广告活动的法律规定

在广告活动中，广告主、广告经营者、广告发布者之间不但存在利益关系，而且存在工作关系。

(1)关于取得合法经营资格的规定。《广告法》第26条规定:“从事广告经营的,应当具有必要的专业技术人员、制作设备,并依法办理公司或广告经营登记,方可从事广告活动。广播电台、电视台、报刊出版单位的广告业务,应当有其专业从事广告业务的机构办理,并依法办理兼营广告的登记。”

申请经营广告的公司,除符合《公司法》、《公司登记管理条例》、《企业法登记条例》及有关规定之外,还要具有特殊的业务专项条件。根据广告经营业务的不同,对广告公司应当具备的条件又有不同的规定。

①综合性广告公司具备的条件如下:

A. 有与广告经营规模相适应的经营管理机构、市场调研机构和广告设计、制作、编审机构;

B. 有与广告经营范围相适应的设备和流动资金;

C. 有与广告经营业务相适应的从业人员,有熟悉广告管理法规的管理人员,有专业市场调研、广告策划和代理人员,有设计、制作、编审及财会人员,大专以上学历的各类专业人员不少于从业人员的1/2;

D. 有不少于200平方米的经营办公场所;

E. 有健全的各项广告管理制度;

F. 承办或代理外商来华广告或出口广告业务,还应有了解国家进出口政策的有关人员,并有稳定的外商来华广告和出口广告业务渠道。

②广告设计、制作公司应具备的条件有:

A. 有与广告经营规模相适应的经营管理机构,广告设计、制作、编审机构;

B. 有与广告经营范围相适应的设备和流动资金;

C. 有与广告经营业务相适应的从业人员,有熟悉广告管理法规的管理人员,有专业广告设计、制作、编审及财会人员,大专以上学历的各类专业人员不少于从业人员的1/3;

D. 有不少于60平方米的经营办公场所;

E. 有健全的广告管理制度。

兼营广告设计、制作的企业,其应具备的条件参照广告设计、制作公司应具备的条件。

③中外合资、合作的广告公司,除应具备综合性广告公司或者广告设计、制作公司的条件外,还应具备以下条件:

A. 合作各方必须是具有一定规模的以经营广告业务为主的企业法人;

B. 能够引进国际先进的广告制作技术和设备;

C. 具备市场调研、广告等级和广告效果测定等能力,能够为中方合营者培训广告专业人员;

D. 投资金额不低于30万美元。

对符合条件的广告经营者,由登记机关在经营范围内登记事项中赋予其广告经营权,并颁发《企业法人营业执照》、《企业法人营业执照》(与外商合资合作企业)或《营业执照》(不具备法人条件的其他经济组织)。

对从事广告设计制作的个体工商户,除具备国家对个体工商户管理的有关规定外,还要对其进行制作设备、技术人员等项内容的审查。对符合条件的,由登记机关在其经营范围内赋予其广告经营权，并颁发《营业执照》。

经过上述程序，广告经营者才具备了合法经营资格。

(2)关于经营活动的规定：

①广告法规要求广告经营者、发布者依据法律、行政法律法规证明有关文件，核实广告内容。

②广告法规要求广告经营者、发布者按照国家有关规定，建立健全广告业务的承接登记、审核、档案管理制度。

③广告法规要求广告收费应当合理、公开，收费标准和办法应向物价和工商行政管理部门备案。

④广告发布者向广告主、广告经营者提供的媒体覆盖率、收视率、发行量等资料应当真实。

⑤法律、行政法律规范规定禁止生产、销售的商品或者提供的服务以及禁止发布广告的商品或服务，不得设计、发布广告。

(3)关于户外广告的规定。《广告法》规定，有下列情形之一，不得设置户外广告：①利用交通安全设施、交通标志的。②影响市政公共设施、交通安全设施、交通标志使用的。③妨碍生产或人民生活、损害市容市貌的。④国家机关、文物保护单位和名胜景点的建筑控制地带。⑤当地县级以上地方人民政府禁止设置户外广告的区域。户外广告的设置规划和管理方法，由当地县级以上地方人民政府组织广告监督管理、城市建设、环境保护、公安等有关部门制定。

(4)对广告合同的规定。《广告法》规定，广告主、广告经营者、广告发布者之间在广告活动中应当依法订立书面合同，明确各方的权利和义务。广告主和广告经营单位在签订书面合同之前，广告主应出示符合广告管理法规要求的证明文件。倘若双方不能严格履行验证手续，出现重大事故，将由工商行政管理机关视情节轻重追究责任。验证手续完毕后，方可签订书面合同，以明确双方的责任。双方按规定及相互协议的结果，形成书面合同后，必须严格遵守，不得单方面撕毁合同，否则就要向对方支付违约金。

4. 几种特殊广告法律规定

(1)对烟草广告的法律管理。吸烟有害健康这一观点已被社会公众普遍接受。严格限制烟草广告，这是一个国际发展趋势。

我国《广告法》对烟草广告的限制主要表现在以下三个方面：一是禁止利用广播、电视、电影、报纸、期刊发布烟草广告；二是禁止在各类等候室、影剧院、会议厅堂、体育比赛场馆等公共场所设置烟草广告；三是烟草广告中必须标明“吸烟有害健康”。

(2)对化妆品广告的法律管理。我国《广告法》第19条规定，化妆品广告必须遵循以下准则：一是化妆品广告的内容必须符合卫生许可的事项；二是化妆品广告不得使用医疗用语或者易与药品混淆的用语。

(3)对药品、医疗器械广告的法律管理。药品、医疗器械是一种特殊的商品，直接关系到人的健康和安全。

我国《广告法》规定，医药、医疗器械广告不得有以下内容：一是含有不科学的表示功效的断言或者保证的；二是说明治愈率或者有效率的；三是与其他药品、医疗器械的功效和安全性比较的；四是利用医疗科研单位、学术机构、医疗机构或者专家、医生、患者的名义和形象作证明的；五是法律、行政法律法规规定禁止的其他内容。此外，《广告法》还规定，麻醉药品、精神药品、毒性药品、放射性药品等特殊性药品，不得做广告。

(4)对农药广告的法律管理。《广告法》规定农药广告不得出现如下内容:一是使用无毒、无害等表明安全性的绝对化断言的;二是含有不科学的表示功效的断言或者保证的;三是含有违反农药安全使用规程的文字、语言或者画面的;四是法律、行政法律法规规定禁止的其他内容。

(5)对食品、酒类广告的法律管理。我国《广告法》对食品、酒类广告的规定主要体现在以下三个方面:一是广告内容符合卫生许可的事项,即广告内容涉及的广告主名称、法定代表人、经营场所等应与卫生行政部门颁发的卫生许可证记载的事项相符,广告的内容应当符合卫生行政部门或其认可的检验单位出具的产品检验合格证明中记载的事项;二是食品、酒类广告不得使用医疗用语或易与药品混淆的用语,如“补品”、“防老抗癌”、“宫廷秘方”等;三是广告制作、发布应当在卫生许可记载的有效期限之内。

【知识链接】

国外广告业的主要监督机制

(一)自律主导型

自律主导型,即以行业自律为主(通过广告行业的自治组织实现对广告的监督管理),国家监督管理、社会监督管理为辅的广告监督管理模式。美国是自律主导型管理模式的代表。美国广告行业建立了广告联合俱乐部、广告代理商协会、美国广告联盟、Better Business Bureau(简称 BBB)、美国广播事业协会等自律组织,对广告实行严格的自我管理、自我约束。第一,建立自律规章制度和相应的约束机制。美国的各广告业协会联合制定了《广告业务准则》,强调广告的真实性,列出了 6 种值得引起警惕的广告现象,让社会公众进行广泛监督。美国广播事业协会制定了《美国电视广告规范》,从广告的基本标准、广告的播放、医药用品广告、赠奖和广告时间等方面做了严格规定,并对广告客户和广告人的广告活动做了较为详细的规定。第二,建立广告主、广告经营者、广告发布者互相监督、相互制约的机制。作为广告发布者的美国媒体机构对广告有审核权,即使广告本身并非欺骗性质,媒体也可以拒绝刊发。电视台的审核是最严格的,除按正常程序审核广告内容外,电视台常常还要求广告主上交所有相关商品。据统计,约有一半的广告被退回,要求广告主重新修改。第三,建立广告公司、媒介、广告主内部自律机制。它们都有自己的法律部门或法律顾问,对广告进行事前审查,以保证广告的真实、完美和正确。

(二)政府主导型

政府主导型,即以政府监督管理为主,自律和社会监督为辅的广告监管模式。政府监督管理有事前管理、事中管理、事后救济三种方式。事前管理,即在广告发布前,政府对广告的内容、用语等进行审查。许多国家对特种广告一般都实行广告事前审查制度。事中管理,即对发布的广告进行监督管理。事后救济是当人们因为广告侵害而向政府有关机构投诉后,政府对广告予以查处的管理方式,各国立法几乎都建立了这种制度,以惩罚广告主,救济受害人。自律主导型与政府主导型中政府监督管理的不同在于,自律主导型中的政府监督管理方式是事后救济,而政府主导型中的政府监督管理主要是事前审查和事中管理。政府主导型以法国为代表。法国制定了完善、严格的法律对广告进行管理,实行广告发布前审查制度,未经审查机构批准的广告,任何媒介不得发布。广告审查不收费,审查机构主席由政府指定的法律专家担任。法国对广告实行严密的监督管理，设有政府管理广告的主要机构，其任务是监督广告活动，监视违反各种法律、规章制度的行为。在事后救济方面，加强对违反《广告法》等法律规范行为的查处力度，建立受害人救济途径，对违反《广告法》等法律规范的行为依法予以惩罚。如法国的《商业手工业引导法》第44条规定了“虚假广告罪”，规定虚假广告行为一旦构成犯罪，当事人将被处3个月至3年的徒刑以及3 000～25万法郎的罚金。

（资料来源：http://www.360doc.com）

【小资料】

广告的真实性应该遵守的原则

要保证广告的真实性，应认真遵守以下原则：

实事求是，不随意夸大商品的优点或特点，商品在某些条件下可能会给消费者生理或心理造成损害的情况必须在广告中注明。

广告表现不能给人造成错觉或误解，要坚持艺术性和真实性的统一。

广告主的许诺必须有根据，是能够实现的。

有关商品知识的宣传是正确的。

广告不能利用给消费者设圈套的办法来达到销售目的。如用恐吓手段或某些不健康心理、利用消费者缺少商品知识等来愚弄消费者。

（资料来源：http://club.ev123.com/article/130_42.html）

诈骗性广告的表现

诈骗性广告可有以下几种表现：

承诺虚假。在广告中所作出的承诺，实际上实现不了。如有些药品或滋补广告标榜能防治癌症，但缺少足够证据证明具有这种功效。“今年20，明年18。”从广告词的创作来说，是不错的，但却是不可能实现的承诺。

令人误解。对产品的性能、质量等描述无法在实际生活中得到证实。如“好如钻石”、“真正的文物复制品”等。

片面告知。不完整地传递商品性能或成分的信息，片面进行告知。如突出某小轿车行驶多少公里不用汽油，却隐瞒了需要进行长时间充电的事实。

设置陷阱。通过广告把顾客引诱到商店、饭店、美容店等，实际上接受另外的服务或销售。如某美容店的广告说理发可以优惠，但进店后却必须再接受另项服务。

利用错觉。在广告中利用视觉效果美化商品，使广告表现的商品优于现实中的商品。如电视广告降价出售小汽车，在屏幕上显示出豪华型，但实际减价出售的只是普通型小汽车。把一般的一块牛排放在一个很小的碟子上，形成反差，给消费者造成巨大牛排的错觉，等等。

不真实的广告。虽然主观上并无欺骗意图，但客观上造成与事实不符，产生欺骗效果。发布不真实广告，情节严重并造成后果的，也要追究法律责任。

思考：就你对广告的理解，谈谈生活中的诈骗性广告。

【案例教学】

虚假广告，害人害己

1995年2～3月，成都市青羊区怡杰科技研究所（以下简称怡杰科研所）在《四川科技报》上发布了一则产品制作技术广告。广告内容是："不用鸡下蛋，人人可做蛋，投资50元，即可当老板"；"硬壳人造蛋，色、香、味和营养价值可与松花蛋媲美，具有清凉、明目、滋补强身、延年益寿之功效。"工商管理机关经查发现，使用怡杰科研所传授的技术制造出的人造硬壳蛋，其原料为海藻酸钠、食用明胶、苯甲酸钠、色素、味精等食品添加剂及少量奶粉、赖氨酸等营养品。经鉴定，该人造硬壳蛋每100克含蛋白质0.3克，17种氨基酸总量为242.91mg，其营养价值远远低于松花蛋，更不具有清凉、明目、滋补强身、延年益寿之功效。随后，工商行政管理部门对成都市青羊区怡杰科技研究所和《四川科技报》作出了相应的处罚。

试分析：

1.《四川科技报》在这则违法广告中负有何种法律责任？

2. 广告经营单位对这类技术服务广告在审查中要特别注意哪些问题？

明星代言连带责任

《食品安全法》正式实施后，作为被公众解读透了的"明星代言连带责任"，或将成为现实。如果仅仅停留在民事责任上，小概率的侵权赔偿似乎未必能让明星代言更为谨慎。于是，有人提出了刑事上的"共犯"一说。看起来振奋人心，实际上却让人很是纠结。根据《刑法》规定，生产、销售假药、劣药犯罪，是故意犯罪，构成共犯是以知道或者应当知道他人生产、销售假药、劣药为前提的。明星要成为假药劣药的"共犯"，绕不开"知道"这一前提。

在"知道不知道"这个问题上，明星天然具有"不知道"的优势：一是，明星毕竟与商家不属同一利益集团，他们只是以自己的知名度去兑现广告价值，在享有知情权上，未必比消费者更有动力，既然"知道"了还有可能获刑，不如直接"不知道"，省力省心；二是，"明星知情共犯"的前提是"知道"，但这一前提需要原告或者司法机关来举证，除非明星参与违法生产经营，不然，举证其"知道"内幕的难度肯定不小。

一念及此，众生失望。明星们也想不通：自己只不过摆摆Pose，卖卖嗲，怎么什么事情都扯到自己的法律责任上来？为什么公众总是和明星代言有着血海深仇似的？搞清这个问题，须明白两点：一是我国众多明星的确是赚了不该赚的钱。例如在美国，药品广告很少，医疗广告更是少之又少，而且广告代言人必须是所代言产品的直接受益者和使用者，否则就会被重罚。英国允许药品做广告，但是不允许社会名人出现在药品广告里。我国则过于"开放"，就好比全球穿保暖内衣的大冬天，忽然有美女穿得异常清凉，公众关注一下可以理解。

在虚假广告这个问题上，我们还没有找到有效的突破口，往往是"一个虚假广告倒下去，无数个虚假广告站起来"。《广告法》有用吗？有关部门的禁令能有多大的作用？乱象丛生的时候，柿子捡软的捏，这是人之天性。所谓公共事件，或者民意焦点，也绕不开这个常理。在公众对铺天盖地的虚假广告束手无策，所谓监管或广告发布制作者自律、它律听得耳朵起了老茧的时候，忽然新出台的法律给了我们不一样的惊喜，拎出了"明星责任"，民意自然乐于积极跟进。

其实，公众心里都清楚，即使把假药劣药虚假广告代言的明星全罚到火星上去，也解决不了假冒伪劣商品以及虚假广告泛滥的问题。这当然不是说不要追究其责任，罪刑法定，有多大权利，就得承担多大责任。但是，如果我们在虚假广告问题上，只对明星代言热情高涨，体制机制却不能事前规制，却热衷于事后惩戒，实在很令人费解。

分析：

1. 从上述介绍来看明星应该代言广告吗？

2. 从广告法律规范方面来看，谈一谈你对规范明星代言广告的看法。

【实战演练】

一、广告发布的安全性

（一）实训指导

1. 个人阅读案例及所附案例分析后进行思考，然后分小组讨论自己对广告发布安全性的个人认识。

2. 分小组讨论结束后，每位同学把讨论情况整理成书面材料上交。

3. 教师评分后总结。

（二）实训参考案例

海天报社在向当地工商行政管理机关提出经营广告业务申请的同时，在报纸头版为天池酿酒厂发布酒类广告一则，收取该酿酒厂广告费830 000元，其中设计制作费用 76 000 元，缴税 14 000 元。另外，海天报社又为经信制药厂发布药品广告一则，在广告中表示该药“安全无副作用”。收取该制药厂广告费 1 260 000 元，其中设计制作费用 92 000 元，缴税 21 000 元。

实训分析：

1. 本案例中有几种违法行为？请简要说明。

2. 如果被处罚者不服相关行政处罚，主要可以通过哪些途径来维护自身权益？

二、请同学们自己收集媒体上的一些违规广告或者以前见过的非法广告，并说说对这些违规广告或非法广告如何管理。

第二部分

广告营销与策划

第三章　企业广告规划

【学习目标】

全面了解企业广告规划的分类和内容，了解企业广告调查的内容、特点及步骤和重点；

熟悉企业广告规划决策的类型、内容和步骤；

掌握企业广告规划的量、本、利方法。

【能力目标】

培养学生对企业规划的认知能力和理解能力，对企业规划中信息的决策和媒体的决策能力；

认识企业广告目标，并能对一般的企业进行简单的规划决策。

第一节　企业广告规划的分类和内容

经典语录：

与其让别人掌握你的命运，不如你自己来主宰。　　——杰克·韦尔奇

企业广告时，就该想到如何销售。　　——李奥贝纳

理论基石：

一、企业广告规划的分类

广告规划，是指企业对未来活动的统筹安排。广告行为作为一种企业的经营活动，一般分为两个阶段：市场研究和广告发布。要把前后两个阶段联结在一起，形成一个有机的过程，就要依靠广告规划。上述两个阶段无论是由工商企业自行完成，还是由工商企业与广告企业共同完成，作为广告主的企业都不能不从总体上给予全面的考虑。

广告规划与广告策划是不同的，前者是作为广告主的工商企业生产经营计划的一个组成部分，后者是广告经营单位为广告主所提供的服务。周密的广告规划是广告主企业整体营销计划所不可缺少的。

在企业竞争异常激烈的社会中，作为营销组合中促销策略重要方面的广告规划，可以减少广告活动的盲目性，增加目的性，充分利用各种有利因素，排除不利影响，从而提高企业活动的应变能力。

广告规划按内容划分，包括广告费用预算、广告媒介规划、广告宣传战略规划。广告费用预算是企业财务计划的一部分。它是由企业销售科(部)提出，报财务科(部)审核，最后由企业主管部门统一审批。广告媒介规划是对媒介选择的预先安排，是选择电视、广播媒介，还是选择路牌、报刊媒介；是委托广告公司承办广告业务，还是自行办理广告发布；或一部分委托广告公司，一部分自主办理等。这些不同的考虑都应在广告媒介规划中确定下来。广告战略规划是对广告活动的整体安排，包括：企业营销的长远目标和近期目标赋予广告目标的任务；竞争对手情况的分析和调查；竞争形势的综合分析；市场预测；建立在综合分析基础上的广告策略和与广告策略相对应的广告投资预算方案；等等。

按时间划分，企业广告规划分为长期计划、中期计划和短期计划三种。制订长期广告计划的多为中型企业、大型企业。它们以 3 年或 5 年为一期，有的以 20 年为一期，制定新产品开发、竞争目标、国际和国内市场开发等一系列战略性安排。长期广告计划是企业营销长期计划的组成部分。中期广告计划是企业以 1 年为期，按季度和月份安排广告活动。短期计划是对中期广告计划的项目实施的方案。

二、企业广告规划的内容

(一)企业状况与市场分析

制定广告规划如同在大战之前运筹帷幄，只有正确地估价本企业的产品、设备和生产能力，全面地了解市场，才能制定切实可行的广告规划。企业状况分析和市场分析是广告规划的背景材料，为确定广告目标提供依据。

企业状况分析包括：企业的设备能力和生产能力；产品的品质和特性、用途；企业的资金、技术状况；企业的商誉和在国内外同行中的地位等。市场分析包括：消费者对本企业产品的反映、消费者市场构成、市场细分与目标市场战略选择；将要进行的市场调查的方法、调查对象、调查人数和范围，以及原材料市场的供应状况等方面的内容。

竞争对手的分析包括：本行业竞争强度和供求状况；主要竞争对手的状况及竞争对手的广告行为状况和广告效果；潜在竞争对手的状况及发展趋势，以及在此基础上作出的综合竞争分析等。

(二)广告目标

广告目标是指广告活动要达到的目的，它是以企业发展的总体目标为核心制定的。不管是哪一种战略、哪一类营销策划，其涉及到的广告活动的总的目的都不外乎是扩大销售量、尽快地渗入市场和占领市场，从而为企业实现更多的利润。但是，广告活动是按计划、分阶段进行的。每一个阶段有阶段目标。在阶段目标中又分为主要目标和次要目标。例如，广告的具体目标常有创名牌、竞争对抗、提高商品知名度、树立企业形象等多种具体表现。在某一个阶段，广告行为不可能同时实现多个目标，而只能以某些目标为主，以某些目标为辅。如在商品刚刚进入市场，处于商品生命周期的介绍时期，广告活动的主要目标是提高商品的知名度，而其他的追求就成为次要目标了。

在制定广告规划时，企业要根据广告目标确定广告宣传的对象，根据广告目标确定广告的内容、主题，根据广告目标选择媒介、安排时间。广告目标一经确定，不宜轻易变动，调整不适会使整个广告活动陷于混乱。因为，广告规划的实施是围绕着广告目标进行的。广告目标是纲，纲举目张。同时，广告目标的实现与否也是评价广告活动成功与失败的最重要的标准。

（三）广告费用预算

广告费用预算，又称广告费用计划。它是企业财务计划的组成部分。财务计划规定了一定时期生产经营所需要的资金及其来源、财务收入和支出、财务成果及其分配。财务计划是企业计划的组成部分。

工业企业的财务计划，包括销售费用计划、流动资金计划、利润计划、财务收支计划总表，等等。企业的销售费用是在产品、商品、劳务、作业等销售过程中所发生的各项费用。它包括广告费、包装费、运输费、保管费，以及为销售本企业产品而专设的专卖店的开支等费用。

商业企业的财务计划包括流动资金计划、利润计划、固定资金计划、折旧计划、财务收支计划和商品流通费用计划。商品流通费是商业企业在商品流通过程中所发生的一切费用，包括广告费、运杂费、保管费、折旧费、劳动保护费，等等。

广告费用计划由负责广告事务的科室提出。例如，在工业企业是由销售科编制，商业企业是由广告部制定。然后，与其他科室的计划一起汇总到企业财务部门，编制成财务计划总表，送交厂部（经理部）审批。然后逐级上报、审核、汇总，编制成公司、局、部的财务计划。财务计划是对广告费用进行监督和管理的主要依据。

无论是工业企业的销售费用，还是商业企业的流通费用，都可以按其与商品流转和销售的关系分为变动费用与相对固定费用。变动费用是随商品流转额和销售量的大小而相应变化的费用；相对固定费用是在一定范围内不受商品流转额和销售量变化影响的费用。由此，就产生两种不同费用预算方法，即对变动费用预算一般采用以费用率为主，金额为辅的方法；对相对固定费用预算一般采用以金额为主，费用率为辅的方法。广告费用是变动费用，所以确定广告费用额时，主要采用费用率的方法，在特殊情况下，也采用金额方法。广告费用额的预算方法主要有销售额百分比法、利润额百分比法、销售单位法、目标达成法、竞争对抗法等。需要指出的是，企业使用广告费应以扩大生产和流通，提高经济效益，节约费用开支为原则。企业所需广告费用要编制年度财务预算，并列入财务收支计划。企业支付广告费用，必须交付给承办单位，而不能支付给个人（工业企业发生的广告费用列入企业销售费用的会计科目中开支，如果一次支付的广告费用数额巨大，可以分几次摊销，最后列人产品成本项目。商业企业的广告费用列人商品流通费用的会计科目之中，如果一次广告费数额巨大，也可分次摊销，最后冲减利润）。

【案例教学】

芭比娃娃是如何创造需求的？

一、芭比娃娃诞生的背景

玩具娃娃产生于久远的古代社会。玩具制造在 19 世纪末成为一种行业，但是直到第二次世界大战时期基本上是以孩子为原型，其造型十分相似，同时大多为一次性消费。

“1959 年最新玩具——芭比娃娃，外型姣好，流行少女模样，售价美金 3 元钱！”这是 1959 年 3 月 9 日，芭比娃娃新上市的广告词。当时，美泰公司（Mattle）创办人露丝·汉德勒看到女儿芭芭拉正在玩当时流行的纸娃娃，兴致盎然地帮它们换衣服、换皮包，露丝便想到应该设计一个立体娃娃。而在一次德国度假时，露丝无意间发现了身高 11.5 英寸、三围 39－18－33 英寸的德国娃娃"莉莉"(Lilli)。正是这个娃娃激发了露丝的灵感。回到美国后,露丝立刻对莉莉的形象加以改造,让她看上去像玛莉莲·梦露般迷人。1959 年 3 月 9 日,世界上第一个金发美女娃娃正式问世,露丝以自己女儿的小名"芭比"来命名。从此,这位金发美女就叫做"芭比"。同年,芭比广告出现在电视上,那个抬头挺胸、梳着马尾的少女"芭比",立刻掳获了孩子们的心,货架上的芭比娃娃,随即被孩子们一扫而空。

图 3—1 芭比娃娃

二、芭比娃娃创造需求的方法

市场上的玩具无计其数,玩具娃娃也是成千上万,但迄今为止没有一种能像芭比娃娃那样惹人喜爱、畅销不衰。原因在于厂商将芭比娃娃人性化、感情化了。人们购买她时,不以为是购买了一个玩具,而是领养了一个孩子,为家庭带来了一个小姐姐或小妹妹。这样,芭比娃娃就像一位普通的女孩一样,需要梳妆、更衣、交友、结婚、生子……从此产生了一个无穷无尽的大市场。

(一)芭比是有生命的:成为消费者

玩具本身不可能成为消费者,使玩具娃娃成为消费者必须注入拟人化因素。

生产芭比娃娃的美泰玩具公司费尽心机,把购买玩具行为转化为领养孩子的行为,甚至推出女孩子 1∶1 的复制品。拥有这种特制娃娃的父母感到满足和充实,有一种双胞胎父母的喜悦;拥有这种特别娃娃的孩子可以随意地宠爱自己、设计自己,甚至把自己紧紧拥抱。

一对夫妇曾对美泰公司提供的自己女儿的复制品不满意,原因是他们的女儿的眼睛一大一小,而美泰公司做了一个两只大眼睛的娃娃。美泰公司真诚地向这对夫妇赔礼道歉,并给他们重做了一个满意的芭比娃娃。这对夫妇认真地说:"我们要的是一个原版的女儿,不是修正版的女儿。"

许多父母都把芭比娃娃视为自己的女儿,自然她就成为一个吃、穿、用、住的消费者。美泰公司推出很多芭比娃娃穿、用、住的产品,以此满足芭比和顾客的需要,赚取源源不断的利润。

(二)芭比是青春小姐:成为高档消费者

如果将芭比娃娃创意为像三毛一样贫穷的男孩,那么,他很难成为一个理想的消费者;如果将芭比娃娃创意为一个 3~5 岁的小姑娘,她很难成为一个大量消费的人。

芭比娃娃被巧妙地定位于青春小姐。因为在现实生活中,青春小姐是消费需求的主力军,有丰富多彩的生活方式,也是消费潮流的引导者。因此,芭比娃娃又创造了一个"高档消费者市场"。

当一个芭比青春小姐走进一个家庭之后，并不是购买与消费的结束，而是刚刚开始，借用一句比喻，就是："序幕已经拉开，好戏就要上演啦！"

美泰玩具公司估计，全美90%的女孩至少都有一个芭比娃娃，这差不多等于又创造了一个美国女孩需求市场。

一位买了芭比娃娃的女孩，发现包装盒里有商品供应单，提醒小主人芭比应该有自己换洗的衣服。小主人要求父母为芭比买几套衣服。父母认为，女儿给芭比换穿衣服可以得到锻炼，就去商店里买回芭比娃娃穿用的"波碧系列装"，花了45美元。

一个星期后，女儿又得到商店提示，你想让你的芭比成为从事什么职业的人，商店里有各种各样的职业装。对服装的选择，包含了孩子们对未来理想的憧憬，同时孩子们在同伴中的地位，取决于芭比有多少种职业。当女儿含着眼泪说"我的芭比在同伴中是最贫穷和没有地位的"或是"我有一个理想，要成为一位空姐"的时候，父母只好掏钱去买各种职业装，空姐制服、护士白大褂和舞蹈服等，花了35美元。芭比从事的职业各种各样，她当过明星、教师、工程师，甚至兽医，而最让孩子们着迷的是，芭比有数不清的漂亮衣服。

（三）芭比是家庭成员：创造了一个消费群

芭比不是孤独的一个人，而是家庭的一个成员。美泰公司平均每年要推出90组芭比系列娃娃。为使芭比更加人性化，美泰公司专门为她设计了朋友、家人，还有一个名叫肯尼的男朋友。与芭比娃娃交往的所有人，都是现实的消费者，美泰公司为其生产无数的产品。据统计，自问世以来，芭比和她的朋友们一共穿过的衣服就有10亿件，加上其他消费品就更多了。

青春小姐芭比到了谈恋爱的年龄了，美泰玩具公司又推出了英俊小伙子肯尼。当女儿听说芭比喜欢上肯尼时，善良的心不忍让他们天各一方，请求父母让他们团聚。父母看着女儿脸上的泪珠，只好掏出11美元将肯尼买回家。有趣的是，肯尼的名字正好与露丝儿子的名字相同。

又一个男性消费者诞生了，他同样需要衣服、浴袍、电动剃须刀等用品，父母不得不一次又一次地打开钱包。

恋爱就要结婚。当女儿眉飞色舞地宣讲芭比和肯尼的婚礼计划时，父母只好依计划"大操大办"。美泰公司将一切用品都准备好了，随时等你掏钱去买。

别以为需求结束了。一天，女儿又收到了商品供应单，说芭比和肯尼有了小宝宝，名叫米琪。你不忍心让爹娘见不着孩子，就买回了米琪。接着，他又要吃穿用，交朋友，谈恋爱，结婚生子……美泰公司创造了一个需求链，子子孙孙没有穷尽。

芭比的社会关系在横向也发展着。她有妹妹斯基芭、好友美芝、美芝的男友阿岚……这些人物的出现是满足芭比交往的需求。但是，这些亲人和朋友又带来新的需求。美泰公司推出的娃娃装就有100多种，同时还开发了与其配套的香水、钻石、手表、梳妆台等配件，以及赛车、游船、别墅等享乐品。

（四）芭比是民族女性：拓展了全球市场

全世界并非仅有一个芭比，美泰公司根据各国种族特色，分别设计了具有自己的独特形象的芭比。由于芭比娃娃带有浓厚的美国文化色彩，在进入其他市场时会与当地文化产生冲突，为此，美泰公司在产品细分上煞费苦心，根据不同地区的目标顾客设计了不同的芭比，巴西籍芭比、法国籍芭比、意大利籍芭比、黑人芭比、日本籍芭比、新加坡籍芭比等，每一个芭比都拥有与当地审美观相似的相貌特征和服饰，以获得当地顾客最大的认同。同时，由于芭比有了不同的国籍和种族，从而产生了不同的服饰需求，进一步扩展了市场空间。例如，为庆祝香港回归中国，美泰公司推出清朝格格款的芭比娃娃，以龙袍造型吸引了无数的收藏家。为了纪念日本公历100周年的新年庆典，美泰公司推出了身穿红色和服的日本版芭比。1995年推出的英国芭比，所穿服装款皆是伦敦高档服饰店哈维·尼科尔斯独卖的款式，售价高达250美元，很快就上涨了3倍。

一个芭比带来的销售额达几十亿美元，占美泰公司总销售额的50%。芭比娃娃成为一个专有名词，她所象征的文化内涵以及遍及全球的影响力，迄今无人能出其右。在美国《商业周刊》公布的2001年全球最有价值品牌排行中，"芭比"位居第84位，品牌价值达20.37亿美元。时至今日，芭比完成了许多人的梦想，更深深地影响着我们，犹如美泰公司的广告词一样："有梦想的地方，就有芭比娃娃！"

三、案例评析

芭比娃娃像一棵摇钱树，诞生50多年来不断地产生财富，其成功令人羡慕。但我们仔细分析一下其成功的过程，又是那样的简单和容易，核心就在于产品围绕着刺激需求不断进行创新。

启示一：产品创新的基本要求是满足顾客需求。在过去传播手段落后的时代，制造商只能靠优秀的产品打开市场，因此大家非常重视产品的质量。现在，应用现代技术可以把信息传播至每一个受众的耳朵里，制造商越来越重视广告宣传，反而忽视了产品满足需求的有用特性。芭比的成功在于它真正满足了顾客的需要——提供感情交流的对象——她为顾客带来快乐和寄托。

启示二：产品创新的中级要求是满足独特需求。在芭比诞生之前，娃娃常常都是婴儿或是幼儿的形象，面目雷同，动作一样，基本是作为玩具推给顾客的，而不是情感交流的对象。芭比娃娃的独特性在于不是娃娃，而是青春少女，它是父母的孩子，男青年的女友，孩子们的姐姐，公司的白领女士，总之，她是你可以倾心交流的对象。

启示三：产品创新的最高要求是创造新的需求。美泰公司创造的芭比，不是消费需求的终结者，而是创造者。在满足顾客一种需求的同时又创造了一种新的需求。芭比在满足了人们情感交流需要的同时，又创造了顾客对芭比服装、家具及芭比娃娃朋友的需求，使市场不断扩大。

【实战演练】

从报纸、广播、电视和互联网各搜集一则企业广告，对某一企业的广告规划方案进行分析，熟悉企业广告规划的内容。

第二节　企业广告调查

经典语录：

把顾客的利益放在首位，把最美的微笑留给顾客。　——松下幸之助理论基石：

一、企业广告调查的内容

广告调查是指和广告有关的部门或单位，为了完成广告活动的目标所做的一切调查。广告调查的范围几乎包括了从生产者到消费者的商品与劳务转换的全过程，凡是与广告活动有关的市场营销因素以及其他一切环境因素等，都应列在广告调查的范围之内。

广告调查的中心内容，是通过搜集市场从生产到消费全过程的有关信息资料，在分析研究的基础上，确立广告对象、广告的诉求重点、广告的表现手法以及广告策略等。广告调查能使广告计划或广告策划建立在可靠的基础上，能够正确地制定广告目标和广告策略，并且也能提供广告设计的丰富资料，制作出高水平的、有效的广告作品。总之，广告调查是现代广告所特有的、必不可少的重要环节。

（一）广告诉求对象调查

对广告诉求对象的调查是广告定位的基础工作，是广告计划与策略的依据。主要内容有：

(1)广告对象特征。包括年龄、性别、民族、宗教、职业、生活方式、文化程度、购买习惯、价值观念、收入状况等。

(2)广告对象分布。包括地区位置、城市规模、人口密度、气候条件等。

(3)产品特点。包括产品独特的个性及产品对买主的利益。

(4)竞争状况。包括竞争者的广告内容、广告费用、分销渠道、价格水平、顾客构成、产品优势与弱点等。

(5)营销组合。包括本企业产品的类别、品牌、包装、产品生命周期、价格形态、价格折扣、分销区域、渠道层次、中间商类型、人员推销使用、营业推广措施等。

（二）广告信息调查

广告信息调查是指广告的文字、图画、音乐、表演等信息内容给予消费者的作用程度的调查。如对广告信息的注意率、认知率、理解度、购买意图及记忆率与品牌的印象等的调查。广告信息调查也就是调查使用何种广告信息宣传产品或劳务的特色及利益，能最大程度地刺激和说服目标顾客的购买。这是广告调查最重要的内容。企业针对广告产品及目标视听众的特点，决定广告宣传的类型、广告主题、广告表达内容及表现形式。

（三）广告事前试验调查

广告事前试验调查，就是在广告设计之后，开展小规模的试验性调查，调查和测试广告目标、传达信息、表现形式等，以了解顾客的反应，预测广告在市场中的效果。企业通常使用实验法、专家法、面谈法等调查手段开展事前调查。

（四）广告执行调查

执行调查是调查广告投放市场及在市场上执行的情况。这是在广告进行之中，向部分消费者了解广告是否将信息内容正确传达给潜在顾客，并在目标市场上产生效果，是否通过广告影响改变了顾客的态度和反应。

（五）广告媒介调查

1. 广告媒介调查的目的

广告媒介调查是对广告传播的物质、技术手段的性能所做的调查。广告媒介调查的目的是为了掌握媒介的各方面情况，以便根据广告的目的要求更好地选择媒介，争取最佳广告效果。

2. 广告媒介调查的内容

根据媒介的种类不同，媒介调查的内容也有所区别。

(1)报纸、杂志主要调查发行量、发行区域分布、读者层构成、发行周期、信誉等。

(2)广播电视主要调查传播区域、视听率、视听者层次情况等。

(3)其他媒介的调查，如邮寄广告通过发信名单进行抽查；交通广告及路牌、霓虹灯等主要通过调查交通客流量及街头的客流量来计算；展销会要以参加人数进行统计调查。

(六)广告效果调查

广告效果的调查主要是调查广告在目标市场上的传播效果，测定广告对产品销售的影响。广告效果调查通常是在广告临近结束或已经结束后进行的，主要了解知名度、回忆率、态度、品牌使用习惯、购买行为等。

二、企业广告调查的特点

(一)有明确的目的性和目标

任何广告都是针对某一特定商品或企业，因此，广告调查的目标从一开始就十分明确。对新产品的广告调查不同于对已存在商品的调查，前者更具挑战性：一个很有前途的产品葬送于一个劣质广告的事例在我国屡见不鲜，其中一个重要原因就是没有做好广告调查。明确的目的实际上也是对调查的明确要求。一个产品广告需要什么资料，是由这个产品的特点及广告活动特点决定的。

(二)调查方法的科学性和全面性

现代广告调查必须运用科学和全面的方法来收集、分析资料。本章所列举的方法均是现代广告调查中可以参考的。值得注意的是，任何一种方法都有局限性和极限，同时借用几种方法对资料进行综合分析，是获得可靠信息的主要途径之一。

(三)资料收集的经济性

广告调查与一切经济活动一样，都应注意经济核算问题，即以尽可能少的费用完成调查目的。常见的方法是在调查之前，在进行费用预算时认真考虑以下问题：

(1)已有资料，主要来自广告主的市场调查。

(2)广告公司已积累的资料，一般来自资料库。

(3)所需进行实地调查的资料数量。

(4)是委托调查还是自行调查，根据费用与效果之比决定。

(四)保密性

广告公司一般同时承担很多企业广告，调查资料是不允许在竞争者之间相互泄露的。这是职业道德问题，是每个调查人员所要注意的。

(五)资料库的建立

广告资料档案或资料库的建立是现代广告科学管理的重要组成部分。

三、企业广告调查的步骤和重点

广告调查的步骤是指具有一定规模的一项正式调查，从调查准备到调查结束全过程工作的先后次序和具体步骤。在广告调查中，建立一套系统的科学程序，有助于提高调查工作的效率和质量。通常，一项正式调查的全过程大体可分为：调查准备、调查实施以及分析和总结三个阶段。每个阶段又可分为若干具体步骤。

（一）调查准备阶段的工作重点

调查准备阶段是调查工作的开端。准备是否充分，对于实际调查工作和调查的质量影响颇大。一个良好的开端，往往可收到事半功倍之效。调查准备阶段，重点是解决调查的目的、要求，调查的范围和规模，调查力量的组织等问题，并在此基础上，制订一个切实可行的调查方案和调查工作计划。这个阶段的工作步骤大体如下：

1. 提出需要调查研究的课题

在开展广告调查之前，企业要根据决策、计划的要求，或者根据广告策划活动中发现的新情况和新问题，提出需要调查研究的课题。

2. 分析有关问题的情况，对调查本身进行可行性研究

广告调查部门对初步提出来需要调查的课题，要收集有关资料作进一步分析研究，必要时还可以组织非正式的探测性调查，以判明问题的症结所在，弄清究竟应当调查什么，才能为广告策划提供客观依据。同时，要根据调查的目的，考虑调查的范围和规模多大才合适，调查的力量、时间和费用负担是否有保证，也就是从经济效益和社会效益来衡量本次调查是否可行。如果原来提出的课题涉及面太宽，或者不切实际，调查的范围和规模过大、内容过多，无法在限定时间内完成调查任务，就应当实事求是地加以调整。这一步，实际上就是对调查本身进行可行性研究。

在实际工作中，如果事先对调查本身的可行性缺乏深入的分析研究，随后的调查工作往往会走弯路，甚至使得调查的结果和取得的信息资料不能发挥应有的作用，造成人力、财力的浪费。

3. 拟订调查方案和工作计划

对广告调查课题经过上述分析研究之后，如果决定要进行正式调查，就应制定调查方案和工作计划。

调查方案是对某项调查本身的设计。它包括调查的目的要求，调查的具体对象，调查的内容提纲和调查表格，调查的地区范围，调查资料的收集方法等主要内容。它是指导调查实施的依据。

调查工作计划是指对某项调查的组织领导、人员配备和考核、工作进度、完成时间和费用预算等的预先安排，目的是使调查工作能够有计划、有秩序地进行，以保证调查方案的实现。

广告调查方案和调查计划各有不同的作用。一般来说，大型的广告调查，需要分别制订调查方案和调查工作计划。对于一些内容不很复杂，范围较小的广告调查，可以把两者结合起来，只拟订一个调查计划，附以调查提纲即可。

（二）调查实施阶段的工作重点

广告调查方案和调查计划经有关部门或领导批准以后，就进入了调查实施阶段。这个阶段的主要任务，是组织调查人员深入实际，按照调查方案或调查提纲的要求，系统地收集各种可靠资料和数据，听取被调查者的意见。这一阶段大体包括以下具体步骤。

1. 建立广告调查组织，集中调查人员，组织学习或培训

广告调查部门，应当根据调查任务和调查规模的大小，配备好调查人员，建立广告调查组

织。调查规模大的可以建立调查队或大组,下面再分设若干小队或小组。调查规模小的一般可成立一个调查小组。调查人员可以是本单位调查部门的专职人员,也可以是从其他部门抽调的人员。调查人员确定后,需要集中进行学习。对于临时吸收的调查人员,更需要进行短期培训。学习和培训的内容主要包括:明确调查方案,掌握调查技术,了解与调查目标有关的方针、政策、法令和必要的经济知识和业务技术知识等。对调查人员进行培训,是保证调查质量的一项十分重要的措施。

2. 组织调查人员,收集现成资料

市场调查所需的资料,可分为原始资料和现成资料两大类。原始资料是指需要通过实地调查才能取得的第一手资料。取得这部分资料所花的时间较长,费用较大。现成资料是指机关、企业等单位或个人现有的第二手资料。取得这部分资料比较容易,花费较少。在实际调查中,应当根据调查方案所提出的资料范围和内容,尽可能组织调查人员收集现成资料。本单位内部资料可以责成有关人员提供,外部资料要向有关单位或个人索取。可以根据所需资料的性质,确定向哪些单位或个人收集。有些市场信息资料,可以从图书馆,各种文献、报刊中取得。收集第二手资料,必须保证资料的准确性和可靠性。对于统计资料,应该弄清指标的含义和计算的口径,必要时应调整计算口径,使之符合调查项目的要求。某些估计性的数据,要了解其估算方法和依据以及可靠程度。某些保密的资料,应当根据有关保密的规定,由专人负责收集、保管,严防泄密。

3. 确定调查单位,收集原始资料

在广告调查中,仅靠收集第二手资料是不够的,还必须通过实地调查收集原始资料。例如,家用电器需求调查,除收集有关的第二手资料外,必须选择一定数量的城乡居民家庭进行实地调查,以取得有关居民需求的第一手资料。在实地调查中,应当根据调查方案所确定的方式,先选择好调查单位,然后运用各种不同的调查方法取得第一手资料。广告调查一般可采用普查、重点调查、典型调查和抽样调查等方式。向调查单位进行调查的方法一般有询问法、观察法、实验法等。

(三)分析和总结阶段的工作重点

调查资料的分析和总结阶段,是得出调查结果的阶段。这一阶段的工作如果抓得不紧或者草率从事,会导致整个调查工作功亏一篑,甚至前功尽弃。它是调查全过程的最后一环,也是广告调查能否充分发挥作用的关键。这一阶段包括以下步骤:

1. 整理分析资料

广告调查所获得的大量信息资料往往是分散的、零星的,某些资料也可能是片面的、不真实的,必须系统地加以整理分析,经过去粗取精,去伪存真,由此及彼,由表及里的改造制作,才能客观地反映被调查事物的内在联系,揭示问题的本质和各种市场现象间的因果关系。这一步的工作内容主要包括:

(1)资料的检查、核实和校订。对于调查所得资料,在整理编辑过程中,首先要检查资料是否齐全,是否有重复或遗漏之处,是否有可比性,是否有差错,数据和情况是否相互矛盾,一经发现问题,应及时复查核实,予以订正、删改和补充。在实地调查中,调查人员应当边调查、边检查,以便及早发现问题,及时核实订正。调查告一段落后,应再仔细核实一遍,力求资料真实可靠。

(2)资料的分类汇编。凡经核实校订的资料,应当按照调查提纲的要求,进行分类汇编,并以文字或数字符号编号归类，以便归档查找和使用。如果用电子计算机处理数据，要增加一个卡片打孔过程，把数据信息变换为代码，打入卡片。

（3）资料的分析和综合。调查所得的各种资料，反映着客观事物的外部联系。为了透过现象看本质，要用科学的方法，对大量资料进行分析和综合，弄清调查对象的情况和问题，找出客观事物的内在联系，从中得出合乎实际的结论。对于调查所得的数据，可以运用多种统计方法加以分析，并制成统计表。对于调查中发现的情况或问题，可以通过集体讨论，加以分析论证。

2. 编写调查报告

广告调查报告是对某件事情或某个问题调查研究之后所编写的书面报告。它是调查的最后成果，是用客观材料对所调查的问题作出系统的分析说明，提出结论性的意见。编写一份有分析、有说明的调查报告，是广告调查最后阶段最主要的工作。

广告调查报告的基本内容一般包括三部分：一是调查单位的基本情况；二是所调查问题的实事材料以及分析说明；三是调查结论和建议。此外，还可以包括调查目的、方法和调查步骤等的说明。调查时所应用的调查表以及经过整理的统计资料和图表等，可以作为报告的附件。

广告调查报告的结构多种多样，没有固定的格式。一般来说，大体由导语、主体、结束语三部分组成。编写广告调查报告，应当注意掌握好以下几个问题：

（1）坚持实事求是原则。调查报告要如实反映情况和问题，对报告中引用的事例和数据资料，要反复核实，必须确凿、可靠。坚决反对弄虚作假，决不能隐瞒真相或者夸大谎报。

（2）要集思广益。从分析材料、草拟报告提纲和初稿，直到最后修改定稿，都要听取调查组内、外各方面的意见，以提高调查报告的质量。

（3）调查报告的内容必须紧扣调查主题，突出重点。结构要条理清楚，语言要准确、精练，务必把所说的问题写得清楚透彻。

（4）调查结论要明确。调查结论切忌模棱两可，不着边际。要善于发现问题，敢于提出自己的见解，向领导或有关部门提出建议，以供决策者参考，发挥调查报告应有的作用。

3. 总结经验教训

广告调查全过程结束以后，要认真回顾和检查各个阶段的工作，总结经验教训，以便改进今后的调查工作。总结的内容大体有以下几个方面：

（1）调查方案的制订和调查表的设计是否切合实际。

（2）调查方式、方法和调查技术的实践结果，有哪些成功的经验可以推广，有哪些失败的教训应当吸取。

（3）实地调查中还有哪些问题没有真正搞清，需要继续组织追踪调查。

（4）对参加调查工作的人员作出考核，要表彰先进，鞭策后进，促进调查队伍的建没，提高调查水平和工作效率。

四、企业广告调查的方法

广告调查的方法有访问法（面谈、电话、邮信或书面问卷等），观察法（直接、间接、行为记录等）及实验法（分割实验、试销实验、消费实验等）。

（一）访问法

访问法系指通过访问的形式向被调查者了解市场情况的一种方法。按调查者与被调查者的关系不同，可分为面谈调查、邮寄调查、电话调查和留置调查等。

1. 面谈调查

面谈调查是指调查人员同被调查者面对面接触，通过有目的的谈话取得所需情况资料的一种调查方法。面谈调查的交谈方式，可以采取个人面谈，也可以采取小组面谈；可以只进行一次面谈，也可以进行多次面谈。这要根据调查的具体情况具体决定。

(1)个人面谈。个人面谈灵活方便，彼此可以沟通思想，便于调查人员说明调查的目的和要求，消除被调查者可能产生的思想顾虑，鼓励他们积极回答问题和发表意见，还可以观察到被调查者的态度、表情等，便于评价他们所回答的问题是否符合实际以及可靠程度如何。

(2)小组面谈。按调查对象特点或某一具体问题分组，比个人面谈节省一定的时间，并具有个人面谈的优点。集体座谈实质就是开调查会，它最适用于集思广益的讨论式调查。通常选择熟悉有关问题的被调查者参加，其有利于在座谈会上相互启发，相互质疑，开展讨论，使调查的问题反映得更全面深入。

面谈调查的缺点是所花调查力量、调查费用较大，调查时间长，对调查人员的要求较高，调查结果的质量往往容易受调查人员工作态度、调查技术熟练程度和心理情绪等因素的影响。同时，由于调查者分头到被调查者处询问，不利于对工作的检查和监督。

2. 邮寄调查

邮寄调查，是将调查表(或问卷)邮寄给被调查者，由被调查者根据调查表要求填妥后寄还的一种调查方法。邮寄调查的主要优点如下：其一，可以扩大调查区域，增加更多的调查样本数目。只要通邮的地点，都可以选定调查单位进行调查。其二，调查所需的人力和经费较少。其三，被调查者有较充裕的时间回忆和思考问题，可以从容作答。其四，可避免面谈调查中受调查人员态度、情绪的影响等。邮寄调查的缺点是：问卷的回收率低；由于不直接接触调查者，回答的内容可能不全，其可靠程度很难评价，发生差错或模糊答复时，无法当面澄清；对于未寄还调查表的这部分人的意见无法了解，可能会影响对调查问题的分析和推断等。

3. 电话调查

电话调查是指通过电话向被调查者询问有关调查内容和征求意见的一种调查方法。这种调查方法的优点是取得信息快，节省时间，回答率较高，如果是市内调查，费用也较低。其不足之处是被调查者仅限于能通电话者，询问时间不能太长，对问题只能得到简单的回答，无法深入了解，有时不易得到被调查者的合作，收集不到所需的信息。

4. 留置调查

留置调查是指调查人员将调查表或调查提纲当面交给被调查者，并详细说明调查目的和要求，由被调查者事后自行填写回答，再由调查人员约定时间收回的一种调查方法。这种调查是介于面谈调查与邮寄调查之间的一种折中调查法。它吸收了面谈调查和邮寄调查的一些长处，克服了二者的某些缺点。采用这种调查方法，可以消除被调查者的思想顾虑和填写调查表的某些疑问，被调查者又有充分时间独立思考问题，可避免受调查人员倾向性意见的影响，从而减少误差，提高调查质量和调查表的回收率。不足之处是调查地域范围受限制，调查费用较高。

(二)观察法

观察法是指通过观察被调查者的活动取得第一手资料的调查方法。广告调查人员直接到商店、商品展销会、订货会、商品博览会、消费者集中的场所或其他场合，采用耳听、眼见的方式或借助于照相机、录音机、摄像机或其他仪器，把被调查者的活动、行为，被调查对象的特点等真实地记录下来，从而获得重要的广告信息资料。

观察法的优点是可以客观地收集、记录被调查的人或事物的现场情况，调查的结果比较真实可靠，有时还能收集到询问法无法取得的情报资料。

但观察法的不足也是显而易见的：其一，所调查的问题只能发生在现场才能观察到，而调查者事先难以预料它在何时何地发生，因而往往需要经过较长时间的观察，才能取得调查结果。其二，有些问题观察不到，如被调查者的兴趣、偏好、心理感受、购买动机、态度、看法等。其三，要花费大量时间，有时要求进行连续性观察，调查费用较高，而且要求调查人员有一定的观察技巧和观察能力。

在社会实践中，利用观察法可以对人的行为进行观察，也可以对客观事物进行观察。对人的行为可以通过语言、声调、表情、动作等的观察作出判断。对事物可以通过观察各种有关的记录资料、实物和机械设备、仪器的运转等，了解观察对象的情况。观察者在进行观察时，可以作为一个旁观者，冷静观察现场发生的情况，也可以参与现场的活动，身临其境地进行观察记录。

（三）实验法

实验法是指在给定条件下，通过试验对比，对市场经济现象中某些变量之间的因果关系及其发展变化过程，加以观察分析的一种广告调查方法。实验法是从自然科学的实验室试验法中借鉴而来的。它用于在给定的试验条件下，在一定范围内观察经济现象中自变量和因变量之间的变动关系，并作出相应的分析判断，为决策提供依据。

实验法的优点有：其一，可以有控制地分析、观察某些市场现象之间是否存在着因果关系，以及相互的影响程度。其二，通过实验法取得的情况和数据比较客观、可靠，可以排除主观估计的偏差，在定量分析上具有较重要的作用。

当然，实验法也有一定的局限性，主要表现在以下几方面：其一，由于市场某个经济变量的影响因素是错综复杂的，这些因素不可能像自然科学实验那样加以严格控制，因此，实验对象的变化，往往受到其他非实验因素的干扰，不得不凭借经验分析加以区别，从而在一定程度上影响对实验效果的评价。其二，实验法只限于对目前广告市场变量之间关系的观察分析，无法研究过去的情况，也无法预测未来。其三，实验法所需时间较长，而且含有一定风险，费用往往较大。

采用实验法，必须讲求科学性，遵循客观规律。第一，寻找科学的实验场所。广告调查不能像自然科学一样在实验室中处理各种现象，而要在社会中寻找实验市场。这个市场的实验条件与实验结果应尽可能符合市场总体的特征。第二，实验中要控制无关因素的影响，减少干扰，使实验接近真实状态；否则，将失去结果的可信度。如试验商品价格变动对销售量的影响时，就要控制产品质量、包装、广告等有关因素的变动，否则实验不能达到预期的目的。

【小资料】

视听率调研的几种方法

Arbitron是美国调研公司用于视听率调研的装置名称。该公司所做的视听率调研，以全美1 200个家庭为样本，被抽出的家庭的电视机上装上转发器，各转发器通过电话线被连到Arbitron总部。每隔90秒钟，总部传出某种信号电流，转发器开始工作。据此可以掌握该家庭是否在看电视，在看哪台节目。这些资料通过电话线瞬间即可传送到总部，然后由电脑统计出结果，并自动将其打印或显示出来。

Audimeter是美国尼逊公司进行视听率调研所用的调研工具。其原理为:把自动记录器安装在被调研家庭的电视机上,将被调研家庭所收看的节目时间和电视台一一记录在自动记录器内的软片上。软片盒可自由取下,每周由尼尔逊公司寄来新软片盒,上周的软片盒由被调研者直接寄给尼尔逊公司,将其打入IBM卡,送进统计装置进行统计。Videometer是自动记录被调研家庭视听情况的仪器。将其装在被随机抽出的被调研家庭的电视机上,用简单的天线检测视听家庭所收看的频道变化。Videometer的检测部分自动记录地方台发射频率,从而记录所收看的频道,每隔1分钟将其打孔,记录在胶带上。胶带每周回收一次,装进自动统计装置予以统计,并经电脑加以分析,每周定期做成报告。

技能培养:

中国品牌家纺企业广告调查表

广告已经成为企业营销组合中普遍应用的利器。广告的目的在于通过广而告之达到产品介绍和品牌推广的作用,从而增加产品或企业的知名度,增加产品或服务的销售额。合理的广告投放事半功倍,而运作较差的广告投放则事倍功半。为了把"中华纺织网"和"中华家纺网"所有会员的信息推广与服务做得更好,我们特地设计了以下问卷,收集资料,以了解您对广告的看法。您的每一个意见对我们网站都很重要,希望您仔细填写。

一、您公司的产品属于以下哪种产品?

□毛巾类　□床上用品　□保健类床上用品　□毛毯、地毯(地垫)　□手工艺编织

二、您的公司产品是否有自己的注册品牌?

○是　○否　您产品的品牌名□

三、有否在媒体上做过广告?

○是　○否(如果没有请直接做第六题)

如果做过广告,是在哪些媒体上?

□电视台　□杂志、报纸 广播　□互联网 商场、地铁、户外灯箱广告　□传单

□其他形式

投放时间或频率:

○1～3个月　○3～6个月　○半年～1年　○1年以上

您觉得效果怎样?哪个效果较好?

□电视台　□杂志、报纸　□广播　□互联网　□商场、地铁、户外灯箱广告

□没有一个效果好的

您每年媒体广告的投入是?

○5万元以下　○5～50万元　○50～100万元　○100～500万元　○500万元以上

您能否告诉我,您觉得对您的产品来说最好的推广方式:

(请说得具体些,如:中央电视台、中国纺织报)□

如果您的产品曾经做过广告,但效果非常不好,您分析过原因吗?

○是　○否

您是否愿意告诉您觉得不好的原因?

四、您今年有计划为自己的品牌做广告吗？

○是　　○否

如果您要做广告，您愿意从广告费用中拿出多少钱投入在互联网广告里？

○0　○1%～5%　○5%～10%　○10%～20%　○20%～50%　○50%以上

您能告诉我您平时最喜欢看哪些有关家纺的报纸、杂志、专业网站？或您公司长期订阅的报纸、杂志的名称吗？

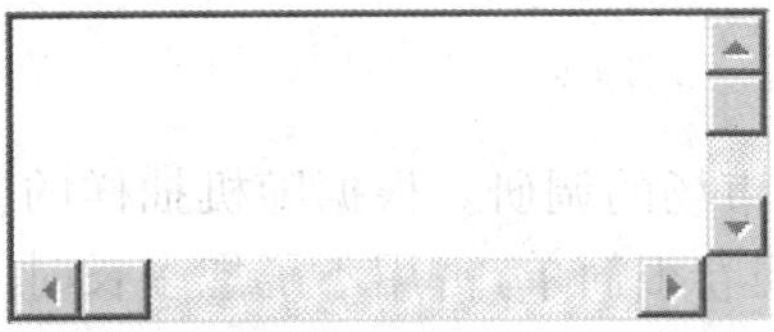

哪些栏目或内容是最吸引您的？

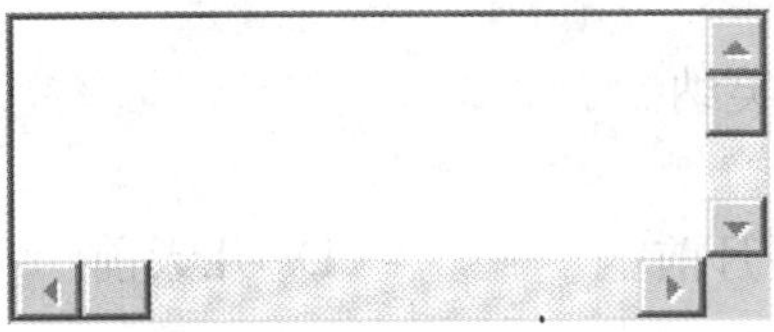

五、如果您由于广告费额度问题，只有以下两种投放的选择，您会选择？

○广告设计制作一定要精美、耐看、有创意，媒体出现频率可较低些

○广告制作一般，希望在媒体上频繁出现

六、您公司的广告方案（制作）是由谁来做的？

□找专业广告公司　　□公司的广告部、市场部做

□公司目前没有具体负责此项目的人，产品也尚未做过任何广告，也不知道该怎么做

□公司目前没有具体负责此项目的人，产品也尚未做过任何广告，今后也不想做

七、如果您愿意选择广告公司帮您策划广告，会如何选择何种广告公司？

○找熟人介绍　　○名气大的，广告创意好的　　○要求不高，只要价格便宜

八、目前您最希望谁来注意您的品牌？

□普通消费者　　□代理商

对于互联网上的广告，您还有什么别的想法或建议吗？

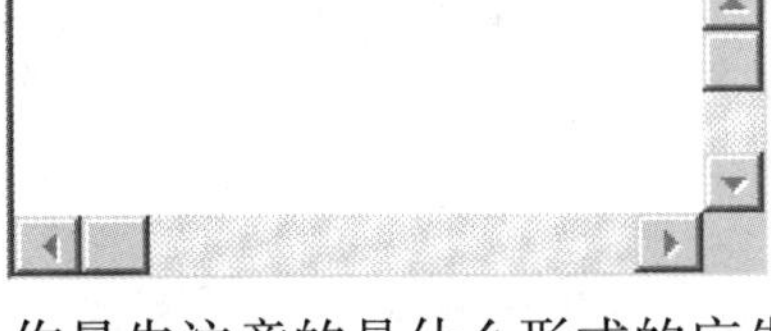

你最先注意的是什么形式的广告：

□弹出窗口广告　　□漂浮广告　　□首页旗帜广告　　□子栏目广告

你经常浏览的互联网站：

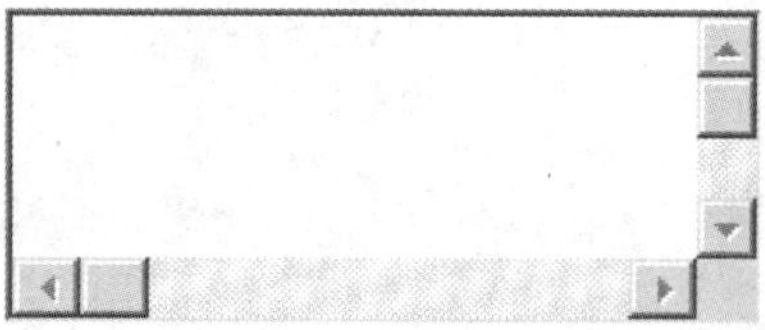

九、您最喜欢家纺网上的哪个栏目：

□供求信息　□企业信息　□国际求购　□市场行情　□家纺动态

□流行趋势

（资料来源：http://www.texindex.com.cn/adtemp/research/research.asp）

巧克力市场调研问卷

先生/女士：

您好！

我们受公司委托进行一项有关沧海地区巧克力食品市场的调研。根据随机抽样的原则，您正好被我们选为调研对象，非常希望得到您的支持。问卷很简单，占用不了您多长时间，卷中所提问题无所谓对错，请您根据实际情况填写。问卷数据输入电脑后，原件将全部销毁。谢谢您的合作！

为了感谢您的支持，我们准备了一份小小礼物，望请笑纳。

(1)请问您上一次购买的巧克力食品是在

A. 一年前　B. 半年前　C. 一月前　D. 几天前

E. 不记得　F. 从没买过

请选择回答，您不购买的原因

A. 没有吃巧克力的习惯　B. 讨厌巧克力的味道

C. 巧克力太贵，买不起　D. 从来都是别人送巧克力吃

E. 其他(请注明)

(2)如果您选购巧克力将最注重(只选一项)

A. 包装漂亮　B. 口味适宜　C. 价格适宜　D. 有名气

E. 购买方便　F. 其他(请注明)

(3)请问您购买巧克力一般是用来(只选一项)

A. 自己品尝　B. 买给小孩做零食　C. 充饥　D. 送礼

E. 家庭待客用　F. 其他(请注明)

(4)请问您购买巧克力食品一般是在(只选一项)

A. 百货公司　B. 超级市场　C. 有名的食品店　D. 一般食品店

E. 住家附近零售店　F. 其他(请注明)

(5)请列举您购买最多的巧克力品牌

(一项)：　原因：

或列举您印象最深的巧克力品牌

(一项)：　原因：

(6)请问您是通过何种渠道知道这些品牌的(可选三项)

A. 朋友介绍　B. 电视广告　C. 报纸广告　D. 新闻

E. 杂志广告　　F. 广播广告　　G. 店内陈设　　H. 售货员推荐
I. 户外广告　　J. 自己购买　　K. 其他(请注明)

(7)请问您最理想的巧克力种类
A. 牛奶巧克力　　B. 果仁巧克力　　C. 酒心巧克力　　D. 苦巧克力
E. 维他巧克力　　F. 其他(请注明)

(8)请问您最理想的巧克力口味是
A. 香　　B. 滑　　C. 甜　　D. 细
E. 苦

(9)请问您喜欢选购的巧克力包装
A. 金属包装　　B. 塑料包装　　C. 普通纸包装　　D. 散装

(10) 请问一块中等大小的巧克力(约 100g),您可接受的价格是
A. 2 元以下　　B. 4 元以下　　C. 6 元以下　　D. 10 元以下
E. 10 元以上

(11)请您选择以下几个短语中您最熟悉的一个
A. 只溶在口,不溶在手　　B. 瑞士最佳风味,只给最爱的人
C. 金子般纯真　　D、一粒进口,四季甜蜜
E. 都不熟悉

(12)提起巧克力您最先联想到的词有哪些(最多三项)
A. 高贵　　B. 礼物　　C. 童话　　D. 肥胖
E. 恋人　　F. 烦躁　　G. 牙痛　　H. 西方
I. 刺激　　J. 幸福

下面请您介绍一下您的个人情况

(1)您的性别:　　A. 男　　B. 女
(2)您的年龄:　　A. 15 岁以下　　B. 15～19 岁　　C. 20～29 岁
　　D. 30～39 岁　　E. 40 岁以上
(3)您的职业:　　A. 学生　　B. 教科文卫人员　　C. 企业管理人员
　　D. 工商服务人员　　E. 工人　　F. 国家机关干部
　　G. 三资企业职工　　H. 私营职业者　　I. 其他
(4)您的教育程度:　　A. 大专或以上　　B. 高中或中专　　C. 初中或以下
(5)您的月收入:　　A. 2 000 元以下　　B. 2 000～4 000 元　　C. 4 000～6 000 元
　　D. 6 000～9 000 元　　E. 9 000 元以上　　F. 无固定收入
(6)请列出您经常收听的广播节目,请注明广播电台名称(限写三项)
(7)请列出您经常收看的电视节目,请注明电视台名称(限写三项)
(8)请列出您经常阅读的报纸(限写三项)
(9)请列出您最喜爱的杂志(限写三项)

谢谢您的热情支持!

调研地点:
调研日期:
调研员:

【实战演练】

一、实训目的

通过模拟文献调查的全过程，掌握文献调查的要领和方法。

二、实训内容

根据"适用情景"相关内容选择一调研主题，根据调查主题设置调研项目菜单。例如，女装品牌的文献调查内容包括：

1. 调查主流女装品牌的企业概况、产品概况和营销概况；

2. 调查所属地区的消费者宏观数据，如当地消费者收入水平、当地品牌服装市场消费规模、当地品牌服装市场消费结构和增长状况；

3. 调查当地品牌服装供给状况，包括女装产品供给量和供给结构。

三、实训操作步骤：

第一步，召开小组会议，讨论工作开展计划和组织安排；

第二步，明确调研内容和各个调查信息点，并按照调研方法进行分类；

第三步，根据调研信息点的不同，选择不同的调研方法和信息获取途径；

第四步，小组分工，明确各自调研内容和调研职责；

第五步，实施调研，分头调查，途径有图书馆文献调查和网上数据库调研；

第六步，调研内容汇总，去粗取精，去伪存真；

第七步，共同提炼调研报告，并以书面的形式完成；

第八步，以 PPT 形式进行汇报。

第三节　企业广告规划决策的步骤和方法

经典语录：

最重要的决策是如何替你的产品定位。——大卫·奥格威

理论基石：

一、企业广告规划决策类型

企业广告规划决策是企业在广告活动中对广告信息、广告媒介、广告成本等基本要素在两种或两种以上备选方案中择优的过程。其核心是：以最少的人力、物力、财力耗费，取得最大的广告效果。成功的广告活动，一般都符合客观规律。通过对成功广告案例的剖析和分析，就可以通过偶然的、杂乱的现象找到可以遵循的规律。按照广告活动的客观规律去开发广告活动必然会取得最大的经济效益和社会效果。因此，在广告活动中，广告主对广告信息、广告费用等方面的抉择，不能简单模仿，更不能随心所欲，必须进行科学决策。

广告决策的目的是寻求最理想的信息传播效果，即要求以最低的代价、最有利于群众接收的形式和内容，最大限度地把广告信息传达给目标市场消费者。广告决策不能闭门造车，必须通过对有关方面的调查、分析和预测，收集市场有关情况现状的资料，预测未来一定时期内可

能的变动态势，使广告决策符合客观环境的要求。

企业的广告决策，是广告主为达到广告目的而进行的理智性选择，按不同的标准分为不同的决策类型。

按广告目标的性质可以分为战略决策和战术决策。广告战略决策是与企业发展方向和远景相联系的广告决策，重点是解决企业与外部环境的长期战略相适应的课题。广告战术决策是与具体商品生产经营活动相联系的短期具体广告决策，重点是解决促进具体商品的销售问题。

按广告目标的要求又可以分为最优决策和满意决策两类。最优决策是追求理想条件下最优目标的决策。在现实条件下比较有把握地求得一个满意的结果，但在现实经济生活中理想条件不可能存在，最优决策极为困难。有时要想取得某项工作的最优效果，要付出极大的代价，取得的利益往往会被较大的代价所抵消。企业通常两利相衡取其重，两害相衡取其轻，采用相对满意的决策。

按决策所运用的方法划分，可分为计量决策和非计量决策。计量决策，是决策目标有准确的数量，可以采用数学方法作出决策。非计量决策，是难于用准确数量表示目标，主要靠决策者的分析判断作出决策。

按问题出现的重复程度、解决问题经验的成熟程度，可分为程序性决策和非程序性决策。程序性决策所解决的是经常出现的问题，已经有了处理经验、程序和方法，可以按常规办法来解决。非程序性决策所解决的是不常出现的问题，还没有取得处理经验，完全要靠决策者的判断和信念来决定。

二、企业广告规划决策的内容

企业广告规划决策的内容，主要包括广告信息决策、广告媒体决策和广告费用决策。

（一）广告信息决策

1. 广告信息的内容

广告信息决策是对广告内容的选择取舍。广告信息是广告活动向大众传播的内容，主要包括商品（或劳务）信息和观念信息两大类。商品信息，包括产品（或劳务）的性能、用途、质量、购买地点、价格、时间等。观念信息，是通过信息的传播来倡导某种意识，促使消费者树立对某种商品或劳务的信念，来影响消费者的消费行为。如一些企业的广告并不直接介绍商品本身的情况，而是反复宣传商品的商标，通过商标知名度的提高，来提高产品在消费者心目中的竞争地位，提高被选购的概率。在市场激烈竞争条件下，产品本身的条件是生产企业高度重视的焦点，因而很容易形成产品质量、性能、价格、售后服务条件难分伯仲的局面，即商品的同质化。消费者对某种产品的信念程度就成了左右市场竞争态势的重大因素。因此，从市场竞争环境来看，竞争越激烈，观念信息就越重要，就越成为广告信息决策的中心。

广告主应该评价各种可能的广告信息。一个好的广告通常只强调一个销售主题。特威塔建议，广告信息可根据愿望性、独占性和可信性来加以评估。信息首先要说明一些人们所期待的或者有兴趣的有关产品的事；信息还必须说明有别于同类产品中其他品牌的特色，或者独到之处；最后，广告信息必须是可信的，或者是可以证实的。

2. 广告信息的表达方式

广告主应该进行市场分析和研究，以确定哪一种诉求的感染力对目标受众最成功。一则广告信息的效果不仅取决于“说什么”，而且有赖于“怎么说”，即信息的表达方式能在很大程度上决定广告效果。特别是对那些差异不大的产品，广告信息的表达方式更为重要。

广告信息的表达方式一般有如下几种：

(1)生活片断。例如，“高博特”盐水瓶的广告表现一家人在日常生活中正在使用本产品。

(2)生活方式。例如，“21 金维他”强调健康幸福的家庭生活。

图 3－2 “21 金维他”广告画面

(3)音乐。例如，“可口可乐”广告，它的广告歌曲歌词反复强调产品和品牌名称。

(4)幻想。例如，“蔓登琳”冷饮广告，设计出一种幻想境界。

(5)气氛和形象。例如，“蔓陀思”果汁糖，引起人们联想某种轻松气氛和形象，给人以暗示，但不对产品性能做任何直接宣传。

(6)人格化。例如，“万宝路”的西部牛仔由个性鲜明的人物来代表或象征某产品。

图 3－3 “万宝路”的西部牛仔广告

(7)专门技术。例如，“肯德基”广告表现企业所拥有的生产有关产品的专门技术和丰富经验。

(8)科学证明。例如,“佳洁士”牙膏广告,显示调查证明或科学实验,表明产品完全合乎科学要求或国家标准。

(9)旁证。例如,“奥妙”洗衣粉广告,请权威人士、权威机构证明这种产品的功能属实,或以普通用户的“现身说法”表明他们如何喜欢这种产品。

在表达广告信息时,应注意运用适当的文字、语言和声调,广告标题尤其要醒目易记,新颖独特,引人入胜,以尽量少的语言表达尽量多的信息。此外,还应注意版面画面的大小和色彩、插图的运用,并将效果与成本加以权衡,然后作出适当的选择。

企业和广告代理商必须保证它们的广告不超越社会和法律准则。大多数企业致力于商业广告对消费者的公开性和诚实性。现在,管理部门已制定了一系列的法律和法律规范来管理广告,企业必须对社会负责,不能制造有欺骗行为的广告,也不能制作诱售式广告。

(二)广告媒体决策

1. 广告媒体内容及其优势

广告媒体决策是对广告媒体的选择和整合运用。广告媒体是指广告信息的载体,主要包括报纸、杂志、电视、广播等。伴随科学技术水平的提高和市场竞争力的发展,广告媒体日益向深度和广度发展。主要的大众传播媒体,可运用的时空范围更广、传播速度更快,令人眼花缭乱,为广告媒体的决策创造了广阔领域。

广告媒体之所以需要选择和整合,就在于不同媒体有着各自的优势和局限,存在适用性。

报纸媒体的优势在于:报纸是党政机关、社会团体的宣传工具,主办单位的威信可以增加读者的依赖,可以有不同版面的安排,丰富的内容具有较强的吸引性,覆盖面宽,读者广泛、稳定,白纸黑字不易消失,便于读者思索和选择。其局限性是:有效时间短,以新闻为主,版面安排不能居突出地位,不精致,读者针对性不强。

杂志媒体的优势在于:由于杂志专业性较强,读者稳定且范围集中,针对性较强,容易独占版面,免受其他信息影响,易于彩色印刷,易于保存,广告寿命长,还会引起读者间的再传播。其局限性是:发行对象狭窄单一,发行量少。由于印刷时限长,影响广告信息及时传播和及时反馈。周期间隔长,不利于及时进行广告内容变更和调整。

电视广告的优势在于:覆盖面广,收视率高,音形兼备,诉说力和感染力强,传递迅速,强迫接受能力大。其局限是稍纵即逝,广告信息没有保留余地,费用较高,中小企业无力长期使用。

广播广告媒体的优势在于:传播速度最快,传播范围最广,制选过程简单、灵活性大,费用相对较低。其局限性是有声无形,诉求力、感染力较之电视要差,广告信息存查困难。

此外,还有户外广告牌、直邮、交通工具等媒体,也各具优势和局限性。在广告媒体决策中,对媒体进行选择和整合,基本出发点是对广告媒体的适用性进行分析。各类广告媒体各具优势和局限性,这是单纯对媒体自身而言,运用起来有时却“尺有所短,寸有所长”。适用性强的媒体运用起来,必定媒体功能发挥充分,有效率高;反之,不是功能过剩,就是功能不足,有效率低。

2. 广告媒体的适用性

权衡广告媒体的适用性必须考虑如下主要因素:

(1)目标市场。目标市场是选择广告媒体的最主要因素。目标市场是企业准备用其产品来满足具有共同需求的消费者群。目标市场一般是运用地理变数、人口变数、心理变数和行为变数,对市场进行细分的结果,既有数量和构成指标,又有空间分布指标。目标市场的大小空间、分布范围和接触某一媒体的可能性大小,限定了广告媒体的选择方向。

(2)产品特性。产品特性是产品自身的特点。它既影响着消费者的购买行为,同时还是广告宣传的内容。它主要包括产品的精密复杂程度、价格档次、消费使用频率和方式等。产品特性对广告媒体的诉求感染力、针对性和信息传播方式提出要求。如服装鞋帽等表现性较强的商品,利用广播媒体作广告,任你口吐莲花,妙语连珠,总不及款式、色彩的直观展现所产生的诉求感染力强。而药品等效用性较强的商品,任你展现的艺术手法如何高妙,总不及简洁明了、针对性较强的语言文字说明对消费者的吸引力强。专业性较强的生产资料商品,利用大众传媒必定媒体功能效率低;使用范围广、频率高的日用消费品,利用专业性媒体,必定媒体的功能不足。

(3)竞争对手使用媒体状况。企业的广告活动如果是市场中的后来者,在选择广告媒体时必须考虑竞争对手的媒介战略。考虑竞争对手使用媒体状况时,应注意分析企业自身状况、广告战术、艺术手法等因素,以及对竞争对手广告效果的影响程度,正确估计广告媒体的适用性,以利对某种媒体的可利用程度做出得当判断。

(4)费用。媒体费用是企业进行广告媒体决策时可以量化分析的重要因素。评价广告费用有以下一些指标:①媒体使用费用。这是媒体费用的绝对指标。如电视媒体每单位时间若干元,报纸媒体每单位版面若干元。媒体使用费用,实质是媒体价格。媒体功能决定媒体价格的高低。不但各类媒体价格存在差别,甚至同一媒体不同时间、不同版面,价格也不相同。媒体价格还受市场供需左右,需求量大的媒体价格也会升高。②平均受体费用。这是媒体费用的相对指标,是指利用媒体的企业花费在每一受体上的费用,有每人费用和每千人费用两种表述方式。如运用电视媒体每分钟 20 000 元,假定有 8 000 万人收看,那么广告主花费在每个收视人身上的费用即为 0.000 25 元,每千人费用就是 0.25 元。③有效受体比重。这是评价平均受体费用的辅助指标。通过确定受体中目标市场消费者的比重,进一步考察媒体价格的可接受程度。同上例,如果有效受体比重为 30%,那么每千名目标市场消费者的费用则为 0.83 元。这样就为企业以尽可能低的成本使最大程度的目标市场消费者都能接受所要传达的广告信息,提供了较为直观的分析判断指标。

(5)广告媒体自身条件。广告效果在一定程度上是广告媒体作用的必然结果,广告媒体的作用是广告媒体自身的权威性、针对性、覆盖面、触及率、生命周期等固有作用的综合体现。广告媒体的权威性,既有绝对的内涵又有相对的内涵。媒体知名度的高低、媒体在同一时空内受体数量的大小、媒体所属上级单位的权威性,是广告媒体绝对权威性的基本内涵。媒体权威性相对内涵是相对广告主企业自身状况而言的。

广告目标、广告战术、目标市场的差别,使得对某一广告主是权威性高的媒体,对其他广告主可能并不高。因而,对媒体权威性的评价,不同广告主有不同的要求和标准。一般来讲,对目标市场消费者权威性越高的媒体,相对广告主就会认为这个媒体权威性越高。

广告媒体的覆盖面,是广告媒体发挥影响的地域范围。广告主对广告媒体覆盖面的选择,主要考虑目标市场消费者的分布范围和媒体覆盖面的吻合程度,吻合程度越高,媒体适用性就越强。

广告媒体的触及率,是某一媒体在其覆盖面内接受广告信息的人数占总人数的比率。这是广告企业选择广告媒体的重要指标。在其他条件限定的情况下,触及率越高,广告媒体的可利用程度就越高。

广告媒体的针对性这一特性一般从接受广告讯息的总人数中企业目标市场消费者人数所占的比重来认识。企业开展广告活动的目的就是让尽可能多的消费者，在认识了解商品特性的基础上产生购买欲望，进一步使这种欲望转为购买行动，因此，广告媒体针对性是衡量其适用性强弱的重要指标。

媒体的生命周期，是媒体传播讯息的有效期。广播、电视随其播出时间结束，生命周期亦告结束。日报生命周期为一天，杂志要长一些，一些知识性、趣味性杂志则更长。文字媒体的生命周期显然要长于声像媒体。声像媒体则可用于反复播出，延长媒体生命周期。媒体生命周期的适用性取决于广告战术的要求。

图 3－4 广告车队

如图 3－4，这样的广告车队，怎么可能不抢眼？

（三）广告费用决策

1. 广告费用

广告的媒体不同及时间、版面不同，必然费用不同。一般在进行广告费用决策时，不单纯考虑费用绝对量的大小，而是经常从值得和不值得来考虑费用的可接受程度。费用的可接受程度是企业自身财力、产品潜在销量和媒体功能效率综合作用的结果，其实质是媒体的质量、价格和对媒体的需求程度之间相互作用的结果，值得或不值得主要是看费用和相应收益的比例。运用某种媒体，费用再低，假如不能产生任何收益，任何企业都会不屑一顾。运用某种媒体，如果可观的效益被相应的费用所抵消，也会令企业望而却步。从企业运行的资本循环过程来看，广告费用是企业的一种投资形式，投资量的大小，必然取决于投资的收益。

2. 广告费用的确定

在一般情况下，产品销量和广告费用呈成比例关系，广告费用支出额过少会降低广告效果，广告费用过多企业又难以负担，因此，必须把广告费用额控制在合理的范围内。现实中，企业确定广告费用有如下方法：

（1）力所能及法。在确定广告费用量时，先设定企业在某一特定时空范围内所要达到的销售额，然后再分别设定为达到这一目标所需投入的直接生产成本、间接生产成本、销售成本及预定实现的利润数额，从销售额中减去各项数额之和的余额就是广告费用数额。这样决定广告费用简单直观。其实质是将不可避免的投资和支出剔除后，量力而行地来决定广告费用的数额。

(2)销量百分比法。销量百分比法是一种运用范围最广泛的方法。运用销量百分比法确定广告费用，是以企业产品上一年度销量或下一年度预期达到的销量为基础确定的。所以，资料易于获得，运算十分简单。假定某企业 n 年度产品销量为 10 万件，销售额 1 000 万元，若上年度广告费用占销售额比重为 3%，那么 n 年企业广告费用为 1 000 万元×0.03=30(万元)，如果企业选定 $n+1$ 年预计销量作为依据，预计产品销量为 20 万件，销售额为 2 000 万元，广告费用所占比重仍为 3%，那么企业 $n+1$ 年广告费用可确定为 2 000 万元×0.03=60(万元)，有时，还可以根据企业和市场的实际情况对百分比略作调整。百分比销量法运用简单，计算方便，但弱点突出。市场景气，销售顺畅，广告费用增加；市场萎缩，产品滞销，广告费用减少。广告费用支出只能锦上添花，而不能雪中送炭。

3. 目标达成法。目标达成法是根据企业在一定时间内所要达到的经营战略目标，明确广告活动所要实现的目标，再根据实现广告目标所需采用广告战略战术的需要，来确定广告费用。目标达成法的侧重点在于，要对市场和产品进行彻底的调查分析。广告目标确定准确可靠，所采用的战略战术可行性大，才能保证所确定的广告费用最大限度地发挥效用。这一方法的优点在于，根据对广告活动的需要来确定广告费用，能够灵活地适应市场营销的变化。广告费用的支出目的性强，效果好，因而比较科学。这种方法的局限性在于，在费用确定过程中，没有考虑企业财务的可能性。如果企业力不从心，广告目标就难于实现。目标达成法绝不是只要目标实现而不考虑费用支出。运用目标达成法所确定的广告费用，是实现企业目标、进行广告活动的最低费用。在具体操作中，通过确定企业销售目标的可行程度来保证广告目标的准确，通过确定目标市场状况来确定行之有效的媒体形式和必要的数量。最后根据可以付出的最低成本，来确定具体的媒体、传播方式和所需传播次数的总和。所以，利用目标达成法，最终计算费用相当简单，运用的媒体费用与运用次数相乘即可，而大量的工作在于行之有效的媒体的确定和传播次数的确定。

三、企业广告规划决策的步骤

企业广告规划决策的程序分为三个步骤，即确定决策目标、拟定可供选择的方案、确定选择方案的标准和方法。

(一)确定决策目标

确定决策目标是企业广告规划决策的首要任务。目标错了不是事倍功半就是南辕北辙。企业广告规划决策的目标是广告活动所要解决的问题，把需要解决问题的症结所在及其产生的原因分析清楚了，目标就会清楚地表现出来。一般可以通过寻找差距的方法把目前的症结找出来，但差距绝不是目标，还要找出存在差距的根本原因。如某企业的产品市场占有率偏低，这是一个差距。其产品质量差、售后服务跟不上、品牌知名度不高都可能是导致这一差距的原因。如果产品质量差和售后服务跟不上是主要原因，那么要改变这个现状，传播这个改变的信息，以改变消费者对此的老看法就成了广告决策的目标。如果是产品品牌知名度不高，那么就可以把扩大产品品牌知名度作为广告目标。

广告决策目标应该符合以下要求：

1. 广告决策目标必须具体明确

(1)目标必须有数量标准。诸如有所提高、有所增长等，由于较难评价，不便衡量，所以都不是决策目标。

(2)目标必须是单义的。在广告目标中，市场占有率，品牌知名度位次，销量、销售额等都是单义的，而把提高资金利润率这个相对指标作为广告目标，就会使广告活动无所适从。

(3)广告目标要能够分解成为一系列广告活动的具体目标。广告目标的实现是各个具体广告活动目标一一实现的必然结果。

2. 广告决策目标应有约束条件

广告目标要在一定前提条件下来完成，如果不符合约束条件的要求，即使广告目标所规定的数量指标实现了，也不能视为完全达到了广告目标要求。广告目标的约束条件包括以下两方面的基本内容：执行决策时可运用资源，包括人力、物力、财力；目标所适用的时间和空间范围。

(二)拟定供选择用的各种可能方案

这一步骤是广告决策的基础。选择是决策的基本内涵，没有选择就没有决策，备选方案拟定得越全面越充分，决策的意义就越大。对比较复杂的问题，拟定方案可以分成两个阶段来完成。

1. 大胆设想阶段

由于广告活动的对象是人，因而影响广告效果的因素较为复杂，使拟定选择方案存在多种角度、多种思路。大胆设想绝非毫无根据的胡思乱想，而是依据经济，突破社会障碍和思想方法障碍的创造性思维。社会障碍，是社会风尚和习俗的习惯势力；思想方法障碍，是思想方法的局限性和片面性，大胆设想能使事物得到改进或变化，极大地促进事物的发展过程。在广告活动实践中，在广告信息、广告媒体、广告战术等方面一些令人叹为观止的新奇做法，以及产生的相应的轰动效果，无一不是大胆设想的结果。

2. 精心设计阶段

大胆设想只是提供了思路，若使思路成为有实用价值的方案，则需要精心设计。如果说大胆设想阶段特别需要勇于创新的精神和丰富的想象力，那么精心设计阶段需要的是科学的态度、冷静的头脑和坚毅的精神。精心设计阶段主要包括两方面工作。(1)确定广告方案的细节，如对媒体、信息内容、发播时机、频率、人员、费用等方面作出具体规定。(2)估计方案的实施结果，对复杂问题要进行预测和敏感性分析，预测的准确性取决于过去积累的经验、资料是否详实和预测技术的科学性。

(三)选择决策方案的标准和方法

选择决策方案的标准，即确定评价决策方案的标准。由于广告决策一般不是选择最优方案而是选择最满意方案，企业条件不同，市场环境不同，广告目标不同，评价决策方案的标准有时要有所侧重。因此，确定评价决策方案的标准应根据具体条件、具体环境，确定评价标准中各个内容的重要程度，明确重点评价标准。

选择广告决策方案有三项基本标准：合法经营、经济效益、技术合理，即在对社会无害的前提下考虑经济效益标准。合法经营，即不违背国家法律、法令、政策的要求，不违背社会道德规范，不产生危害社会的副作用。经济效益，即企业所追求的广告效果和费用的比例关系，应当充分发挥广告费用的效用，兼顾企业的当前利益和长远目标。选择广告决策方案的方法种类很多，然而至今尚无可以解决一切问题的通用方法。一般以经济效益进行选择的，可以用经济判断法；不能用经济判断法的就要借助数学工具，运用数学分析法。无论选择何种方法都要运用详实可靠的资料，寻找各个方案间的差距，从中分辨方案的优劣。同时，还要分析、预测实施方案后可能发生的条件变化和执行中可能引起的问题，确定不良后果的可能程度和严重程度，有无良好的应变措施；等等。权衡利弊才能产生正式决策方案。

四、企业广告规划的决策方法——本量利分析方法

任何工商企业的经营目的都是要取得利润。从价值角度来考虑企业的经营过程，经营起点都是无差别的货币资金投入，终点是货币资金回收。回收量大于投入量就取得了利润；反之就是亏损。这个过程也被称为将本求利过程。而货币的投入量和回收量又受一定价格水平的产量（销量）影响。因此，研究本、量、利之间的相互关联和制约的关系，是工商企业决策最基本的出发点。

（一）本量利分析方法的基本原理

本量利分析是根据成本、产量、利润三者之间的相互依存关系，进行综合分析，用以控制成本，决定产量，预测利润的一种数学分析方法。本量利分析是以成本性态分析和变动成本法为基础的，其基本公式是变动成本法下计算利润的公式，该公式反映了价格、成本、业务量和利润各因素之间的相互关系。即：

税前利润＝销售收入－总成本

＝销售价格×销售量－（变动成本＋固定成本）

＝销售单价×销售量－单位变动成本×销售量－固定成本

即：$P=px-bx-a=(p-b)x-a$

式中：

P——税前利润；

p——销售单价；

b——单位变动成本；

a——固定成本；

x——销售量。

该公式是本量利分析的基本出发点，以后的所有本量利分析可以说都是在该公式基础上进行的。固定成本是与产量（销量）无关的在经营中必须投入的成本，如厂房、设备、长期雇佣人员工资等经营性开支；变动成本是随产量变动而变动的成本，如原料、燃料、电力、计件工人工资等。

企业不盈不亏时，利润为零，利润为零时的销售量就是企业的盈亏临界点销售量。

即：0＝销售单价×盈亏临界点销售量－单位变动成本×盈亏临界点销售量－固定成本

盈亏临界点销售量＝固定成本/（销售单价－单位变动成本）

＝固定成本/单位贡献毛益

相应地，盈亏临界点销售额＝盈亏临界点销售量×销售单价

＝固定成本/贡献毛益率

（二）本量利分析法的应用

在进行本量利分析时，应明确认识下列基本关系：

第一，在销售总成本已定的情况下，盈亏临界点的高低取决于单位售价的高低。单位售价越高，盈亏临界点越低；单位售价越低，盈亏临界点越高。

第二，在销售收入已定的情况下，盈亏临界点的高低取决于固定成本和单位变动成本的高低。固定成本越高，或单位变动成本越高，则盈亏临界点越高；反之，盈亏临界点越低。

第三，在盈亏临界点不变的前提下，销售量越大，企业实现的利润便越多（或亏损越少）；销售量越小，企业实现的利润便越少（或亏损越多）。

第四，在销售量不变的前提下，盈亏临界点越低，企业能实现的利润便越多（或亏损越少）；盈亏临界点越高，企业能实现的利润便越少（或亏损越多）。

本量利分析法可以在两种条件下应用：单一品种和多品种。

1. 单一品种条件下本量利分析主要是确定保本/保利点

保本点是指能使企业达到保本状态时的业务量的总称。单一品种的保本点有两种表现形式：保本点销售和保本点销售额。

保利点是指在单价和成本水平确定的情况下，为确保预先确定的目标利润能够实现而达到的销售量和销售额的总称。具体包括实现目标利润销售量和实现目标利润销售额。

保净利点是指实现目标净利润的业务量。具体包括实现目标净利润销售量和实现目标净利润销售额。

2. 多品种条件下本量利分析的加权平均法

加权平均法是指在掌握每种产品本身的贡献边际率（cmR）的基础上，按各种产品销售额的比重进行加权平均，据以计算综合贡献边际率，进而计算多品种保本额和保利额的一种方法。

单位产品边际贡献＝销售单价－单位变动成本

全部产品边际贡献＝全部产品的销售收入－全部产品的变动成本

如果是一种产品，则：

边际贡献率＝（单位边际贡献/单价）×100％

如果是多种产品，则：

边际贡献率＝$\sum$（每种产品的边际贡献率×该产品销售收入占全部销售收入的比重）

保本点（盈亏临界点）的计算方法有公式法和图解法，本书只举例讲解单一品种的公式法。

单一产品保本点（盈亏临界点）的计算（公式法）：

$P=px-bx-a=0$

$x_0=a/(p-b)=a/cm$

$px_0=ap/(p-b)=a/cmR=a/(1-bR)$

式中：

cm——边际贡献；

cmR——边际贡献率。

［例3－1］　生产单一产品，已知 $p=50$（元），$b=30$（元），$a=20\ 000$（元）

解：$x_0=20\ 000/(50-30)=1\ 000$（件）

$cmR=(50-30)/50=40\%$

$px_0=20\ 000/40\%=50\ 000$（元）

【知识链接】

可口可乐公司

可口可乐公司(Coca-Cola Company)成立于1892年,总部设在美国乔治亚州的亚特兰大,是全球最大的饮料公司。可口可乐在200个国家拥有160种饮料品牌,包括汽水、运动饮料、乳类饮品、果汁、茶和咖啡,亦是全球最大的果汁饮料经销商(包括Minute Maid品牌),在美国排名第一的可口可乐为其取得超过40%的市场占有率,而雪碧(Sprite)则是成长最快的饮料,其他品牌包括伯克(Barq)的root beer(沙士)、水果国度(Fruitopia)以及大浪(Surge)。

【案例教学】

电视被视为对购买决策影响最大的广告媒体

在一项关于广告媒体对购买决策影响力的调查中,电视成为消费者的第一选择。美国成年消费者对电视媒体的喜爱远远超过了其他任何媒体,电视的得票率达到37.2%,而报纸、互联网和杂志分别获得了10.6%、5.6%和4.4%的选票,这些数据是由TVB在2012年6月份收集到的。这项调查的结果也和ExactTarget在4月份的一项研究结果相一致,ExactTarget这项调查的内容是关于在线用户对不同广告媒体的态度,调查发现,53%的被调查者在过去的12个月内受电视广告的影响购买了其推荐的产品或服务,相对于报纸32%和杂志30%的得票率,电视可以说是大幅领先。

TVB一份名为《媒体比拼2012》的报告指出,不同年龄段的被访者都认为电视媒体对他们购物的影响是最大的。18～34岁年龄段的人群受影响比例最大,达到40.8%。随着年龄增大,这个数字也在逐渐降低,在35～64岁年龄段该比例为36.5%,65岁及以上年龄段中则降到了32.7%。ExactTarget的调查结果和TVB的调查呈现出相似的结果,并且附加了关于年龄对该指数的影响。

相比之下,报纸的影响力则随着年龄的上升而增加。根据TVB的调查,18～34岁年龄段中只有3.2%的被访对象表示报纸是对他们购物决策影响最大的广告媒体,这个比例在35～64岁年龄段则上升到了12.3%,65岁及以上人群中更是达到了18.5%。而或多或少都可以预测到的,18～34岁年龄段人群中互联网广告的影响力是高于65岁及以上年龄段的(实际数字是7.4%和2.9%)。

电视广告同时还是最重要的产品信息来源。TVB的调查发现,电视不只对购买产生影响,对消费者来说,它同时还是一个关键的产品信息来源。39.8%的被访者表示,电视是他们了解产品、品牌的最重要来源;互联网所占比例为8.7%,紧随其后;之后是报纸(8%)和杂志(6.8%)。还有接近1/4的被访者表示态度不确定。

【实战演练】

选择某一化妆品品牌,对广告决策的内容进行分析,并判断其广告决策是否合理?采用的是广告信息决策、广告媒体决策还是广告费用决策?

第四章　市场营销与现代广告

【学习目标】

了解市场营销观念演变过程中的广告诉求理念；

明确广告在市场营销中的地位和作用；

熟悉整合营销传播理论的基本内容和典型模式、主要观念。

【能力目标】

通过学习，能够学会利用广告进行适当的营销传播。

第一节　市场营销中的广告

经典语录：

在广告界中，测试最重要。测试你的承诺，测试你的媒体选择，测试你的标题及图片，测试你的广告的版面大小，测试你的刊播频度，测试你的广告花费，测试你的广告影片。不断测试，那么你的广告将会不断地进步。

——大卫·奥格威

理论基石：

一、市场营销观念与广告诉求

(一)现代市场营销的哲学思想

现代市场营销是与现代广告同时发轫于20世纪初期，它们以一种和谐的包容关系相互伴随着发展成熟。作为一个引进的概念，对市场营销(marketing)的理解也各不相同，我们采用的是菲利普·科特勒的表述。市场营销是通过创造和交换产品及价值，以获得个人或群体满足欲望和需要的社会管理过程。这个定义中包含了以下六项核心要素：(1)需要、欲望和需求；(2)产品；(3)价值和满足；(4)交换和交易；(5)市场；(6)营销和营销者。从中可以看出营销活动是建立在这样一个三维结构基础上的：消费者(欲望和需求)—供应者(产品和满足)—市场(流通与交换)。

市场营销哲学，是企业进行经营决策，组织和管理市场营销活动的基本指导思想。它是一种观念、一种态度或一种企业思维方式。任何企业的营销管理都是在特定的指导思想或观念指导下进行的。确立正确的市场营销观念，对企业经营成败具有决定性意义。

美国通用电器公司是最早应用现代营销的一个企业。在开始树立市场导向的观念时，该公司总经理改变了本公司的经营态度，首先将原来的一个"电扇电毯部"改为"家庭舒适化服务部"。当时，许多同行很不理解，认为这个名称不伦不类，这种做法莫名其妙。此事一时传为笑谈。但是，公司总经理和该部门经理心里都明白，这不是部门名称的简单改变，而是为了满足消费者对家用电器的需要，使他们的家庭生活更舒适、更方便。确立这种营销观念之后，这个部门根据消费者的需求大力发展各种家用电器，产品品种迅速增加。除了继续生产经营电扇电毯以外，又陆续推出了各种电灶、电器调湿气、电动吸尘器和各种照明设备等新产品，销售额迅速增加，企业获得了巨额利润。此时，原来持嘲笑态度的同行们才恍然大悟，争相学习通用电器公司的营销态度，树立市场导向的营销观念。

（二）市场营销观念演变过程中的广告诉求

近百余年来，市场营销管理的指导思想经历了一个漫长的演变过程。最初以"生产观念"和"产品观念"为指导思想；继而以"推销观念"为指导思想；第二次世界大战结束后，又逐渐演变为"市场营销观念"；到 20 世纪 70 年代，有些学者又提出了"社会市场营销观念"。

1. 生产观念指导下的广告诉求

生产观念是在卖方市场条件下产生的，在西方盛行于 19 世纪末 20 世纪初，是一种最古老的市场营销观念。这种观念认为，消费者欢迎那些可以随处买到和价格低廉的产品，企业应当组织和利用所有资源，集中一切力量提高生产效率和扩大分销范围，增加产量，降低成本。显然，生产观念是一种重生产、轻营销的指导思想。以生产观念指导营销活动的企业，称为生产导向企业。其广告诉求的核心思想为："我们生产什么，就卖什么。"20 世纪初，美国福特汽车公司制造的汽车供不应求，亨利·福特曾傲慢地宣称："不管顾客需要什么颜色的汽车，我只有一种黑色的。"福特公司 1914 年开始生产的 T 型车，就是在"生产导向"经营哲学的指导下创造出奇迹的。它使 T 型车生产效率趋于完善，成本降低，使更多人买得起。到 1921 年，福特 T 型车在美国汽车市场上的占有率达到 56%。中国香港 HNH 国际公司营销它的耐克斯(Naxos)标签，为我们提供了一个当代生产观念的例子。耐克斯标签是在当地市场用低成本销售经典音乐磁带的供应品，它迅速走向了世界。耐克斯的价格比它的竞争者(宝丽金和 EMI)便宜 1/3，因为它的管理费只有 3%(大音乐制作公司为 20%)。耐克斯相信，若它比其他公司的价格低 40%的话就有利润。它希望用低价与削价政策来扩大市场。

2. 产品观念指导下的广告诉求

产品观念是与生产观念并存的一种市场营销观念，都是重生产、轻营销。产品观念认为，消费者喜欢高质量、多功能和具有某些特色的产品。因此，企业管理的中心是致力于生产优质产品，并不断精益求精，日益完善。在这种观念的指导下，公司经理人常常迷恋自己的产品，以至于没有意识到产品可能并不迎合时尚，甚至市场正朝着不同的方向发展。他们在设计产品时只依赖工程技术人员而极少让消费者介入。其广告诉求的核心思想为："我们能够生产最优质的产品。"

产品观念把市场看做是生产过程的终点，而不是生产过程的起点；忽视了市场需求的多样性和动态性，过分重视产品而忽视顾客需求。当某些产品出现供过于求或不适销对路而产生积压时，却不知产品为什么销不出去，最终导致"市场营销近视症"。杜邦公司在 1972 年发明了一种具有钢的硬度，而重量只是钢的 1/5 的新型纤维。杜邦公司的经理们设想了大量的用途和一个10亿美元的大市场。然而这一刻的到来比杜邦公司所预料的要长得多。因此，只致力于大量生产或精工制造而忽视市场需求的最终结果是其产品被市场冷落，使经营者陷入困境。

3. 推销观念指导下的广告诉求

产生于资本主义经济由“卖方市场”向“买方市场”的过渡阶段，盛行于20世纪30～40年代。推销观念认为，消费者通常有一种购买惰性或抗衡心理，若顺其自然，消费者就不会自觉地购买大量本企业的产品。因此，企业管理的中心任务是积极推销和大力促销，以诱导消费者购买产品。执行推销观念的企业，称为推销导向企业。其广告诉求的核心思想为：“我们卖什么，就让人们买什么。”

在推销观念的指导下，企业相信产品是“卖出去的”，而不是“被买去的”。它们致力于产品的推广和广告活动，以求说服甚至强制消费者购买。它们收罗了大批推销专家，做大量广告，对消费者进行无孔不入的促销信息“轰炸”。但是，推销观念与前两种观念一样，也是建立在以企业为中心的“以产定销”，而不是满足消费者真正需要的基础上。因此，前三种观念被称为市场营销的旧观念。

4. 市场营销观念指导下的广告诉求

市场营销观念是以消费者需要和欲望为导向的经营哲学，是消费者主权论的体现，形成于20世纪50年代。市场营销观念认为，企业的一切计划与策略应以消费者为中心，正确确定目标市场的需求与欲望，比竞争者更有效地提供目标市场所要求的产品。市场营销观念的产生，是市场营销哲学的一种质的飞跃和革命，它不仅改变了传统的旧观念的逻辑思维方式，而且在经营策略和方法上也有很大突破。它要求企业营销管理贯彻“顾客至上”的原则，将管理重心放在善于发现和了解目标顾客的需要，并千方百计去满足它，从而实现企业目标。因此，企业在决定其生产经营时，必须进行市场调研，根据市场需求及企业本身条件选择目标市场，组织生产经营，最大限度地提高顾客满意程度。执行市场营销观念的企业称为市场导向企业。其广告诉求的核心思想为：“顾客需要什么，我们就生产什么。”

市场营销观念相信，决定生产什么产品的主权不在生产者，也不在于政府，而在于消费者。海尔集团从实践中总结出来诸多实用性的市场理念，如“用户永远是对的”，“只有淡季的思想，没有淡季的市场”，“市场唯一不变的法则是永远在变”，以及“海尔，为您着想”等。

5. 社会营销观念指导下的广告诉求

社会营销观念是以社会长远利益为中心的市场营销观念，是对市场营销观念的补充和修正。从20世纪70年代起，随着全球环境破坏、资源短缺、人口爆炸、通货膨胀和忽视社会服务等问题日益严重，要求企业顾及消费者整体利益与长远利益的呼声越来越高。在西方市场营销学界提出了一系列新的理论及观念，如人类观念、理智消费观念、生态准则观念等。其共同点都是认为，企业生产经营不仅要考虑消费者需要，而且要考虑消费者和整个社会的长远利益。这类观念统称为社会营销观念，其广告诉求的基本核心为：以消费者和社会公众的长期福利作为企业的根本目的与责任。例如，伊利集团“心灵的天然牧场”和创维集团“不闪的才是健康的”都是基于社会营销观念下的广告诉求。

广告观念是与营销观念相互伴随着发展的，现代营销的核心价值是对需求的确认。广告承担着营销沟通任务，在这种沟通中广告表现出了自身的传播特性，并形成了现代广告中基本的营销沟通方式。

二、广告在市场营销中的地位

(一)广告是一种主要的促销方式

在市场营销中,人员推销、公共关系、营业推广和广告是促销组合的四个基本方式,这些不同的促销方式各有特色。

1. 人员推销

人员推销是企业运用推销人员直接向顾客推销商品和劳务的一种促销活动。当销售活动需要更多地解决问题和说服工作时,人员推销是最佳选择。人员推销与其他传播方式最显著的不同在于,其信息是直接从发送者流向接收者的。因此,可以使发送者能够即时地收到并评价接收者的反馈信息。这种传播过程是典型的双向传播(在两个人或者两个群体之间),它可以使信息更加灵活地组织,具有更多的个性化色彩,从而也更好地满足接受方的特定需求和需要。然而,人员推销的最大局限就是推销半径小,当市场广阔而又分散时,推销成本较高,所需人力、物力、财力和时间量大。同时,推销人员的培养和管理也比较困难。

2. 公共关系

公共关系是指企业在从事市场营销活动中正确处理企业与社会的关系,以便树立企业的良好形象,从而促进产品销售的一种活动。建立和保持企业与社会的关系,在企业营销活动中具有重要的作用。公共关系首要的任务是树立和保持企业的良好形象,争取广大消费者和社会公众的信任和支持。一个企业除了生产优质产品和搞好经营管理之外,还必须重视创建良好的形象和声誉。在现代社会经济生活中,一旦企业拥有良好的形象和声誉,就等于拥有了可贵的资源,就能获得社会广泛的支持和合作。否则,就会产生相反的不良后果,使企业面临困境。公共关系属于一种长效促销方式,其活动成本较少,而其效果十分明显。通过公共关系活动,能消除顾客对产品的疑义,获取信赖。然而,现实中擅长公共关系的专家要比单纯的营销专家和广告专家更难寻找,再加上公关宣传活动在许多方面受到的限制,其操作难度往往比广告等其他促销手段更大。

3. 营业推广

营业推广又称销售促进,是指能够刺激顾客需求、吸引消费者购买而采取的特种促销手段。营业推广不像广告、人员推销、公共关系那样作为一种常规性的促销活动出现,而是用于短期的、对购买行为的额外刺激和奖励,其着眼点在于解决某些更为具体的促销问题,因而是非规则性、非周期性的使用和出现的。营业推广的优势在于不仅可以抵御和击败竞争对手的促销活动,刺激消费者购买,而且能够加速新产品进入市场的过程,在短期内迅速地为新产品开辟道路。但营业推广的影响面较小,时效较短,它只是广告和人员销售的一种辅助的促销方式。同时,若过分渲染或长期频繁使用,容易使顾客对卖者产生疑虑,从而对产品或价格的真实性产生怀疑。

4. 广告

广告是一种面向目标市场和社会公众的支付费用的传播行为,它由商业组织或个人通过不同的媒体或途径进行。在市场促销组合中,非人员推销最有效的方式便是广告,这也是国际上通用的促销方式之一。公共关系、广告、人员推销和营业推广都能从不同侧面对促销产生影响,但广告具有比较普遍的适用性。广告通常具有以下特点:

(1)传播面广。广告是借助大众媒体传播信息的,它的公众性和普及性赋予广告突出的

“广而告之”的优点。广告主可以通过电视、报纸、广播、杂志等大众传媒，在短期内迅速地将其信息告知众多的目标消费者和社会公众，这是人员推销等其他促销方式无法与之比拟的。

(2)传递速度快。广告是利用大众媒体传递信息的。大众传媒是一种迅捷的信息传播途径，它能使广告主发布的信息在很短的时间内传达给目标消费者。在现代信息化社会，它是一种富有效率的促销方式。

(3)表现力强。广告是一种富有表现力的信息传递方式。它可以借助各种艺术形式、手段与技巧，提供一个企业及其产品感情化、性格化、戏剧化的表现机会，增加其说服力与吸引力。

(4)广告费用支出具有投资的特点，属于资本性支出。广告费用作为一种投入，产出的效益虽不是直接的，但通过广告促进了销售，带来了利润。广告不仅能够产生即时效果，而且还能形成累积效应，是一项长期投资。上述特点决定了广告在市场营销中具有独特的地位。

市场营销观点认为，广告不是简单地向消费者推销产品，而是以满足消费者的需求为前提，符合消费者的近期利益和长远利益为导向的。由此决定了广告的主要任务之一是要实现生产者和消费者的沟通。通过这样一种沟通，使消费者认识、了解厂商的产品和服务的全部利益并产生好感，从而促进消费者产生消费需求和购买行为，使广告成为一种积极的营销手段。

(二)广告活动是营销战略的重要组成部分

广告是一种社会文化现象，是一种公共关系形式，广告的主要作用是沟通。实现企业和公众之间的良好沟通，这是广告业一个永恒的工作主题。并且广告战略是市场营销战略决策的一个重要组成部分，广告战略和策略从属并服从于更高层次的营销战略。企业实施营销战略过程中，广告对市场细分、产品差异化和市场定位，以及扩大市场份额、培育品牌形象等方面发挥着重要的作用。

广告战略规划目标本身也应包括销售增长目标、产品推广目标、市场扩展目标和企业形象目标等几个方面。其中销售增长目标是企业广告活动最根本的战略目标，企业希望通过广告活动使企业产品的销售增长。以销售增长为目标的广告战略一般注重对消费者购买欲望的刺激。

产品推广目标是希望通过广告活动能使企业的某一种产品及其品牌能为目标市场的消费者接受，以扩大产品的影响。所以，以产品推广为目标的广告战略一般注重于产品和品牌知名度与美誉度的提高，很注重广告的覆盖面和目标市场消费者对广告的接触率。这类广告战略目标比较适用于企业新产品的宣传。

市场扩展目标是通过广告活动拓展新的市场，吸引新的消费者。以市场扩展为目标的广告战略一般注重于在新的消费群体中树立产品和企业的形象，注重于对这些消费者消费观念的改变。

而企业形象目标则是期望通过广告活动能使企业整体的知名度和美誉度有所提高，扩大企业的影响。所以，以企业形象为目标的广告战略不单纯追求短期内产品销售量的增长，而注重于同目标市场消费者之间的信息和情感沟通，努力增强目标市场消费者对企业的好感。值得注意的是，企业的广告战略目标在一段时间内可能是多元的，而不是单一的。在这种情况下，要分清、兼顾好主次，协调好近期目标与长远目标。

【知识链接】

图4—1 乔·吉拉德——世上最成功的推销员

乔·吉拉德

乔·吉拉德(原名约瑟夫·萨缪尔·吉拉德,Joseph Samuel Gerard,1928年11月1日出生于美国密歇根州底特律市),是美国著名的推销员。他是吉尼斯世界纪录大全认可的世界上最成功的推销员,从1963～1978年总共推销出13 001辆雪佛兰汽车。乔·吉拉德是世界上最伟大的销售员,连续12年荣登世界吉尼斯记录大全世界销售第一的宝座,他所保持的世界汽车销售纪录:连续12年平均每天销售6辆车,至今无人能破。

【小资料】

相关广告术语

1. Banner(网幅广告、旗帜广告、横幅广告)

表现广告主内容的图片,通常大小为468×60像素,一般是使用gif格式的图像文件,可以使用静态图形,也可用多帧图像拼接为动画图像。

2. Button(按钮广告)

从Banner广告演变过来的一种广告形式,图形尺寸比banner小。一般是120×60像素,甚至更小。由于图形尺寸小,故可以被更灵活地放置在网页任何位置。

3. Logo(图标广告)

常用来宣传商家的商标或特定标志。

4. 文字链接(Text link)

以纯文字形式体现广告内容,采用文字标识,点击链接到广告者指定的地址。

5. 电子邮件广告(Mailinglist)

通过电子邮件(E-mail)的形式,将广告内容发送到《中国项目咨询网》网员及邮件订户的邮箱中。以极低廉的成本发送信息到目标消费者那里。

【案例教学】

百事可乐与可口可乐在印度市场上的营销策略分析

20世纪80年代，由于印度国内软饮料公司反跨国公司议员们的极力反对，可口可乐公司被迫从印度市场撤离。与此同时，百事可乐就开始琢磨如何打入印度市场，百事可乐明白，要想占领印度市场，就必须消除当地政治力量的对抗情绪。百事可乐公司认为，要解决这个问题就必须向印度政府提出一项该政府难以拒绝的援助。百事可乐表示要帮助印度出口一定数量的农产品，以弥补印度进口浓缩软饮料的开销；百事可乐公司还提出了帮助印度发展农村经济，转让食品加工、包装和水处理技术，从而赢得了印度政府的支持，迅速占领了印度软饮料市场。

显然，百事可乐成功的关键不在于产品口味比可口可乐好，也不在于广告技术比可口可乐高超，而是在于它在“政治战”与“公众舆论战”上比可口可乐要更胜一筹。毫无疑问，政治与公共关系已成为市场营销中出现的两个考虑要点。针对上述状况，美国营销专家菲利浦·科特勒提出了大市场营销观念，即现代市场营销已突破了以产品、价格、促销与销售渠道(4PS)为主体的旧营销格局，现代营销观念在4PS基础上还应加上两个P，即“政治力量”(political power)和公共关系(public relations)。科特勒认为：在贸易保护主义重新抬头和政府干预经济力量加强的情况下，即使企业的产品适销对路，价格、销售渠道和促销都适当，这种产品还是未必能卖出去。

大市场营销观念虽然由美国人提出并最先付诸实践，但做得最好的却是日本人。日本汽车厂商对美国政治、法律的影响力就比福特、克莱斯勒、通用汽车公司三巨头的影响力要强大得多。1990年，日本共有140个政府机构和企业在美国雇用了院外活动和宣传活动的代理机构。日本通过金钱收买等方式把一大批美国的政府高级官员聘为自己的国外代理人，并通过他们来左右美国的贸易政策。这些日本聘用的“说客”中有总统特别助理、总统顾问、白宫副新闻秘书、副总统办公厅主任、美国国际贸易委员会主席等要人。通过他们，日本产品源源不断地打入美国市场并获得大量优惠。如日本汽车厂商通过对美国政府的影响而避免了向美国缴纳每年5亿美元的进口税。1987年，日本东芝公司对苏联及捷克等国出售美国规定的“受控产品”，包括潜艇推进器及计算机芯片等，美国本拟对其进行制裁，美国的制裁将使东芝公司每年减少30亿美元销售收入，东芝公司通过其“政治营销”摆脱了制裁。

事实上，从来没有纯粹的政治也从来没有纯粹的经济，政治活动与经济活动总是交织在一起互相作用的。大市场营销观念充分考虑了政治影响与公众舆论，使企业化被动为主动。因此，种种营销观念在国外盛行就不足为奇了。

【案例教学】

麦当劳的市场营销观念

麦当劳公司作为快餐汉堡包零售商，是一流的市场营销商，其14 000家快餐店分布于全球79个国家，整个系统年销售额达到30多亿元。每天由1 900万顾客经过著名的金色双拱标志，每年多达96%的美国人在麦当劳用餐。现在，麦当劳每秒销售145只汉堡包。这一销售业绩应归功于其强劲的市场营销定位，即麦当劳知道怎样为顾客服务，以及怎样随消费者欲望的变化而进行调整。

麦当劳的市场营销哲学完全浓缩于其座右铭QSCV之中，这四个字母分别代表质量、服务、洁净与价值。顾客走进窗明几净的餐厅，来到友好的柜台服务员面前，很快便可以点到一份可口的快餐。店里没有让青少年聚集的自动电话机或电话，也没有烟灰缸或报纸架。所以，去麦当劳是一家子的事，对孩子特别有吸引力。

麦当劳已掌握了为消费者服务的艺术，并细心地把基本原理教给其职员和特许经销商。麦当劳通过不断的顾客调查来监督产品和服务质量，并且不遗余力地改进汉堡包生产方法，以简便操作、降低成本、加快服务以及带给顾客更多的价值。除了这些努力之外，每一家麦当劳快餐店还通过社区参与和服务项目来成为附近地区的一分子。

在其位于美国以外的 4 700 家快餐店中，麦当劳仔细地根据当地的口味和习惯来制定菜单。在日本供应玉米汤和叉烧汉堡，在罗马有通心粉色拉，在巴黎有配以葡萄酒和现场钢琴音乐的麦乐系列汉堡包。在牛被视为神圣的印度，麦当劳卖蔬菜汉堡包而不是牛肉汉堡。

麦当劳在莫斯科开设第一家快餐店时，就很快赢得了俄国消费者的青睐。但是，为了在这个新市场达到其高水准的顾客服务标准，不得不克服一些巨大的障碍。它必须把麦当劳那些经受过时间考验的做事方法教授给供应商、职员甚至顾客。公司还在汉堡包大学中培训俄国经理，并要求 630 名新职员中的每一位都要接受 16～20 小时的基本知识培训。麦当劳还必须培训消费者，因为绝大多数莫斯科市民从来没见过快餐店。在莫斯科店开业的第一天，麦当劳为 700 名莫斯科孤儿举办开业聚会，并把开业当天的全部收益捐献给莫斯科儿童基金会。结果，这家新的莫斯科快餐店营造了一个非常成功的开端。

麦当劳对消费者的注重以使其成为世界上最大的快餐服务组织。现在，它已赢得了 20% 的美国快餐业务，并正迅速地向全球扩张。

图 4－2 麦当劳广告

【实战演练】

将学生分成小组，说明看到的营销观念的转变，曾经采用过什么促销方式？有哪些好的经验？

第二节 整合营销传播理论的基本内容

经典语录：

很多人相信西方的模式，认为这是最专业、最成功的。实际上，西方的模式不一定适合中国当前以及未来。中国是独特的，需要特殊的营销方式来进行推广。 ——唐·舒尔茨理论基石：

一、整合营销传播的基本内容

(一)整合营销的核心思想

整合营销传播(Integrated Marketing Communications,IMC),有人称它为新广告(New Advertising),是近年出现的营销广告新概念,其核心思想是将与企业进行市场营销有关的一切传播活动一元化。一方面把广告、促销、公共关系、直销、CI、包装、新媒体等一切传播活动都涵盖到广告活动的范围之内;另一方面企业则能够将统一的传播信息传达给消费者。所以,整合传播也被称为"speakwithonevoice"(用一个声音说话),即营销传播一元化策略。

(二)现代广告的历史发展

现代广告的发展,根据广告公司在不同时期为广告主提供服务的涵盖面,可以划分为不同的阶段。从海外广告的发展历史来看,目前广告已经经过广告分离期、广告全面服务期、传播分离期,进入一个全新的阶段——整合营销传播期。

1. 广告分离期

在这一阶段,广告主负责广告制作,广告公司负责媒介购买,两者各自独立进行,在运作上是完全分离的,因此称为"广告分离期"。

2. 广告全面服务期

在这一阶段,广告公司受广告主的全面委托,负责包括广告调查、策划、制作、媒体购买的全部广告业务,提供全面的广告服务。

3. 传播分离期

在这一阶段,与广告主营销活动有关的所有传播活动分别由不同的机构负责:广告公司负责广告和促销作业,广告主或者公共关系公司负责公共关系业务,广告主或者专业的活动公司负责活动,CI 设计公司负责 CI 设计,包装设计公司负责包装设计,直接邮寄广告公司负责直接邮寄广告业务,专业化分工非常鲜明。

4. 整合营销传播期

在这一阶段,与广告主营销活动有关的各种传播活动统一运作,在广告主内部由产品经理和整合传播部门负责,在外部则由整合传播公司或者整合传播集团负责。整合传播公司往往包括广告、公关、促销、CI 等方面的专门部门和各专业的人员;整合传播集团则由广告、公关、促销、CI 等方面的专业公司构成。整合传播以专业化分工基础上的整合运作来进行。

1990 年,美国北卡罗莱纳大学教授劳特朋(Robea F. Lauterborn)提出 4C 营销模式(消费者的欲望和需求 Consumer wants and needs、消费者为获取满足而支付的成本 Cost、购买的方便性 Convenience、沟通 Communications),营销的重点转向了消费者,顾客需要的满足代替了产品,顾客成本取代了价格,购买方便性取代了渠道,沟通取代了促销。营销理念由"消费者请注意"变为"请注意消费者"。随着产品策略、价格策略和渠道策略的日益同质化,传播策略因其能够提供真正的差异化而逐渐成为市场营销的核心。

20 世纪初,整合营销传播之父——美国西北大学教授唐·舒尔茨(DonE. Schultz)进一步提出了 5R 理论(与顾客建立关联 Relevance、注重顾客感受 Receptivity、提高市场的反应速度 Responsive、关系营销越来越重要 Relationship、赞赏回报是营销的源泉 Recognition),他认为营销的核心应该从交易转向顾客关系的建立。整合营销传播的中心思想是：围绕品牌，发出同一个声音，组合并协调使用各种营销传播工具来满足顾客需求。在这种理念下，营销即是传播，市场营销要通过对消费者进行有效的、统一的传播来提供符合要求的交换，最终目的是要建立与利益相关者之间的良好关系。这样一来，就改变了传统市场营销以交换为中心的定义，转变为以关系为中心，建立、维护和发展与顾客之间的长期关系成为整合营销传播的目的。

二、整合营销传播的发展层次

整合营销传播在不同的发展阶段有不同的表现形式，主要有以下几个层次：

（一）认知的整合

这是实现整合营销传播的第一个层次，这里只是要求营销人员认识或明了整合营销传播需要而已。例如，某个媒体策划人员在替某企业购买媒体和投放广告的时候，对不同媒体类别和相同媒体的不同表达方式都应有所考虑，以反映此企业的形象。

（二）形象的整合

第二个层次牵涉到确保信息媒体一致性的决策。信息媒体一致性，一是指广告的文字与其他视觉要素之间要达到一致性，二是在不同媒体上投放广告也要保持一致性。也就是说，图像要强化和补充文字的信息，并且必须与其他媒体上投放的广告保持一致。

（三）功能的整合

第三个层次与营销功能有关。功能整合是把不同的营销传播方案编制出来，作为服务于营销目标（如销售额与市场份额）的直接功能。也就是说，每个营销传播要素的优势和劣势都经过详尽的分析，并与特定营销目标紧密结合起来。

（四）协调的整合

第四个层次是人员推销功能与其他营销传播要素（广告、公关促销以及直销）等被直接整合在一起。这意味着，各种手段都用来确保人际营销传播与非人际形式的营销传播的高度一致，即推销人员所说的内容也必须与其他媒体上广告的内容协调一致。

（五）基于消费者的整合

第五个层次就是，营销策略必须在了解消费者的需要和诉求的基础上锁定目标消费者，在给产品以明确的定位之后，才能开始营销与广告的策划。换句话说，营销战略的整合就是使得战略定位的信息直接到达目标消费者的心中。

（六）基于风险共担者的整合

第六个层次是基于风险共担者的整合。这里，营销人员应认识到目标消费者不是本机构应该传播的唯一群体，其他共担风险的经营者也应该包含在总体的整合营销传播战术之内，例如本机构的员工、供应商、配销商以及股东等。

（七）关系管理的整合

第七个层次被认为是整合营销的最高阶段，即关系管理的整合，就是要向不同的风险共担者做出有效的传播。本机构必须发展有效的战略，这些战略不只是营销，还有制造战略、工程战略、财务战略、人力资源战略以及会计战略等。也就是说，为了加强与组织风险共担者的关系，本机构必须在每个功能环节内（如制造、工程、研发、营销、财务、会计、人力资源等环节）发展出管理战略以达成不同职能部门的协调。

三、营销传播的基本手段——广告

营销的各种要素虽然不断演变，但是其中营销传播却始终作为一个基本要素占据显著位置，不论是把它叫做促销也好、营销传播也好，都标志着营销过程中市场交换的双方需要经过信息沟通才能够完成营销任务。按照传统的营销概念，营销传播（或者说促销）工具主要有四种形式，即广告、营业推广、公共关系、人员推销，统称为促销组合。以往在广告策划中对广告之外的其他各种促销形式，习惯上总是作为独立于广告的补充形式看待，没有给予足够的重视。但是在市场环境和信息环境剧烈变化的今天，纯粹广告越来越失去了昔日的信息沟通力度。整合营销传播作为一种全新的广告观念，其中一个最突出的特征就是要求把各种传播因素协调一致。因此，全面的广告思维应该是一种包含各种营销传播方式的整体视角，我们也可以把它看作是一种泛广告思维。以这种思维来看待广告，必须了解广告作为营销传播手段的一些基本特性。

（一）广告传播的诱导性

广告传播的诱导性是指广告信息作为外界刺激，作用于受者引起预期的观念改变和购买行为，这是一个可以通过多种手段诱导实现的心理渗透过程。它包括观念的传播、情绪的传播和行为的传播。广告传播的直接目的是要让接触广告的人了解并接受广告中包含的信息。要实现这一过程，一种情况是在较短的时间内直接通过广告制作的奇特的画面、语言、音响、色彩等引起受众强烈的兴趣；另一种是通过潜移默化逐步诱导而达成的。诱导受众逐步接受广告宣传的内容，包括接受广告中主张的消费观念、价值观念和生活方式，以一种无形的力量使受众对广告传播者的观点意见趋于认同。诱导力的大小取决于信息的诱导性强弱的程度。策划制作广告的一切努力几乎与提高广告诱导力有关，所以，诱导性原理被人们视为指导广告策划、制作传播的重要依据。

（二）广告传播的两次创造性

广告传播的两次创造性是指广告传播是一个完整的创造性过程。这种创造性不仅表现在传播者在广告的设计制作、选择传播途径等方面，还体现在广告信息的接受者方面。广告信息的接受者会通过再造想象，在接受传播信息的过程中发挥创造性。信息接受者接受信息同样也是一个创意的思维过程，它可以面对无数信息，根据自己的生活经验加以选择性地注意、选择性地理解、选择性地记忆，而后通过想象、联想等一系列心理活动，作出自己的判断和反应。所以，从人的创造性发挥的角度来说，广告传播是一个两次创造过程。广告传播者深刻了解广告传播过程中两次创造性原理，对制作并传播广告信息是有积极意义的。

（三）广告传播的文化同一性

信息在传播中能否被接受或接受程度，决定于双方共同的经验区域的大小。共同的经验区域越大、越广阔，传播就越容易，接受程度就越高。也就是说广告传播的效果同传受双方的文化状况密切相关。广告传播客观上要求传播者与接受者有共同的文化基础。文化作为潜在的支配者、诱导者，时时刻刻促进或制约着广告传播过程的实现及其效果。

从文化角度来看，广告传播是一种文化活动。要实现有效的传播，广告信息的制作者、传播者与其接受者应具备共同的价值观念、类似的行为模式以及其他文化方面的共同性。这种共同性越多，传播的效果就越佳。它可以根据文化背景共同性的大小确定广告传播方式，同时，应注意广告中文化水准要与受众的文化水准相适应。广告制作者应有极强的文化意识，要清醒地看到广告传播在本质上也是一种文化交流，时时从文化的角度去观察广告信息接受者的情况，从文化的角度去调查广告传播成败的深层次原因。

四、营销传播的典型模式

（一）沟通模式

广告、促销和营销战略得以实现的前提，就是要与现有的或未来的消费者进行有效的信息传播。因此，进行广告和促销策划必须要理解传播过程和传播模式。传播学家施拉姆把信息看作是一种基本符号，传播的实现必须是双方经验领域所共有的。他认为"信息源能编码，信息传播终端能解码，只能以各方所具有的经验为条件"。按照这种理解，科特勒在《营销管理》中总结了由九个要素组成的严格的营销传播沟通模式，其中：两个要素表示沟通的主要参与者——发送者和接受者；另外两个表示沟通的主要工具——信息和媒体；还有四个表示沟通的主要职能——编码、解码、反应和反馈；最后一个要素属于系统中的干扰，是噪音。

营销传播就是在这样一种模式背景下进行的。其中，发送方作为信源，可以是个人（推销员、代言人等），也可以是团体（公司、组织等）；信息发送者选择一定的符号形式（语言、图像、声音等）来代表其所传达的信息，传播过程即宣告开始，这个过程叫做编码。编码之后就是信息开发，它包含了信息发送方希望传达的信息或意义，这种信息必须采用适合相应信道传播的传递方式（广告文案、影视广告等），符号学在这里具有特别的价值。经过编码和开发的信息，要送达接收方必须有一个信息通道，这就是我们所说的传播媒介。传播通道有两种类型：人员的和非人员的（人员推销、大众媒介等）；接收方作为发送方与之分享信息的人，一般是目标市场上的消费者或者是营销设定的潜在消费对象，也称之为受众。这些对象在接收信息时，必须把发送方的信息符号还原为一种可以确切感知的思想，这个过程就是解码过程。发送到接收是一个正向流通过程，它完成了传播中的信息传达。

在信息传播过程中，无关因素的影响很容易使信息接收受到扭曲或者干扰，这种外来的扭曲和干扰就是噪音。在广告信息传达中，噪音来源于各个方面，如媒体本身和媒体之间、技术的和非技术的等，噪音的发生也可能来自于发送方和接收方经验领域的互相重叠。接收方在感知到信息之后所做出的举动称为反应。反应的范围很广，既可以是无法直接观察的过程（如在记忆中储存信息等），也可以是直接行为（如拨打订购电话等）。在接收方的反应中，被传递回发送方的那一部分信息就是反馈信息（如消费者对产品的怀疑或者赞赏等）。这些信息往往是营销人员最感兴趣的信息，它不仅使营销传播流程闭合为环状，而且使发送方可以监控其所发送信息的解码和接收过程。

（二）反应模式

基于营销沟通中目标市场（信息接收方）所具有的特别意义，营销传播非常注重对反应的认识。在制订营销传播计划时，最重要的一个步骤也许就是理解反应过程，即消费者在作出某一特定行为，如购买某一产品之前所经历的心理活动，以及广告促销对这些活动的影响。反应层次模式就是描述消费者从对公司、产品、品牌一无所知，到实际决定购买行为所必须跨越的几个阶段。以下是常见的四种营销传播反应模式：

AIDMA模式认为，购买者要依次经过"注意（Attention）、兴趣（Interestion）、欲望（Desire）、记忆（Memory）、行动（Action）"五个阶段。营销沟通必须抓住消费者的注意力，然后再引起他们对公司产品或者品牌的兴趣。强烈的兴趣会使其产生拥有或使用的欲望，最终导致消费者作出购买承诺或采取行动。

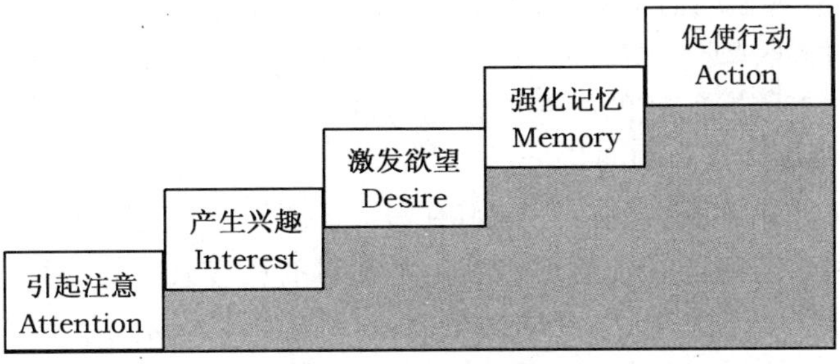

图 4—3　AIDMA 模式

效果层次模式则假定，消费者从意识到产品或品牌的存在到实际购买要经过一系列步骤，其基本的假设就是，广告发布之后不会立即导致购买，消费者只有完成前一个层次反应后才会进入下一个层次，这种模式现在已经成为广告目标效果衡量的理论基础。

创新扩散模式是在技术创新传播理论基础上演化而来的，它描述了消费者在采用一个新产品中的各个阶段，认为评价一个新产品最好的方法就是在实际中使用它，只有这样才能评判其优劣。所以要通过演示、发放样品等形式鼓励其试用。

信息处理模式假定，处于说服性传播情境（如广告）中的接收方是信息处理者或问题解决者，与其他模式突出不同的是"记忆"因素，即接收方对其认为有价值或与自己有关，并已经理解的那部分信息在记忆中加以保留，为今后的购买决策提供参考。

不同的营销传播反应模式反映了研究者对营销沟通信息作用模式的不同理解，在进行营销传播和广告策划时，一定要根据具体情况作出适当的判断。

五、整合营销传播运用的新趋势

整合营销传播运用的新趋势表现在传播理念、传播方式和传播工具三个方面。

（一）传播理念的变化趋势

1. 从战术型传播到战略型传播

在整合营销的理念指导下，我国的广告主比以往更强调从战略高度来制订传播计划。围绕企业核心竞争力和品牌核心价值，整合内外营销资源，系统地运用各种营销工具和手段，有计划、有步骤地开展营销活动，注重市场的长期培育和品牌实力的提升。如联想集团推出了全球品牌新标识、成为奥运赞助商、收购 IBM 全球 PC 业务等系列战略性活动，有力地打造了国际化品牌形象。

2. 从交易型传播到关系型传播

传统的交易型传播的目的是促进销售，重点在产品宣传、品牌认知，交易达成也就是传播活动大功告成之时；关系型传播则视交易为双方合作关系的开端，"顾客关系管理"和会员俱乐部形式在我国企业界的流行，表明关系型的传播沟通得到重视。

（二）传播方式的变化趋势

1. 从功能性传播到情感性传播

随着我国媒体数目的迅速增长和信息量的加大，仅仅宣传产品的功效、质量或者价格的广告或促销，已经难以吸引顾客的眼球，缺乏创意、诉求点雷同的沟通方式只能让消费者退避三舍，沟通的关键转向能否触动消费者的情感。无论广告、促销还是事件营销，在设计和实施过程中，企业纷纷考虑能否满足消费者的情感需要。“运动无限、沟通无限”，“中国平安、平安中国”等广告语之所以广为传诵，凭的就是情感的力量。

2. 从单向沟通传播到双向沟通传播

这与直复营销近年来在我国的广泛运用有很大关系。直复营销是一种互动的营销系统，它是运用一种或多种广告媒介在任意地点产生可衡量的反应或交易。直复营销者通过特定的媒介如电视、目录、邮件、广播、电话、互联网等向目标顾客传递营销信息，顾客则通过电话、邮件、互联网对企业进行回应。这种双向互动性使得企业可以针对不同顾客进行个性化营销，而且可以建立顾客数据库，以规划新的营销活动。

3. 从大众传播到分众传播

楼宇或电梯液晶电视、液晶移动电视、社区媒体、手机短信等分众媒体，由于针对性强、关注度高、成本低等优点，得到了快速发展。城市高收入阶层的生活方式，决定了他们与传统媒体的接触率和关注度都比较低，而分众传播正好能实现对该核心目标消费群的重度覆盖。从事分众传播的广告公司倾向于在特定区域和特点空间挖掘品牌与消费者的接触点，如在机场、地铁、公交车、火车、高尔夫球场等地点发布广告，以构建更加细分、更加垂直、点对点的分众媒体平台，用最少的成本把信息传递给广告主需要达到的人群，使广告主的投资更趋于精确化。

（三）传播工具的整合趋势

1. 媒体广告和终端促销相整合

大型商场超市的崛起使得零售终端成为市场争夺的焦点，企业的终端促销也在强大的竞争和资金压力下推陈出新。一是将促销和品牌维护相结合。很多广告主改变了过去促销活动过于重视短期利益、忽视品牌建设的做法，在促销时精心策划促销主题以服务于品牌的维护。尽管非价格促销难以产生与价格促销等同的短期效果，但从长远看能巩固和强化品牌形象。二是利用多种媒体进行促销活动。除了传统的打折、赠券、返款、赠品、抽奖之外，还利用互联网的虚拟社区、手机短信等传播促销信息，将促销与现场演示、支持公益事业相结合，显现出直接、参与、互动、时效的特点。

2. 媒体广告与公共关系相整合

公共关系不直接宣传产品或品牌，而是通过对企业形象策划与传播、公益活动、危机处理、良好的媒介关系等来树立良好的企业与品牌形象，从而建立与利益相关者，包括政府、股东、消费者、供应商、经销商、媒体、内部员工等的正面关系，具有可信度高、成本较低的优点。

【知识链接】

唐·舒尔茨

唐·舒尔茨博士(Don E. Schultz)1934 年 1 月 20 日出生在美国俄克拉荷马州，世界级营销大师，美国西北大学整合营销传播教授，整合营销传播理论的开创者，Agora 咨询集团总裁，TAGETBASE 营销公司和 TARGETBASE 营销协会的高级合伙人，《直效营销》杂志的前任编辑，美国国家广告研究基金会整合营销传播委员会的联合主席，还被直效营销教育基金会推选为第一个"年度直效营销教育家"。具有丰富的世界财富500强企业咨询经历，同时为清华大学EMBA、长江商学院、英国及澳大利亚大学的客座教授。

图4—4　唐·舒尔茨——整合营销传播理论开创者

【案例教学】

整合营销传播案例分析

自从整合营销传播理论被引入中国后，几乎每家企业或公司都竞相向其靠拢，但真正深入全面地做到整合营销传播的则是少之又少。雅客的成功上市及整合传播策略的应用为糖果市场开创了一个新的阶段。

图4—5　雅客糖果广告

一、行业背景分析

近十年来全国的糖果业一直处于发展的调整期，民营企业也正在逐步取代国营企业，在这个阶段都取得了较好的发展。随着新的竞争品牌和产品的不断诞生，加上外资企业的频频加入，使得整个市场的竞争日趋激烈。在糖果市场众多品牌及品类日趋同质化、效仿化的竞争中，企业越来越将自己转向更加细分的市场。同时，消费者对糖果的认识也由过去的追求质量、口味向功能化过渡。新产品的快速诞生加速了整个糖果行业的产品在功能上的不断延伸，也要求企业越来越迅速地打开新的细分市场。

二、市场及产品分析

（一）市场分析

福建雅客集团无论在知名度还是在销售额上均不属于竞争性极强的行列，在中国的糖果市场中，河南金丝猴、上海喔喔、南京冠生园等知名企业几乎占据了市场的大部分份额，对于雅客而言，要想在众多知名品牌的竞争中打响品牌，就必须将自己转向更加贴近消费者需求的细分市场。2003年"非典"肆虐后，使得人们更加注重营养物质，尤其是以维生素的补充来提高自身免疫力。自此，"补充维生素，提高免疫力"的认识更加深入人心。雅客集团结合市场状况及自身的资源优势，经过大量调研后，将自己的目标锁定在维生素糖果市场。

（二）产品分析

雅客旗下有着诸如好合、伯尔巧克力、滋宝维生素糖果等众多的品种，但是却没有一个核心的品种来带动整个品牌的销售及传播推广，长期以来在品牌传播上处于低调的状态。此次雅客进军维生素糖果市场，"滋宝维生素糖果"无疑是最好的武器，但是其副品牌的命名不利于以后整体品牌的推广，所以雅客决定以主副品牌结合命名的"雅客V9"来取代滋宝的命名。雅客V9以简洁、明了的方式向消费者传达了补充多种维生素的理念。有了恰当的产品和准确的命名后，雅客在包装上也采取了独特的策略，以橙色为主体色，再加上明星的效应，无疑拉动了终端的销售。

三、雅客V9品牌传播的执行

作为一种新的糖果品类，前期就应该从概念深化入手，结合大量的高空广告迅速地建立品牌知名度，拉动市场需求。雅客为了达到最大的广告效果和营销业绩，并为品牌积累强势的品牌资源，在对消费者特征充分分析后，制定了"空中影视轰炸＋平面及网络软文的灌输＋地铁灯箱，车体、写字楼及高尚社区电梯间广告＋pop，及终端陈列＋锁定终端拦截＋事件活动＋网络游戏"的传播组合策略。

（一）电视广告

2003年8月26日，具有极强冲击力和感染力的雅客V9(跑步篇)的广告开始在中央电视台的黄金时段播出，广告一开始告诉观众"本年度最具创意的糖果雅客V9诞生"，中间周迅巧妙地回答了雅客V9的功能"每天两粒补充每日所需的9种维生素"。同时，利用跑步将运动感和体育精神融入其中。在以后的广告投放策略中，雅客始终贯穿"选择央视，集中投放"的原则，并连续在央视创下了三个脉冲式的高峰。雅客的这种央视大投放在消费者心目中形成了维生素糖果的第一品牌，甚至就是糖果第一品牌的暗示，同时也建立了高度的声音门槛，阻止了竞争对手的跟进，为此雅客付出了3亿元的代价。

（二）平面及网络软文

在正式投放广告前，雅客V9利用大量的软文对消费者进行了维生素糖果概念的培养。因为毕竟在雅客之前，维生素糖果市场一直未作为独立的市场来开发。同时，利用报纸媒体的大众性对雅客V9的代言人及费用做了大量的热度宣传，让人们对雅客的广告抱有极强的渴望度，一定程度上刺激了购买的完成。随着央视广告的大幅度投放，雅客V9的知名度大大提升后，雅客则在终端利用软文进行功能的介绍及核心品牌价值的宣传。

（三）提醒式广告

在央视的高空广告轰炸式灌输后，为了迅速提升认知度和影响力，雅客的各种提醒式广告纷纷登场，让消费者无处可逃！车体、灯箱、写字楼、社区等能利用的媒介几乎都被用来宣传，可以说雅客广告的覆盖率在投放初期几乎超出了同类广告的总和。

(四)锁定终端拦截

在终端拦截上,雅客为拦截对象设计了很多有趣的游戏而且还可以积分,这种方式在吸引了注意的同时也提供了与消费者互动的机会。设计的各种游戏在网络中同样可以玩,利用网络媒体的互动带动整体的传播及销售。

(五)事件+活动

当雅客的宣传热度达到了高峰后,超大规模的新品派发品尝会,更将宣传推向了全新的记录,在零售终端上利用精美的 pop 及终端的各种活动来吸引注意。

总之,雅客 V9 无疑是 2003 年糖果行业里的一匹黑马,就是因为它首先发现了维生素糖果作为独立的品类市场来开发的机会,抢占了这个市场空白,并且又将品牌、品类、媒介三集中的原则真正执行到位,才能以惊人的速度创下这个奇迹。

四、挖掘品牌内涵,构建品牌形象

(一)摆事实(雅客食品本身的特点)

第一个投巨资建立国内权威的甜品实验室;

第一个开发出中国第一颗夹心太妃糖;

第一块伯尔涂层巧克力;

第一个成为(也是唯一一个)获得中国消费者协会“3·15 标志产品”认证的糖果企业;

第一个与 D&F 技术合作的糖果企业,成果为含 9 种维生素的糖果;

中国糖果界的第一个中国奥委会赞助商,并冀望在第一时间与国际糖果巧克力生产新科技同步。

(二)把具体平实的东西总结成抽象宏大的东西

“第一”——创新精神;

奥运赞助——运动精神;

维生素——健康要素。

总结:创新+运动+健康=雅客 V9。

产品形象:雅客 V9 是一种具创新精神,充满运动活力,为身体补充维生素的健康糖果。

行动:雅客 V9 的品牌传播亦将围绕“创新、运动、健康维生素”展开。

(三)明星代言

雅客 V9 本身就是一颗明星,其形象代言人必须跟雅客 V9 有某些共通之处:健康、活力、明星特质。古怪精灵、活力十足的周迅比邻家女孩徐静蕾更贴近雅客 V9 的感觉。

广告片:新鲜而灿烂的阳光中,周迅奔跑在都市的大街小巷,吸引众多追随者,形成奔跑的奇观。最后让周讯用一句号召式的话语:“想吃维生素糖果的,就快跟上吧!”自然而然、不露痕迹地将雅客 V9 定位于维生素糖果行业领袖,又巧妙地完成了该角色概念的传播。

(四)媒体传播

雅客 V9 的电视媒体传播两条原则:

1. 门当户对原则。

2. 集中原则。集中时段,集中媒体。

传播组合:

空中影视轰炸——告知消费者雅客 V9 的诞生,解决雅客 V9 的品牌知名度问题;

平面及网络软文灌输——教育消费者雅客 V9 的功能与利益点;

车体、地铁灯箱、写字楼及高尚社区电梯间广告——提醒消费者雅客 V9 无所不在；

锁定终端拦截——吸引消费者关注雅客 V9，尝试雅客 V9；

事件与活动、网络游戏——加强与消费者的互动，拉近雅客 V9 与消费者的距离。

五、效果

雅客 V9 的火爆带动了雅客其他品种的销售，与上年同期相比，上海销量增长 500%，宁波增长 450%，杭州增长 400%，辽宁增长 530%，四川增长 340%，等等。

2003 年底，雅客 V9 仅 4 个月就在全国卖到 3.5 亿元。

【实战演练】

品牌营销推广方案

一、实训目的、要求

通过实训，要求学生能够对某一熟知品牌做营销推广方案。

二、实训主要内容

1. 对产品和市场进行分析。

2. 制定相应的推广战略。

三、实训操作步骤

第一步：对某熟知产品进行分析；

第二步：对行业情况、竞争对手情况等进行市场分析；

第三步：制定战略推广方案；

第四步：将成果以 PPT 形式展示。

第五章　广告心理

【学习目标】

熟悉感觉、知觉等广告心理的基本原理；

了解记忆和联想在广告中的运用；

掌握广告与消费者的购买行为模式。

【能力目标】

能分析现实中的广告利用的是广告感觉还是知觉原理；

能够分析记忆和联想在广告中的应用。

第一节　广告的感觉与知觉

经典语录：

如果你并不拥有饱满的创作力、丰富的想象力，对万事万物也没有太多的好奇和疑问，那么我劝你最好远离广告这一行。

——李奥贝纳

理论基石：

一、广告与感觉

(一)感觉的含义

感觉通常是指由一种感觉器官的刺激作用引起的主观经验，即感觉是人脑对直接作用于感觉器官的外界客观对象和事物的个别属性的反映。例如，人们用眼睛看，可以感觉到外界事物的各种颜色、光线的明暗；用耳听，可以感觉到外界事物的各种声音；用手摸，可以感觉到外界事物的各种硬度、质地等。这种对客观事物个别属性(颜色、声音、质地、形状、大小)的反映就是人的感觉。

消费者的感觉就是商品外部的个别属性作用于消费者不同的感觉器官而产生的心理现象。如消费者对食品的感觉，通过眼睛感觉食品的颜色、形状、质地，通过鼻子感觉食品的气味，通过舌头感觉食品的味道，通过牙齿感觉食品的松软、坚硬程度等。这些感觉使消费者对商品本身得到直观而形象的反映，这种反映对消费者的购买行为有很大的影响作用。消费者借助于感觉器官对各种商品、服务、信息以及对自身需要的各种属性的感觉，是形成一切消费活动的感性基础。

（二）感觉的分类

对感觉进行分类研究，目的是探究各类感觉的一般规律，根据感觉刺激是来自机体外部还是内部，我们可以把感觉划分为外感受感觉和人体内部感觉两大类。

1. 外感受感觉

按引起感觉的刺激物与感受器官有无直接接触，又可以将外感受感觉分为距离感受作用和接触感受作用。距离感受作用是指感受器官与刺激物不发生直接接触而产生的感觉，如视觉、听觉、嗅觉；接触感受作用是指感受器官与刺激物必须发生直接接触才能产生的感觉，如味觉、肤觉。据有关研究表明，在外感受感觉中，视觉是人们获取信息的最主要通道，85％的信息通过视觉取得，10％左右的信息通过听觉取得，其余5％则通过其他通道取得。

2. 人体内部感觉

人体内部感觉是指由人体内部器官运动的刺激所引发的感觉。如肌肉运动感觉、平衡感觉、内脏感觉等，它反映身体的运动、内脏器官等的不同状态。人体内部感觉的感受器官位于体内组织或内脏器官的表壁上。

（三）感觉在广告中的应用

广告可以通过对消费者视觉、听觉、味觉、嗅觉、触觉等方面的刺激，让消费者对商品有初步的良好印象，诱发消费者的兴趣，从而引发购买欲望。

1. 视觉方面

在视觉方面，商店的内外环境要力求整洁，商品陈列美观大方、重点突出、色彩鲜明，并利用适宜的灯光，以衬托商品，使消费者赏心悦目。

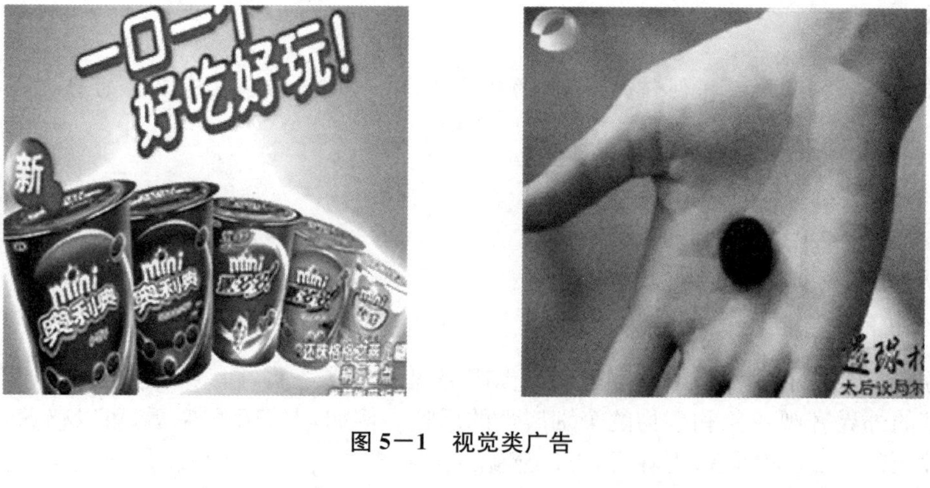

图5—1 视觉类广告

2. 听觉方面

在听觉方面，要恰当地运用购物场所的音响设备，播放轻快、悠扬的背景音乐及有关商品信息和商店有关服务项目等。广播的语言应准确、生动而简练，播音员的声音要轻柔甜美、亲切感人，适当的背景音乐可以调节消费者的情绪，活跃购物气氛，促进消费者购买行为的实现。

图 5—2　视觉类广告

3. 味觉方面

在味觉方面，主要是在出售食品的过程中，可以品尝的，开设试尝服务，让消费者直接感触食品的味道；不能品尝的，则可以将食品放在透明的玻璃柜内展出，并附介绍食品的详细说明书，还可以把食品拍成彩色照片，使消费者间接地感知食品的品质、滋味和营养价值。

4. 嗅觉方面

在嗅觉方面，主要是在化妆品的出售过程中，应设法突出不同化妆品的特殊香味，并附有说明书，以利于消费者的选择。

5. 触觉方面

在触觉方面，主要是在布料、衣服的出售过程中，消费者往往喜欢用手触摸商品，以鉴别商品的品质。因此，营销人员应给予尊重，并给予方便的条件，以加深其对商品的良好印象。

二、广告与知觉

(一)知觉的含义

知觉是指人脑直接作用于感觉器官的客观事物的整体形象的反映。感觉和知觉都是客观事物在人脑中的反映，但感觉是对对象和现象个别属性(如颜色、气味、形状)的反映，而知觉则是关于对象和现象的整体形象的反映。事物总是由许多个别属性所组成的，没有反映事物个别属性的感觉，就不会有反映事物整体的知觉。因此，感觉是知觉的基础，知觉是在感觉的基础之上产生的。对一个事物的感觉越丰富、越精确，对该事物的知觉也就越完整、越正确。在实际生活中，孤立的感觉很少出现，人类都是以知觉的形式直接反映事物，感觉只是作为知觉的组成成分存在于知觉之中。

(二)知觉的分类

(1)根据知觉反映的事物特性，可分为空间知觉、时间知觉和运动知觉。这三类知觉均较复杂，空间知觉反映物体的空间特性(如物体的大小、方位、距离等)，时间知觉反映事物的延续性和顺序性，运动知觉反映物体的空间位移和位移速度。

(2)根据反映活动中某个分析器所起的优势作用，可将知觉分为视觉知觉、听知觉、触知觉等。

(3)错觉。错觉是指人们对客观事物的不正确的感觉或知觉。在一定条件下，人的各种感知由于受主、客观因素的影响，在感知事物的时候，会产生各种错觉现象，如大小错觉、图形错觉、空间错觉、时间错觉、方位错觉等，其中最为常见的是视觉方面的错觉。

在日常生活中，错觉现象随时可见。例如：两个同样大小的彩色电视机，装饰边粗大的荧光屏看起来比没有装饰边的荧光屏要小些；装有宽大玻璃窗户的房间比没有装宽大玻璃窗户的房间要显得宽敞一些；女孩穿竖条纹的衣服比穿横条纹的衣服显得苗条一些；等等。

（三）知觉的基本特征

1. 知觉的整体性

在知觉客观对象时，总是把它作为一个整体来反映，这就是知觉的整体性。知觉对象是由许多部分组成的，各部分具有不同的特征。但是人们并不把对象感知为许多个别的、孤立的部分，而总是把它知觉为一个统一的整体。它是客观对象的许多部分形成的复合刺激物，大脑皮层对复合刺激物的各个组成部分及其相互关系，进行分析、综合，从而反映客观对象各种属性的关系，形成关于对象的完整映象。例如，走进教室，人们不是先感知桌椅，后感知黑板、窗户，而是完整地同时反映它们。

知觉的整体性是多种感知器官相互作用的结果。知觉的整体性与感知的快慢，同过去经验和知识的参与有关，阅读速度就是随着人的阅读经验的积累及把较小的单元（词）组成较大的单元（句子）而逐渐加快的。

2. 知觉的理解性

人在感知事物时，总是根据过去的知识经验来解释它、判断它，把它归入一定的事物系统之中，从而能够更深刻地感知它。这就是知觉的理解性。

从事不同职业和有不同经验的人，在知觉上是有差异的。如工程师检查机器时能比一般人看到、听到更多的细节；成人的图画知觉与儿童相比，能更深刻地了解图画的内容和意义，知觉到儿童所看不到的细节。

影响知觉理解性的条件有三个：

(1)言语的指导作用。言语是语言在交际过程中的应用。人的知觉是在两种信号系统的协同活动中实现的，词的作用有助于对知觉对象的理解，使知觉更迅速、更完整。例如，天空中的云彩，自然景色中的巨石形状，在感知时加以词和言语的指导，很快就能知觉到。

(2)实践活动的任务。当有明确的活动任务时，知觉服从于当前的活动任务，所知觉的对象比较清晰、深刻，任务不同对同一对象可以产生不同的知觉效果。比如，对天安门的素描和用文字的描写，任务不同，感知效果就不同。

(3)对知觉对象的态度。如果对知觉对象抱着消极的态度，就不能深刻地感知客观事物；只有对知觉对象发生兴趣，抱积极的态度才能加深对它的理解。

3. 知觉的选择性

个体对一些对象或对象的某个（某些）属性知觉，而不对另一些对象及其部分属性知觉，叫做知觉的选择性。请看图 5—3 这张著名的彼得·保尔高脚杯，注意黑白两部分在不同的观察下怎样变化。当你的眼睛盯住杯子，杯子好像凸了出来，黑色部分退隐到后面；当你看着黑色部分，白色部分又仿佛退缩到后面，黑色部分凸了出来。

决定知觉选择性的机制（机制可理解为有目的的反应方式）有三个：知觉的超负荷、选择的感受性和知觉防御。

(1)知觉的超负荷。外来刺激超出个体在正常情况下所能接受的能力时，一部分刺激就会

图 5—3 彼得·保尔高脚杯

受到心理上的排斥。早在 1969 年，美国广告公司协会与哈佛大学联合进行了一次全国范围内的调查，旨在了解在半天内大众实际看到的广告数。结果表明，接受调查的多数人实际上半天内只注意了 11～20 则广告，而通常半天内可能遇到的广告数大约为 150 则。当消费者考虑是否购买特定商品时，尽管可供选择的商品很多，但只在 5 个或者更少的商标上斟酌。由此可见，为了避免知觉的超负荷，知觉自然要进行选择。观察人脸图片时的眼动轨迹图清楚地显示，图片上各部分并非同等受到眼睛的注视，只有眼睛和嘴的部位注视的次数最多，亦表明了知觉的选择性。

(2)选择的感受性。个体对自己认为有价值的或有兴趣的对象表现出较高的感受性(感受性是指感觉器官对适宜刺激的感觉能力)。例如，小孩子们对玩具要比对服装、化妆品更敏感；而姑娘们对女服和化妆品，则更快觉察。这一点清楚地表现在广告上各类产品与人物性别、职业的联系上。

(3)知觉防御。个体表现出对恐惧或感到威胁的刺激倾向于回避、阻滞或反应缓慢。知觉的防御机制告诫我们，在广告的实践中采用否定的感染力方式说服大众时，应持审慎的态度。在现有的一些交通安全宣传栏里，经常展出各种各样的有关交通事故惨状的图片和文字描述，以告诫大众遵守交通规则。然而，究竟有多少观众敢去正视这些图片令人怀疑。在现实中，相当多的人连诸如开刀手术的镜头都表现出遮眼回避行为，尤其以妇女、儿童为最。

在推销商品的业务中，美国的一位著名的推销训练专家汤姆·诺曼发现，日常有些字眼可能有利于推销，而另一些字眼却对推销不利。

有利推销的字眼是：推销对象的名字、了解、事实证明、健康、容易、保证、金钱、安全、省钱、新、爱、发现、对的、结果、真货、舒适、自豪、利益、值得、快乐、信赖、价值、好玩、至关重要的。

不利推销的字眼是：交易、成本、付款、合约、签名、试用、担心、损失、赔掉、伤害、购买、死亡、坏的、出售、卖出了、价格、决定、困难、辛苦、义务、应负责任的、错失、责任、失败。

4. 知觉的恒常性

当知觉的条件在一定范围内发生改变时，知觉的映象仍然保持相对不变，这就是知觉的恒常性。例如，对过去认识的人，决不会因为他的发型、服装的改变而变得不认识；一首熟悉的歌曲，不会因它高八度或低八度而感到生疏，或因其中个别曲子走调，就认为是别的歌曲；教师判断学生的错别字，如“尖瑞科学”，不会因“端”字写成了“瑞”字，而不去感知尖端科学。

知觉的恒常性对生活有很大的作用，正确地认识物体的性质比单纯地感知局部的物理刺激物有较大的实际意义，它可以使人们在不同情况下，按照事物的实际面貌反映事物，从而能够根据对象的实际意义去适应环境。如果知觉不具有恒常性，那么个体适应环境的活动就会更加复杂。在不同情况下，每一认识活动，每一反应动作，都要来一番新的学习和适应过程，实际上也就是使适应变得不可能的了。

【小资料】

感觉营销

所谓感觉营销，就是企业以产品或者服务为载体，为消费者创造出一种心理舒适与精神满足，从而达到营销目的的营销方式。

1. 感觉产品。这是针对企业目标市场上不同的消费群体，通过包装与树立品位与文化，从而达到营销目的。消费者对产品产生什么样的感觉，在很大程度上源于对产品的第一印象。因此，企业在产品的设计、包装与品牌上应注入更多的“感觉”成分，来打动消费者，并使其对本产品保持长期的偏好感。

2. 感觉价格。这是企业在营销定价目标、定价方针和定价策略中，把价格与感觉需要结合在一起，使价格带有“感觉”色彩。消费者不光对产品本身带有感觉需求，对产品的价格同样存有一种希望得到心理满足的要求。

3. 感觉促销。这是企业在产品或服务的促销过程中，设身处地站在顾客的立场为顾客着想，从顾客的感觉出发进行促销，以求获得消费者的认可和亲近。感觉促销的方式中，广告以感觉为诉求方式是最为常见的。

4. 感觉环境。这是企业（主要是商业企业）在经营过程中着意为消费者营造一种具有良好感觉的环境，从而激发顾客的消费欲望。注重营销环境，也就是通常所说的“氛围营销”。现在有的商场十分注重色彩、灯光和音乐的搭配，尽量做到让顾客轻轻松松、舒舒服服享受美的环境。富有感觉意味的购物环境能够吸引消费者，使其产生对商场与产品的兴趣，进而激发购物欲望，最终产生实际消费行为。

【案例教学】

仁者见仁、智者见智

人在感知某一事物时，总是依据既往经验，力图解释它究竟是什么，这就是知觉的过程。人的知觉是一个积极主动的过程，知觉的理解性正是这种积极主动的表现。人们的知识经验不同、需要不同、期望不同，对同一知觉对象的理解也不同。一张检验报告，病人除了知觉一系列的符号和数字之外，却不知道是什么意思；而医生看到它，不仅了解这些符号和数字的意义，而且可以作出准确的判断。因此，知觉与记忆和经验有深刻的联系。当知觉时，对事物的理解是通过知觉过程中的思维活动达到的，而思维与语言有密切关系，因此语言的指导能使人对知觉对象的理解更迅速、更完整。

图 5—4 中，我们看到的是一些黑色斑点，当有人说出这是一匹“马”，马上这些斑点便显示成一匹“马”的轮廓；也有人会认为它是一头“驴”。对同一知觉对象，人们的理解也可以是不同的。

图 5—4　黑色斑点——马？驴？

【案例教学】

知觉运用较好的广告

1. 湾仔码头

湾仔码头定位“质量好水饺”。为了传达这个信息，湾仔码头创始人亲自出演广告。

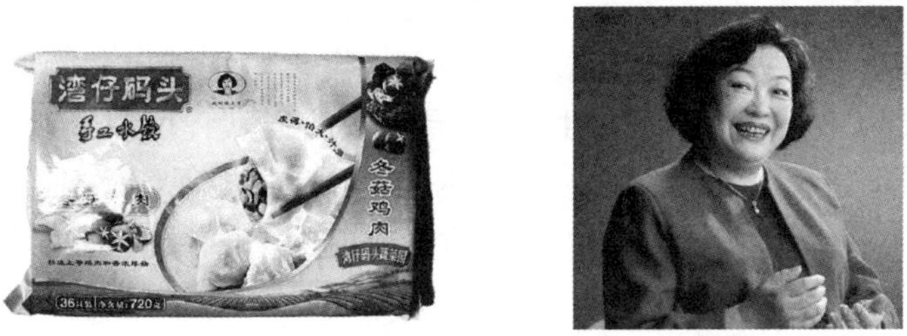

图 5—5　湾仔码头创始人亲自出演广告

2. 舒适达

“舒适达拥有牙齿修复技术”，但这项技术难以直接被一个普通消费者理解，在这样的情况下把抽象的过程形象化，有助于消费者的认知。

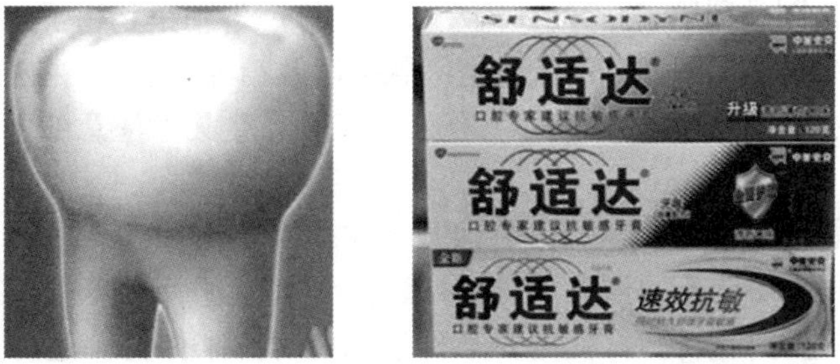

图 5—6　舒适达牙膏广告

【实战演练】

观察生活中你见过的广告作品，搜集并选取一到两个。试着从广告心理学的角度对广告作品进行分析，如何利用知觉的特性进行广告设计。

第二节　广告注意

经典语录：

除非你的广告建立在伟大的创意之上，否则它就像夜航的船，不为人所注意。

——大卫·奥格威

理论基石：

一、注意及其特征

（一）注意的概念

每一个人都有意识和潜在意识两种机能。将意识集中在特定的物体或概念上，就是所谓的“注意”。

注意是一种心理现象，它明显地表示了人的主观意识对客观事物的警觉性和选择性。它主要由两种因素引起：一是刺激的深刻性，如外界刺激的强烈程度以及刺激物的突变等；二是主体的意向性，如根据生理需要、生活需要、主体兴趣而自觉地促使感觉器官集中于某种事物。

注意根据其产生和有无预定的目的，以及所需意志努力程度的不同，可分为无意注意（不随意注意）和有意注意（随意注意）两种。

1. 无意注意

它也称不随意注意，是指既没有自觉的目的，也不加任何意志努力的注意。人在注意某一事物的时候，在多数情况下不是随意的。例如，当我们走进繁华的大商场时，映入我们眼帘的各种商品、广告、人群等都会很自然地吸引我们，引起我们的注意。引起无意注意的原因，概括起来可分为两大类：一是客观刺激物本身的特点，包括刺激物的强度、刺激物之间的对比关系、刺激物的活动和变化，以及刺激物的新异性等。如巨幅的广告牌、明亮的橱窗广告等就是利用了刺激物的强度；广告内容的变化则是利用了新异性；闪动的霓虹灯广告则是利用了运动性。二是人的主观状态，包括对事物的兴趣、需要和态度，人的情绪状态以及精神状态等。在实际生活中，各种原因往往是联系在一起的，其中，客体刺激物本身的特点又是产生无意注意的主要原因。

2. 有意注意

它也称随意注意，是指有预定的自觉目的，并往往需要作一定意志努力的注意。这是一种主动地服从于一定的活动任务的注意，在这种情况下，当注意集中于那些既不是最强烈、最新异，也不是最饶有兴趣的刺激物时，就需要某种意志的努力来保持。这种意志的努力在于让人们能自觉地把自己的注意集中并始终指向一定的客体。因此，有意注意是由本身发生的刺激。有意注意，其实也就是所谓的意欲。如果没有购买的意欲，就不会主动地去注意商品。

如某人想买照相机，那么他在阅读杂志时看到照相机的广告，就会集中注意，仔细阅读其广告。就这样，具有意欲而集中其注意，主动调整身体(含感觉器官)的位置。于是感觉器官更能有效地接受刺激。

有意注意是一种自觉的、有预定目的、必要时需付出意志努力的注意。其特点是主体预先有内在的要求，并注意集中在已暴露的目标上。有意注意是一种主动服从于一定的活动任务的注意。相对而言，它对于广告刺激的要求，没有无意注意那么高。

（二）注意的特征

指向性和集中性是注意的两个特点。指向性，表明的是人的心理活动所具有的选择性，即在每一瞬间把心理活动有选择地指向某一目标，而同时离开其他对象。集中性，则是指人的心理活动只集中于少数事物上，对其他事物视而不见，听而不闻，并以全部精力对付被注意的某一事物，使心理活动不断地深入下去。

我们生活在复杂的社会环境中，每时每刻都有大量的对象影响着我们，我们不可能清晰地反映周围的所有对象，其心理活动只能指向和集中于个别或少数对象上，对它们作出清晰的反映，同时又离开其他的对象，对它们的反映比较模糊，或者完全未予反映。例如，消费者在接受广告信息时，其心理活动是指向一定的商品广告的，并集中在这种广告上，同时又离开其他广告。只有这样，他才能正确地感知商品，从而对该商品获得清晰而准确的反映，并据此作出自己的购买决策。

注意的指向性和集中性显示出人的心理活动的选择性。心理活动指向和集中的对象就是注意的中心，其余对象则处于“注意的边缘”，或注意范围之外。注意的中心和注意的边缘是相对的，且经常发生相互转化，一旦新的对象引起注意，原来的注意中心便退居为注意的边缘，甚至完全不被注意了。注意是人的特殊心理现象，它不是一种独立的心理过程，而是感觉、知觉、记忆、想象、思维等心理过程的特性。任何心理过程的开端总是表现为人们的注意指向于这一心理过程所反映的事物。注意伴随着整个心理过程的始终，并维持心理活动的指向，使其不断地深入发展。在人的活动中，注意具有一系列的重要功能。首先是选择的功能，即选择有意义的、符合需要的和与当前活动相一致的有关刺激或影响，避开或舍弃无关的、非本质的、附加的和与之竞争的各种刺激和影响，抑制对它们的反应。其次，注意具有保持的功能，即使注意的对象的印象或内容维持在意识中，一直保持到达到目的为止。具体地说，一直保持到得到清晰、准确的反映。最后，注意具有调节和监督的功能，即控制心理活动向着一定方向或目标进行。在注意的所有这些功能中，对活动进行调节和监督，是其最重要的功能。

注意对于人类具有十分重要的意义。它使人的心理活动处于一种积极的状态之中，对心理活动的进行有组织和维持的作用。它保证人们能够及时地集中自己的心理活动，正确地反映客观事物。只有集中注意力，才能保证人们感知的形象清晰完整，记忆牢固。所以，注意在人的心理活动中占据着重要的地位。

（三）注意的功能

1. 选择功能

选择功能是选择有意义的、符合需要的和与当前活动相一致的有关刺激或影响，避开或舍弃无关的、非本质的、附加的和与之竞争的各种刺激和影响，抑制对它们的反应。

2. 保持功能

注意的保持功能是使注意的对象的印象或内容维持在意识中，一直保持到达到目的为止。具体地说，一直保持到得到清晰、准确的反应。

3. 调节和监督功能

调节和监督的功能是控制心理活动向着一定方向或目标进行。在注意的所有这些功能中，对活动进行调节和监督，是其最重要的功能。注意对于人类具有十分重要的意义，它使人的心理活动处于一种积极的状态之中，对心理活动的进行有组织和维持的作用。它保证人们能够及时地集中自己的心理活动，正确地反映客观事物，使人能够更好地适应环境，从而改造环境。只有集中注意力，才能保证人们感知的形象清晰完整，记忆牢固。所以，注意在人的心理活动中占据着重要的地位。

二、引起注意的广告对策

广告界流行这样一句话：使人注意到你的广告，就等于你的产品推销出去了一半。可见在广告设计中，充分发挥注意的心理功效，通过广告创作与宣传，有意识地吸引和维持消费者的注意，是提高广告效果的重要环节。

(一)增大刺激物的强度

根据心理学原理，当刺激达到一定的强度，就会引起人们的注意。刺激物在一定限度内的强度越大，人对这种刺激物的注意就愈强烈。不仅刺激物的绝对强度有这种作用，而且刺激物的相对强度也有这种作用，如醒目的标题、动人的情节、诱人的画面等。因此，在广告设计中，可以有意识地增大广告对消费者的刺激效果和明晰的识别性，使消费者在无意中引起强烈的注意。

图 5—7 增大刺激物的强度广告

图 5—8 增大刺激物的强度广告

（二）强化对比

刺激物中各元素的显著对比，往往也容易引起人们的注意，如大与小、快与慢、动与静、悲与喜等。在一定限度内，这种对比度越大，人对这种刺激所形成的条件反射也愈显著。因此，在广告设计中，可以有意识地处置各种刺激物之间的对比关系和差别，增大消费者对广告的注意程度。同时，除了强化广告本身各元素之间的对比外，还可以强化广告与环境因素的对比。这些对比能增强广告的易读性、易视性和易记性，保证消费者的视觉、听觉和知觉的畅通和顺利，从而引起消费者的兴趣。

图 5—9 强化对比广告

图 5—10 强化对比广告

人们的心理，一般都是对较突出而成为对比的东西容易集中注意。如夜晚时前往热闹场所购买东西的客人，对于有明亮照明的店铺具有兴趣，而冷静昏暗的商店，正因此故而无法吸引客人。同样，没有对比的广告，无法吸引人注意。如印刷广告，光是肥大的字体挤在一起，既无对比亦无空白，只让人有沉重的感觉，往往就会失败。相反，有长体、有正体，有充分空白的广告，由于对比性强而且突出，就增加了人们注目的机会。

如维克斯按摩药膏广告，用两幅照片对比。第一幅照片中，一个小孩因为患了严重伤风而放声大哭，另一幅照片是母亲给他敷上维克斯按摩膏药后，小孩笑逐颜开。而丽明顿刀片的广告，根据丽明顿刀片越来越快、越来越耐用的特点，展示了三张照片。第一张照片，站立 10 人，表示从前每一刀片刮 10 人;第二张照片,有 13 人,表示后来可刮 13 人;第三张照片有 200 人,表示如今可刮 200 人。

对比性可以提高广告注视率,但对比的强度必须与商品调和,例如宝石和毛皮,静态中具有威严感。可是,鲁莽地随便大胆使用对比,便会运用错误。

广告中运用对比一般不指名道姓,可避免引起纠纷。如法国最大的超级市场之一卡勒夫超级市场,圣诞节前在报纸上登了两页广告,大胆地把卡勒夫的商品价格同其他超级市场的商品价格对比,其中有些商品的价格低得几乎使其他商场的同类商品找不到一个买主。这便引起了另一家大型超级市场精心策划的圣诞抢购行动,于圣诞销售最旺的一天,开了七辆小型货运卡车,派了 16 个手持支票薄的人涌进卡勒夫商场,乘减价之机,抢购了从奶油到方便尿布等各种商品,挖空了卡勒夫的库存,将抢购来的商品,立即放上该超级市场的货架,抬价出售。这是卡勒夫超级市场所没有料到的。所以,对比式广告,一般应是自身产品进行对比,或本企业产品之间对比、前后产品对比。如果指名道姓与别家厂商的产品对比的广告,是违反国际商业法的。

一般来说,对比性的设计使用于煽动性的文案中,虽然可以吸引注意,但也有冲淡整个广告情调的缺点。所以在一般情况下,使用对比性广告,应注意到是否会损害商品本身的格调问题。其次是颜色的对比。颜色具有其独特的心理诉求力。具有对照效果的颜色是黑与白、红与黑、橙与黑、红与绿、黄与蓝、黄与黑等的组合。如有两三种不同的顺色并列一起,其中必有一种能显出优异而突出的色调。但颜色的对比,虽然具有吸引注意的力量,却无法保持使人关心的力量。

将两三种颜色调配成一种颜色,如果能给人以美妙之感受,就表示这种色调具有调和性。这种调和性颜色较对比性颜色的注目吸引力弱,但具有煽动兴趣的力量。因此,要使整版的广告都具有吸引力,就应该注意颜色的调和问题。对于彩色印刷广告,曾有人做过好几次的测验。其中某化妆品,选择以一般性的黑白广告与以蓝色调的商品照片加以红色标题的彩色广告,作一次注意力效果情况调查。结果对于黑白广告,首先注意到商品照片的为 46%,彩色广告则为 84.1%,约增加 1 倍。首先注意标题的,黑白广告为 0,彩色广告约为 7%。

图 5—11 不同颜色调配调和

(三)突出刺激物目标

突出刺激物目标也是引起人们注意的常用手法。在其他条件相同的情况下,注意程度的强弱和被注意物体的多寡成反比,目标越多,注意力越分散,目标少则有利于集中注意力。其次,突出刺激物目标的第二个问题是广告画面安排要恰当,要考虑怎么安排才能便于记忆。也就是说,要把所有广告的商品、图画、照片和文字等放在视觉的中心上,并进行有序安排,使画面保持均衡、相称、统一与和谐。此外,还可以利用刺激物的动态来表现。运动着的物体引人注意程度要比静止的大得多。霓虹灯之所以引人注目,就在于它的闪烁。另外,利用设计使广告牵动观察者眼睛向设计者所期待的方向移动,增强广告的吸引力,也属于此类。

(四)创造广告的新奇感

一般来说,常见的、雷同的事物难以引起人们的注意,而新颖、奇特和反常的现象对人们吸引力较强。根据这一心理特征,在广告策划中多采用一些合乎情理但又有违常规的广告设计,可博取消费者的普遍注意。如泰国曼谷有一家新秀酒吧,为吸引顾客,特在门口放置了一只巨型木制啤酒桶,桶上写着醒目的几个大字:"不许偷看。"由于人们的猎奇心理,凡路过行人无不止步"犯禁"。当透过木桶缝隙看过之后不禁捧腹大笑,原来桶内有一广告语:"我店啤酒与众不同,请品尝!"随之,一股清醇酒香扑鼻而来,使顾客经不住诱惑而走进店里。

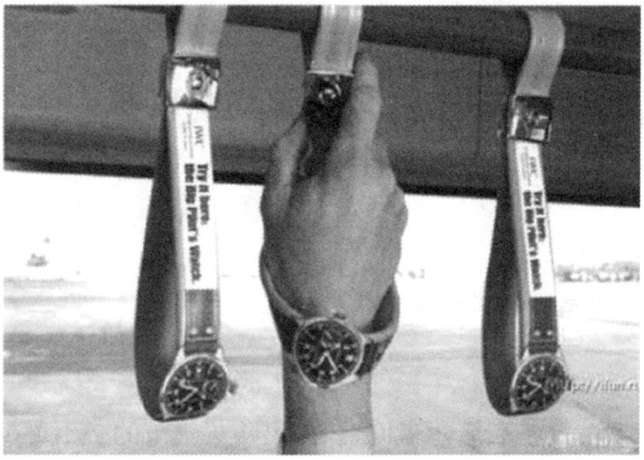

图 5—12 新奇型广告

一般人都会对新奇的东西着迷,尤其是在商品类型化后,广告也相对地发生类型化。在这中间,要一枝独秀而突出,就必须要有新奇的文案。广告中也必须遵循、接受美学中一个不可改变的法则——作为欣赏者永远是喜新厌旧的。巴尔扎克说过这样的活,第一个形容女人像花的人是聪明人,第二个再这样形容的人就是傻子。第一个使用广告词反复叙述的方法的人可能获得成功,而第二个再这样做的人就未必成功。最好的办法是出新制胜,出奇制胜。如抽奖销售活动曾经风行一时,而某家庭器具产品突出"免费环游世界大赠送"的豪华型广告,颇能使人耳目一新。然而,如今应用这个方法的厂家愈来愈多,也就没什么稀奇感了。

(五)增加广告的重复性

在实际的购买活动中,购物者想获得有关购买的那类商品的全部信息甚至必要的信息,是困难的和相当费力气的事情。为了节省时间、金钱和精力,使用客体的某些可辨的重要特性作其指标是可取的。这些指标可以是颜色、形状、价格，甚至是它的商标。它们常被当作导购的线索。例如，颜色就常用作判断瓜果成熟的线索。同样，一个商标，例如“可口可乐”，人们并不需要对它作进一步地了解，却在饮料类的商品中，出现认牌购买的现象。

消费者的购买习惯可以通过不断重复该商标商品的广告逐渐形成，只要该商品的特性能够满足消费者的需求，重复的重要性可以从条件反射建立与巩固的原则中得到确认。

广告频率被看作在一段时间里重复广告的次数。在大众不太熟悉商品的场合下，例如一个新产品出台，频率高的广告不仅强化大众对它的学习过程，而且高频率本身就可能成为该商标的一个优势指标。虽然高质量与广告频率之间不存在高度相关，但是在消费者心理上，高频率的优势是存在的。

重复能够引起注意和记忆。广告中可利用多种线索给消费者提供信息。如电视广告中，叶茂中提出，30 秒的广告能提 3 次品牌，15 秒的广告能提 2 次品牌，如果有旁白最好再加上字幕就更有保障。

【实战演练】

分小组分析生活中见到的广告，比如户外广告等。每组成员最少分析两则广告，并分析引起注意的广告对策。

第三节　广告记忆与联想

经典语录：

人，如果没有记忆，就无法发明创造和联想。——伏尔泰

理论基石：

对于广告信息的记忆，是消费者思考问题、做出购买决策的必不可少的条件。广告应该具有帮助人们记忆广告内容的功能。而联想是一种“有意义而为之”的创造技法，是广告创意中的粘合剂，它把两个看起来似乎毫不相干的事物联系在一起，从而产生新的构想。

一、广告记忆

记忆是指人们在过去的实践中所经历过的事物在头脑中的反映。消费者通常在接受了广告信息之后，即使对某一产品产生了良好的印象，一般也并不立即去购买。广告的视听元素如果难于记忆，其刺激功能就不能充分发挥，广告的效果也就不理想。因此，在广告设计中有意识地增强易于为消费者记忆的效果，是非常必要的。

（一）广告记忆过程的基本特征

人的一般记忆过程和广告的记忆过程，都可以相对地分为广告识记、广告再认和回忆、广告保持与遗忘等基本环节。对广告的记忆过程进行研究，其目的是系统地了解广告对记忆进行促进的全过程，从而在今后的实践中充分地利用广告促进记忆的功效，进行广告设计，以求获得更好的广告效果。

1. 广告识记

广告识记就是识别和记住广告，把不同的广告区别开来，使记忆在头脑中不断积累的过程。广告识记是获得广告的印象并成为经验的过程。从理论上，可以把广告识记划分为有意识记和无意识记、机械识记和意义识记。

(1)无意识记和有意识记。广告无意识记是事先没有自觉的和明确的目的，不用任何有助于识记的方法，也没有经过特殊的意志努力的识记。无意识记具有很大的选择性，一般而言，那些在一个人的生活中具有重大意义，在活动中占有重要位置，适合人的兴趣、欲求需要、目的和任务的，能激起人们的情绪活动的广告，对人的影响很深，往往会容易无意识记。人的许多知识、经验，是通过无意识记积累起来的。许多媒介宣传广告，使人在许多方面都感知广告内容，通过"潜移默化"的作用，就会被人们无意识地识记下来。

广告的有意识记则是具有明确的识记目的，运用一定的方法、经过一定的意志努力的识记。有意识记广告是一种复杂的智力活动和意志活动，要求有积极的思维活动和意志努力。它在广告宣传中具有重要意义。人们掌握系统的知识、系统的广告内容，主要依靠有意识记。

(2)机械识记和意义识记。机械识记是在对广告的内容、意义没有理解的情况下，依据广告的某些外部联系，机械重复地进行识记。意义识记则是在对广告意义、内容理解了的情况下，依思维活动，揭示广告内在的本质联系，找到广告中的新材料与自己的知识的联系，并将其纳入个人已有知识系统。运用这种识记，广告内容易于记住，保持时间长，并且易于提取。大量的事实证明，意义识记在全面性、速度、准确程度和巩固程度上，都比广告的机械识记好。

2. 广告再认与广告回忆

广告再认是对过去经历过的广告宣传重新出现时能够识别出来。

广告回忆是对过去出现和经历过的广告能够回想起来。对广告的再认和回忆都取决于对旧广告的识记和巩固程度。保持巩固，则再认或回忆就容易；否则，就很困难。借助于广告的再认或回忆，可以大大地巩固广告的效果。

3. 广告保持与广告遗忘

广告保持是过去接触过的广告印象在头脑中得到巩固的过程，它是大脑把广告信息进行编码、储存的过程。广告遗忘是对识记过的广告不能再认或回忆或表现为错误的回忆的现象。

广告保持和广告遗忘是相反的两个过程。它们对广告学的意义在于，广告保持不仅能巩固广告识记，而且是实现广告再认或回忆的重要保证；而广告遗忘，则为我们在进行广告活动时如何防止发生这种现象提供了理论依据。

广告遗忘的原因，主要有衰退和干扰两种。衰退是由于广告记忆痕迹得不到强化，逐渐减弱以至消失的结果；而干扰，则是在广告学习和广告回忆之间的这一段时间内受到其他刺激的影响。遗忘既是衰退的结果，也是干扰的结果。遗忘是有规律的，它是时间的衰竭函数。因此，我们在广告宣传中，可以根据遗忘规律有针对性地安排广告的重播时间，以强化广告的记忆和保持。

4. 适时提高广告的重复率

利用广告信息的适度重复和变异重复，是增强广告记忆的重要手段。适度重复和变异重复是指某种产品的广告在持续性发布时，每则广告之间既有完全重复的部分，来强化产品与诉求的同一性；同时，又要有新颖变化的部分，来挖掘产品的丰富性及诉求的层次性。这样，既通过持续性的重复来强化所诉求的内容及信息，又能通过连续中的变化所传播的新的信息，吸引更多的目标受众以新的感知和心愿更仔细、更深入地关注产品的信息。因为:第一,重复可以强化消费者对广告内容的识记和保持,减慢遗忘速度,延长记忆时间;第二,重复、变异重复可以形成消费者对广告信息内容的喜好与兴趣,加深对广告内容的理解,强化记忆效果。

总之,无论是一种新的消费观念的重复,产品个性的反复强调,还是产品主导广告语的反复被提及,其目的只有一个,就是把关于本产品最重要的、最具长远性的、最具促销力的信息在反复的强化中让人们接受和认可,并在此基础上予以牢记。

(二)增强广告记忆的心理策略

从信息论的角度来看,消费者在视听广告的过程中,是通过这几种记忆的共同作用接收、储存和提取有关信息的。然而,由于客体刺激程度的不同,以及受刺激的个体心理特征的差异,使广告记忆往往出现个体的差异。这种记忆的个体差异往往可以反映在消费者不同的购买行为中,也可以反映在消费者对广告信息接收内容的不同效果上。因此,根据记忆原理及其个性差异,在广告宣传中采取有效的办法,正确地发挥记忆在广告过程中的作用,不仅能加强消费者接收、储存和提取有关广告信息,还能刺激其先前的经验痕迹的复活,促进购买欲望。

在广告宣传中为了增强消费者对广告内容的记忆,可以采取以下几方面的策略。

1. 减少广告识记材料的数量

心理学的研究表明,学习材料越多,遗忘的速度越快。试验证明,识记5个材料的保持率为100%,10个材料的保持率为70%,100个材料的保持率为25%。并且,短时记忆的容量十分有限,只有7±2个组块单位。减少广告识记材料有两种途径,即识记材料的绝对减少和相对减少。识记材料的绝对减少,就是减少广告识记材料的绝对量;相对减少,就是在识记材料不可压缩的情况下,根据记忆心理学原理进行分块整理,这样就等于加上了一些理解,也就等于所需记忆的材料相对减少了。

2. 利用多种感觉器官发挥作用

研究表明,每种感觉器官的分析器都有专门的神经通道,多种分析器的协同活动,可以使同一内容在大脑皮层上建立多种通道的联系,从而大大提高识记效果。为了帮助消费者更好地记住广告内容,应尽量考虑广告载体是否能更好地调动消费者的多种感觉通道,使多种感官同时作用,以加深印象。这也是为什么当今电子媒体比印刷媒体更受广告主和广告商青睐的根本原因。再如现场展示会、博览会,它不但可让消费者看,还可说给消费者听,同时消费者还可触摸。如果是食品,还可现场品尝。因此,这种展示会给消费者留下深刻的记忆痕迹,能起到很好的宣传效果。

3. 合理安排广告的编排位置

心理学研究表明,学习材料安置顺序,很大程度上影响着人们的记忆。在材料的开头和结尾更易被记住,而中间部分较难记住。最先呈现的材料较易记忆,称为首因效应;最后呈现的材料易记忆,称为近因效应。这可以用前摄抑制与倒摄抑制来解释。开头和结尾分别只受倒摄抑制和前摄抑制的单一作用;而中间要受前摄抑制与后摄抑制的双重作用,遗忘的可能性加大。因此,广告中应把最重要的信息放在开头和结尾。如果一则广告能够首尾呼应地突出同一重点信息,则更容易使消费者记住有效的信息。

广告的编排位置还包括把广告安放在什么媒体的什么时间或空间。如果两则类似的广告,前后播出(或刊登)的时间间隔很近,则相互的干扰最大。学习材料越相似,越易产生抑制作用;如果材料完全不同,则抑制效果最小。因而,内容相似的广告应尽量避免时间与空间位置的接近。并且,广告应避免雷同与模仿,以免使消费者误解,并造成记忆混乱。在同一时段或相近的版面上刊播同一类产品的广告，也常常造成不利于记忆的情况发生。另外，还要考虑广告安排的空间和时间，尤其是在大众传媒上登载的广告，安置在什么栏目（节目）前或后，都会影响广告受众的记忆。假如广告在一则引起广告受众恐怖情绪的栏目（节目）后，则会由于广告受众被激起的情绪而影响对广告的看法和记忆的效果。

4. 巧妙运用节奏和韵律

在短时记忆中，对语言文字材料主要是以听觉形式来进行编码的，在长时记忆中主要是以语义的形式来进行编码的。因此，在广告中使用语言文字时，应避免生僻绕口和复杂、费解的字句，否则，在短时记忆这一阶段就容易被淘汰。在广告创作中，为了使广告信息更容易为受众所记住，可以考虑适当运用节奏、韵律和谐音等规律。例如，万家乐，乐万家；工友工友，木工之友；梁新记牙刷，一毛不拔；等等。

二、广告策略

在广告活动中，应根据遗忘规律有针对性地安排广告时间、频率，以强化广告的记忆和保持。在时间上，广告策略主要有以下几种。

（一）均衡时间广告策略

这是一种有序地、反复地对目标市场进行广告的策略，目的是为了加深消费者对商品或企业的印象，保持显明的消费者的记忆度，发掘潜在市场，扩大商品知名度。均衡广告时间策略应注意广告的重复不应是机械的、简单的重复。这么做会使人感到乏味，并产生排斥、拒绝的心态。所以，同一广告在数次原样重复后，应该变更原先的一部分内容，保留原先的一部分内容，变更原先的一部分形式，保留原先的一部分形式，使之既具有连续性，又具有新鲜感。对于原先感知过的广告接收者来说，仍然饶有兴趣，而使印象得以巩固。对于没有视听过的消费者来说，又能有效地补上一课。

（二）集中时间策略

这是指集中力量在短时期内，对目标市场进行突击性的广告攻势。其目的在于集中优势，在短时间内给予消费者较大的刺激，促使其短期记忆，并迅速提高商品或企业的声誉。这种策略，适用于新产品投入市场前后，新企业开张前后，流行性商品上市前后，广告竞争剧烈时刻，以及商品销量急剧下降时使用。运用此策略，一般都采取媒体组合方式，掀起广告高潮。

（三）季节时间策略

它主要用于季节性强的商品广告。由于消费者在各种季节到来之前都要选购迫切需要的商品，因此对于企业来说，在季节到来之前，反复展开广告活动，无疑是增加消费者对某产品的记忆，开辟销售旺季的好时机。在这种情况下，商品销售旺季到来之前，广告活动次数达到高峰，旺季过后，广告就要收缩，销售季节末结束，广告便可以停止。这类广告策略，要掌握好季节性商品的变化规律，以及消费者的心理特征。过早地开展广告活动，会增加广告费用；过迟则会延误时机，直接影响商品销售。

（四）节假日时间策略

这是零售企业、服务行业及旅游业常用的广告时间策略。在节假日之前，便展开广告活动，往往节假日一到，便停止广告。如一年中的各种民间传统节日，国家法定的节日，周末，为适应消费者购买习惯和需求，及时报导上市商品和服务，推动消费者及时购买及消费。又如中秋月饼，在中秋节来临之前便要做广告，中秋节到了，再做广告便没有多大意义了。

在广告频率上，广告策略主要有：(1)固定频率：广告频率是指一定广告周期内广告的发布次数。固定广告频率是均衡广告时间策略常用的频率，以求有计划地、持续地取得广告效果。(2)变化频率：是指在广告周期内用各天广告次数不等的办法来发布广告。变化广告频率使广告声势能适应销售情况的变化，它常用于集中时间广告策略、季节与节假日广告时间策略中。

三、广告联想

(一)联想和联想法

所谓联想，是指人们在回忆由当时感觉的事物忆及有关的另一件事，或者由所想起的其他事物的一种神经联系。苏联心理学家洛万和斯塔林茨两人曾做过“联想试验”，实验证明：任何两个概念(词语)都可以经过四五个阶段(词语)而建立起联想的联系。例如，“木材”和“皮球”在意义上风马牛不相及，但通过联想借助于“树林—田野—足球场”三个概念做中介，就可以建立它们之间的联系。再如，高山和镜子是两个互不相干的概念，经过三步联想，也可以使两者发生联系：高山—平地—平面—镜面—镜子。

联想法就是由甲事物想到乙事物的心理过程。具体地说，就是借助想象，把相似的、相连的、相对的、相关的或者某一点上有相通之处的事物，选取其沟通点加以联结，就是联想法。

(二)联想的情形

一般而言，联想表现为以下四种情形。

1. 接近联想

它是指特定时间和空间上的接近联想。比如，由傍晚联想到下班，由鸡舍联想到农田等。又如法国依云矿泉水就成功地利用了儿童的可人形象。它用儿童的特征来类比产品，其关联性很能突出产品的特质和功用。具体来说，它是用婴儿的纯洁无瑕引起丰富联想来类比水质的纯洁健康。

2. 类似联想

它是指在性质、形状和内容上相似的事物容易发生联想。比如，由记者联想到公关人员，由汽车想到火车。类似联想可以化抽象为具象，使人们更清楚地把握事物的特征。德芙巧克力广告词为“牛奶香浓，丝般感受”，这是用丝绸的质地与巧克力的纯正口味进行类比。

图 5—13 类似联想广告

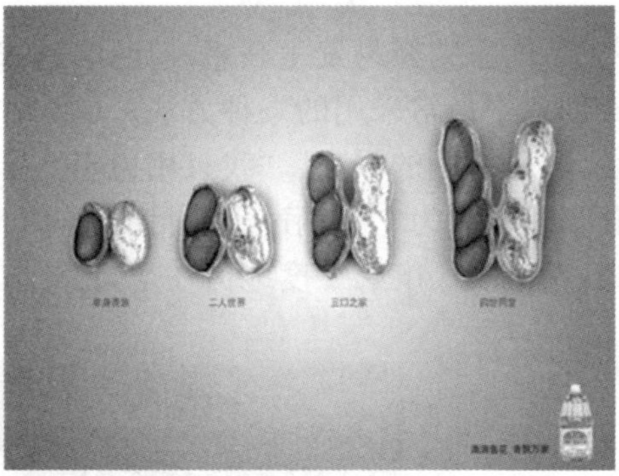

图 5－14　类似联想广告

3. 对比联想

它是指在性质上或特点上相反的事物容易发生联想。比如，由“黑”联想到“白”，由“水”联想到“火”，由自私联想到宽容，由燥热联想到清凉。许多冰箱广告、饮料广告、洗涤用品与化妆品广告都是采用对比联想来展开创意。金纺柔顺剂广告，画面以“使带硬刺的仙人掌变成柔软的毛袜”作对比。

图 5－15　对比联想广告

图 5－16　对比联想广告

4. 因果联想

这是指在逻辑上有因果关系的事物容易发生联想。比如，从成功联想到能干，从畅销联想到质量好、功能全。这是广告创意中最常采用的一种方法。例如，“全国驰名商标”、“出口销量第一”、“最受消费者喜爱产品”、“总统用的派克”、“我只用力士”(国际著名影星)。曾获戛纳平面广告全场大奖的奔驰的“刹车痕”：因为它是辆过于惹目的跑车，同行的车辆都要“急刹车”停下，往后看个究竟。久而久之，刹车痕一度又一度地留在了道路上。

图 5—17　因果联想广告

这些充满诱惑力的语言，很自然地引发消费者的因果联想：“既然如此，一定不错”，“既然不错何妨一试呢?”广告的目的由此达成。

无论是哪种联想，都可以帮助人们从别的事物中得到启迪，促成人的思维活跃，引起感情活动，并从联想中加深对事物的认识。在广告宣传中，有意识地运用这种心理活动的重要功能，充分地利用事物间的联系形成各种联想，可以加强刺激的深度和广度。

运用联想的广告设计，实际上是对有关信息的升华，是具体和抽象的综合表现的广告手法。具体的方法很多，如可以用消费者熟知的形象，也可以创造出深入浅出、耐人寻味的意境，来暗示商品与劳务给人带来的乐趣和荣耀等。总之，采用直喻、暗喻或声喻等手法揭示有关信息的内涵。这种信息传递往往可获得引人入胜的艺术魅力，给消费者留下艺术再创造的余地，从而增强主题的说服力。

在广告中充分发挥联想的心理功能，必须以充分地研究广告目标市场的消费习惯、消费水平和消费趋势为基础，掌握广告目标消费者的心理需求，从而有针对性地利用各种易于创造和激发联想的广告因素，使广告信息取得联想效果。同时，广告联想要适应消费者的知识、经验和审美欲求，使之产生对产品的信服、向往，刺激其产生有益的共鸣和感情冲动，从而促进其信心，导致消费行为。

图 5—18 因果联想广告

技能培养：

图片的形式

一般图片在版面中的运用不外乎三种形式：方形版、出血版和退底版，以及这三种形式的结合使用。

1. 方形版：图片四周都留有白色边框，使图片内容更突出，有稳定感、信赖感。

图 5—19 方形版广告

2. 出血版：图片的一边或几个边充满版面，不留白纸，在印刷术语中称为“出血”。出血版有向外扩展的感觉。

图 5—20 出血版广告

3. 退底版：将照片中的背景去掉，只留下主题形象，在印刷术语中称为“退底”（或称去底、抠版等）。退底版显得自由活泼。

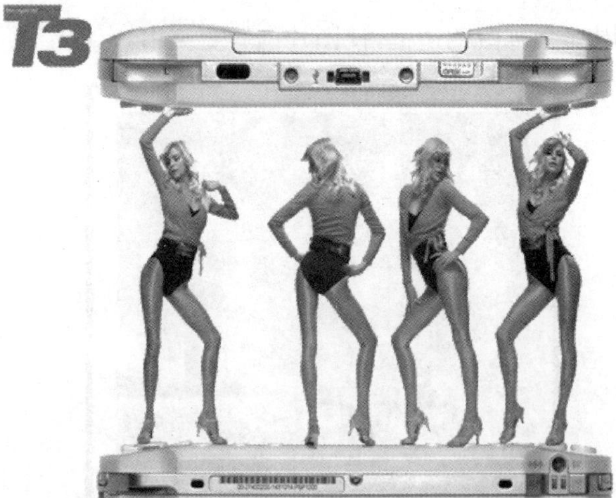

图 5—21 退底版广告

什么是广告中的“盐”和“火”？

每逢节日必促销，这是许许多多终端市场商家的做法。节日里消费者更有时间购物，因而，节日便是商家促销的黄金时间。由于同质化竞争的日益严重，商家在节日里的促销也显得越来越难见效。为了谋求节日促销的最佳效果，价格战是不能不打的选择。此外，商家还在广告上加大投入，形成节日促销的又一奇观——广告战。

广告能塑造品牌形象，能造就品牌的知名度，还能拉动产品销售，这些作用是许多商家都理解得很透彻的。我们日常所见的名牌产品，也都与广告形成不可分离的关系，甚至是一种相互依存的关系，名牌如果离开了广告那将是自寻死路。广告的作用是多方面的，但商家更看好广告拉动销售的作用，为此，在节日多促销也就成了商家乐于参战的理由。

2009年许多行业市场萎缩严重，商家的广告投放频率降低不少。尽管如此，一些以往对广告营销有所偏爱的商家，还是把节日看作是难得的促销良机，广告的投入也自然在量上体现出大手笔。主要表现在一两周时间内，在多个媒体同时投放数量不菲的广告，或在个别媒体密集投放大篇幅广告。笔者对此类商家的做法有所不解，其中两个商家的老板告诉笔者，一个说“做广告就像做咸菜，盐巴放少了菜就发酸变质，咸菜就做不成，所以不要在乎广告费”，另一个说“做广告就像火烧锅底，火不旺则锅不热或热得慢，所以要多花点钱，就像多用柴火把锅一次就烧热一样”。

笔者对此类商家的理由不敢苟同。如果把广告看成是一件产品的话，就以咸菜为例来说，它的原材料组成有哪些呢？至少是“菜”和“盐”组成，关键是菜本身要好。如果用发霉的菜去做咸菜，盐放得再多也不能做出好的咸菜来，甚至把根本不能食用的草当作“菜”去加工，最终还是不能食用。又以火烧锅底为例来看，不可能直接用钱去代替柴火来烧锅底，还得用钱去买柴火来烧，这里就关系到柴火的好坏问题了。干柴遇烈火就会烧起来，如果是湿的柴火就难以烧起来，锅也不会热得快。再如把石头当“柴火”，多了又有何用？因此，在广告中的“盐”和“火”不是钱，而是广告的主题和表达方式。

2009年“五·一”前夕，福州建材行业冒出数家企业结盟做广告，号称“冠军联盟”，为了“五·一”期间的促销活动投入近30万元广告费，半个月内在福州数家媒体同时投放广告。其在报纸广告的版面不少，每次投放的都是清一色的同一版面内容，突出体现“非常2009，冠军联盟大优惠”的文字广告，力度之大的确在当地前所未有。促销活动在一个建材大卖场举办，广告资金的投入和场面布置也算到位，但从其广告创意来看则是不到位的。笔者初看其广告版面，根本没看出是建材类产品的促销广告，因为该画面上有关建材产品字体很小，字体特大的标题是一个“万能”广告语，可以在任何行业使用的“非常2009，冠军联盟大优惠”，消费者看标题时容易产生该广告是“娱乐”或其他行业的广告的误解，有建材需求的人不一定注意到标题下方的小字，而细看小字的人未必有建材需求。这样的广告不用很多钱去砸是肯定不行的，但砸了很多钱下去，是否就能行？其答案也是难以知晓的。

用钱去砸广告是国内许多企业的通常做法，如史玉柱也深信无疑广告“重复率”的效果。与其他许许多多企业所不同的是，史老板深知产品内在与特征，他能选好“菜”和“柴火”，再加“盐”和“点火”，不怕它咸就怕太淡。而更多的企业则是不看“菜”就加“盐”，做起广告就是烧钱。这种做法对中小企业来说是极不理智的。

广告的疯狂投放是为了能让消费者更有机会看到或听到，但看到或听到广告未必就能产生兴趣。对终端销售的商家来说，一年在几大节日做促销，假如广告不能立竿见影那就是失败。广告的立竿见影不在于投入的资金越多越好，而在于主题和表达是否能够激发消费者的注意和兴趣。即要有与众不同的促销卖点和优惠的理由。如菲林格尔地板在福州一家建材大卖场开业，商家与一些媒体策划人都主张广告体现“开业促销”，笔者则建议放弃“开业”这种通俗主题，改换成“地板巨头菲林格尔把福州列为首个样板市场”的主题，在表达上就很有行业新闻的内容，广告的公信力得到很好提升，消费者自然认为这是厂家在福州有大举动的前兆，这样的企业值得一看。在开业的当天店内客人暴满，促销也就自然不在话下，而广告的投放数量却少得出奇。这就是“好菜”才能做出“好咸菜”。

又如浙江九鼎装饰的“五·一”促销活动。福州的家装公司纷纷推出企业周年庆典活动来做节日促销，各装修公司的促销广告基本雷同。笔者则为其策划出“东阳工艺与外贸建材健康民居工程”活动，体现九鼎装饰拥有传统民间技艺的施工技术，结合出口建材产品的高品质与环保性能，为业主打造健康的家居环境，广告的投放量也为数不多，但效果却出乎商家的意料，远比其他做“周年庆典”主题的装修公司强。凡此种种，无不说明广告营销中的“盐”和“柴火”不是钱投入的多少，而是主题创意是否有效，广告的表达是否精准。

（资料来源：许孙鑫．http://www. biz. hc360. com. 2010 年 3 月 8 日。中国营销传播网）

【案例教学】

一句广告语重复 12 遍 经典延续还是恶俗叫卖

著名毛纺品牌“恒源祥”的一则电视广告在全国多家电视台黄金时段播出，因其创意单调且高密度播出，遭到许多观众炮轰，同时也引来品牌营销界的一片热议。在这则长达 1 分钟的电视广告中，由北京奥运会会徽和恒源祥商标组成的画面一直静止不动，广告语则由原来的“恒源祥，羊羊羊”变成了“恒源祥，北京奥运会赞助商，鼠鼠鼠”，这句广告语重复了 12 遍，唯一的改动是，童声说出的广告语按照 12 生肖的顺序从“鼠鼠鼠”一路换到“猪猪猪”。

此外，这则广告多在晚上电视剧黄金时段插播，而且常常在短时间内多次重复播出。这则广告播出后，引起许多观众不满。江小姐第一次看到后的反应是，电视台出故障了，等她再次看到才明白过来。她认为这样的广告缺少创意，只会引起人们的反感。有发言者说，旧版恒源祥电视广告简单而生动，新版广告把羊扩充到 12 生肖大家庭，这样简单机械的重复抹杀了旧版良好的创意，而且还是对观众忍耐力的挑战。另有发言者认为，恒源祥广告比“脑白金”、“黄金搭档”一类的广告更折磨人。有网友“庆幸”策划广告的人没有用“水浒 108 将”做创意。

浙江大学一位不愿透露姓名的营销学教授说，恒源祥的这则广告想模仿“脑白金”一类的广告，但结局很可能是东施效颦。他认为，“脑白金”和“黄金搭档”的消费群体主要在于农村，农村消费者在逢年过节送礼时更注重“名牌”效应。“脑白金”和“黄金搭档”通过广告轰炸观众的视觉，造成了这种“名牌”印象。因此，这两个品牌的成功在于产品定位和媒体覆盖率以及针对性，广告创意并不重要。但“恒源祥”作为中国毛纺业的龙头品牌，产品定位在中高层人群，而其广告定位虽然使品牌知名度可能得到提升，但品牌的信服力会下降不止一个层次，如果想要上升到更高端的层面，就很难了。

原先的“恒源祥，羊羊羊”，这“羊”字连续三遍的重复开创了广告的一种新方式，被称为“恒源祥模式”。于是，恒源祥的广告语一用就是 10 年，可爱的童音“羊羊羊”成了恒源祥广告的记忆点。在一天里面打几个时段的频率，然后在一个广告片里面又有几次的重复，就形成了多次重复。这种类型的广告都属于记忆和认知性的广告。此后不少品牌有过效仿，并获得了不错的效果。而在 2006 年初，“恒源祥，羊羊羊”的广告变为“恒源祥，牛牛牛”时，虽然恶评如潮，但却让“恒源祥——奥运会”这个信息，在扑面而来的恶评文章中，一次次冲击着读者的记忆体。这次的十二生肖广告之变是否也意在如此，还有待观察。

（资料来源：中国网）

【实战演练】

试运用联想法设计出感兴趣的产品广告，充分发挥想象力，并分析运用什么样的联想方法。

第四节 广告与购买行为

经典语录：

一个广告和另外一个广告之间的差异是用销售力的尺度来衡量的，它可以是19∶1。

——大卫·奥格威

理论基石：

一、感性购买与理性购买

(一)感性购买

感性购买活动是指消费者从觉察到自己的需求到发生实际购买，只有很短的几分钟或更短的时间，即刚刚作出知觉判断，就发生购买行为。例如，购买一些急需的生活用品。在盛夏外出感到口渴时，常常是按照自己的一般饮食习惯或平日最熟悉的牌子来购买饮料。这时对信息(包括外界刺激的信息和消费者头脑中已有的信息)的加工是浅层的。

感性购买常常涉及到消费者对产品品牌的印象、产品的知名度，这种购买行为常常是由于消费者在无意注意的情况下对外界信息留下的印象，尤其是广告信息在头脑中的加工是表层的，消费者如果对某个产品有良好的印象，会产生肯定的态度，它是直接贮存在消费者的记忆中，而不作更多的加工分析。对消费者来说，价值越小的，重要性越低的商品更可能发生感性购买。

(二)理性购买

消费者的理性购买活动是指从感到需要某种产品到购买行为发生，需要很长的思考时间，消费者会主动比较各类产品的信息，详细地评估产品。这一过程中，消费者常常是把产品的各种特性与同类产品的特性作比较，经过逻辑思考分析，而最终作出购买决定。这时的信息加工常表现为深层的，经过严密的逻辑推理。即便消费者对此类产品不在行，或不太相信广告时，也会找一些更内行的人帮助参谋。这种购买行为常发生在对消费者而言产品的价格较高，或产品十分重要，或产品使消费者十分感兴趣。它常常涉及了消费者的个人兴趣、爱好和相当可观的价格。同时涉及了消费者的消费观念或长久的利益等。

例如，在现阶段经济条件下购买房屋、汽车、古董与字画等收藏品、高档电器等，或消费者非常爱好的商品。用精细加工可能性理论来分析理性购买行为，是由于消费者对信息的加工是较深层的、精细化的，消费者信息加工的路径是中枢路径，他会主动去寻找、综合各种信息，收集和检验有关体验，考察广告的来源，分析判断广告商品的性能并作出综合评价。这一过程中消费者更注重产品本身的特点。此类购买行为常常与消费者的消费观念和投资观念联系密切。这种行为不是盲目的，通常不会仅仅是受到广告的某种煽情式的诱惑而发生冲动性购买。

为了促成消费者的此类购买行为，广告可以以理性的诉求为主。

（三）消费者采用哪种购买行为

生活中消费者常常是依据商品的价格，与自己的兴趣，对自己的重要性等因素而采取适当的方式。这其中还受到消费者的动机、个性和精细加工能力等心理因素的影响。

动机的强弱不同，对广告的关注程度也不同，对广告的信息加工程度也不同。高动机表现为主动寻找广告信息，进行分析比较，更愿意做精细加工，更多依赖中枢路径而影响态度。低动机则相反，精细加工的可能性减小，转而依赖边缘路径。经中枢路径加工，使态度的改变更持久，因而更可能较准确地预测其行为。而边缘路径加工，态度的改变层次是较浅的，更多地涉及感知因素和情感因素，因而其购买行为极易受环境因素的影响。例如，原来是经常买某个品牌的产品，在购买现场，由于受到另一同类产品的售点广告和其他销售活动的影响，转而购买了其他牌子的产品。消费者的个性也在很大程度上影响其购买行为的方式，在性格上场独立性的消费者，更多地依靠中枢路径加工信息，表现出较强的独立思考的能力。而场依存性格的人，则更多采用边缘路径加工信息。另外，知识经验也影响消费者的态度和购买行为。知识经验丰富的人，常常有可能采用精细加工方式，独立地作出判断，而不愿被广告所左右；而知识经验少的人则更可能采用边缘路径加工信息。

同一消费者在购买商品时，常常还会两种加工方式一起启动，综合作出决定。因而，这两种分法并不是绝对的，在消费者头脑中会同时具备这两种加工途径。因而，广告中动之以情、晓之以理也常常是结合在一起发挥作用的。在本章中只是为了叙述方便而有意把它们分开来说。另外，消费者的购买习惯、思维方式也影响其采用哪种购买行为。感性购买与理性购买不仅仅取决于商品的价格等客观因素，它与消费者个体的人格因素有关，场独立性较强的人，习惯于独立思考，更多地体现出对理性信息的重视，无论购买价格大或小的商品，都更可能倾向于理性购买。而场依存性较强的消费者，则更可能倾向受感情影响而冲动购买。

二、购买行为的实现：情绪和意志

（一）消费者的情绪过程

1. 消费者的情绪

消费者的生理需求和社会需求会产生不同的内心变化，可以造成消费者对商品的各种情绪反应。如果情绪反应符合或满足了其消费需要，就会产生愉快、喜欢等积极态度，从而导致购买行为；反之，如果违反或不能满足其消费需要，则会产生厌恶态度，就不会产生购买欲望。消费者对待客观现实是否符合自己的态度而产生的行为态度，就是购买心理活动的情绪过程。情绪过程是消费者心理活动的特殊反映形式，贯穿于购买心理活动的评定阶段和信任阶段，因而，对购买活动的进行有着重要影响。消费者的情绪表现，大多数是通过其神态、表情、语气和行为等来表达。各种情绪的表达程度也有着明显的差异。

2. 消费者情绪的表现

消费者在购买活动中的情绪表现，大致可以分为三大类：积极的、消极的和中性的。在购买活动中，消费者的情绪主要受购买现场、商品、个人喜好和社会环境的影响。

（1）购买现场环境条件是影响消费者情绪的首要因素。宽敞明亮、色彩柔和、美观典雅、气氛祥和的商场，会引起消费者愉快、舒畅的情绪反应，使消费者处于喜悦、欢快的积极情绪之中，从而刺激消费者的购买欲望；反之，环境条件差的场所，则会使消费者产生厌恶、烦躁的情绪。

(2)商品本身是影响消费者情绪的第二个因素。当商品能使消费者产生符合自己过去经验所形成的愿望需要的想法时,就会产生积极的情绪,从而导致购买;反之,就会形成消极情绪,打消购买欲望。在现实购买活动中,消费者的情绪演化,是随着对商品的认识过程而发生变化的。随着对商品的深入了解,会产生对商品的“满意——不满意”、“愉快——失望”这样的对立性质的情绪变化。如在购买商品时,消费者发现某种商品的外观好,则会引起愉快情绪,但在深入认识商品时,发现商品的品质较差,则会转变情绪,产生对商品的不满意态度。

(3)影响消费者情绪的第三个因素,是消费者本人在进行购买活动时自身所带有的诸如欢愉、开朗、振奋或忧愁等。消费者的这种持久情绪的形成,是以他的心理状况为背景的。这种心理状况背景包含多项内容,如消费者的生理特点、性格倾向、生活经历、事业成败、需求顺逆、道德观念、社会地位、理想信念、生活环境、身体状况和社会关系等。消费者的这些心理背景的差异,构成了各自不同的情绪状态,而这种状态是使消费者的购买心理和购买行为染上同质情绪色彩的根源。在购买活动中,消费者由于有着各自不同的心理背景和美感能力,必然使他们在购买过程中,对客观事物或社会现象的反应具有不同的情绪方式,从而导致不同的购买行为。

(二)消费者的意志过程

在购买活动中,消费者表现出有目的地和自觉地支配和调节自己的行为、努力克服自己的心理障碍和情绪障碍、实现其既定购买目的的过程,被称为消费者的心理活动的意志过程。它对消费者在购买活动中的行动阶段和体验阶段有着较大影响。消费者的意志过程具有两个基本特征:

1. 有明确的购买目的

在有目的的购买行为中,消费者的购买行为是为了满足自己的需要。因而,总是在经过思考之后提出明确的购买目标,然后有意识、有计划地去支配自己的购买行为。消费者的这种意志与目的性的联系,集中地体现了人的心理活动的自觉能动性。意志对人的心理状态和外部行为进行调节,推动人实现为达到预定目的所必需的情绪和行动,同时,还制止与预定目的相矛盾的情绪和行动。

意志的这种作用,可以帮助人们在实现预定的目的的过程中克服各种阻挠和困难,使购买目的顺利实现。在意志行动过程中,消费者要排除的干扰和克服的困难是多种多样的,既有内在原因造成的,也有外部因素影响的结果。并且,由于干扰和困难的程度不同,以及消费者意志品质的差异,消费者对商品的意志过程有简单和复杂之分。

简单的意志过程一般是在确立购买目的之后,立即就付诸行动,从决定购买过渡到实现购买;而复杂的意志过程则是在确立购买目的之后,从拟订购买计划到实现购买计划,往往还需要付出一定的意志努力,才能把决定购买转化为实行购买。

2. 排除干扰和困难,实现购买目的

在消费者由作出购买决定过渡到实行购买决定的过程中,由于要克服主观和客观两方面的困难,使实行购买决定成为真正表现出消费者意志的中心环节,就不仅要求消费者克服内在困难,还需要他创造条件,排除外部障碍,为实现既定的购买目的付出意志的力量。

消费者心理活动的情绪过程和意志过程,是消费者决定购买的心理活动过程的统一,具有相互作用的关系。情绪过程对意志过程也具有深刻的影响,而意志过程又反过来调节情绪过程的发展和变化。我们要了解为什么有的消费者愿意买某种商品而不买别的类似商品，愿意经常到某商店购买而不到其他商店购买，愿意在这个时间而不在别的时间购买等问题，凡此种种，都属于消费者行为的范畴。研究与掌握消费者行为，有利于合理运用广告手段，充分发挥企业的主观能动性，更好地为消费者服务。

三、购买行为模式及广告对策

消费者购买行为是指人们为满足需要和欲望而寻找、选择、购买、使用、评价及处置产品、服务时介入的过程活动，包括消费者的主观心理活动和客观物质活动两个方面。

（一）购买行为模式

不同消费者购买决策过程的复杂程度不同，究其原因，是受诸多因素影响，其中最主要的是参与程度和品牌差异大小。同类产品不同品牌之间的差异越大，产品价格越昂贵，消费者越是缺乏产品知识和购买经验，感受到的风险越大，购买过程就越复杂。

消费者在购买商品时，会因商品价格、购买频率的不同，而投入购买的程度不同。西方学者根据购买者在购买过程中参与者的介入程度和品牌间的差异程度，将消费者的购买行为分为四种类型。

1. 复杂的购买行为

消费者参与购买的程度较高，并且了解品牌间的显著差异。如果产品很昂贵，购买不频繁，购买冒风险并且有很高的自我表现作用时，消费者一般参与程度较高。

营销策略：必须了解消费者进行信息收集并加以评价的行为。制定出各种策略来帮助消费者了解产品的各种属性、属性的重要程度以及公司品牌在比较重要的属性方面的名望。必须突出品牌的这些特征，利用主要印刷媒体和详细的广告文稿来描述，并发动商店售货员和购买者的朋友，以便影响购买者对品牌的最终选择。

图 5—22 应对复杂购买行为广告

2. 减少不协调的购买行为

消费者有时参与购买的程度较高，但看不出各品牌间的差异。购买时会到处观察哪里可以买到这种产品，但由于品牌的差异不明显，购买就会非常迅速，主要关心的可能是合适的价格和购买的便利程度。购买后有不平衡的感觉，于是寻求信息，力图证明自己的决策是正确的，以消除不平衡。

营销策略：市场营销沟通的目标应该是提供有助于购买者对自己所选品牌寻求平衡的信

图 5－23　应对减少不协调购买行为广告

念与评价。

3. 习惯性的购买行为

许多产品的购买情况是消费者参与购买的程度不高，同时产品间的差异也不大。消费者一般对大多数低价的、经常购买的产品参与的程度较低。购买过程是：通过被动学习而形成品牌信念，随后是购买行为，购买后也未必作出评价。

图 5－24　应对习惯性购买行为广告

营销策略：(1)运用价格和促销来刺激试销很有效。(2)广告时注意：广告词强调的重点要少，视觉符号和形象非常重要，要便于记忆，简短且不断重复，电视广告比印刷广告效果好。(3)设法将参与程度低的产品转变为参与程度高的产品。可将产品和某些相关问题联系起来，如高露洁牙膏与防止蛀牙，海飞丝洗发膏与去头屑，咖啡与清晨驱除睡意等。或者产品增加重要的功能，如在普通饮料中加入维生素，像红牛饮料。

4. 广泛选择的购买行为

消费者参与程度低，而品牌间的差异很大。这时会发现消费者经常改变品牌的选择。例如购买饼干时，消费者有某种信念，但并没有多少评价就选择某种品牌的饼干，等吃饼干时才

图 5－25　产品增加重要功能广告

加以评价。再次购买时，也许由于厌倦了原有口味或想品尝新口味而购买其他品牌的饼干。品牌的转换是因为寻求变化，而不是对产品不满意。

图 5－26　应对广泛选择的购买行为广告

市场领导品牌和二流品牌所采取的市场营销策略是不同的。市场领导品牌可通过占领货架、避免脱销及提示性的频繁广告来鼓励习惯性的购买行为。而对市场领导品牌进行挑战的品牌则应通过低价、优惠、赠券、免费样品及强调使用新产品的广告活动来寻求变化的购买行为。

（二）不同购买行为的广告对策

广告最终的目的就是要促成购买行为的实现，只有实现这一步才称之为有效的广告。由于消费者在实际购物过程中，其行为表现颇为复杂，因此，广告宣传应针对不同的购买行为采取相应的对策。

1. 习惯型

由于对某一品牌或者某一种商品非常熟悉且经常使用，从而对其产生偏爱和依赖，形成习惯性购买，不易受到时尚或广告宣传的影响。广告对策主要是通过引导，改变其观念。

2. 理智型

喜欢收集产品的有关信息，了解市场行情，在经过周密的分析和思考后，做到对产品特性心中有数。在购买过程中，他们的主观性较强，不愿别人介入，受广告宣传及售货员的介绍影响甚少，往往经过对商品细致的检查、比较，反复权衡各种利弊，才作购买决定。广告对策主要是通过比较和说明使受众了解和熟悉产品。

3. 情感型

常用丰富的想象力衡量商品的意义。购物注重商品的款式、包装、名称、颜色等，善于联想，易受感情支配。广告对策主要是通过情感诉求和赞美来打动消费者。

4. 不定型

缺乏经验，购买心理不稳定。购买商品时，没有固定的偏好，同时也往往缺乏主见，一般只是奉命购买、随意购买，易受他人左右，犹豫不决。广告对策主要是通过指令和说明，强调商品的优越性，常用"请用××"、"××是最佳选择"等方式。

5. 冲动型

购买商品前通常没有充分的思想准备，凭自己一时感觉作出购买决策，表现为对商品一见钟情；购买时也不愿反复比较，易作出较快的购买行动，易受环境影响。广告对策主要是通过渲染和情感诱发打动消费者。

【案例教学】

达芬奇家具造假引发家居行业洋品牌信任危机

2011年7月10日，中央电视台《每周质量报告》节目曝出高端洋品牌家具达芬奇造假新闻。这是继2005年德国欧典地板之后，家居行业又一个被社会广泛关注的假冒洋品牌的被揭案例。业内人士表示，达芬奇家具造假事件犹如一枚深水炸弹，家居行业普遍存在的伪洋品牌或将集体被炸出水面。

据新浪家居记者调查，早在2005年就有媒体报道"洋家具限量牵出纯进口黑幕"，文中明确指出国际奢侈品牌达芬奇家具实乃国内家具企业生产。时隔6年，达芬奇家具的"假洋品牌"的身份再次被揭开，除了时间和曝光媒体不同之外，其他细节都如出一辙。

当达芬奇事件曝光后，有业内人士告诉新浪家居记者，类似的现象在业内其实早就不足为奇，其中涉及的品类不仅仅局限于家具，还渗透到地板、陶瓷卫浴、软装配饰等。有位不愿透露姓名的知情人士还向记者爆料，目前国内市场中的"进口"美式家具"假洋品牌"现象尤为严重。

为此，7月11日下午，记者还来到北京高端进口家居用品的集中地之一的中粮广场·家居花园。记者所到之处，无不是赫赫有名的国际品牌，迪信、美国金可儿、瑞士弗兰卡、德国威勒、芙莱莎，等等。据悉，类似的高端进口家具销售地在北京不在少数，如东方新天地、金融街购物中心、泛CBD区域、建材经贸大厦、居然之家、家之尊，等等。

记者随机走访了几个品牌的专卖店，看到所有品牌的产地几乎都标注来自"美国"、"意大利"、"德国"等国家。当记者问及如何证明产地的真实性，导购员都表明公司能出示海关入关证明。当记者表明想看看海关出具的证明时，导购员一致称需要购买该产品才能提供。

作为国内一线国际品牌的达芬奇，其"借尸还魂"事件遭曝光后，在国内家居市场中引发了一场浩大的信任危机。事件曝光不到一小时，"达芬奇"三个字就成为各大门户、搜索网站的热点词汇，围绕其负面的报道也在互联网上铺天盖地袭来。与此同时，众多网友也开始在互动平台对该事件进行点评。

【实战演练】

让学生主动讲解生活中自己或家人的一些购买行为，分析属于哪些类型？并解释原因。对不同的产品应该采用什么样的广告对策。

第六章　广告策划

【学习目标】

要求掌握广告策划的含义及步骤；

了解如何选择广告目标和如何拟订广告计划；

掌握广告主题的含义，明确广告主题策划的基础在于建立产品价值体系，了解确定广告主题时应注意的问题。

【能力目标】

通过对广告策划的学习和理解，能从实际出发，编制适宜的广告计划，选择合适的广告主题。

第一节　广告策划的含义与特点

经典语录：

策划人不是艺术家。艺术家之间没有超越，只有区别；而策划人却只视能否提升品牌、扩大产品销售、增加市场份额为衡量广告活动成功的唯一标准。 ——叶茂中

理论基石：

一、广告策划的含义与特点

广告策划是各种类型策划的一种，是集谋略创造与科学决策于一体的艺术。策划是否全面、周到，直接关系到广告活动的成败，关系到整个营销活动。广告策划人员只有在科学的策划谋略和意识理念的指导下，严格遵循广告策划的基本程序，踏实而又富有创造性地做好各环节的工作，才能赢得市场。

(一)广告策划的含义

策划又称筹划、规划，就是对各种活动拿主意、想办法，制订行动方案。广告策划是根据广告主营销战略策略以及市场产品，消费者竞争状况和广告环境，遵循系统性、可行性、针对性、创造性、效益性原则，为广告主整体经营提供规范、科学的广告活动规划方案的决策活动过程。因此，广告策划不是具体的广告业务，而是广告决策的形成过程。

根据此定义，可以知道广告策划要有一定的依据，广告策划不是凭空臆断，而是科学的决策。首先要根据广告主的营销战略和策略，其次是依据事实和相关的信息。没有信息的决策是盲目的，要依据客观信息。这个客观信息主要包括市场产品、消费者竞争状况及广告环境等。

广告策划一般有两种。一种是单独的，即对一个或两个广告进行策划。单个的广告经过策划以后，其主题会更加突出，更具诱导性。但是，单独的广告策划通常是片面的，因为媒体受众的购买过程是一个复杂的系统，单独的广告策划很难使目标市场的消费者接近并购买促销的产品。另一种是系统的广告策划，即在较大规模内为同一目标进行的一系列各种不同的广告活动的决策与计划。随着广告专业水平的不断提高，专业化功能的不断完善和广告代理制度的不断发展，系统性广告策划已成为现代广告宣传活动的必然趋势。

（二）广告策划的特点

1. 明确的目的性

广告策划起始于广告目标的选择，落实于广告目标的实现。所以，广告活动如果能围绕一定的广告目标展开，选择适当的广告媒体，设计创造出新颖别致、有吸引力的广告作品，选择恰当的时间和地点开展宣传活动，就能取得良好的效果。当然，广告目标的选择也并非随意而为，它也是科学策划的结果，但一经选定，便贯穿于整个广告活动的始终，指导整个广告活动过程。因此，广告策划具有明确的目的性。

2. 严谨的科学性

广告策划是一个创造性的思维活动的过程，但绝不是随心所欲的，而是具有严谨的科学性。(1)广告策划要遵循一定的程序：在采取广告宣传行动之前，必须对市场形势、消费者态度、社会环境、竞争对手的情况进行周密的调查研究；然后，根据掌握的资料和信息进行综合分析，找出问题的关键点，确定广告目标，拟订广告计划及其具体实施方案；最后还要对广告效果进行评估，直到实现企业的广告目标和营销目标。(2)广告策划是在现代广告学原理的指导下，综合运用经济学、美学、新闻学、心理学、市场调查、统计学、文学等学科的研究成果，以较少的广告预算取得理想的宣传效果，以提高企业（或品牌）的知名度、美誉度。

3. 完整的系统性

现代广告策划从广告调研开始，根据目标市场的特点确定广告目标。在制定广告活动具体策略时，要以整体目标为出发点，使广告策划的各个环节相互衔接、密切配合，形成一个有机的统一体。

（三）广告策划的原则

广告策划是一种创造性的思维活动，同时也是一项科学的工作，有其自身的规律性，必须遵循一定的原则，才能收到较好效果。根据现代广告学的基本原理，广告策划应坚持以下原则：(1)真实原则：广告策划者必须建立在真实可靠的基础上，这是广告策划的基本原则，也是广告得以实现的基准；(2)系统原则；(3)创新原则；(4)可行性原则；(5)效益原则。

二、广告策划的步骤

广告策划作为企业的一项营销活动，不能盲目地进行，而是要按一定的程序、一定的步骤有计划地进行。广告策划的步骤一般包括调研分析、决策计划、执行实施和评价总结 4 个阶段。

(一)调研分析阶段

这一阶段主要是进行市场调查与分析,收集有关信息和资料,在此基础上才有可能有针对性地制定出广告战略和广告活动策略。广告策划工作需要集合各方面的人士进行集体决策,因此,首先要成立一个广告策划小组,具体负责广告策划工作。一般而言,策划小组应由以下几类人员组成。

(1)业务主管:业务主管一般是由总经理、副总经理或业务部经理、创作总监、策划部经理等人担任。在广告公司,业务主管具有特殊的地位,他是沟通广告公司和广告主的中介。一方面,他代表广告公司与广告主洽谈广告业务;另一方面,又代表广告主监督广告公司一切活动的开展。业务主管的水平是衡量一个广告公司策划水平的重要标志之一。

(2)策划人员:一般由策划部的正副主管和业务骨干来承担,主要负责编拟广告计划。

(3)文稿撰写人员:专门负责撰写各种广告文稿,包括广告正文、标题、新闻稿及产品说明书等。文稿撰写人员应该能够准确地领会策划小组的集体意图,具有很强的文字表达能力。

(4)美术设计人员:专门负责各种视觉形象的设计。除了广播广告外,任何一类广告都需要美术设计。因此,美术设计人员是策划小组很重要的组成部分。他们必须具有很强的领会能力和将意图转化为画面的能力。

(5)市场调查人员:能进行各种复杂的市场行情调查,并能写出精辟的市场调查报告。

(6)媒体联络人员:要求熟悉各种媒体的优势、缺陷、刊播价格,并且同媒体有良好的关系,能够按照广告战略部署,争取到所需要的广告版面或播出时间。

(7)公关人员:能够为广告公司创造融洽、和谐的公众关系氛围,获得各有关方面的支持和帮助。同时,能够从公关角度提供建议。

在广告策划小组中,业务主管、策划人员和美术设计人员是策划小组的中坚力量。

其次,向有关部门下达任务。经过营销和广告策划小组的初步协商,按照广告主的要求,初步向市场调查部、媒体部、策划部、设计制作部等有关部门下达任务。例如,营销和广告策划小组为了了解市场、产品、消费者、竞争者的情况,要根据广告主的广告目标,向市场调查部门下达市场调研任务,以确保后期的营销和广告策划行之有效。

最后,商讨此次广告活动的战略战术,进行具体的策划工作。广告策划小组的人员对广告策划的内容进行讨论,制定适合执行的广告战略和广告战术。广告战略主要是指广告活动的阶段性举措及阶段性目标;广告战术则是指广告活动中的具体方案和活动执行的步骤。

(二)决策计划阶段

在这一阶段,主要是对广告活动的整体过程和具体环节进行战略和策略的决策和计划。

第一步,进行广告战略决策。(1)制定广告目标。它确定了广告活动的基本方向和指导方针。这是整个广告策划中最重要的部分。(2)确定商品的销售对象。任何一种商品,不可能适应所有人的需要,只能谋求适应其中一部分消费者的需要。等对象确定后,再计算出对象的数字,根据这个数字,再估计初步购买者的比例,进一步能够扩展到多少比例等。(3)确定在所有同类商品中,应以哪几种为竞争对象。(4)确定销售地区。在前三点考虑确定后,就应确定是准备进行全面性的促销,还是区域性的促销;地域推广扩展的方式如何选择;等等。

第二步,在明确了广告的战略任务后,接着便可以制定实现这一战略任务具体的广告策略,包括广告主题策划、广告创意策略、广告媒体策略。

第三步,编制广告预算。根据上述安排,详细编制一切广告费用。编制费用时,应力求精细，并要求做到表格化。同时，广告费用总额需做到与广告主规定的预算总额大致相符，原则上以达到后者的95%为宜，余下的5%的预算可以列为临时所需调度之用。

第四步，编制广告计划。专案策划小组的案头研究工作到此已经完成。应将研讨的一切结论，由负责的策划人员编拟成完整的广告计划。

（三）执行实施阶段

这一阶段主要是执行并实施广告决策和计划。广告计划经批准后，即可进行广告的设计制作，制成广告作品，并对广告作品进行事前测定与评价，然后定稿并按计划发布。

首先要决定广告表现，要进行广告文案、广告构图、广告色彩的设计与表现。

然后进行广告制作。广告制作的结束也就是广告作品的完成。制作水平的高低直接影响到广告效果。

最后根据确定的广告目标，明确广告发布的地区、时间、媒体组合等，将广告正式文本提交媒体单位，正式推出广告。

（四）评价总结阶段

在这一阶段，主要是对广告发布后的传媒效果和促销效果进行评估。第一步，征集广告信息反馈，测定广告效果；第二步，总结广告活动经验，写出总结报告。

技能培养：

商品广告策划报告

商品广告策划报告也称商品广告策划书，是广告策划单位向生产商提供的作战计划。之所以要形成书面报告，一方面是为了便于各部门审阅，另一方面也便于职能部门执行操作，避免口头传达时的信息衰减。为了能将整个策划的内容表达清楚，策划报告应有一定的体例。它一般包括以下几个方面的内容。

一、前言

这是全部计划的开头部分，应具体说明广告策划报告的任务和目标，必要时，还应把计划的要点概括出来，以方便广告客户了解全貌。

二、情况分析

情况分析主要包括四个方面的内容：公司及产品历史，产品分析，消费者分析和竞争者分析。

（一）公司及产品历史

一般以一小段为开场白，极简短地介绍公司历史概貌，产品历史，再用半页左右的篇幅稍加详细叙述。叙述内容应围绕以下几个问题展开：

(1)本产品或品牌的背景；

(2)专利权或技术上的历史；

(3)在社会上的重大影响；

(4)过去的广告预算；

(5)过去的广告主题；

(6)过去的广告媒体或花费形态；

(7)目前在广告中或推广上所使用的创意主题；

(8)目前本品牌所面临的问题点和机会点。

（二）产品分析

这是广告策划报告比较重要的一部分内容，必须对一切可能影响到产品或劳务销售的要素进行概要分析，一般可围绕以下问题展开：

（1）与竞争者相比，本产品在特点、成分、用途、消费者、接受度等方面的竞争结果如何？

（2）在过去几年中，有何增加或改进，删除或放弃，新用途、新市场，等等。

（3）本产品被认为是新巧的、现代的，还是旧式的、保守的？它是一种流行的产品并受消费者风俗习惯的变迁影响吗？

（4）本产品的价值何在？是好还是尚可？或是不好？

（5）现在的使用者满意吗？

（6）销售范围广泛吗？是否在任何地方都能买到本产品？

（7）零售商对本产品感觉如何？他们愿意经销本产品吗？

（8）包装、标贴怎样？

（9）本品牌认知度和理解度、接受度怎样？

（10）本产品与竞争对手的产品相比，有何独具或与众不同之处？

（11）服务方面的情况怎样？

（三）消费者分析

这部分内容也很重要，叙述时应尽量明晰、准确。消费者分析主要包括以下内容：

（1）基本情况。如性别、年龄、收入、职业、教育、种族、家庭收入、人口、社会阶层、地理区域等。

（2）态度情况。对本产品的知晓程度、喜爱程度，是同情、认可、赞同、支持，还是冷漠、敌视、否定、反对。原因在哪里？是漠不关心，还是偏见作怪，或者形象不好？

（3）行动情况。在何处使用本产品，如何使用，使用频率，使用平均数量，对同类产品尤其是对竞争对手的产品的品质、价格、包装、型号、品牌荣誉、服装等评价如何？消费者对目前广告的认知度是多少？本产品为消费者解决什么问题？消费者知道这些利益吗？现有顾客的支持度如何？发生品牌转移了吗？如果已发生，是本品牌中，还是在其他品牌？谁是本品牌的最佳潜在顾客？他们住在什么地方？能否影响他们？

总之，消费者分析是对与产品或劳务有关的所有顾客（包括现有的、潜在的）的全部相关信息进行评估。

（四）竞争分析

对有关竞争者广告的分析，可以表示出本计划如何发展以及为什么这样发展的理由，为广告主提供一个衡量本广告的参照物。具体内容包括：

（1）竞争者的包装设计、品牌命名的长处和短处。

（2）竞争者们目前的广告运作针对何人，正在使用何种策略，产生何种影响，广告费用支出与分配情况，广告主题的变化，本广告在竞争中的长处与短处等。

三、广告预算（具体内容见本书第七章）。

四、广告建议事项

这一部分是广告策划报告的核心。主要包括如下内容。

（一）产品问题点、机会点

用半页左右的篇幅，清晰地叙述现存的主要问题，它可能是一个产品问题、一个销售问题。这些问题必须是在广告的影响范围之内。

（二）广告目标

用一两句话说明此次广告活动的总目的，是提高知名度，还是促进销售，或者是树立形象。

（三）广告定位

简要说明广告要在消费者心中占据什么位置，消费者看了广告之后应发生何种反应。

（四）广告诉求对象

根据前面的消费者分析，概括出此次广告运作诉求对象——即目标市场，说明选择这一目标市场的理由。

（五）广告诉求

这是整个广告计划中最重要的部分，一定要陈述得清楚详细。首先用两三句话列出参与竞争的主要产品。再用一两句话作出承诺，即说明这些产品的优异之处，使之具有极强的竞争力。最后用两三句话阐述支持承诺的理由。最好是用事实，或者是权威的认可来说明。

（六）广告表现

这一部分包括制作出来的具体的广告创意作品。主要内容有：(1)印刷文体所用的文稿图案和布局；(2)广播脚本；(3)电视脚本；(4)广告主题文词和美工表现；(5)包装设计、插图等；(6)户外广告牌设计；(7)广告特制品。

（七）广告媒体策略

这一部分要对广告媒体计划进行清晰、完整而简短的陈述。至少要包括以下三部分内容：

1. 媒体目标

这一部分要用可计量的术语确定媒体计划的明确目标：

(1)想传达的目标受众；

(2)在预算使用上，可利用的预算及其限制；

(3)所需到达率及平均频次；

(4)所需有效到达率；

(5)所需持续度；

(6)月份及年度的持续状态；

(7)所需地区性的特别权数；

(8)是否需要媒体推广销售的能力；

(9)所需弹性；

(10)媒体支持推广所必要的程度；

(11)创意策略的含意。

以上每一项决策都必须说明理由。

2. 媒体组合

这一部分主要是介绍各种媒体的选择和组合情况。主要内容有：

(1)所选择的媒体种类(例如，电视联播网或杂志)；

(2)将预算分配到各地理区域的策略，如：从地方性逐渐发展到全国或在全国同时做广告，只作地方性插播广告或先全国性再以地方性临时广告活动予以加强；

(3)分配给各种媒体的预算(全部金额及百分比)；

(4)按月或按季分配广告年度预算；

(5)年度广告按月或按季所希望的到达率、暴露频次程度；

(6)每一有代表性的月份有效到达率与暴露频次程度；

(7)主要目标市场及次要目标市场的大小；

(8)各策略性目标的特殊考虑；

(9)地理上必须使用的特殊需要；

(10)所要使用的媒体单位大小的规格，如30秒或60秒的电视广告片或广播广告词，或报刊广告的版面的大小等；

(11)选择媒体或安排媒体日程所使用的判断标准，如需要刊播出及不刊播出的日期或禁止刊播的期间等，以上每一种策略，都必须说明理由，如有必要还需说明此次策略与以前策略的不同。

3. 媒体计划

这一部分是以媒体流程图的形式，确切地表示出每一刊播日程、所需费用及其他相关内容。主要包括以下内容：

(1)说明判断多媒体价值的标准；

(2)用资料和文字说明媒体组合是最佳的，也是最经济的；

(3)用资料说明媒体组合对各自目标市场的净到达率和暴露频次分布状况；

(4)用资料说明媒体组合所获得的总暴露度，特别要说明视听众的比率；

(5)以摘要表说明每一个别广告媒体，每月使用次数，每次刊出的成本，以及每月总成本；

(6)年度费用摘要；

(7)以年度流程表(或日程表)说明个别广告媒体、刊出周数、到达率、暴露频次，以及本年度的每月成本。总之，任何有助于购买广告时间或版面的信息资料，都应加以说明。

企业做好广告策划的技巧

企业要做好广告策划需要做好以下三点：

第一，做好广告策略。广告策略是全部广告活动的方向，是把产品或服务的利益或问题解决方案的特征等广告信息传达给目标市场的手段。企业所制订的广告策略强调的重点如果不能满足消费者的需求，就不能解决消费者的问题或无法提供消费者所期望的利益，那么广告就会失败。

要做好广告策略就要非常了解产品及服务，确认目标市场，把利益或问题的解决方案提供给你所描述目标对象的人，对广告所传递的信息要有一个额外推销要点来支持策略，在进入广告策略表现阶段时，要确定采取什么样的技巧把信息做最佳的表达。

第二，要使广告策划富有创造性。企业在广告策略确定后，创意就成为广告的灵魂。现在社会人们面对大众媒介中大量的广告信息，要想达到有效而容易的记忆方法是不容易的，所以要达到最终的宣传效果，就要做出富有创意的广告。我们看到的成功的广告有很多，它们之所以成功都是因为广告具有很强的创意点，使人们很容易记忆。

第三，要把握好时效性。企业在广告策划活动中有些策划是非常好的，但由于企业在市场操作过程中，在时效上的拖延，导致企业丧失了很多与市场同类产品的品牌竞争取胜的机会。

以上谈到要做好广告策划需要做到的三点在广告策划、实施中非常重要，所以要把握好尺度，才能做出好的广告策划。如何衡量一个广告策划的好坏呢？判定标准有三个：一是该策划是否促进了该项商品(产品或服务)的销售；二是该策划是否增强了该项商品的美誉度、知名度与忠诚度；三是该策划是否反映了品牌长期的规划策略，促进了品牌价值提升。只有完全达到以上三个标准，才能确认该广告策划达到宣传的效果，三者缺一不可。

由此可见，企业要成功地策划一则广告，必须做大量的实际工作，只靠脑子偶尔灵机一动是不能做出一个成功的广告策划的。成功的广告策划应该是对企业及其产品有全面的认识，对市场进行深入的调查与研究，并通过策划的主题、策略、诉求、创意表现、促销效果、品牌树立、社会文化等诸多方面来完成传播，来达到即定的目的。

（资料来源：http://www.795.com.cn/wz/41801.html）

【案例教学】

哈撒韦衬衫的广告策划

大卫·奥格威创作的"戴眼罩的穿哈撒韦衬衫的男人"是广告创新原则的成功范例。哈撒韦是美国一家老衬衫厂，创建于1837年。1951年，大卫·奥格威为哈撒韦衬衫做广告，这时哈撒韦衬衫厂在美国没有名气。奥格威做了十几种方案，最后选定的方案是找一个模特戴上一只眼罩，穿上哈撒韦衬衫。这则广告开始只是登在《纽约人》杂志上。然而，这个创意立刻获得成功，这位戴一只眼罩的男模特轰动了全美国，一夜成名。哈撒韦衬衫的销量也直线上升。这个广告只用了3万美元就使一个100多年默默无闻的小厂短期内成为全国影响的服装名牌。

图6—1 大卫·奥格威创作的"戴眼罩的穿哈撒韦衬衫的男人"

法国欧莱雅广告策划方案

一、在中国市场的产品策略

研究数据表明，欧莱雅产品卓而不凡的高品质是它博得中国消费者青睐的主要原因。此外，产品的多样化也是造就良好销售业绩不可忽视的重要原因。产品线的拓展全面满足了消费者的不同需求，并为欧莱雅赢得了市场份额。尽管售价颇高，但消费者更愿意获得欧莱雅的承诺。

就中国市场而言，欧莱雅的四大产品类型各具特色，它们分别是：专业美发品；大众化妆品；高档化妆品（香水和美容品）；特殊化妆品。如今，欧莱雅在中国市场推出的品牌有：巴黎欧莱雅、巴黎兰蔻、纽约美宝莲、Vichy Laboratories、Ralph lauren、Giorgio Armani Perfumes、Biotherm、Helena Rubinstein、Laboratories Garnier、Redken 5th Avenue NY等。欧莱雅更多的产品将逐步走近中国消费者，欧莱雅相信更多的产品将扎根于中国市场，它们中不仅包括大众化化妆品，也包括了高档化妆品。

图 6—2　欧莱雅化妆品广告

二、在中国市场的广告策略

广告策略是欧莱雅进军中国市场的又一重要手段。欧莱雅对于不同的产品采用不同的广告策略，根据不同的目标顾客采取了行之有效的促销方法。

同一产品，欧莱雅拥有多个广告版本，这一策略的关键在于产品推广市场的需求与广告传播概念的吻合。这里有两个实例，其一是美宝莲，它以大众消费者为目标顾客。美宝莲是欧莱雅于 1992 年收购的一个美国品牌。美宝莲先于欧莱雅进入中国市场，早在 1992 年之前就已在苏州建立自己的工厂。欧莱雅将美宝莲定位为一个大众化的品牌，每一个中国妇女都应该拥有一件美宝莲的产品。中国消费者把美宝莲当作时尚的代表，所以欧莱雅在大陆投放的是由美国影星为模特的国际版广告。

图 6—3　美宝莲产品广告

另一个例子是染发产品。最初，中国顾客很难接受染发的观念，他们认为染发并不适合中国人，而且会令自己看上去缺乏职业精神。欧莱雅为了帮助中国消费者了解染发产品，邀请了巩俐作为广告模特。因为巩俐拥有标准的东方人的头发，又被公认为中国的明星。通过巩俐拍摄的广告，欧莱雅想让越来越多的人知道，巩俐是中国人，她通过染发使自己更美丽，所以染发不再是中国人不能接受的，而只会是很自然的。巩俐是具有国际知名度的中国影星，她身上具有东方人的高贵、典雅和美丽，欧莱雅邀请她作为品牌代言人，目的是与当地消费者更好地沟通。

【实战演练】

1. 分析本章案例，了解广告策划的内容，以及广告策划书的写法和步骤。
2. 将学生分成小组，每小组成员选择熟悉的某类产品，写出商品策划书。

第二节　广告目标策划

经典语录：

赢得好射手美名并非由于他的弓箭，而是由于他的目标。——莉莱

当人们感到自己没有能力获得巨大的成功时，他们会鄙视伟大的目标。——沃维纳格

理论基石：

广告目标是指广告要达到的要求。确定广告目标，是进行广告策划、确定广告方案的第一步，它是后期广告策划的各环节的航标，因此是广告策划中非常重要的一环。不论是广告底稿拟稿人、版面设计人、摄影，以及与媒体谈判的人员、预算广告费的人员等，都应了解广告目标，共同对此目标负责。

一、广告目标的含义与类型

（一）广告目标的含义

广告目标是指广告活动所要达到的预期目的，也是企业对广告活动的要求和控制广告活动的标准，还是衡量广告效果的依据。广告目标规定着广告活动的总任务，决定着广告活动的行动、发展方向。企业通过确立广告目标，对广告活动提出具体要求，来实现企业的营销目标。

美国著名广告专家科利(Colley)在其著作《为估量效果而确定广告目标》中，列举了 52 个不同的广告目标。他认为不同的广告主，由于条件的限制，广告策划的目标各有侧重。科利提出了一种将广告目标转化为可测量的具体目标的分析方法，并称之为 DAGMAR 模式。科利列举了如下例子：

某则广告宣传活动，要把在 3 000 万拥有自动洗衣机的家庭主妇中，认识到 A 品牌产品为低泡沫洗涤剂并相信这种洗涤剂有较强去污力的人数，在一年中从 10%提高到 40%的水平。这则广告策划活动的目标由 4 个部分组成：

A. 市场目标：3 000 万拥有自动洗衣机的家庭主妇。

B. 沟通目标：人们能够辨别 A 品牌产品为低泡沫洗涤剂，并且相信这种产品具有较强的

去污力。

C. 沟通程度目标：从 10%提高到 40%。

D. 时间限制：一年。

上述目标构成了这则广告策划活动的整体目标。它们之间相互联系，相互影响，目标 B 是目标 C 的基础。只有实现了目标 B，才能进一步实现目标 C。

广告是企业营销策略的一个组成部分，广告目标与营销目标和广告效果是有机联系的，它们之间既有联系又有区别。

1. 广告目标与营销目标的关系

广告目标与营销目标既有联系又有区别。广告目标与营销目标的共同之处是开拓市场，增加企业产品的销售量，提高产品市场占有率，增加企业的利润。营销目标是企业市场活动所要达到的总体要求，它一般包括开拓市场、利润目标、销售增加率目标、市场占有率目标等，而广告目标就是促成企业上述营销目标的实现。

广告目标又不同于营销目标。主要表现在：(1)产品广告本身并不能直接达到销售目的，而只是促进销售的一种重要手段。广告可以提高产品知名度，树立品牌形象，推动产品销售，以促成营销目标的实现。(2)营销目标的实现受到产品质量、价格、销售渠道、人员推销、市场条件等诸多因素的影响，广告目标只是影响营销目标的多种因素之一。(3)广告对企业营销目标的影响是长期的。营销目标一般以某一时期(如一年为期)的营销情况作为检测标准，而广告不但可以推动某一特定时期营销目标的实现，而且可以提升企业品牌形象知名度，对营销目标的实现具有长期性的影响。

2. 广告目标与广告效果的关系

广告目标与广告效果是既有联系又有区别的两个概念。其联系主要表现为两者都是以促进产品销售和广告信息传播作为基本内容。制定广告目标，是为了增加企业产品销售，提高产品的知名度，而这正是衡量广告效果优劣的基本准则。两者区别在于，广告目标是企业广告活动的预定目的，而广告效果则是广告活动实际达到的目的。由于广告活动过程中受各种因素的影响，广告效果可能超过广告目标，也有可能达不到预定广告目标，即广告目标与广告效果可以是一致的，也可以是不一致的。

(二)广告目标的类型

不同企业在不同的时期，由于经营目标、竞争环境、营销目标和策略、广告任务等方面的不同，广告的目标也有所不同。按广告内容划分，广告目标可划分为创牌、保牌、竞争、形象目标；按广告效果划分，广告目标可分为销售目标和传播目标。

1. 广告内容目标

广告内容目标主要有以下四种类型：

(1)创牌广告目标。创牌广告多用于新产品上市前或产品刚刚上市时期。目的在于开发新的产品和开拓新市场。在广告宣传中，着重通过产品的性能、特点等方面的宣传，提高消费者对产品、商标、厂牌的理解度和记忆度，从而提高产品的知名度。

(2)保牌广告目标。保牌广告目标在于增加消费者对广告产品的消费习惯和偏爱，加深消费者对此产品的好感和信心，从而确保已有的产品市场，并提高产品的市场占有率。在广告宣传中，此类广告一般采取连续广告形式，着重劝说和诱导消费者保持对产品已有的认识和形象，形成消费者对产品的购买习惯。

图 6—4　保牌广告目标

(3)竞争广告目标。竞争广告目标在于提高广告产品的市场竞争能力。广告的诉求重点在于宣传本企业产品与竞争产品的差异，特别是突出本产品的优异之处，并努力转变消费者对竞争产品的偏好态度，促使广告受众转而购买和使用本企业的广告产品。

图 6—5　竞争广告目标

(4)形象广告目标。形象广告目标在于争取社会公众对本企业或产品的正确、全面的了解，提高企业整体知名度和美誉度，树立良好的企业形象。

图 6—6　形象广告目标

2. 广告效果目标

广告效果目标是指广告活动所要达到的效果指标，可以划分为广告销售效果目标和广告传播效果目标。

(1)广告销售效果目标。广告销售效果目标是指广告活动所要达到的促销目标，主要包括利润增长率、销售增长率、市场占有率等内容。

(2)广告传播效果目标。广告传播效果目标是指广告活动所要达到的心理指标，主要包括广告受众对广告信息的收视率、阅读率及注意、理解、记忆、反应等内容。

广告目标类型多种多样，企业应根据自身需求来确定广告目标，以取得更好的广告效果。

二、设定广告目标的方法

企业在制定广告规划时，应首先设定广告目标。然而，对如何设定广告目标并测定其广告效果，人们有多种不同看法。

在制定广告目标上国外有两种比较有影响的方法。

(一)科利的 DAGMAR 法

20 世纪 60 年代初，美国广告学者科利创造了 DAGMAR(Defining Advertising Goals for Measured Advertising Results)理论，意思是"为可度量结果而确定广告目标"。他认为"广告目标是记载对行销工作中有关传播方面的简明陈述"，"广告目标是用简洁、可测定的词与笔之于书"，其"基准点的决定是依据其所完成的事项能够测量而制定"。科利提议采用"商业传播"的四阶段理论去研究、分析消费者在知觉、态度或行动上的改变，从而达成广告最后说服消费者去行动的目标。其一，知名(Awareness)：潜在顾客首先一定要对某品牌或公司的存在"知名"。其二，了解(Comprehension)：潜在顾客一定要了解这个品牌或企业的存在，以及这个产品能为他做什么。其三，信服(Conviction)：潜在顾客一定要达到某心理倾向并信服想去购买这种产品。其四，行动(Action)：潜在顾客在了解、信服的基础上经过最后的激励产生购买行为。

(二)莱维奇(Lavidge)和斯坦纳(Steiner)模式(简称 L&S 模式)

罗伯特·J. 莱维奇和加里·A. 斯坦纳于 1961 年在美国期刊《市场杂志》上，提出了一种不同于 DAGMAR 理论的"从知名到购买的进展"层级模型。其模式如图 6-7 所示。

广告可认为是一种必须把人们推上一系列阶段的力量：

(1)在最初阶段是人们完全不知道某种商品品牌或企业的存在。

(2)对产品的存在已经知晓，但到购买还有一大段距离。

(3)对产品进行了解，开始接近购买。

(4)使产品与自身利益相联系后，更接近购买。

(5)对于产品产生偏好，离购买有一步之遥。

(6)产生购买欲望，相信购买为明智之举，开始行动。

(7)产生实际购买行为。

但 L&S 模式存在一定的缺陷：

(1)对于某些商品的购买，消费者可能并不按照这一模式进行，他们可能开始后就停止，或者可能做错然后重新开始。

(2)后面阶段对前面的阶段产生影响。

(3)从知名到购买全过程可能在瞬间完成，尤其在低风险、低花费产品购买上更为常见。

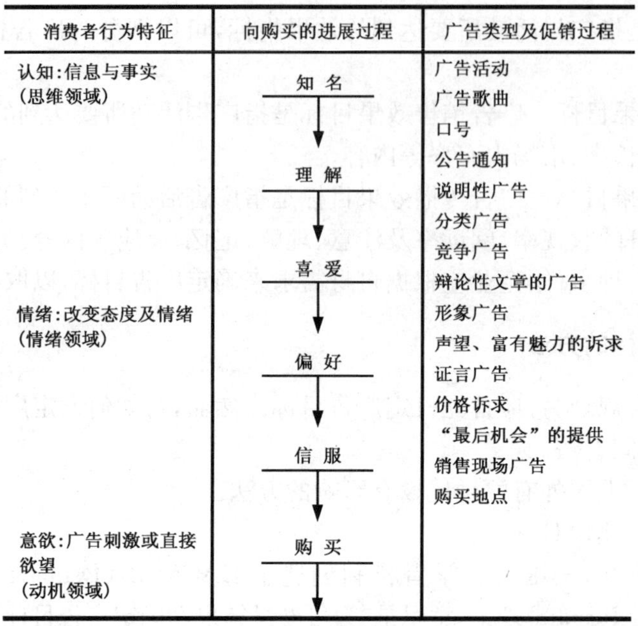

图 6—7 层级模型

(4)有的消费者购买行为可能完全不遵循这种过程。他们可能会按照某种其他途径做出购买决策。

设定广告目标另外有三种具有代表性的观点:

一是以产品销售情况来设定广告目标。企业根据产品的销售情况,如销售数量、销售金额、市场占有率等,来设定明确而具体的广告目标。扩大产品的销售规模,意味着企业能从中获得更大的经济效益。这种方法简单、易行,特别是对直接营销的商品,其优势更为明确。因为对直接营销的商品,直邮广告、电话广告可以直接与广告受众联系,消费者是否购买可以很快得知。但对于大多数消费品的营销而言,广告效果不太明显。

二是以消费者的行为设定广告目标。当广告目标不能直接以产品的最后销售效果制定时,企业可以引导或改变广告受众的消费行为来设定广告目标。例如,某些企业设定的广告目标是广告受传者在做出购买决定前采取某种明确的行动,如向企业索取更详细的产品资料、网上访问该企业主页、电话或信件咨询等。对这类消费者,企业可以采取直接营销方式,由推销人员上门洽谈,从而提高推销访问的针对性和效率。

三是以传播效果来设定广告目标。以传播效果来设定广告目标,就是提高产品的知名度,让更多的广告受众了解产品,心理上接受和偏爱广告产品。这类广告目标的设定,短期来看,未必有明显效果,但却是大多数企业经常采用的方式。

【案例教学】

华素片的定位经过

华素片系北京四环制药厂生产的一种治疗口腔咽喉疾病的西药。其产品主要特点是:具有独特的碘分子杀菌作用，能迅速治愈；口含；西药；能长久滞留在口腔内发挥药力。在华素片推出之前，市场上已经有新的、老的一系列同类产品了。如何定位更有效？

在为华素片制定营销策略之前，首先要分析它的市场状况。华素片从适应症上看，是既治口腔病又治咽喉病的，因此它参与两个产品类别的竞争：咽喉类药品与口腔类药品。先看咽喉类药品市场。市场上常见的咽喉类药品有：六神丸、四季润喉片、草珊瑚含片、桂林西瓜霜、武汉健民咽喉片、双料喉风散、咽喉冲剂、含碘片、黄氏响声丸、奎蛾宁、国安清凉喉片等，它们或凭借传统的知名度（如六神丸）、广告的知名度（如草珊瑚含片），或以便宜的价格（如含碘片）、较好的疗效（如双料喉风散）各赢得了一部分市场份额。可见咽喉类药品市场品牌众多，竞争激烈。再看口腔类药品市场。市场上治疗口腔疾病的药有牙周清、洗必太口胶、桂林西瓜霜、双料喉风散，产品不算多且基本上没有知名度高、疗效好的领导品牌；一些药物牙膏和口洁露等日化品也占据了一部分市场，但这些都处于市场补缺者的位置。

华素片的市场机会点就是：定位于口腔类药，主攻口腔类药品市场。

在了解华素片面对的市场状况后，还了解了华素片的消费者即它所治疗的适应症的患者。经过调查发现，华素片的患者群并不是固定的一群人，男女老幼都可能成为患者，其中成人比例高，季节性变化大。他们的选药标准是疗效第一位。一份对患者的抽样调查显示：患者重视疗效的为93.4%，讲究服用方便的为67.6%，注重口感好的为40.3%。

在充分地了解到华素片不仅能满足患者希望尽快治好病的心理，同时还具有能尽快治好的功能后，它的卖点是“快速治愈”。于是，华素片的定位就清晰可见了，这就是：迅速治愈口腔疾病的口腔含片。定位策略找到了，然后把它转变为与消费者沟通的语言。口腔病的患者，无论是患口腔溃疡、慢性牙周炎、牙龈炎、感染性口炎，都会有一种欲说不能、欲唱不成的感觉，也都会有小病烦人、快快治好的心理。华素片在沟通中以“快治人口”的承诺和“病口不治，笑从何来”的呼唤，终于健步走进患者心中！经过一年的广告投放后测试表明，华素片的知名度由原来的20.7%上升到82.8%，66.6%的被访者认为华素片是治口腔炎症的咽喉药品。经过知觉地图的分析，采用产品类别定位的方式，定位于口腔类药品，并结合产品功能定位——这就是华素片成功的战略。

（资料来源：何佳讯．现代广告案例——理论与评析．复旦大学出版社）

【实战演练】

分析熟悉品牌产品的广告目标，属于创牌、保牌或者竞争目标。分析产品广告目标是否合理？有没有更好的符合广告目标的广告设想？

第三节 广告计划

经典语录：

计划的制定比计划本身更为重要。 ——戴尔·麦康基

事前计划是好的，但要保持灵活。 ——李奥贝纳

理论基石：

在广告总体策划中，一旦设定了广告目标，就应拟订广告计划，撰写广告计划书。广告计划是广告策划活动的重要内容，是对未来广告的统筹安排。

一、广告计划的作用

广告计划包括广告费用预算、广告宣传战略计划、广告媒体计划以及对广告的预期效果评估等部分，它确定广告的目标与任务、完成目标的各项广告活动的时间，以及广告效果的预测等。

计划是管理的首要职能，没有计划就没有管理。拟订广告计划可避免广告的盲目性，使现代广告活动有条不紊地开展。同时也有助于对整个广告活动过程进行科学管理。

广告计划虽然仅是广告活动的一个环节，但作为广告策划的重要组成部分，在整个广告活动中起着非常重要的作用。这种作用主要表现为三个方面。

（一）广告计划是指导广告活动的纲领

广告计划是企业广告战略和广告策略的体现，对整个广告活动的过程具有指导作用。广告计划规定着广告目标、广告对象、广告范围、广告任务，在宏观上规划着整个广告活动的发展方向，指导着广告策划活动的全过程。广告计划对广告产品、广告媒体等策略都要做出说明，在微观上规定着各种广告策略及实施方法，指导着广告活动各个具体环节的进行。

（二）广告计划是协调控制广告活动的手段

广告计划对广告活动的各个环节具有协调作用。广告计划在广告战略的指导下，协调广告信息策略、媒体策略、设计制作、发布实施等各个环节，使之相互配合，成为一个完整统一的活动整体。

广告计划对广告活动的规模具有控制作用。广告计划以经费预算的方式，控制广告时间的长短、广告范围的大小和广告力度的强弱，使广告活动保持在相应的规模之内。

（三）广告计划是监督评价广告活动的依据

广告计划以广告实施的安排和广告效果的预测，为监督评价广告活动提供了标准和依据。广告计划对广告实施具有监督作用。广告计划为检验广告执行的时间、广告实施的地区、广告活动的规模提供了相应的依据，是监督广告活动进程、保证广告活动按计划展开的有效方式。广告计划为评价广告活动、侧定广告效果提供了相应的依据，有助于广告任务的完成。所以，广告计划对广告效果具有评估作用。

二、广告计划的类型与内容

由于企业、产品具有不同的特点，决定着广告计划不可能是一成不变的单一模式。各企业应根据市场条件和产品特点，制定不同类型的广告计划。

（一）广告计划的类型

1. 按照广告时间划分

按照完成计划的时间划分，可以分为长期广告计划、年度广告计划和临时广告计划。

长期广告计划是一些大型企业依据市场营销战略的要求，或有产品开拓新市场的要求，以2至5年为期限的广告计划，具有长期性和系统性的特点。长期广告计划必须根据企业发展规划的实施情况和市场形势的变化，不断适度调整和修订。

年度广告计划也称中期广告计划。年度广告计划是一般企业在一年内按季、分月制定的系列广告活动计划。年度广告计划是依据企业年度经营目标和销售计划制定的，确定本年度内广告目标及广告预算在不同媒体上的分配等内容。年度广告计划操作性比较强，要求其内容全面具体，指标量化，切实可行。一般企业采用的就是这种广告计划。

临时广告计划是一些大型企业为当时市场需求的需要，针对市场情况所做出的补充性或机动性的广告计划，或是小型企业的临时性广告计划。广告期限为一个月至半年，一般是对一次广告活动的安排，目的是为了在较短时间内促进产品的销售。

2. 按广告内容划分

根据内容进行划分，广告计划可以分为专题广告计划和综合广告计划。专题广告计划是为单项产品的广告宣传而制定的。综合广告计划则是为了整个企业或整个产品线而制定的。

3. 按广告性质划分

按广告性质划分，广告计划可分为战略广告计划和战术广告计划。

战略广告计划与企业长期发展战略相适应，是企业长期广告活动的目标与发展战略。如结合营销战略和产品的生命周期，决定何时何地、以何种广告活动在市场上推出新产品，达到多大的市场占有率，并提高企业和产品的信誉和知名度。

战术广告计划是企业为阻止某一项特定广告活动或为达到某一广告目标而制定的广告活动规划。战术广告计划的内容具体，操作性强，广告效果明显，比较受企业的青睐。

4. 按广告媒体划分

按广告媒体划分，广告计划可分为组合媒体广告计划和单一媒体广告计划。

组合媒体广告计划是指运用两种以上媒体的广告计划。如利用报纸、杂志、广播、电视等媒体组合，宣传某一产品或劳务的广告计划。

单一媒体广告计划是指仅利用一种媒体进行宣传的广告计划。如路牌广告计划、电视广告计划、POP 广告计划等。

(二)广告计划的内容

一则完整的广告计划应由执行摘要、市场分析、广告战略、广告策略、广告预算、广告效果预测等要素构成。

1. 执行摘要

广告计划的执行摘要，是广告计划书的第一部分。它简明地罗列了广告计划的要点，如本次广告策划活动的费用预算、广告创意的概况、针对的媒体受众(或目标市场)、所使用的媒体种类等。执行摘要是广告计划的要点概述，因此一定要简洁，使决策者在最短的时间内对本次广告策划的内容有一个大概的了解。在摘要中，要强调本次广告策划活动的独到之处，或最吸引人的促销措施，以激发决策者“读下去”的兴趣。

2. 市场分析

它是广告计划书的第二部分内容，主要包括企业或产品品牌分析、产品分析、目标市场分析以及竞争状况分析等内容。

(1)企业或产品品牌分析。如果进行的广告宣传是企业(即广告主)的宣传，就应该对企业的发展历史进行详细的了解，从中发现企业的经营特色，为确定广告主题提供素材。广告策划者对企业分析时，主要从以下方面着手：①企业的经营历史，是新型企业，还是“老字号”；企业的商誉、企业的经营特色、企业的经营文化、企业在消费者心目中的地位。②近几年来,企业的经营业绩。③过去所参加的公益活动。④企业的形象(CIS)标志、企业的经营规模。⑤企业在同行业中的地位,是领导型企业,还是挑战型企业、追随型企业。⑥企业的技术水平、企业的员工素质、企业的专有技术、企业的新产品开发能力。⑦企业的经营环境,包括店面广告的状况。⑧企业过去的广告宣传状况、企业过去常用的广告媒体。⑨企业过去的广告预算,包括预算规模以及分配使用情况。⑩企业过去广告宣传的主题(或诉求点)、企业过去广告宣传的效果。

如果广告主的广告宣传活动是针对产品品牌的,目的是为了扩大品牌的知名度,使消费者将该品牌产品与其他品牌区别开来,从而增加产品的销售额。广告策划者应从以下方面进行分析:品牌的名称、标准色、标识物,消费者对品牌的认知状况,消费者对品牌的联想物和对品牌的忠诚度,产品品牌的定位状况,品牌资产状况,品牌与产品属性之间的联系,品牌伞或品牌网的具体情况,品牌包装的种类,老品牌与新品牌之间的关系,企业的品牌延伸策略,品牌的历史背景,该品牌过去的广告和广告预算,创意,该品牌过去广告宣传的主题和常用的宣传媒体,该品牌目前面临的问题和市场机会,该品牌在企业其他品牌中的地位,有关该品牌的重大事件,等等。

(2)产品分析。广告计划中的产品分析,目的是为了了解产品的特征,例如,产品制作工艺水平、产品的产地、效能、价格、售后服务、文化附加值等。具体包括以下内容:产品的原材料特点、产品的工艺水平、产品的用途、产品的质量、消费者对产品的评价、产品的价格、产品的售后服务、产品的便携性、产品的技术含量、产品的文化附加值、产品的包装、产品的生产历史、产品的美学价值、产品使用与环境的关系、产品与现代生活的关系、产品的新用途、产品与时尚的关系、产品的配销渠道、购买产品的便利性、产品的更新换代、产品的市场占有率、近年来产品的销售状况以及销售趋势、产品的款式、产品的独特性能,等等。

(3)目标市场分析。广告计划书中的目标市场分析,主要是指对目标市场上的消费者进行透彻地了解,掌握他们的消费习惯、媒体习惯以及情趣、偏好等。分析应包括以下具体内容:①目标市场的规模,即现在消费者和潜在消费者的人数。②目标市场上消费者的人口统计方面的特征,如年龄、性别、职业、家庭规模、收入水平、宗教信仰、受教育程度、所处社会阶层等。③消费者的购买习惯、购买心理,消费者的媒体习惯,消费者的需求趋势。④消费者对产品价格的态度、对产品文化附加值的要求、对产品品牌的认知程度、对产品品牌的忠诚度。

(4)竞争状况分析。广告计划书中的竞争状况分析,是确定广告宣传规模、广告使用媒体的基础。在市场经济中,任何产品都存在不同程度的竞争,对竞争对手的了解影响着企业广告计划的制定。广告策划者在分析竞争状况时,应着重分析以下内容:①企业的直接竞争对手有哪些?间接竞争对手有哪些?②竞争对手的经营优势和劣势是什么?经营特色是什么?竞争对手广告宣传的优点与缺点。③竞争对手在市场中的位置、营销手段、广告主题、广告内容及媒体组合。④竞争企业在广告中失败的教训和成功的经验。

3. 广告战略

在广告计划中,广告战略是通过市场分析,对广告目标、广告重点、广告对象、广告地区等作出的战略性决策。

(1)广告目标。广告目标是指广告活动所要达到的具体目标或通过广告的传播所要获得的具体结果。任何广告的目标都有一致性,即通过广告传播来扩大产品营销,树立企业的美好形象。但不同企业在不同时期所面临的广告任务不同,所追求的具体目标也就不一致。所以企业应针对不同的实际情况,制定出具体的广告目标。

(2)广告重点。广告重点是指广告的诉求重点和策划重点，主要是根据产品策略和心理策略的策划，明确以怎样的方法突出广告宣传的重点，以达到广告计划所企求的目标。

(3)广告对象。广告对象是指广告的传播对象和诉求对象。在广告计划中，一般要根据市场分析及产品定位策略和心理策略，说明广告对象的人口总数、分布、地区、年龄、性别、职业阶层等情况，以及广告对象的生活方式和消费方式，以确定相应的广告策略。

(4)广告地区。广告地区是指广告信息的传播地区。在广告计划中，一般要根据市场分析和产品定位的结果，决定产品的目标市场及广告宣传区域，并说明选择目标市场的理由，明确广告宣传的具体地区。

4. 广告策略

广告策略是广告活动中所运用的具体措施和手段，主要包括媒体策略、创意策略和实施策略。

(1)媒体策略。它是指选择并运用广告媒体的方法。在广告计划中，媒体策略主要说明媒体的选择运用、媒体的组合方式、广告的发布次数和日期、占用的面积、时间长度等。

(2)创意策略。它是指广告信息的创意构想和创作风格。在广告计划中，通常要根据广告战略，说明广告主题的选择及表现方式，提出广告设计、制作方案的基本要点，交付有关部门进行具体设计制作。

广告创意是广告宣传活动的整体构想，一般有以下形式：①独特销售主题。即在广告宣传中重点突出广告产品某一方面的特征，这一特征是其他品牌产品所不具备的，并且确实能给消费者带来一定的收益。例如，咖啡的制作工艺，咖啡豆对气候的特殊要求；法国白兰地酿造过程中对葡萄的特殊要求；“马爹利”干邑的文化附加值等。②对比策略。通过与同类品牌产品的比较，来说明本品牌产品的特点；对比也可以是消费者使用产品前后情况的对比，以突出产品的效能。③形象策略。通过广告主的形象、模特的形象、名人的形象或者动画人物的形象来将品牌的个性活灵活现地突出出来。④幽默化策略。通过幽默的语言或行为将有关产品品牌的信息传输给媒体受众，使他们对该品牌产品有一个深刻的印象。⑤戏剧化策略。通过故事或连续剧的形式，将特定品牌产品显示在消费者面前。该品牌产品在故事或连续剧中，也许是一个可爱的小玩偶，也许是促使故事情节发展的关键因素。

(3)实施策略。它是指着眼于广告实施过程中如何取得更大效益而进行的具体策划。在广告计划中，通常要根据市场情况、企业的营销策略和广告预算等，明确制定广告的实施策略。

5. 广告预算

广告预算是广告计划的一个重要组成部分，是对广告活动所需费用的预算。广告预算是广告活动的经济保证，不仅制约着广告的制作，而且制约着广告媒体的选择和发布频率。在广告计划中，要提出广告费用的总额和经费分配方案，具体说明经费使用项目和相应数额，并详细列出媒体价格，如果有必要，可以用文字和表格结合的方式，来说明经费的具体开支、使用情况。

6. 广告效果预测

广告效果预测是指广告活动所要达到的目标和完成的任务的预先估计。它既是对广告活动提出的要求，也是对广告企业的承诺。在广告计划中，广告效果预测主要包括广告传播效果和广告销售效果。

(1)传播效果预测。这是对广告传播心理效果的预先估计。在广告计划中，通常要说明广告宣传所要达到的视听率、知名度、理解度、偏爱率等心理效益指标，并交代测定这些指标所采用的方法，如问卷法、座谈法等。

(2)销售效果预测。这是对广告宣传所取得的经济效益的预先估计。在广告计划中，通常要说明广告宣传所要达到的销售率、市场占有率等经济效益指标。

三、拟订广告计划

在完成广告调研和广告规划后，应将广告活动的内容形成广告计划，拟订成广告计划书。广告计划书原则上要求由企业自己制订，也可以委托广告公司代为编制。拟订广告计划书时要遵循一定的编制原则和程序。

(一)广告计划拟订的原则

广告计划拟订的原则是指为了充分发挥广告计划的计划职能，而在拟订广告计划中应遵循的基本原则。

(1)目标明确化原则。拟订广告计划时不仅要明确本次广告的目的和目标，而且要明确计划中每一项工作的目标是什么，以及各个环节的目标是什么。有了明确的工作目标，就有利于管理和监督。

(2)分工协作原则。广告计划设计广告活动的各个环节，内容复杂，因此必须进行合理的分工，每人负责一项或者几项工作。同时，广告计划又是一个不可分割的整体，既有分工，又要有协作，这样才能使广告计划成为统一有序、各部分密切联系的有机整体。

(3)高度保密原则。广告活动是针对竞争对手，为在竞争中战胜对手而进行的。因此，广告计划是企业的商业机密，应该高度保密。如果在拟订广告计划的过程中被竞争对手获知，就有可能在竞争中处于非常被动的局面，甚至会给企业带来重大的损失。

(4)系统性原则。广告计划过程中的市场分析、广告战略、广告策略、广告预算等内容都不是孤立存在的，而是一个完整的系统。它们之间相互制约，相互影响，紧密联系，构成了广告计划的统一体。所以，在拟订广告计划时要坚持系统性原则。

(5)量化原则。广告计划的各项内容，不仅要有质的表述，而且要有量的规定。如广告产品的市场占有率、预期销售额、广告费等。这样做，是为了保证广告计划的科学性和对实际工作的指导性。

(6)可行性原则。企业拟订广告计划是为了指导广告活动，所以，广告计划必须切实可行，具有很强的操作性。要坚持可行性原则，一切从实际出发，广告目标不能定得太高，广告预算要考虑企业的实际财力，广告媒体的选择和时间安排等也要适中。

(7)择优原则。在拟订广告计划时，要根据企业自身特点，结合可能出现的各种不确定因素，全面分析，初步拟订出多套广告活动方案和广告计划，然后反复权衡，从中选择能够带来最大经济效益的方案，制定详细的广告计划。

(二)广告计划制订的基本程序

(1)从企业经营战略及营销计划出发，确定广告传播的任务及具体目标；

(2)进行市场分析，确定广告目标受众；

(3)进行广告策划、创意和制作；

(4)选择广告媒体及媒体组合，确定媒体计划；

(5)对广告方案和媒体传播进行试验检查，确定广告财务预算方案；

(6)制定广告实施的步骤和有关措施以及监测广告效果的方法。

（三）制订广告计划应注意的问题

（1）要简明扼要。一般要有明确和准确的结论表述，不能闪烁其词，更不能有疑义与异义。

（2）少用代词。广告计划中尽量少用或不要用“我们”之类的代词，以尽量消除主观产生的影响。

（3）先写结论，然后简要证明。

（4）说明论证资料的来源。

（5）既要全面完整，又要突出重点。

（6）要注重可操作性，切忌空谈。

（7）在撰写过程中，要多听取广告主的意见。

【实战演练】

通过学习广告计划的内容、广告计划制订的程序、广告计划应注意的问题，能够拟订一份某熟悉产品的广告计划。

第四节 广告主题策划

经典语录：

古人作文一篇，定有一篇之主脑。 ——清·李渔

理论基石：

一、广告主题的含义

广告宣传同其他任何宣传一样，必须有其特定的宣传主题。所谓主题，就是你主要想告诉大家或向大家说明的问题。一则广告也必须鲜明地、突出地表现广告的主题，使人们在接触广告之后，很容易理解广告告知他们些什么，要求他们做些什么。广告主题就是一则广告要向消费者传达的主要信息。主题是广告的灵魂，是广告的中心思想，是表现广告为达到某种目的而必须要说明的基本概念。广告主题决定了广告信息的内容、创意和表现。

国外广告学家认为，所谓主题，就是要找出商品的意义或定出商品的位置。这话也许抽象了一点。我们认为，广告主题就是广告为达到某项目的而要说明的基本观念。这一观念是在广告商品中提炼出来的，对消费者有着实质的或心理上的价值。广告主题，像一根红线贯穿于广告之中，使组成广告的各种要素有机地组合成一则完整的广告作品。

确定广告说什么或广告主题，乍看起来，是一件轻而易举的事情，但在广告的实际创作中，却是一件十分困难的工作。这不仅在于广告主题的概括对广告创意的展开和整个广告作品的成败有着至关重要的作用，因此不得不慎之又慎，更在于要从广告商品众多的信息个性中提炼出能引发消费者共鸣的广告诉求点，确实需要在通过科学的调查研究获得大量资讯的基础上，经过对产品、市场、营销战略、广告目标、目标受众生活型态、心理、社会文化背景等进行综合分析，经过反复思考和构想才能形成。

决定广告主题时必须考虑三个要素:广告目标、信息个性和消费心理。广告主题是由广告目标、信息个性和消费心理三要素构成的,即:广告主题=广告目标+信息个性+消费心理。

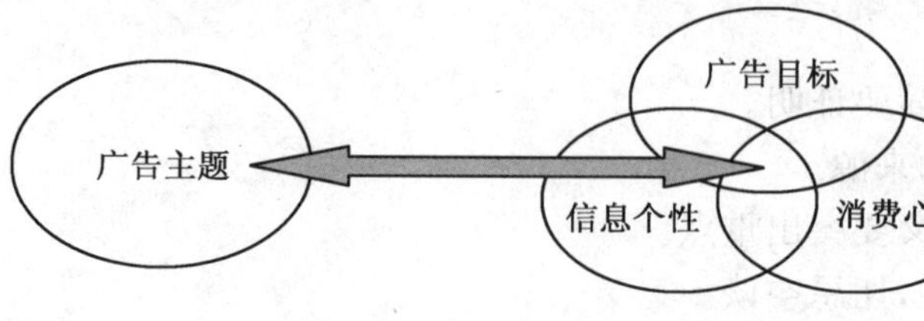

图 6—9　广告主题由三要素构成

广告目标是根据企业营销决策、广告决策而确定下来的,它是广告主题的出发点,离开了广告目标,广告主题就会无的放矢,不讲效果。信息个性是指广告内容所宣传的商品、劳务、企业和观念,要有鲜明的个性,即要与其他的商品、劳务、企业和观念明显地相区别,突出自己的特点。信息个性也可称为销售重点(sale point),在广告诉求中,即为诉求重点(appeal point)。例如,杭州娃哈哈营养食品厂的广告,开始是突出"喝了娃哈哈,吃饭就是香",后来随着该厂品种的不断增多,广告则突出"甜甜的、酸酸的,娃哈哈果奶"。每一则广告主题都突出商品的特异个性,前者反映儿童的需求,后者突出商品适用于不同年龄层的消费需求。信息个性是广告主题的基础和依据,没有信息个性,广告主题就会空洞贫乏,没有特色。

图 6—10　娃哈哈信息个性广告

广告目标和信息个性,要符合消费者某一方面的心理需要,也就是要考虑消费心理。如果不适应顾客的心理诉求,这个主题不会被人们所接受。试想:在 20 世纪 60 年代初我国正值自然灾害,人们对一日三餐都在发愁,能接受"某某减肥茶"吗?而现在,人们生活水平逐渐提高,为了追求完美的健康,自然会接受"某某减肥茶"了。所以,如果广告主题失去了消费心理基础,广告也就会像在黑暗中向情人暗送秋波一样,不会有任何效果。

因此,任何一个成功的广告主题,应当是广告目标、信息个性、消费心理三要素的和谐统一。广告目标是广告主题的基础和依据,离开广告目标,广告主题就变成随波逐流的小舟;信息个性是广告主题针对特定消费者的条件,离开信息个性,广告主题就变成为他人做嫁衣;消费心理是广告主题的活力所在,离开消费心理,广告主题就变成枯燥乏味的说教。

二、广告主题策划的基础

广告主题要突出商品或企业所给予购买者的利益。广告主题要因不同性质的商品、市场需求的变化以及消费者对象的差异而精心策划。广告目标、信息个性和消费心理为广告主题的产生提供了基础和条件，广告主题策划就是在这些基础和条件下展开的。产品与消费者的关系构成了产品的特定价值，这一价值常常是多元的。广告创作者应以一定资料为基础，并利用联想、推理等，充分发掘产品价值，并将这些价值联系起来，进行综合思考，从而建立起产品价值体系，这可以为广告主题的选择提供基础。产品价值体系的建立可以从以下三个方面进行。

(一)建立产品价值网

我们知道，从市场营销学中“产品整体”概念来看，一个产品的属性是多样的，它不仅要提供某一基本功能和效用的产品核心，同时，产品的形体，包括质量、品牌、包装、款式以及产品的附加也能给消费者提供一定的价值，这些价值就构成了产品的价值辐射网。

例如，一部轿车除了能提供给消费者代步的交通功能外，还具有马力强劲、速度快、外观豪华、驾驶安全、噪音小、用油省等多项特征，这些特征就形成了一张价值网。原则上来讲，这个价值网中的每一特征都可充任广告主题诉求的立意点。这种方法，也有人称为“广告方程式”或“广告要点式”的主题策划方式。具体而言，我们可以从以下几个方面分析：

1. 从产品实体因素出发

产品实体是产品价值的载体，是消费者利益实现的基础，实体价值可以充任广告主题的立意点。奥格威的许多广告都侧重于产品描绘，通过展现产品实体告知消费者能获得某种利益。如在著名的为“劳斯莱斯”汽车所做的广告中，用了719个英文字，从19个方面详细列举了“劳斯莱斯”汽车各方面的特性，从而充分表达了“精工制造”这一广告主题，并取得了极大的成功。产品实体因素包括：

(1)产品的品质、原料、构成成分、结构、性能等。例如“潘婷”洗发水以“含有维他命原B5”的构成成分为广告主题的立意点。

图6—11　潘婷化妆品广告

(2)产品的生产和管理的方法、生产过程、生产条件、生产环境、生产历史等。例如“乐百氏"矿泉水以制造矿泉水的多道工序的罗列作为广告主题的立意点。

图 6—12　乐百氏 24 层净化广告

(3)产品的外观、品牌、包装等。例如"羔羊"牌朗姆酒的广告主题便围绕着"羔羊"展开。在广告的照片中,10 只约 6 个月大的浑身雪白的羔羊在湛蓝的地中海上滑水,它们像要杂技似地搭成金字塔型,站在滑板上乘风破浪。广告语是"羔羊也会开心"。

2. 从商品的使用情况出发

商品的使用情况是指消费者在商品的使用过程中能获得什么价值,这是在广告中大量出现的主题,也是最不容易把握和表现的主题。因为广告创作人员很容易将消费者熟知的用途,如电视图像清晰、手表走时准确、冰冻保鲜、空调四季如春作为广告主题,而这些都不能给消费者提供广告产品的个性信息。因此,从商品使用价值中挖掘广告主题更具有挑战性。

(1)产品的用途和用法。例如"肠虫清"、"两片"的广告,"白加黑"感冒药的"白天吃白片不瞌睡,晚上吃黑片睡得香"。

图 6—13　"白加黑"感冒药广告

(2)产品使用的实际价值和效果,即产品可能给消费者带来的利益,这是大多数广告的诉求点。例如,"汰渍"洗衣粉广告对"汰渍"洗衣粉能干净快捷地洗洁衣物的展示,其间欢快的广告歌曲又渲染了广告气氛,烘托了洗衣带来的乐趣。

(3)消费者对产品使用的反应。例如"大宝"晚霜、日霜广告中,通过不同身份的消费者(教师、女工、京剧演员、摄影记者)对产品使用的评价,烘托了"大宝"产品"价廉物美"的广告主题。

图6—14　“汰渍”洗衣粉广告

3. 从商品价格、档次出发

企业对自己的商品从价格、档次、品位等方面都有一个基本的定位，这一定位也可被选择为广告主题。例如，通用汽车公司雪佛莱汽车广告：“全球最豪华的低价汽车。”

4. 从消费者对产品的关心点和期望出发

消费者关心点是消费者在对某一产品产生注意或有需求欲望时，对该产品的那些最为在意的价值功能。广告创作人员应该顺应这种关注指向，将广告主题建立在消费者关注的价值之上。美国“无声小狗”皮鞋最开始在广告中以鞋的式样为促销主题，效果一直不理想，后经调查发现，式样并非消费者的首要关注点，只有16%的人关注式样，而42%的人认为穿着舒适最重要，32%的人则关注是否耐穿。根据调查结果，企业改变了广告主题，着重在鞋的穿着舒适和耐穿方面进行主题诉求，结果销量上升。瑞士钟表商针对人们的求异心理，在广告宣传中突出“瑞士手表是用人工装配”的主题，使人们感到与其他手表“不一样，就是不一样”。结果，瑞士手表在市场上很抢手。对于同一产品，消费者会有不同的关心点。这些关心点都可作为广告主题的立意点。不过，广告创作人员在表现广告主题时，一定要注意各个关心点的细分群体的特征，诉求风格上应有所区别。

(二)建立产品价值链

产品能给予消费者的价值不止于价值网中的一些客观因素，因为产品的一项价值可以产生出另一价值，另一价值又可产生出另外的价值，这种价值的衍生便构成了产品价值的链式关系。这一价值衍生的逻辑在“蓝天六必治”牙膏的广告中可以明显地看出来：“……牙好，胃口就好，吃饭倍儿香，身体倍儿棒……”这则广告中，牙膏对于牙齿的洁净保健功能被引申到对胃口的价值、对身体的价值，从而实现了“六必治”牙膏的价值扩展。因此，广告主题策划还应注意挖掘产品的价值链，从价值链中提炼那些最有特色、最有吸引力的环节作为广告主题的立意点。

1. 从产品与其他产品的关系出发

(1)从产品与其他相关产品的关系出发。人们生活的需要是相互关联的，一种产品只能满足人们生活的某些部分需要，而有了这部分需要又常常引发对另外部分产品的需要。如有了西装，要配领带；有了电脑，需要买软件；等等。广告通过点明这种产品间的相关联系，间接地揭示和传达了广告商品价值信息，从而唤起人们对该种商品的需求。例如“雪利酒”广告：“在

图 6—15 “六必治”牙膏广告

喝咖啡时，永远不要忘了芳醇的雪利酒。”日本 NEC 打字机广告：“与名牌‘IBM’电脑配套使用，强劲搭配，无懈可击。”

(2)从产品与竞争品的关系出发。产品在市场上并非孤立存在的，它总会与同类产品和替代产品发生竞争关系。争品牌的广告会影响和制约本品牌的广告信息，这种影响可能是正面的，也可能是负面的。具体表现为：

①促进。竞争品牌广告信息与本品牌广告信息有某种相关或相对立的因素，从正向或反向对品牌广告信息的心理效应起着促进和助长作用。例如，可口可乐和百事可乐数年以来持续不断的、针锋相对的广告大战，使得两种品牌的信息都深入人心。

②屏蔽。那些在时间上出现较早、产品知名度较高、传播上处于强势的竞争产品广告，其所传播的信息会形成一道心理屏障，从而使得弱势品牌或新品牌的相似广告信息难以抵达消费者。例如“海飞丝”、“采乐”等广告，都以“去头屑”为广告诉求主题，这会使得其他也采用同一主题的广告在传达中遇到很大障碍。

图 6—16 竞争性广告

③同化。有时，弱势或新进入产品品牌不仅会被强势或领先品牌所遮蔽，甚至其所传达的信息被后者所吸纳、同化和利用，从而为他人作嫁衣。“固特异”是美国最大的轮胎制造商，这使得另一家较小的轮胎企业“固特立”为此大伤脑筋。固特立辛辛苦苦在市场中为其产品大做广告，到头来却总是被固特异分享。如固特立在市场上促销其首先发明的“钢丝辐射层轮胎”，

几年后，当问及车胎购买者哪家公司制造这种轮胎时，竟有56%的人回答是固特异，而固特异却从未为市场上提供这种轮胎，无怪乎有人说："固特立发明它，火石（另一家轮胎制造商）发展它，固特异销售它。"

因此，如果广告创作人员要选择从竞争关系出发来确立广告主题，一定要十分谨慎。首先，应明确自己品牌产品与竞争品牌建立差异的可能，这种差异消费者能否接受，再者就要掂量一下自己的分量，有没有资格将竞争者拉来做自己的陪衬。

2. 建立产品的社会价值链

人在社会中不是孤立存在的，总是要以多种方式同自己的相关群体发生各种社会关系，这种社会关系需要某一特定的行为、语言或实物来表达，同时也需要消费者以自认为有价值的东西来体现这种社会关系的价值。这时，产品不仅对消费者个体消费有价值，而且通过其某一属性价值在消费者社会关系中的扩散，体现其社会价值，这种社会价值就是我们通常所说的友谊、亲情、爱情等，它也可以成为我们确定广告主题的立意点。

例如，"珍珍"鱿鱼片广告"珍珍送礼够面子"，皇家打字机广告"最有意义的圣诞礼物"，贝尔电话公司广告"有了电话还怕没有朋友"、"电话约会能避免失约"，麦氏咖啡广告"好东西要与好朋友分享"，好丽友广告"好丽友，好朋友"等，都是将产品的属性价值放到消费者的社会关系中去考察，通过社会价值的体现来选择广告主题。

图6—17　通过社会价值的体现来选择广告主题

3. 建立产品的主观价值链

广告主题策划可以从产品及其相关因素的某一点出发，发挥想象的作用，赋予产品某种主观价值。韦伯·扬在《怎样成为广告人》一文中写道："由于人活着并不是只吃面包，广告人可以进一步去给产品附加各种'无形的'价值，这样可对消费者产生超过具体有形价值的真正满足感。"赋予产品主观价值，是一种主观性的想象，这些主观价值，是人们对产品的感受、联想或象征意义的挖掘，它不是商品中的物质实在性的存在，但它可能在人的心理中存在，它存在于商品与人的心理和文化之间的一种精神性联系中。

(1)产品给人的感觉。人是通过自己的感官，包括视觉、听觉、味觉、嗅觉、触觉等来感知客观事物的诸如大小、轻重、软硬、酸甜苦辣、粗糙、细腻、冷热、清晰、模糊等属性的，这种属性的感知常常会给消费者带来一种积极的或消极的体验，如舒畅、惬意、可心、美妙、快活、痛苦、不舒服等，这些感觉和感受可以成为广告主题的立意点。例如，“雀巢”咖啡的“味道好极了”，“乐百氏”果奶的“甜甜的、酸酸的，有营养、味道好”，农夫山泉的“农夫山泉有点甜”，德芙巧克力“牛奶香浓，丝般感受”，等等，是从感官效用上强调饮口之上乘；“ 上上下下的享受，上海三菱电梯”则是从体觉上给消费者以舒适美妙之感。

图 6－18　给人以感觉的产品广告

(2)产品的性格。产品的品质、形态、功效、档次及给人的感觉、感受等，在人们心中有了一定的性格特征，这是人类感知和理想过程中的自我投入和移情的结果。阿德温·埃贝尔在《广告计划》中曾说：“每种商品都有其性格，是什么东西赋予其性格？制造商希望它的商品所得到的印象又是什么？它是男性的商品，还是女性的商品，或者是属于两性的？它是有限市场的高价商品或者是以价值诉求的低价商品？或者它是一种低价品，但如果做得好会有一种高价品的印象。”广告创作人员通过对以上问题的思考，可以大致了解或界定商品的性格特征。而商品有粗犷、细腻、温顺、高贵、典雅、浪漫、飘逸、灵秀、精巧、雅致、质朴、清纯、憨实等性格特征，广告可以商品的性格为出发点，确定广告的主题。如柒牌男装“让女人心动的男人”、“女人对男人的要求，就是男人对西服的要求”。

图 6－19　突出产品性格的广告

(3)产品的象征。产品的档次、品位、品牌声誉以及它给人们的感觉、感受、与社会文化的关系等，会成为个人的某种象征，如个人身份、地位、事业、命运、能力、品格、权威、个性等。这正如 T. 维什得克和 K. 希沃德在《广告语言》一书中说的那样：“广告应当使每一位读者都感到某种身份有某种需要，使个人感到自我展示能证明其生活方式和价值观念。这也证明了他们的生活方式和价值观念的正当性，从而产生关于世界以及自己在世界中的位置的意识。这里，我们所面对的是一种赋义过程，这个过程把某种特定商品转化为一种具有特定内容的生活方式和价值观念的表达。显然，这种赋义过程的最终目的，是把某种特定的商品同所期望的身份联系起来，以使对某种身份的需要转变为对特定商品的需要。”例如杰克逊瓷器公司广告：“瓷器总是最能显示女主人的品位。”Cross 表的广告：“成功的穿戴(Dress for success)”。名士(Baume &Mercier)手表的广告：“您成功的标志(The symbol of your success)。”

(三)挖掘产品潜在价值，创造产品新价值

1. 突破消费观念障碍，挖掘产品价值

在一定的社会文化背景和生活方式下，人们往往会形成特定的观念，这种观念会影响他们对客观事物的认识和评价。因为人们并不根据事实来做决定，他们只是用事实来支持他们的决定，这就是知觉的选择性特征。观念在人们面临某一问题时，往往会成为一种先入为主的成见。符合人们观念的，人们较乐意接受；不符合时，则不情愿接受，甚至会加以排斥。观念成为人们对产品价值取向的判断标准。在这种情况下，广告的主题立意应避开那些与消费者观念相冲突的价值，而选择那些切合受众观念的产品价值。或者，通过一定的宣传转变旧观念，建立新观念，使产品价值能为人们接受。

百事可乐公司曾发现其可乐类饮料在大洋洲和中国台湾和香港销售时，遇到了障碍。经调查，发现是消费者对可乐饮料错误的观念所导致的：认为可乐饮料是用化学原料制成的，内含刺激人体神经的咖啡因；认为可乐饮料的褐色，是用色素造成的；认为可乐饮料的原料中，含有不少防腐剂，不宜多饮。这些印象和看法，使消费者日渐远离可乐类饮料，改饮其他饮料。如何扭转人们对可乐的偏见呢？百事公司提出了“树立对可乐饮料新认识”的广告主题，摄制了两部针对性很强的广告影片，用事实说服人们改变看法，消除顾虑。其中一部广告片中，一些树上长着褐色的果子，果子落地，变成一瓶一瓶可乐。广告词说：“口渴的人都相信清凉舒畅的百事可乐。在您最需要的时候，带给您欢乐舒畅。欢乐来自天然的饮料：可乐子、香草豆、焦糖和蔗糖，还有纯净的水。大家都信赖百事可乐，来一瓶。”另一部广告影片中，几株树上，各结着不同颜色的果子，有黄色的、绿色的、红色的，还有褐色的。突然，褐色的果子落到地上，渐渐变成一瓶瓶可乐。广告词说：“嘿嘿！我是可乐子，它们都是我的朋友，您认为，它们是天然的，因为是生长在树上。我生长在可乐子树上，也是新鲜天然果子。百事可乐用我制成。一样新鲜纯净。只不过百事可乐是褐色的，因为我是褐色的。但是百事可乐是一样的纯净天然。哈哈哈！您一定喜欢纯净天然的百事可乐。”

2. 逆向思维，从负价值中挖掘新价值

产品不仅有正价值，而且还会产生一定的负价值，这会给消费者带来不利或不便。例如，食物美味可口，但可能会使人发胖；美酒好喝，但可能会伤身体；高档商品气派有面子，但费钱；洗涤品可以洁物，但可能对衣物或人体有害；化妆品助人俏美，但也可能会导致皮肤受损……产品的负价值，会造成消费者的动机矛盾，影响消费者对产品的接受。广告可以利用或避开这些负价值，或恰如其分地给予解释，这也是广告主题立意选择的一个角度。最典型的例子莫过于 20 世纪 80 年代中期，日本五十铃汽车公司在美国推出的一则轰动一时的电视广告，由滑稽艺人大卫・里特饰演一个名叫“五十铃约瑟”的“吹牛皮大王”：

镜头一：里特说：“五十铃房车被汽车杂志权威评为汽车大王。”字幕打出一行醒目的字：

他在说谎！

镜头二：里特说："五十铃房车最高时速可达 300 英里。"字幕打出：他在说谎！

镜头三：里特说："五十铃房车经销商非富即贵，因此，他们把它贱卖，只售美金 9 元整！"字幕打出：他在说谎！

镜头四：里特说："假如你明天来看看五十铃的话，你可得到一栋房子作赠品。"字幕打出：他在说谎！

镜头五：里特说："我绝不会说谎，绝不是吹牛皮的人。"字幕仍打出：他在说谎！

这则广告推出后，轰动一时，获得消费者及权威的《广告时代》周刊的一致好评，为五十铃在美国的销售带来了前所未有的效果，后来还被评为 20 世纪 80 年代美国经典广告创意之一。

三、确定广告主题应注意的问题

在确定广告主题时，对这种商品用这个主题，对那种商品用那个主题的方法，并无一定之规。但我们也应看到，广告主题是为广告目标服务的，广告主题的目的在于传达销售信息，告知产品价值，以引起受众的兴趣，从而诱发购买动机或采取购买行为。广告主题的任务对广告主题的选择有一定的要求，这是在确定广告主题时应注意的问题。

(一)必须为消费者提供承诺

200 年前，英国学者塞缪尔·约翰逊博士说过："承诺，大大的承诺，是广告的灵魂。"真正决定消费者购买或不购买的是广告的内容，而不是它的形式，因此，对于广告创作人员来说，最重要的工作是决定你怎样来说明产品，你承诺些什么好处。一项正确的广告承诺，有三个极为重要的组成要素，即：这一承诺必须为消费者提供利益或解决消费者的问题；这一承诺所提供的利益或所解决的问题必须是重要的，并且是潜在顾客所欲求的或需要的；这一品牌必须整个地融入所提供的利益或所解决的问题中。

由此可以看出，承诺的核心是产品价值，即产品能够替消费者解决什么样的问题，能够给消费者带来多少好处。广告商品的属性是多种多样的，因此产品提供给消费者的利益和价值也是多方面的，在诸多利益和价值中，应该以哪一项作为广告承诺呢？解决这一问题仍要回到广告主题的三个构成要素，即广告目标（对企业而言）、信息个性（对广告商品而言）和消费心理（对消费者而言）上来：

1. 选择那些能解决销售难题的承诺

一个企业在市场上开展营销活动，推广其产品或劳务并非总是一帆风顺的，总会遇到这样或那样的问题，其中最主要的是企业与消费者沟通中发生的障碍，这往往要借助广告等促销沟通手段来解决，而销售难题也就常常表现为广告目标。在广告策划中，可以将产生难题的各个方面审视一遍，逐个地考察各个可能导致销售难题的方面，使难题及其原因最终显露出来。具体可按下列程序进行：

(1)是不是产品本身或市场营销过程中的问题？或者说，是不是广告可解决的问题？例如，如果产品在最近曾加以改良，而公司并未将此信息传达给消费者，这就是一项广告能解决的问题。可是，如果品质低劣，广告则不能解决，或者只能对其发生有限的影响。因此，牢记广告能做什么及不能做什么是非常重要的。

(2)是不是消费需求方面的问题？有没有这方面的需求？是否存在潜在需求未被发掘？是否可创造出需求？

(3)是不是受众认知上的问题？是否知名？是否不了解该类商品？是否对本产品有误解？

(4)是否有观念或习惯障碍？

(5)是否被竞争品牌所影响？

找到销售难题所在，广告创作人员就可根据具体情况，针对这一难题，确定主题内容和广告策略。

2. 选择那些和消费者关心点相切合的承诺

消费者对产品的关注和期望，是从消费者对产品的需要中产生的，它要受到消费者购买目的、生活方式、自我意识等因素的影响。消费者对某一问题的关注使得其注意和兴趣集中指向有关这方面的信息，如果广告主题中的承诺能切合消费者的关心点，就能吸引消费者的注意力，刺激其购买的兴趣和欲望。在具体策划中，可以从各个角度分析消费者的需求，找到消费者对产品的关心点。

(1)从消费者购买目的中发现产品关心点。购买目的是指消费者通过购买产品所要满足的特定需要，消费者对产品的关心点往往与自己的购买目的有关。购买目的不同，对产品的关注点和期望也会不同。

(2)从消费者生活难题中寻找产品关心点。消费者在生活中会遇到一系列生活难题，这些难题决定了其特定需要和对产品的关心点，如我国台湾"兰丽"绵羊霜的广告主题便是针对消费者生活难题而确立的。这则广告以"只要青春不要痘"为标题，副标题为："遮不住的烦恼。"内文紧跟着说："青春是美好的，但恼人的青春痘，却常常令人扫兴。遮不住亦躲不掉……"同时，其画面亦配合得很精美：以一个少女用扇子遮住了脸颊，只露出眼睛看着你，代表了羞，亦代表了俏。青春痘确是一件麻烦事，许多青年都有这样一种感觉，"兰丽"绵羊霜针对这一问题进行广告诉求，自然能引起受众的关注和兴趣，效果十分明显。

(3)从受众自我形象中发现对产品的关心点。受众的自我形象是受众对自己的形象、身份、地位、风格、特性的自我感觉、认识和评价。自我形象和实际的自我并不一致，后者是自我的客观实际状况，而前者则是我觉得或我想是怎样的。自我形象影响人们对产品的态度和选择，凡是那些能肯定和提高自我形象的信息，消费者就容易接受；反之，则可能采取回避和排斥的态度。

(4)从消费者潜意识中发现产品的关心点。按照弗洛伊德的动机理论，造成人类行为的真正心理力量大部分是无意识的，人类在成长和接受社会规范的过程中，不断压抑其冲动，但这些冲动永远无法消除或完全予以控制，它们会在梦中出现、在不经意中脱口而出或表现在神经过敏的行为中。因此，广告创意策划者应善于体察和研究人潜意识深处的涟漪，将这种受众无意识的心理力量，作为广告主题选择的依据。

3. 选择那些最能体现产品信息个性的承诺

广告主题如果没有自己的独特之处，就很容易在广告的汪洋大海中被淹没掉，或者不能给人留下深刻的、长久的印象，因此，选择那些最能体现产品信息个性的承诺就显得十分重要。信息个性有时来自商品中不同于其他商品的独具的特色，这一特色有时并非是产品所能提供给消费者的最重要的利益。

例如IBM的"大想法"的广告，突出的是以"你"(客户)为中心的价值理念，和"你时代"相契合。最近的广告中，两个人在空旷的房间里，一位女士介绍说这是我们的创新基地，当被另一人问及要在这里做什么的时候，这位女士沉默了，回答说不知道。屏幕上打出大大的字幕

"停止空谈，开始行动"。

(二)广告主题应单纯、集中、精练

最好的广告主题以及广告策略，通常是由对单一目标市场的一种清晰、实用的利益，或者一个解决问题的方法构成的。广告主题应该力求单纯集中，不要试图对太多的人说话，用步枪瞄准最佳顾客来射击的方法，远比用猎枪射霰弹希望打倒全部市场的方法要好得多。策划者应避免罗列出一大堆的利益。

如"汇源"果汁的电视广告中，每个场面，每个镜头，都用于突出果汁原料——果，这也是产品品牌。画面中的各种场景中，反复出现半空中跳动的苹果，苹果幻化为果汁盒等，就连孩子们在画室中作画，也画的是苹果。广告主题单纯而集中，同时表现又有变化和趣味，很好地表现了广告主题。

图 6—20 汇源果汁广告

(三)广告主题应保持统一性和连贯性

广告表现形式和方法是千变万化的，这种风格上的调整和创新可以保持受众对广告的兴趣，是十分必要的，但在一个特定时期内，表现形式不断翻新，这时如果不能以一个较为固定的广告主题一以贯之，就不会使接触到广告的人建立牢固的印象。一个广告是自己品牌或企业以前广告的延续，又是以后广告的承接点。广告信息传播在受众心中的效应积累，是一笔无形资产，轻易变更或抛弃十分可惜，同时还会使信息传播出现混乱，因此，一旦确定了一个广告主题，经过市场检测较为理想，除非遇到市场困境或形势发生变化，最好不要轻易改变。因此，大卫·奥格威说："若是你运气好，创作了一则很好的广告，就不妨重复地使用它，直到它的号召力减退。"

如宝洁公司的每一品牌广告中，几乎都注意到了广告主题的连续性问题："飘柔"的每一广告中，都贯穿着"使头发更柔更顺"这一主题意念；"潘婷"的每一广告中，都贯穿着"维他命原B5，由发根渗透至发梢"的意念，在坚守主题连贯的同时，每一时期的广告表现又有所创新。

(四)广告主题要简洁易懂

广告主题是广告为达到某项目的而要说明的基本观念，传达这一观念是希望受众能做出心理的或行动的反馈或反应，也就是说，传播不是目的，传播的效果才是目的。如果受众连对广告主题所要表达的观念都搞不清时，你就不要期待他能做出如你所愿的反应了，如果有的话，那也只能是迷惑、烦躁或厌恶，而这却是你躲之不及的。

图 6—21　宝洁公司的"飘柔"广告

总的来说，受众是被动接受广告的，面对着充斥于生活每一角落的广告，消费者是以很快的速度穿越广告丛林的，他绝不会停下来去解扑朔迷离的广告之谜，因此，广告主题应尽量做到简洁易懂，直截了当，不要试图与受众捉迷藏，否则被捉弄的只能是你自己。

【知识链接】

宝洁公司

宝洁公司(Procter & Gamble)创建于 1837 年，是全球最大的日用消费品公司之一。公司总部位于美国俄亥俄州辛辛那提，全球员工近110 000人。宝洁在日用化学品市场上知名度相当高，其产品包括洗发、护发、护肤用品、化妆品、婴儿护理产品、妇女卫生用品、医药、食品、饮料、织物、家居护理、个人清洁用品及电池等。公司口号：宝洁公司，优质出品。宝洁在中国的品牌包括：飘柔、潘婷、海飞丝、沙宣、伊卡璐、舒肤佳、玉兰油、SK-II、护舒宝、封面女郎、帮宝适、佳洁士、欧乐-B、汰渍、碧浪、吉列、朵朵。

大卫·奥格威

出生英国的大卫·奥格威(David Ogilvy，1911～1999)，是现代广告业的大师级传奇人物，他一手创立了奥美广告公司，确立了奥美这个品牌，启蒙了对消费者研究的运用，同时创造出一种崭新的广告文化。奥格威早年做过厨师、炊具推销员，后移居美国，跟随乔治·盖洛普博士做调查工作。第二次世界大战期间先后在英国安全协调处和英国驻美大使馆任职。后在宾夕法尼亚州做农夫。

1948 年，奥格威在纽约以 6 000 美元创办了奥美，随后以创作许多富有创意的广告而赢得盛誉。他的作品机智而迷人，但最重要的是：他坚持它们必须有助于销售。他把广告业的经营和专业化推向顶峰，他的价值观造就出了一个全球性的传播网络，他睿智隽永的风格不但塑造了奥美广告，同时更深深地影响着整个广告业的发展。

【案例教学】

宝洁公司广告策划

一、宝洁公司促销活动广告策划分析

2006年的广告重点是放在宝洁产品香皂上，对于商品知名度的扩大及印象的加深有不可轻估的贡献，该篇广告并因而荣获《经济日报》主办的广告金桥奖“最佳创意奖”第二名。2007年配合宝洁公司的经营方针，前半年度以宝洁产品洗发水为广告之主力的商品，强调头皮屑不可忽视，即采取行动，选用的标题是“对付头皮屑要选择好的洗发水”，教育消费者正确选择洗发水观念及方法，收到良好的效果，同时荣获《生活日报》主办的广告最佳创意“优胜奖”。然而，根据分析，洗发水的市场虽然较大，但因竞争品牌众多，广告投资量大，欲争取较高的市场占有率，殊非易事。2008年度销售及广告诉求重点，应放在指名购买及衔接2006年及2007年广告投资重点上，并以宝洁产品洗发水为主。

二、宝洁公司促销活动广告策划商品

广东宝洁产品洗发水公司——宝洁产品洗发水。

三、广告目的

1. 促进指名购买；

2. 强化商品特性；

3. 衔接2006年、2007年广告；

4. 传播影响程度：不知名—知名—了解—信服—行动。

四、宝洁公司促销活动广告策划区域

全国各地区（以城市为主）。

五、宝洁公司促销活动广告策划对象

所有居民用户。

六、宝洁公司促销活动广告策划构思

1. 市场大小的变化情况的两种：

(1)量的变化——随着人口的自然增减而变化。

(2)质的变化——随着社会形态（如农业进入工业区）、价值观念、文化水准等而变化。

在这两种变化中同类型商品都会蒙受同样的影响，即利害均沾，而且变化多是渐进的，也非单独某一品牌的力量所左右的。

2. 旧市场占有率的提升（即袭夺其他品牌的市场）。

3. 使用及购买频度的增加。

就宝洁产品洗发水而言，因系属化妆生活用品，为个性之商品，与一些会导致冲动购买的商品不同，故“新市场之开发”甚为不易，只得利用旧有市场的互相告知，以增加新市场，而市场本身质与量的变化所扩增的市场也不可能独占。

在“使用及购买频度的增加方面”亦因洗发水为日常生活用品，购买率很高，但是各种品牌太多，而无法对整个业绩的增加有所裨益，故真正能让我们加以发挥努力的只有“旧市场占有率的提升”一途，以及如何袭夺其他品牌的市场，使其消费者转换品牌，指名购买我品牌，此为我们今后在广告推广方面致力的目标。此一目标又可区分为：促使消费者指名购买宝洁产品；促使洗发店老板主动推荐宝洁产品。

七、宝洁公司促销活动广告策划策略

针对消费者方面：

1. 针对各阶层消费者，运用不同媒体做有效的诉求。

2. 制作STICKER张贴计程车上、公共椅背上及公共电话或公司行号的电话机上，以随时随地地提醒消费者注意，弥补大众传播媒体之不足，并具有公益及PR作用。

3. 制作小型月历卡片，于元旦前散发赠送各界人士利用，譬如置于洗发店、商业区(服务台)供人随意索取，也可夹于杂志页内，赠送读者。

4. 除正式大篇幅的广告外，在报纸杂志上另可采用游击式的策略，运用《经济日报》的插排(孤岛广告)和《联合》、《中时》的分类广告版，不定期刊登小广告，一则省钱，二则可弥补大广告出现频次不够多的缺失。只要设计得简明、醒目，依旧有很大的效果，美商海陆公司即会运用此一策略。

八、宝洁公司促销活动广告主题表现及媒体运用

1. 卡片及广告牌的广告内容。好的头发，选择宝洁产品。

在广告牌上画一个美女，重点体现在她的头发上，还有宝洁产品品牌。在卡片上同样如此，不过可以附送试用品。让用户感受以下效果，让他们买的更放心。

2. 电视广告策划。在电视台的黄金时间播出：

画面：一个美丽的女孩，一头飘逸的长发，边走边抖动者，街上的人都回头看她，然后她说了一句，想要好的头发吗？学我啊！爱生活，爱宝洁产品。

3. 广播台。广播内容就是介绍宝洁产品，例如请嘉宾做一个宝洁产品专访。

(资料来源：http://www.51qihua.com/cehua/chs/ggchs/200712/3467.html)

中秋月饼广告策划案例

一、市场分析

1. 产品评估

月饼作为节庆商品有其特殊性，其应季销售期集中在中秋前，月饼的售卖期不过一个月，真正的高峰期也就是中秋节前十天，属于典型的瞬间爆炸性消费。

月饼本身属于精神和物质并重的产品，一方面富含感情、文化色彩，另一方面作为食品，原料、口感、品质等理性因素也相当重要。

公司月饼品种多样、系列齐全，能够迎合不同层次消费者的需求。

中秋月饼主品牌表达品牌核心价值——爱心、幸福、团圆、挚情，子品牌明显体现了消费者需求的个性化、差异化，产品形象更注重品牌化、时尚潮流化、经典时髦化。

2. 消费者评估

月饼的消费者有团购单位和个体消费者两类，人们消费月饼，最为看重的是月饼的质量，包装的精致，价格适中，花色品种、口味等因素。从某些方面来看，消费者对月饼的需求将会朝礼品化、保健化、品牌化、文化资源化等方面迅速发展。

二、消费特性分析

1. 弥补功能

很多消费者认为中秋节吃月饼有特殊意义，“每逢佳节倍思亲”，在中秋这个特别节日里，

虽然不能和父母、亲友团聚，但能在异地一同品尝月饼，共赏明月，多少能排解思亲情绪。传统习惯是，很多人认为吃月饼会增加节日气氛，而且是几千年留下的传统，应该保持。

2. 补偿功能

有部分人认为现在人们工作、生活都很忙，同家人、老人、孩子交流少，买月饼过一个团圆中秋可以表达一下自己的歉意。

3. 联络感情

还有人买月饼为馈赠亲朋，联络感情。

三、竞争分析

月饼市场的激烈竞争，成就了一批知名的品牌，超市配货虽然较大，但有很多不利因素，如破损率高、较高的提成、大量的退货、结账难，等等。节后很可能没有钱赚，是负增长。所以，进超市因人、因地、因度、因量而与之合作。

四、市场提升策略

1. 诚信经营策略

诚信不仅是做人的基本原则，也是企业的经营之本。前几年在中国月饼市场上，南京"冠生园"等一些企业和品牌，忘记了诚信经营之道，让数代人的心血毁于一旦。因此，必须本着诚信经营的原则将企业做强做大。

2. 品牌规划策略

企业生产的是产品，而消费者购买的是品牌，未来的市场竞争是品牌的竞争，必须树立品牌战略，规划企业品牌、产品品牌、品牌文化、品牌个性，创建品牌核心价值，提升品牌资产，构筑良好的消费者关系，打造月饼市场的强势品牌。

四、广告目标

(1)进一步提高品牌知名度、增强美誉度，优化品牌形象；

(2)凸显各子品牌个性，满足消费者个性化的需求；

(3)促进中秋节前月饼终端市场销售；

(4)促进月饼中秋团购销售。

五、广告策略

1. 广告主题

(1)情感主题：

"同一片亲情，同一盒××"——××月饼；

"同样的幸福，同样的××"——××月饼。

(2)理性主题：

中国名饼——××月饼；

××月饼——奉"馅"出你的爱心。

2. 诉求点

以广告主题为××品牌核心诉求点，突出各子品牌的功能、情感卖点。

3. 广告诉求对象

家庭责任心强、重感情、富有爱心的消费者；

中秋节送礼人群；

机关企事业单位团购负责人。

4. 诉求方式

以情为主、理性为辅，情理交融，通过真挚的亲情、友情、爱情来打动消费者，以中国名饼的品质、优良的原料、精细的做工、鲜美的口感吸引消费者。

六、媒体选择策略

1. 电视台或有线台

标板5秒通常只有一两个体现企业形象的画面和广告主题口号。

2. 电台广告(人民台、交通台、经济台等)

15秒、30秒广告，配以亲情化较浓的音乐，大密度的滚动播出。

报媒：《齐鲁晚报》、《齐鲁晚报》夹页。

广告主题口号＋××月饼系列产品精美图片＋感性广告＋理性广告＋促销活动预告。

感性广告：情感性短文、月饼文化小故事、品牌服务小故事。

理性广告：各系列产品原料、功能、利益、工艺、口感特点。

新闻性广告：以具有新闻价值的软文体现企业注重品质、注重消费者服务的精神。送礼广告：送礼市场新闻调查形式软文，月饼礼品的优势、特点软文，送礼小故事软文。

3. 其他宣传广告

(1)月饼宣传册、宣传单页派发，在专卖店、大型商超门口等处派发，重点介绍产品卖点，引起消费者的关注；

(2)获奖铜牌在专卖店展示；

(3)店面的整版橱窗宣传；

(4)商场和专卖店的堆头陈列。

4. 广告排期

电视和报媒广告于中秋节前两周，阴历8月初开始，电视广告连续上两周，报纸广告根据安排进行科学发布。

5. 广告预算

品牌月饼经本次广告活动，销量得到极大的提升，实践证明：月饼这一我国传统食品，广告活动必须在整体品牌策略指导下，深度挖掘文化内涵，并结合当今市场消费热点，科学运作，必能走出一条崭新的发展之路。

【实战演练】

一、实训目的

通过本次实训，深入理解广告策划的概念和内涵，掌握广告策划的技术，学会策划创意。

二、实训内容：

(1)根据前期调研结果，进行调研分析，内容包括：市场分析、消费者分析、产品和品牌分析和竞争对手分析等；

(2)根据分析部分的结论，进一步确定广告策划的目标和广告策划的相关战略，内容包括：广告目标、目标市场策略、产品和品牌定位策略、广告诉求策略和广告表现策略等；

(3)根据广告主题和广告战略内容，进一步确定企业广告计划，如：广告的发布媒介、时间、范围、对象和广告发布计划等内容。

三、实训步骤

1. 广告调查分析阶段

第一步:成立广告策划小组。由广告调研、策划、创作、设计、制作人员组成。

第二步:对产品进行分析,明确产品定位。

第三步:对同类产品进行分析,明确竞争对手。

第四步:对市场进行分析,明确目标市场。

第五步:对消费者进行分析,明确广告对象。

第六步:根据以上分析,写出市场调查报告。

2. 广告决策阶段

第七步:对企业营销战略进行分析,明确广告目标。

第八步:制订广告战略,明确广告重点。

第九步:决定最佳广告策略组合方案。

第十步:进行媒体选择,确定媒体策略。

第十一步:决定广告内容,确定创意表现策略。

3. 广告计划阶段

第十二步:确定广告发布的时点、区域、对象和具体媒介搭配。

第十三步:制订广告发布计划。

第十四步:确定广告预算。

第五节　广告效果的评估

经典语录:

广告的受欢迎程度与产品的销量是不相关的。但这并不表示你的广告就要刻意地以很恶劣的态度呈现给大众。

——贺瑞斯·史威林

理论基石:

一、广告效果的事前评估

随着广告效果评估的被重视,广告效果评估的方法也逐渐丰富起来,这里仅对常见的一些方法做一介绍。

(一)专家意见综合法

专家意见综合法是事前评估中比较简便的一种方法。该方法是在广告文案设计完成之后,邀请有关广告专家、心理学家和营销专家进行评价,多方面、多层次地对广告文案及整体组合方式将会产生的效果做出预测,然后综合所有专家的意见,作为预测效果的基础。运用此法事前要给专家提供一些必要的资料,包括设计的广告方案、广告产品的特点、广告主生产经营活动的现状及背景资料等。专家们通过独立思考对广告设计方案提出自己的见解。

但要注意所邀请的专家应能代表不同的广告创意趋势,以确保所提供意见的全面性和权威性。一般来说,聘请的专家人数以10～15人为宜,少了不能全面反映问题,多了则会浪费时间。

（二）消费者评定法

这种方法是让消费者直接审定广告效果，可以请内部职工或同行评审提意见，也可以直接征求顾客意见。征求意见时，可以同时设计几幅广告，请评审者从中择优；也可以设计一幅请评审评价。前者广告设计者要多做几个样本，后者则要求评审者有较高的评审能力。

采用此法时只需有广告设计草图即可，成本低廉；一旦选定查询对象，很快便可判断出哪一则广告宣传效果最好。运用这种方法通常可以收集到大量有关消费者购买习惯的资料。但也有不足之处：一是较难获取准确信息。调查表明，消费者对第一眼（视觉）看到的广告印象往往最深，但此广告并不一定是最成功的。二是调查结果容易流于一般化，缺少独到见解。

（三）内部评估法

这种方法是对广告草图或文案成稿进行事前评估的方法。这是最容易、最常用的广告事前评估方法之一，尤其对工业产品的印刷广告测定更为有效。内部评估法包括以下几种方法：

1. 内部检核表

内部检核表是广告主将测定评估标准按细目列成一张表，然后对照成稿进行检核。一般表中应包含以下内容：广告的全部组成要素，比如尺寸、颜色、大小等，以及产品、劳务或品牌的主要销售特色。有些广告主在这些基础上拓展出更为复杂的检核表，可能包括文案中人称代词的使用以及品牌名称出现的次数等。检核表的方式虽然有些机械，但是它能保证广告的完整性，并能保证广告中没有明显的错误存在。

2. 可读性测试

这种测试的目的在于确定广告易于阅读和易于了解的程度如何，在这种测试中最常用的是“佛来齐公式”：

文案中所有语句的平均长度；

广告文案中所用词汇的音节的平均长度；

广告文案中使用的涉及人称的文字占文案中所有文字的百分比；

在 100 字长的广告文案中涉及人称的语句占语句总数的百分比。

在此公式中指出，最容易读的广告文案为每句有 14 个字、每 100 个字有 140 个音节、10 个涉及人称的文字、总计有 43%的涉及人称的语句的文案。

3. 评分量尺

在有可比较、可选择的广告文案中可以采用评分量尺法。测评的内容包括：第一段有没有很好地承上启下，是否遵循广告标题并引导广告正文？产品名称在广告布局中能否引人注意？品牌特点是否突出？等等。对上述问题的具体测评使用一个用五点为标准的评分量尺，即：很好—好——一般—不好—很不好。

使用这种量尺评价不同广告的不同项目，然后将每一广告所评估的结果加总，从中做出最优选择。

内部评估法中可采用的各种方法测试费用都不多，易于应用，并且通常可以发现比较明显的错误。然而这一事前评估方法，对于测定广告对于消费者的效果的作用却并不显著。

二、广告效果的事中评估

由于广告媒体费用高昂，营销状况各有差异以及市场竞争的加剧，因此，越来越多的广告主在广告活动进行中不断对广告活动进行测定、评估和修正。采用的方法大致有以下几种。

(一)追踪研究法

该种测定研究,是指在广告活动期间对消费者进行一系列访问,其目的是确定广告活动已达成的暴露和效果的程度。由于广告效果一般都具有迟效性,所以,追踪研究都在事前决定的广告活动的日程表上依“波浪状”执行。

追踪研究方法除采用电话式访问外,还可采用消费者日记和家中食品室查核两种方式进行。这是在广告目标是产生迅速的实际销售或力图有直接回应时所经常采用的追踪研究方法。

消费者日记被广告主用来记录在广告活动进行中,其目标市场中人们的行为。顾客或潜在顾客可能记入日记的活动有:所买产品的品牌、为不同活动所使用的品牌、品牌转换、媒体使用习惯、对竞争推广的暴露、使用折价券及其他的类似行动。广告主检查这些日记,可以了解广告信息是否被暴露于目标市场,以及这一暴露获得了什么效果。

(二)销售地区实验法

销售地区实验法是实地测验法的一种,它的目的是直接检测广告的销售效果。具体做法是,先将销售地区分为实验城市与控制城市,将实验城市所选择的商店销售记录下来,然后在实验城市进行新的广告活动。在控制城市与实验城市环境条件大体相同的情况下,控制城市并不进行新的广告宣传活动。

经过一段时间后,将实验城市与控制城市实验前后的销售量加以统计比较,便可测定进行新的广告活动与不进行广告活动的相对比较效果。举例如下:

假设选取A、B两城市进行销售地区实验,A为实验城市,B为控制城市。在A市进行电视广告宣传,两个月后,结论如表6－1所示。

表6－1 **销售地区实验** 单位:万元

	销售额(实验前)	销售额(实验期后)	销售额增加(%)
A市(实验城市)	84	92(做广告)	9.5
B市(控制城市)	102	108(不做广告)	5.98

从表6－1可以看出,A市利用电视媒体进行广告宣传后,销售额增加了9.5%;B市不做广告,销售额只增加了5.98%。说明电视广告宣传带来了销售额的增加(净增3.6%)。

这种方法的优点在于能够比较客观地实际检测广告的销售效果,尤其是对一些周转率极高的商品,如节令商品、流行商品等更为有效。但这种方法也存在着缺陷,主要是检测时间长短不易确定。如果检测的时间太短,可能广告的真正效果还未发挥;如果时间过长,市场上各种可变因素又不易控制。再者,要找到与实验城市条件大致相同的控制城市也相当困难。因此,要想采用销售地区实验法,就必须舍去一些次要变数,但这些次要变数的取舍恰当与否又在相当程度上决定了评估效果的有效性。

(三)函索测定法

函索测定法是邮寄调查法的一种,其目的是检测不同的广告作品、不同广告文案的构成要素在不同广告媒体上的效果。

具体做法是,在不同的媒体上刊登两幅或两幅以上的广告,其中有一个广告构成要素(例如文字、图画、标题、布局、色彩或广告口号等)是不同的。每幅广告中含有两个项目:

(1)广告主希望消费者对其广告产生反应而作的邀请或提供物。

(2)便于核对广告及刊登媒体的编号。

最常见的提供物是赠券。赠券中含有表格，以备消费者填妥寄回索取样品、赠品或其他资料，而编号可以是门牌或信箱号码，也可以是函索表格上的一个暗记。函索的表格寄回后，由于上面有不同的编号，所以可以查知是在哪一家报纸上所刊登的广告产生的效果。最后进行统计，就能判断哪幅广告、哪种标题或哪家报纸最有效果。这种方式的评估适合报纸、杂志及直邮这类印刷媒体，若是再附上“回邮由厂商代付”或“回邮邮资已付”，再不然直接在信函中加附“商业回信卡”，回收率可能更为显著。而每幅广告的函索回收率越高，每幅广告所负担的成本也就越少。

这种方法的优点是简便易行，可以在各种印刷媒体上同时进行，而且可以用来比较广告任何构成要素的相对功能与效果。其缺点是只适应印刷媒体，回函期较长，而且若广告主提供的赠品具有高度注意价值，则儿童、竞争者、收集样本者等这些回函者并不一定都具有广告主目标市场意义，因而测定结果的准确度会受到影响。

(四)分割测定法

分割测定法是检测同一媒体上唯有某一构成要素不同的广告效果。其做法与函索测定法基本相同，只不过一幅广告刊登在同期一半份数上，另一幅广告刊登在同期的另一半上。然后将两者寄给各市场的读者，这就意味着每个市场的读者有一半人可见到第一幅广告，而另一半人可看到第二幅广告。每幅广告附有编号和商品说明书，根据回函统计后即可得出两幅广告销售效果的比较值。

这种方法的优点是检测的对象比较明确，检测的条件比较一致，即除了被测者之外，其他所有的变数都在控制之中；杂志、报纸分别寄给读者，两幅广告几乎同时出现，刊在同样页次、同样版位，但彼此互不影响。同时，读者也不会觉察，而会在自然情况下接受测试，回收率可能高而且迅速。当然，采取这种方法可能要花上一笔相当大的费用，同时愿意提供这种服务的媒体也十分有限，这些都是在进行测定前必须加以考虑的。

事中测定完全是在广告活动的进行期间，为探测传播成效所进行的测试，其方法还有知名度测定法、揭示调查法等。如果传播成效未达到预期的效果，则可以在广告活动后一段期间，加强广告传播，这样就不会使成效落空。一般情况下，如广告活动原定六个月为一期，可在第三个月时进行测试；如果广告活动期间定为一年，则可每三个月或半年测试一次。可根据广告活动期间的长短，来决定事中测定的次数，并且要根据不同的情况灵活运用各种具体的测定方法。

三、销售效果的事后评估

广告销售效果的事后评估，基本上采取的是实地调查法，也就是根据广告商品在市场上的占有率、销售量及使用状况等的记录资料与同期广告量进行分析比较，以时间序列或相关分析来把握广告的总体效果。在实际广告评估中，应用较广的是事前事后评估法和小组比较法。

(一)事前事后法

事前事后法，就是实际调查广告活动前后的销售情况，以事前事后的销售额、利润额结合广告费等因素，作为衡量广告效果的指数。具体包括以下几种方法：

1. 广告费用比率法

广告费用比率法，简称广告费比法，旨在测评每百元销售额所支付的广告费用。它表明广告费支出与销售额之间的对比关系。其计算公式如下：

$$广告费比率=\frac{本期广告费用总额}{本期广告后销售总额}\times 100\%$$

2. 单位广告费用销售增加额法

单位广告费用销售增加额法旨在测评每单位广告费用投入所产生的销售额增加，它表明了广告费支出的"效率"问题。

单位广告费用销售增加额法的计算公式为：

$$单位广告费用销售增加率=\frac{本期广告后的销售总额-本期广告前的销售额}{本期广告费用总额}\times 100\%$$

3. 广告效果比率法

$$广告销售效果比率=\frac{本期销售额增长率}{本期广告费用增长率}\times 100\%$$

从公式中我们可以看出广告效果比率是反映了销售额增长率与广告费用增长率之间的关系，显然，当销售效果比率越大，说明同样广告费用增长率的情况下所产生销售额增长率大，其广告效果越好；反之，则广告效果越差。

4. 广告效益法

$$单位广告费用利润增加率=\frac{本期广告后利润总额-本期广告前利润总额}{本期广告费用总额}\times 100\%$$

单位费用利润增加率越大，说明广告效果越好。

5. 市场占有率法

市场占有率是指某品牌产品在一定时期、一定市场上的销售额占同类产品销售总额的比例。计算公式为：

$$市场占有率=\frac{某品牌产品销售额}{同类产品销售总额}\times 100\%$$

$$市场占有提高率=\frac{单位广告费用销售增加额}{同类产品销售总额}\times 100\%$$

$$市场扩大率=\frac{本期广告后的市场占有率}{本期广告前的市场占有率}\times 100\%$$

6. 盈亏分界点计算法

$$销售费用率=\frac{广告费用额}{产品销售总额}\times 100\%$$

用符号代入推导：

$R=(A+\Delta A)/S$

$RS=A+\Delta A$

所以，

$\Delta A=RS-A$

式中：

A——基期广告费；

ΔA——报告期广告费增加额；

S——报告期销售额；

R——平均销售费用率。

计算结果中，如果 ΔA 为正值，说明广告费使用合理，经济效果好；如果为负值，则说明广告费未能有效使用，需考虑压缩广告开支。

例如，有甲、乙、丙三家公司，其广告费投入和销售额情况如表 6—2 所示。

表 6—2　　甲、乙、丙三公司广告费投入和销售额情况

	平均销售费用率（%）	报告期销售额（万元）	基期广告费（万元）
甲	1.3	1 000	15
乙	1.1	2 000	18
丙	1.2	1 800	14

则各公司 ΔA 值为：

甲公司：$\Delta A=1\ 000\times1.3\%-15=-2$（万元）

乙公司：$\Delta A=2\ 000\times1.1\%-18=4$（万元）

丙公司：$\Delta A=1\ 800\times1.2\%-14=7.6$（万元）

由此可见，丙公司广告费利用情况最好，乙公司次之，而甲公司的广告费投入超过了前期平均投入，但销售效果却没有太大的变化，因此需压缩广告费用。

（二）小组比较法

小组比较法中常用的有广告效果系数法和相关系数法。

1. 广告效果系数法

这种方法是假定其他因素对广告产品的销售没有影响，只有广告促销与产品销售有着密切的关系。具体做法如下：广告刊播以后，广告策划者对部分媒体受众进行调查。调查的问题是：是否看过某则广告？是否购买了广告宣传中的产品？假定调查结果如表 6—3 所示。

表 6—3　　广告商品购买情况调查　　单位：人

	看过广告	未看过广告	合　计
购买广告商品	a	b	$a+b$
未购买广告商品	c	d	$c+d$
合　计	$a+c$	$b+d$	n

表中，a 为看过广告而购买的人数；b 为未看过广告而购买的人数；c 看过广告但没购买的人数；d 为未看过广告又未购买的人数；n 为被调查的总人数。

从表 6—3 可以看出，即使在未看过广告者当中，也有 $b/(b+d)$ 的比例购买了广告的商品，所以要从看过广告而购买的人当中，减去因广告以外影响而购买的 $(a+c)\times b/(b+d)$ 人，才是真正因为广告而导致的购买效果。用这个人数除以被调查的总人数所得的值，称为广告效果指数（Advertising Effectiveness Index），可表示为 AEI，即：

$$AEI=\frac{1}{N}\left[a-(a+c)\times\frac{b}{b+d}\right]\times100\%$$

例如，某企业为提高产品销售量，共发起两次广告活动，每次广告活动后，经调查所得资料分别如表 6—4 和表 6—5 所示。

表 6—4　　第一次广告活动　　单位：人

	看过广告	未看过广告	合　计
购买广告商品	85	48	133
未购买广告商品	101	166	267
合　计	186	214	400

表 6—5　　第二次广告活动　　单位：人

	看过广告	未看过广告	合　计
购买广告商品	96	44	140
未购买广告商品	91	169	260
合　计	187	213	400

现分别计算两次广告活动的广告效果指数如下：

$AEI1=[85-186\times(48/214)]/400\times100\%=10.82\%$

$AEI2=[96-187\times(44/213)]/400\times100\%=14.34\%$

由上看出，第一次广告效果系数为 10.82%，第二次广告效果系数为 14.34%，第二次广告显然比第一次效果要好。

【实战演练】

选择某品牌手机或某化妆品广告或广告文案，有针对性地制订出测定此广告或文案的具体方法，并在同学中加以测试，最后分析测定的结果。

第七章　广告预算

【学习目标】

了解广告预算的目的、内容；

理解广告预算的影响因素；熟悉广告预算的方法、程序；

掌握广告预算的编制方法及分配方法。

【能力目标】

通过对广告预算的学习和理解，能从实际出发，选择适宜的广告预算制定方法和分配方法。

第一节　广告预算的内容

经典语录：

预算不是一个钱柜，而是一个洒水器：它抽上来又洒出去的水越多，国家就越繁荣。

——巴尔扎克

当预算将企业各种不同的需求做了最佳调合后，能否尽力达成预算，才是检验管理能力更重要的指标。

——德鲁克

理论基石：

一、广告预算的目的

（一）控制广告规模

广告费用的支出往往是一个无底洞，企业无法判断其投入的广告费究竟有多少发挥了效力，而且并不是广告费用投入得越多获得的广告效果越好。因此，进行合理的广告预算可以避免企业在竞争过程中的头脑发热现象，将广告费用支出控制在企业可以承受的范围之内。

（二）评价广告效果

评价广告效果的主要标准就是看广告活动在多大程度上实现了广告目标。广告预算对广告经费的使用提出了明确的目标，可以进一步使广告活动的每一具体步骤尽可能达到较为理想的效果。

（三）规划经费使用

科学合理地进行广告预算，目的是为了使广告费用的投入保持适度，避免盲目投入造成浪费，使投入的经费有计划地在媒体、区域、产品和时间方面进行合理分配，以便让有限的广告费满足多方面需求。

（四）提高广告效率

通过广告预算，使广告经费的每一项开支都有合理安排，可以发挥更大、更有效的作用，为企业带来更大的经济效益。广告投入如果不能为企业带来效益或不能达到预期目的，就意味着是企业的无效投入。

二、广告预算的内容

不同的企业对广告预算的内容界定各不相同。从企业广告管理的角度来认识，广告预算的设定应直接围绕企业的广告目标及促进销售的目的来确定。然而到底哪些项目内容需要计入广告预算？掌握这一问题，是做好广告预算的前提。

目前国际上公认的广告费用的开支表，是由美国最权威的广告刊物之一《印刷者墨汁》于1960年刊出的。1981年美国的查尔斯·帕蒂（Charles Patti）和文森特·布拉斯科（Vincent Blasko）通过对100家著名广告公司的调查，验证了该表。该杂志把广告费用的支出划分为三大类：列入白表的费用可以作为广告费用的支出；列入灰表的费用既可以作为广告费用支出，也可以不作为广告费用支出；列入黑表的费用不能作为广告费用的支出。见表7—1。

表7—1　　广告费用一览表

分类		内容	主要费用项目
应该计入广告费的项目	媒体费	右侧列出的是所有众所知周的媒体有偿广告费用	报纸、杂志、行业杂志、技术杂志、农业报纸、宗教报纸、车内广告、海报、剧场海报、户外广告、橱窗陈列、柜台陈列、店面灯箱、新型媒体、小册子、工商名人录、直接广告、卡通及标签等（比如，橱窗陈列 的以广告为目的的专用品）、目录、包装内插入品（用于广告的物品，不包括使用说明书类）、面向消费者的企业刊物、为广告拍摄的电影（包括电影）、幻灯、出口广告、销售帮助、通信或陈列用的广告复制品、广播电视中以广告为目的的被直接使用的所有印刷品及石版印刷品的费用
	管理费		广告部的管理者及职员的薪水、广告部专用的事务用消耗品及备用品费用、支付给广告代理业特殊作家及顾问的手续费及报酬、销售人员用于和广告相关业务的各种费用、实际从事广告的业务人员的旅费（有些公司把这种费用作为特殊管理费处理）
	技术费		美术、印刷、制版、纸版、电气版、照片、其他费用
	杂费		广告材料的运送费（邮税及其他配送费）、橱窗陈列用设备费、白表的各项相关杂费
可计可不计入广告费的项目		使用边界上的费用	样品费、公演费、样品市场费、说服费、房屋租金、照明费、广告部使用的计量器具的折旧费、广告部的电话费及其他经费、销售人员的家庭书刊费、宣传车费、酬金、广告协会或各广告机关的会费、由同业组织的特殊广告基金的捐款、工厂或事务所的署名费、销售用的说明书费及研究和市场调查费、为获得销售点的合作支出的广告折扣

续表

分　类	内　容	主要费用项目
不可计入广告费的项目	经常被作为广告费处理，但不属于广告费范畴的费用	无偿奉送的产品费用、出游及大规模特卖会的说明费用、经营权的购买费用、银行事务费、商标费、说明书费、包装费、出版代理费、广告部门以外的办公用品费、价格表及销售人员的名片费、与销售人员有关的广告电影费、工厂员工的家庭书刊费、与业务相关的奖金、特别回扣、同业组织的会费、经常客户和期待客户的接待费、年度报告书的制作费、展示厅租借费、公开销售费、销售会议费、销售用样品的费用（包含用来替代样品的照片费用）、在职工间开展福利活动的费用、棒球队等组织的娱乐费、集会费、为了取得经营权而面向广告主发行的特殊刊物费

分析帕蒂和布拉斯科的研究结果，我们可将广告费用所列项目分为以下五大块：

（1）媒体费用：即购买各种广告传播媒体所发生的费用，如购买广播电视广告时间的费用，购买报纸杂志广告版面的费用，以及购买户外、交通广告、电影、幻灯广告、DM直邮广告、直接广告等广告媒体费用。

（2）管理费用：诸如广告部门工作人员的工资及办公费，支付给广告公司广告制作者的手续费和报酬，广告部门工作人员的差旅费，广告部门固定资产折旧费等。

（3）调研费：围绕广告活动的各种调查费用，如广告效果调查费用、消费者调查费用以及广告产品调查费用等。

（4）设计制作费：用于美术、印刷、制版、照相的费用，广播电视广告作品的设计费等。

（5）各项杂费：诸如广告材料的运费、橱窗广告安装费等。

三、影响广告预算的因素

广告预算不仅直接影响到广告产品的效益，而且影响到企业的整体效益。因此，企业应认真编写广告预算。编写广告预算的前提是企业应首先考虑影响广告预算的因素有哪些。一般来说，影响广告预算的因素有以下六项。

（一）企业实力

广告费用的投入不是盲目的，不可盲目跟风，必须考虑到本企业的实力，即企业可以承受的广告费用有多少，可以拿出多少钱做广告。若企业规模大、资金雄厚、实力强，当然可以多掏出一些广告费用；若企业规模小、资金不够雄厚、实力较弱，则在编制广告预算时，应实事求是，不可盲目求大。

（二）销售量与利润率

一般而言，企业为了达到增加销售量与利润率的目标，往往会增加广告费用的支出。但值得注意的是，广告费用的增加与销售量与利润率的增长并非呈正比关系，即有时候广告费用的增加，未能给企业带来销售量与利润率的增长。这种情况势必会挫伤企业的积极性，从而减少广告预算。因此，销售量与利润率也是影响广告预算的因素之一。

（三）产品生命周期阶段

根据产品的生命周期理论，可以将产品的生命周期划分为引入期、成长期、成熟期和衰退期四个阶段。产品处于不同的生命周期阶段，企业的销售量和利润不同，市场竞争状况、营销手段、营销目标和广告目标都不同，广告预算安排也不同。因此，企业应根据产品所处的生命周期阶段来编制广告预算。

1. 引入期

新产品刚刚进入市场，销售增长缓慢，参与市场竞争的企业较少，消费者对产品不了解。因此，在这一阶段，企业营销的主要目的是使消费者知道和了解产品。广告作为传达产品信息的工具，具有让消费者熟悉和了解产品，提高产品知名度的功能。为此，企业需要投入大量的广告预算，充分利用各种媒体，例如在黄金时段播出电视广告，在报纸的显著版面宣传或路边的显眼位置摆放招牌等方式进行广告宣传，以增加产品的知名度。

2. 成长期

产品进入成长期后逐渐被消费者接受，销售量开始增加，企业利润也显著增加。同时，新的竞争者的不断加入，使市场竞争不断加剧。企业营销的主要目的是扩大本企业的市场份额。若引入期的广告多为通知性的广告，这一阶段的广告以说服性的广告为主，注重产品的功能和利益宣传，考虑塑造品牌形象，广告投入费用较引入期有所减少。

3. 成熟期

进入成熟期的产品已被广告消费者所认识和熟悉，产品质量稳定，市场呈饱和状态，销售增长的减缓导致企业产品积压，市场竞争加剧，竞争的焦点有产品竞争逐渐转向品牌竞争，广告投放也由说服性变为不断提醒。广告预算随销售增长的减少或下降也开始减少。

4. 衰退期

产品进入衰退期后，呈现出被市场淘汰的形式，销售明显较少，竞争者较少。企业此时应收缩产品的生产能力、减少宣传费用。广告策略重点是提醒，广告预算安排也不断下降。

(四)消费者因素

作为市场主体的消费者，其行为将会影响市场的走向。同时，消费者是广告宣传的受众对象，其行为既是衡量广告效果的重要指标之一，也是影响广告预算的重要因素之一。当消费者对某种产品反应比较冷淡时，企业应及时研究其原因。造成消费者对产品反应冷淡的原因很多，比如有宣传力度不够、消费者对其不了解等。企业可以采取加大广告的宣传力度，刺激消费者需求，使消费者逐渐认识了解该产品；当产品已被消费者所认识，在其心目中已占有较高的份额时，企业可以适当地减少或控制广告费用。另外，消费者的类型或分布地理位置不同，将通过影响广告媒体和广告形式的选择，进而影响广告预算。

(五)竞争者因素

广告是企业间进行市场竞争的手段之一，广告预算因而受到竞争者因素的影响。企业制订广告预算，不仅应考虑企业的实力和消费者的因素，还应该考虑竞争对手的广告预算变化。这就要求企业认真研究竞争对手的竞争策略，包括广告投入、广告活动的概况和广告的目标市场策略。通过与竞争对手比较分析，确定自己的广告目标及广告预算。对于实力相当的两家企业，要保持自己的市场份额不变或增加，就必须根据竞争对手的广告预算变化来调整自己的广告预算，不断增加广告投入。例如，当竞争对手增加广告预算，加大广告宣传力度时，企业应该迅速做出反应。

(六)媒体因素

广告的传播需借助一定的媒体，不同的媒体收取的广告费用各不相同。一般而言，电视广告的费用最高，报纸、杂志、广播次之，网络广告的费用相对较低。但即使同一媒体，由于其时空不同，传播的受众范围及传播效果不同，收费也有区别。例如，对于电视广告而言，由于播出的时间不同、收费各不相同，或中央电视台的广告费用相对于地方台而言较高，是由于其覆盖面不同而导致的。因此，在考虑广告预算时，必须考虑企业所选择的广告媒体。

【案例教学】

五粮液茅台8.5亿元中标央视广告招标

被称为中国经济的晴雨表的央视的黄金资源广告招标大会于2012年11月8日上午在北京召开。此次招标会和往年不同的是，在“限酒令”下，白酒企业仅有四个广告位置可投标。但茅台和五粮液两家“国酒”级企业共计斥资8.51亿元获得《新闻联播》报时广告招标。

招标结果显示，五粮液斥资4.99亿元，茅台投入3.52亿元，共8.51亿元获得《新闻联播》报时广告招标，白酒企业水井坊也以7 799万元中标纪录频道合作伙伴。

据了解，“新闻联播”整点报时广告组合竞拍引起酒类企业大比拼。出现了959和989、969、599等多家酒企的竞争。989茅台以2亿元中标二单元广告资源。

“新闻联播”、“焦点访谈”等前后的广告时间，汽车、金融、医疗、白酒等依旧是今年招标的热点行业。不过，烈性酒广告仍被“限制”，这届广告招标中，央视各频道对于酒的播出条数进行控制，只有四个项目可以投放产品广告。

中央电视台广告经营管理中心副主任李怡表示，如果酒企业中标的话，可以投放酒产品广告。其他的标的一旦中标，酒企业只能播发酒的企业形象广告。

其他企业中标情况：

上海的国有企业相宜本草化妆品公司以1.09亿元中标CCTV-1“舞出我人生”。这家一跃而起的本土护肤企业，过去4年间其销售收入翻了10倍。而今相宜本草正在谋求上市，若能顺利上市，将成A股市场上首家主打化妆品概念的上市公司。

汇源3.39亿元首个中标“星光大道(超级版)”的独家冠名权。

水井坊以7 799万元中标纪录频道合作伙伴。

加多宝与王老吉再战央视，其中加多宝8 600万元中标“新闻联播”10秒广告正一位置，或成2013年最大广告主。

国美电器以2.15亿元中标“新闻联播”报时组合第一季度资源。

今年是央视招标的第19个年头，央视广告招标规模较大被称为“中国经济晴雨表”。然而在地方卫视营收崛起的挑战下，央视广告创收面临不少挑战。

公开信息显示，2011年“吸金”栏目中：“新闻联播”广告收入为40亿元、“焦点访谈”超30亿元；江苏卫视的“非诚勿扰”约为20亿元、“金鹰独播剧场”约14亿元。

在今年进行的“新闻联播”标版10秒广告的竞标中，多家企业参与竞标，最终经过多轮争夺，于12点55分完成全部位置竞标，央视凭借这一资源将36.541 1亿元“收入囊中”。

对于2013年央视现场招标的产业投放分析，有业内分析认为，快速消费品企业投放仍然是主导，金融业、邮电通信等行业将表现突出，地产、家电、汽车业投放可能收缩。

（资料来源：21世纪网综合报道2012年11月18日讯）

【实战演练】

选择一家企业的广告预算文案，分析研究其在制定的过程中有哪些影响因素，其采用的主要编制方法是什么，最后写出分析报告。

第二节 广告预算的编制

经典语录：

要区别管理是否有效，最好的指标莫过于管理者在平衡各种目标上所显现的绩效。这项工作也没有公式可循，每一家企业都必须达到自己的平衡，而且可能在不同的时期必须达到不同的均衡状态。

——德鲁克

理论基石：

一、广告预算的制定

编制广告预算，除了要分析影响因素外，还应采取正确的方法和程序，以保证广告预算的科学性。

在产品营销费用中，广告费用到底占多少比较合理？这部分费用如何计算？目前，常用的编制广告预算的方法主要有以下几种。

（一）销售百分比法

销售百分比法是指在一定期限内（通常以年为单位）企业以一个特定的销售额的百分比来计算广告预算的方法。其公式为：

广告预算＝一定期限内销售额×特定的百分比

例如，某公司上年度的销售总额为500 000万元，今年拟投入的广告费用占销售总额的4%，那么，今年的广告预算为：

广告费用＝500 000万元×4%＝20 000（万元）

1. 按照销售百分比法确定广告预算的优点

（1）计算简单。只要知道企业的销售额和拟订的某一百分比就可以计算出企业的广告预算。

（2）广告费用和企业销售额挂钩，即可以根据企业所能提供的资金来安排广告费用，并随着销售额的变化而变化，不会使企业感到有财务压力。

2. 按照销售百分比法确定广告预算的缺点

（1）因果倒置。广告的目的是引导和刺激消费，扩大销售，增加销售量。该法却把销售额看成广告促销的原因而没有看成是广告促销的结果。

（2）该法是企业只看到企业的经济能力，却没有看根据市场机会的发现和利用来安排广告预算，因而有可能使企业错失良机。

（二）量力而行法

量力而行法是指企业根据自己所能承担的资金数额来安排广告预算的方法。具体而言，量力而行法是指企业将所有不可避免的开支扣除后，再根据剩余资金来确定广告预算的方法，是一种力所能及的充分考虑企业经济实力的方法。这种方法简便易行，只要根据企业可以提供给促销部门的经费，就可以方便地确定出年度广告预算的总额。但是，这种方法没有考虑到企业的长期营销目标和广告目标，没有把广告作为一种竞争手段，而认为其是可有可无的事情。

（三）竞争对等法

竞争对等法是指企业根据竞争对手的广告预算来安排自己的广告预算的一种方法。企业比照竞争者广告开支来决定本企业广告开支多少，以保持竞争的优势。美国奈尔逊调查公司的派克汉（J. O. Peckham）通过40多年的统计资料的分析得出结论：要确保新上市产品销售额达到同行业平均水平，其广告预算必须相当于同行业平均水平1.5～2倍。这一结论通常称为派克汉法则。采用这种办法，同行之间竞争理性地形成了一个广告费用标准，维持市场的平衡，不会招致同行“忌恨”、“报复”。当然，适当的加码，只要符合相应回报的许可范围也是可行的。但是恶性透支只会聪明反被聪明误。所以当“孔府酒”集团竞标败北时，不是大失所望，而是暗自庆幸，对“秦池”嗤笑不已。

竞争对等法具体包括市场占有率法和增减百分比法两种方式。

1. 市场占有率法

市场占有率法是指根据竞争对手的广告费用和市场占有率情况，并结合本企业预期的市场占有率水平确定广告预算的方法。其计算公式为：

$$\text{广告预算}=\frac{\text{竞争对手的广告费用}}{\text{竞争对手的市场占有率}}\times\text{本企业预期市场占有率}$$

如：某企业的竞争对手在某一地区的市场占有率为10%，广告投入为300万元，该企业希望在该地区保持20%的市场占有率，则该企业的广告预算应为600万元。

2. 增减百分比法

增减百分比法是根据竞争对手广告费用的增减来调整本企业的广告经费，始终保持和竞争对手同比例变化，即将竞争企业本年广告费比上年广告费增减的百分比，作为本企业广告费增减百分比参考数。其计算公式为：

$$\text{广告预算}=\text{本企业上年度广告费}\times(1\pm\text{竞争对手广告费增减率})$$

如：某企业竞争对手上年度广告费用为100万元，今年计划广告投入为120万元，较上年度增加20%，而本企业上年度广告费用为150万元，则本企业今年广告预算应为180万元。

采用竞争对等法的前提条件：(1)竞争对手的广告预算是合理的；(2)企业必须能够准确获悉竞争对手关于广告预算的可靠信息；(3)维护竞争均势，防止各企业之间的广告战。

在实践中，采用竞争对等法编制广告预算非常困难。首先，企业无法确定竞争者所采取的广告预算制定方法比本企业的更科学；其次，各企业的信誉、资源、机会、实力与目标并不一定相同，甚至可能相差甚远，其他企业的广告预算不一定符合本企业的实际情况；最后，即使本企业的广告预算与竞争者势均力敌，也不一定能够稳定全行业的广告支出。

（四）目标任务法

目标任务法是指企业首先明确广告目标，然后确定达到目标所必须完成的任务，估算出各项任务所需费用之和而计算出广告预算的一种方法。美国市场营销专家阿尔伯特·费雷（Albert Fery）将目标任务法的操作程序归纳为这样几个步骤，具体情况如下：

(1)确定企业在特定时间内要达到的营销目标。

(2)确定企业的潜在市场的基本特征，包括：①值得企业去争取的消费者对广告产品的知晓程度；②消费者对广告产品的态度；③现有的消费者购买产品的情况。

(3)分析潜在消费者对产品的态度变化及广告产品的销售量变化情况。

(4)选择适当的媒体开展广告宣传,提高产品的知名度。

(5)制定恰当的广告媒体策略,确定为达到既定目标所需的广告暴露次数。

(6)计算为达到预算的广告目标还需要增加多少广告暴露次数。

(7)最后确定最低的广告费用即广告预算总额。

目标任务法是一种比较科学的广告预算方法,充分考虑到广告目标,并据此估算实施成本,并可根据企业广告目标的变化而调整广告预算,克服了广告预算的盲目性。但在实际操作过程中具有一定的困难。在计算过程中,如果有一步计算不准确,最后得出的广告预算总额就会有较大的偏差。

(五)销售单位法

销售单位法是以每件产品的广告费乘以预计销售数量确定广告预算规模。这种方法是销售额比例法的变形,操作起来比较简便,比较适合大件耐用消费品的广告预算编制。在美国,汽车公司通常以每辆汽车价格的某一固定比例来确定广告预算;而石油公司则以每加仑汽油价格的某一固定比例来确定广告预算。该方法缺乏适应市场环境变化的灵活性,不适合动态的广告活动。其计算公式为:

$$广告预算=\frac{上年广告费}{上年产品销售件数}\times 本年产品计划销售件数$$

如:某企业去年产品10万件,广告投入为40万元。今年企业计划销售7万件,则按照销售单位法,该企业今年广告预算规模为:

(40÷10)×7=28(万元)

二、广告预算编制的程序

广告预算由一系列计划、决策、实施和控制等工作组成。广告预算的编制程序如下。

(一)确定广告目标

广告目标要根据企业营销总目标、销售目标及市场竞争状况等方面来确定,作为制订广告预算的指导方针。

(二)确定广告预算方案

确定预算方案是指企业根据广告目标,拟订出包含广告预算规模和广告预算范围的若干广告预算方案,并结合企业实力、竞争状况、销售情况和消费者因素对若干方案进行比较,从而选出最优的广告预算方案。

(三)实施广告预算方案,分配广告预算费用

即将方案进一步具体化,编制各项广告费用明细表,实施广告预算方案。根据前两项工作结果,确定年度内广告经费的总的分配方法、广告费用使用进度安排,并将广告费用的固定开支予以分配。

(四)制定控制与评价标准

在广告预算分配的基础上,确定各项费用支出可能达到的效果,以及对达到效果如何确定评价标准。因为预算经费是否合理,直接关系到广告计划能否实现和广告效果的大小,所以实施过程中要随时反馈信息,及时调整不合理的广告预算经费。同时,广告预算应有一定的备用资金,以备应急时使用。

【实战演练】

利用本章所学预算方法，编制出某一个产品的广告预算方案。

第三节　广告预算的分配

经典语录：

给我一支铅笔，我能做完整个预算。——阿基米德

理论基石：

广告预算制订出以后，企业应按照不同的标准将这些预算费用分配到各个具体环节，充分发挥广告预算的作用。一般来说，企业广告预算的分配主要有以下四种方法。

一、按时间分配广告经费

时间分配法是指企业根据广告刊播的时间安排，有所侧重地分配广告费用。广告费用的时间分配策略包括从长期广告计划内的年度广告费分配，细化到季度、月度广告预算分配。

企业应该根据市场开拓策略和产品销售的淡旺季的要求，对广告经费在不同时间段进行分配。例如，根据产品销售的淡旺季分配广告预算，在每年5～9月份，蒙牛和伊利就会加大其在冰淇淋产品上的广告费用；在中秋佳节来临之前1～2个月内，月饼生产厂家会增加其月饼的广告费用。通过在旺季加大广告力度，刺激消费者购买，达到增加销量的目的；在淡季减小广告力度，缩减广告费用，达到合理利用资金的目的。按广告的时间分配广告经费，见表7—2。

表7—2　按广告的时间分配广告经费　单位：元

月　份	第一阶段			第二阶段			合　计
商　品	4～6月	7～9月	小　计	10～12月	1～3月	小　计	
A商品	12 500	7 500	20 000	14 000	6 000	20 000	40 000
B商品	22 500	9 000	31 500	1 000	7 500	8 500	40 000
合　计	35 000	16 500	51 500	15 000	13 500	28 500	80 000
各月所占比例(%)	43.8	20.6	64.4	18.8	16.9	35.6	100

资料来源：陶应虎．广告理论与策划．清华大学出版社．2007.

二、按地区分配广告经费

地理分配法是企业按照一定的标准将整个市场分成若干个小市场，然后根据各市场的销售预期和状况来分配广告预算的一种方法。在组织结构建立时，有些企业已经按照行政区域将市场划分为华东地区、华北地区、华中地区、华南地区、东北地区、西北地区和西南地区。广告预算在按照地区进行分配时，可以参照企业的组织结构体系进行。

随着企业规模的扩大，特别是跨国公司，按地区分配广告预算是其使用的主要方法之一。

这主要考虑到企业各个市场在经济水平、消费需求、竞争状况以及政府政策等方面的差异，因地制宜，合理分配广告费用。例如，我国禁止刊登香烟广告，那么制造香烟的跨国公司在中国市场可以减少广告费用或不分配。按地区分配广告经费，见表 7—3。

表 7—3　按市场区域分配广告经费　单位:元

广告费	分公司							
	东北	华北	华中	华东	西北	西南	华南	合计
分公司广告费	1 200	1 500	8 500	4 600	6 000	2 800	1 900	26 500
总公司管理广告费	7 000	9 000	57 000	27 000	32 500	25 000	16 000	173 500
联合广告费				15 000			35 000	50 000
合　计	8 200	10 500	65 500	46 600	38 500	27 800	52 900	205 000
不同地区所占比例(%)	3.28	4.2	26.2	18.64	15.4	11.12	21.16	100

资料来源:同表 7—2。

三、按产品分配广告经费

产品分配法是指企业在对其产品组合进行分析评价后，为不同类型的产品分配相应的广告预算。企业按产品分配广告预算，应根据产品在企业中的地位、生命周期阶段及其市场竞争状况，有所侧重地分配。例如，企业分配给其主导产品的广告费用要高于其他产品，处于引入期的产品其广告费用要高于处于衰退期的产品。按产品分配广告经费，见表 7—4。

表 7—4　化妆品/浴室用品产品类别广告经费投放情况

产　品	2004 年		2005 年	
	广告投入经费(亿元)	广告经费所占比重(%)	广告投入经费(亿元)	广告经费所占比重(%)
洗发/美发/护发	132.63	35.06	141.22	31.47
护肤用品	98.56	26.05	106.68	23.78
口腔清洁用品/牙膏	56.81	15.02	103.91	23.16
浴室用品	38.54	10.19	34.82	7.76
洁肤用品	20.50	5.42	14.33	3.19

资料来源:同表 7—2。

四、按媒体分配广告经费

按媒体分配广告经费是指企业将广告预算在选择的不同媒体之间进行分配的一种方法。由于广告信息的传播主要是通过媒体来完成，因此，按照广告媒体的不同来分配广告预算是企业常采用的方法。

由于不同的媒体收费不同，广告效果也不同。所以企业应先根据广告目标、欲达到的广告效果及目标市场的媒体习惯选择传播媒体，然后再决定广告经费的分配。

媒体分配法有两种表现形式：一种为在不同类型媒体间的广告预算分配，另一种为在同一类型媒体内的广告预算分配。

【案例教学】

广告预算超10亿元的36家公司

很多公司的广告经费预算都很庞大，这里花1亿元，那里又花1亿元，不知不觉中广告开销就上了10亿元。

然而高昂的广告费用不是人人都支付得起的，据《广告时代》调查，只有36家公司在广告方面的投入超过10亿美元，为此做了一个财富榜。

苹果公司是最新上榜的成员，而其他企业所在的行业就五花八门了，从快消品到通讯设备都有涉及。以下是榜单内容(按从广告费少到多排列)：

36. 苹果公司(Apple)：10亿美元。2007～2010年，苹果的广告费从4.67亿美元开始缓慢增长。之后，苹果在iPhone和iPad两条产品线上同时发布了一系列新产品，最近几星期又发布了iPhone5和iPad Mini，广告费用飞速增长，截至2011年，苹果的广告费就增长到10亿美元。

35. 通用磨坊公司(General Mills)：10.02亿美元。通用磨坊的广告集中在电视渠道上，大约有8.35亿美元的支出。它与财富榜上的辉瑞制药公司共同在广告板推出广告，但这方面的支出只占到其广告总预算的0.2%。

34. 谷歌公司(Google)：10.05亿美元。从2011年开始，谷歌的广告费用就增长了60%，堪称财富榜上广告费增长最快的公司。

33. 微软公司(Microsoft)：10.33亿美元。微软在广告上的投入比苹果多6.67亿美元，比戴尔公司多7.4亿美元。

32. 索尼公司(Sony)：10.41亿美元。这家总部位于日本东京的公司广告侧重于电视平台，其中5.64亿美元都是电视广告费用。

31. 美国第一资本金融公司(Capital One)：10.43亿美元。第一资本在电视广告上花费了2.8亿美元，主要是用于邀请名人Jimmy Fallon和Alec Baldwin上镜。

图7—1 美国第一资本金融公司广告

30. 维亚康姆公司(Viacom):10.6 亿美元。这个传媒巨头旗下拥有音乐电视(MTV)、VH1、尼克国际儿童频道(Nickelodeon)、BET、CMT、美国喜剧中心频道(Comedy Central)、美国电视乐土(TV land)、派拉蒙电影公司(Paramount Pictures)。2011 年派拉蒙电影公司出品的《变形金刚:月黑之时》是当年的票房冠军。

29. 科尔公司(Kohl's):11.2 亿美元。这家服装零售巨头拥有珍妮弗·洛佩兹(Jennifer Lopez)、Daisy Fuentes、劳伦·康拉德(Lauren Conrad)的服装生产线,因此这些品牌服装的巨额广告费都是由科尔公司负责。

图 7—2 科尔公司产品广告

28. 本田汽车公司(Honda):11.4 亿美元。本田花费 350 万美元为其 CR-V 车型打造了一支超级碗(美国国家美式足球联盟)比赛的广告,广告还邀请马修·布罗德里克(Matthew Broderick)倾情加盟。

27. 彭尼公司(J. C. Penney):11.6 亿美元。这家总部位于美国德克萨斯州的零售企业,广告费用相比 2011 年下降了 11.9%。

26. 新闻集团(News Corporation):12.7 亿美元。这个传媒帝国在电台广告费上的支出达 8 170 万美元,名列此单项广告费用支出榜首。

25. 联合利华:13 亿美元。联合利华公司旗下有诸多品牌,如:Ben&Jerry's、多芬(Dove)、立顿(Lipton)、TRESemmé,等等。多芬最新广告的主角不再是名模,转而用普通人作为其宣传大使。

24. 麦当劳(McDonald's):13.7 亿美元。麦当劳的户外广告费用达到 7 160 万美元,在榜上仅次于时代华纳公司(Time Warner)。

23. Berkshire Hathaway:13.9 亿美元。这家巴菲特的公司拥有政府员工保险公司(Geico,美国第四大汽车保险公司),可谓是财大气粗,电视广告费就高达 6.8 亿美元。Geico 公司还运用广告打造出两种不同的企业代言人:一位是一只名为 Gecko 的绿色小蜥蜴,另一位是健美运动员。

22. Sprint Nextel:14 亿美元。Sprint Nextel 是电信行业的巨头,它是财富榜上唯一一家自 2010 年起就不再发布广告预算的公司。

21. 安海斯一布希公司(Anheuser-Busch InBev):14.2 亿美元。这家饮料公司在报纸广告上的投入只有 300 万美元,是榜单上的所有公司中最不愿意在报纸上打广告的。

图 7—3　安海斯—布希公司产品广告

20. 梅西百货(Macy's):15.1 亿美元。总部位于美国辛辛那提州的梅西百货公司与 1 000个零售商共同分担这笔广告费用。

19. 塔吉特公司(Target):16.2 亿美元。塔吉特公司在 2012 年 10 月 11 日就推出了圣诞广告,是最早为即将到来的销售黄金季开始做准备的零售商。

18. 西尔斯百货(Seas):16.9 亿美元。西尔斯百货旗下拥有西尔斯(Sears)和凯马特(Kmart)两家公司,广告集中于推销索菲娅·维加拉(Sofia Vergara)的服装和家居产品。

图 7—4　西尔斯百货广告

17. 美国银行(Bank of America):17 亿美元。美国银行 2012 年的广告投入比 2011 年上涨 9.8%。

16. 丰田汽车公司(Toyota):17.3 亿美元。丰田汽车十分青睐电视广告,投入高达 7.67 亿美元。

15. 菲亚特公司(Fiat):17.709 亿美元。菲亚特公司隶属于克莱斯勒汽车公司,从 2011 年开始其广告费用剧增了 52.1%。

14. 沃尔玛公司(Walmart):18.9亿美元。沃尔玛公司近期的一则广告展示的情景是当顾客把他们的沃尔玛购物小票和其他超市的购物小票对比时,他们表现出的真实兴奋情绪。

图7—5 沃尔玛公司广告

13. 强生公司(Johnson & Johnson):19.4亿美元。强生公司的广告重点是平面类广告,达到2.48亿美元,在财富榜上仅次于宝洁公司(P&G)。

12. 时代华纳(Time Warner):20.51亿美元。根据美国全国广播公司财经频道(CNBC)的数据,拥有全球最大的电影和电视娱乐制作公司的时代华纳公司是超级碗比赛广告的十大赞助商之一。2002~2011年,比赛的电台广告费就高达3 920万美元。

11. 辉瑞制药公司(Pfizer):20.72美元。据《纽约时报》报道,在过去的5年间,药品电视广告下降了20%,但是在这个艰难的时刻,辉瑞制药在电视广告上依然投入了8.5亿美元。

10. 迪斯尼公司(Walt Disney):21.12亿美元。迪斯尼公司2012年的广告费用比上年高出9.3%,自2012年迪斯尼收购了卢卡斯电影公司以来,它的动向一直是大家关注的热点。

9. 欧莱雅(L'Oréal):21.24亿美元。这家法国化妆品公司砸了7.09亿美元的巨额资金在杂志广告上。

图7—6 欧莱雅化妆品广告

8. 美国运通卡公司(American Express):21.25亿美元。美国运通的“星期六支持小企业运动”的广告一举获得了广告界的奥斯卡Clio Award奖的Content & Contact奖项及Facebook综合媒体奖的特别推荐奖项。

7. 福特汽车公司(Ford):21.4亿美元。2012年早些时候,福特公司声称打算增加在Facebook上的广告投入,戏剧性的是通用公司宣布他们会减少Facebook上的广告费。

6. 摩根大通公司(JPMorgan):23.5亿美元。这家金融公司自2011年起广告费用上涨了22.3%。

5. 美国电话电报公司(AT&T):23.6亿美元。榜单上大部分公司的广告费用都上涨了,唯独AT&T公司的广告费用狂跌了21%,即便如此,它们的广告投入依旧在36家公司中排名靠前。

4. 康卡斯特公司(Comcast):24.7亿美元。2011年康卡斯特公司收购NBC环球公司,成为美国最大的媒体公司,其最大的广告支出在于电影广告及Xfinity品牌上。

3. 威瑞森无线通讯(Verizon):25.2亿美元。Verizon公司过半的广告费用都花费在电视广告上。

图7—7 威瑞森无线通讯广告

2. 通用公司(General Motors):31亿美元。2012年年初Facebook首次公开发行股票后,通用公司就削减了在这个社交媒体上10亿美元的广告费。

1. 宝洁公司(P&G):49亿美元。宝洁公司仅在电视广告上就投入了20亿美元,且平均每年在广告上的投入多达100亿美元,如此大的手笔让宝洁成为全球最大的广告商。

【实战演练】

选择一家企业的广告预算文案,分析研究其在制订的过程中按照哪些方式进行预算分配,是否合理?需要做哪些改变?

第三部分

广告设计与制作

第八章　广告文案

【学习目标】

了解广告文案的含义、分类和构成要素；

掌握广告文案的写作程序；

掌握广告标题各种类型写作技巧和广告文案的创作。

【能力目标】

通过本章学习，知道如何创作出优秀的广告文案，并能够进行简单的文案创作，培养学生的创意素养和沟通合作能力；

广告文案写作活动基本上以团队合作形式开展，要求团队成员具有团队精神，既要注意团队分工的科学性，又要注意团队之间的协作性。

第一节　广告文案的基本理论

经典语录：

广告是一个文字的行业，但很多广告代理商却充斥着无法写作的男女。他们就像在大都会歌剧院舞台上的聋哑人，一样的茫然、无助。

——大卫·奥格威

文案是广告的核心。

——H. 史戴平斯

理论基石：

广告一般由语言文字和各种图形符号组成。广告可以没有音效和图形，但必须有语言文字。广告文案是广告作品的核心内容，能够比较直接、全面和清晰地传播广告主所要传递的信息，是广告作品实施的基础。广告文案是广告的一个重要组成部分，也是广告作品的一个表现形式。大卫·奥格威说："广告是词语的生涯。"

一、广告文案概述

随着经济社会的发展，广告越来越多地渗透到人们生活的方方面面，很多经典的广告语也给人们带来影响，很多妙趣横生的广告语，已逐渐变成人们的口头语。雀巢咖啡的广告语"味道好极了"，简单而又意味深远，发自内心的感受可以脱口而出，正是其经典之所在。以至于雀巢以重金在全球征集新广告语时，发现没有一句比这句话更经典，所以就永久地保留了它；德芙巧克力"牛奶香浓，丝般感受"的心理体验，充分利用联想感受，把语言的力量发挥到极致。

(一)广告文案的含义

广告文案有两层含义：一是指为产品而写下的打动消费者内心，甚至打开消费者钱包的文字；二是指专门创作广告文字的工作者，简称文案。一般而言，广告文案有广义和狭义之分。广义的广告文案就是指通过广告文字、图形、音效和其他因素设计，对既定的广告主题、广告创意进行具体表现的过程和内容，指广告作品的全部，它不仅包括语言文字部分，还包括图画等部分。而狭义的广告文案是广告作品中语言和文字部分，包括广告的标题、副标题、广告正文、广告标语和广告的随文。我们这里所讲的是狭义的广告文案。

(二)广告文案的构成

完整的广告文案写作文体结构通常包括四部分：广告标题、广告标语、正文和附文，即为广告文案的构成四要素。

1. 广告标题

广告标题是整个广告文案作品的题目，也是文案中最重要的构成要素，在广告文案中占据着主导地位，它是一则广告的导入部分。广告标题对广告文案的内容进行高度概括，将广告中最重要的、最吸引人的信息进行独创性的表现，对吸引受众的注意力起到决定性的作用，一般情况下能够引起受众对广告中的信息进行初步判断。标题往往是广告带给受众利益点的开始，是受众决定是否继续关注正文的关键因素。

2. 广告正文

广告正文是广告文案中处于主体地位的语言文字部分。当广告标题引起受众的注意后，广告正文就要求承担起对受众实现心理说服的作用。广告正文的内容与受众的利益直接相关，它既要考虑到受众当前所迫切关心和了解的问题，还要设身处地考虑受众可能会引起兴趣的问题，提供详实的事实材料和客观理由，从而使受众能更加深入地了解广告的主题，对广告增加信任度，促使受众付诸具体行动。

3. 广告附文

广告附文，又称随文，是对广告正文的补充。广告随文通常位于广告文案的尾部，在广告正文之后，向受众传达企业名称、地址、购买商品或授受服务等相关的附加信息文字。广告随文的内容根据不同的需要和广告的形式而定，不宜罗列过多。广告随文在广告文案中虽然处于从属地位，但它的写作同样不可疏忽，除了常规的广告主名称、地址、电话、电传等联系内容外，还可以通过创意增设附加内容来激励受众积极参与广告活动，为实现与受众的反馈与互动起到积极作用。

4. 广告标语

广告标语也称广告口号、广告中心句、广告语、广告主题词等，它是广告主和广告公司为了加强受众对企业、商品和服务等的长久印象，长期、反复在广告中使用的一两句口号性的、表现商品特性或企业文化理念的词句。

二、广告文案的要求

(一)广告文案要短小精悍

一般来说，广告文案的文本都是非常简短的，可以是一个字、一句话，也可以是一篇文章。

现代社会的生活节奏越来越快，受众在通常情况下只是以很短的时间接触广告，他们很少有耐心读（看或听）完长广告。广告文案的写作应力求简约，诉求重点明确突出，切忌玩“猫捉老鼠”的游戏，勿让消费者产生未看先烦的心理反应。有些文案太过于强调自己的风格，为写出“洋洋洒洒”的文字而自鸣得意，殊不知或离题千里，或将诉求的重点淹没在自己的文字“海洋”里，说不准还等不到消费者动手，客户就耐不住烦将其扔在一边。文字精短、重点突出的广告，其效果往往比较好。“爱生活、爱拉芳”（拉芳）；（雪）该停了（海飞丝）。我国台湾的一则“家庭计划生育”报纸广告，该广告画面上只有一个避孕套头和一个婴儿奶嘴，其余皆为空白，给人疏朗、明快之感，其文案也只有一句话“多一份小心，少一份担心”，文字简练得像一首唐诗绝句，多一字嫌累赘，少一字则败其意。计划生育广告历来让广告人士颇为头痛，稍有不当就会被指责为“粗鄙”和“有性教唆倾向”，而台湾黄禾广告公司以“一语天然万古新，豪华落尽见真谛”的简洁而质朴的创意，获两项国际大奖，堪称简洁文案创作的经典之作。CMG传播公司为维真大西洋航空公司制作的舒适之旅系列广告之一，画面是一张男人抿着笑的嘴，其文案是在左边的嘴角写上“NEWYORK”，在右边的嘴角写上“LONDON”，意在向消费者展示轻松惬意的旅途享受。就这么简单，给人印象深刻！

（二）广告文案的内容要真实可信

广告文案是为宣传产品而服务于产品的文字，要让消费者通过文字了解产品，故其内容一定要真实可信，不可有误导消费者之嫌。这也是一篇好文案的立文之本。奥格威所创意的“当劳斯莱斯车速每小时60公里时，车内最大的噪音来自电子仪表”，文案正文笔调平实，列举了大量事实，让人看后不得不信服，堪称“用事实说话”的文案经典之作。国内以前的一则文案：“国家A级名牌‘顺华’抽油烟机，总比别的牌子贵一点，工厂努力降低成本，但无法做到，因为只有把油烟抽干净才是最重要的。”这种坦白说实话的方式哪怕是在现在，也能一下子打动消费者的心，重要的是短短几行文字，消除了消费者在价格上的比较心理，乃其最成功之处。德国金龟汽车公司的广告：“该车外型一直维持不变，所以在外观上很丑陋，但其性能一直在改进，所以性能是优良的……”如实暴露产品的优缺点，使该车大获消费者的好感。在文案中加入一些真实的数据，也能提高广告的可读性和可信度，如果这些数据非常有用，不妨将其用做主标题，如“乐百氏”的27层过滤，给消费者的想象空间制造了一个纯净的蓝色梦幻。再有，结合新闻、事件、活动写文案，也是一种不错的方法，如国内多家企业抓住中国队打进世界杯的历史事件大做广告宣传文章，便是很好的例子。

（三）广告文案要有创新性

比尔·盖茨说：“创意就如原子裂变一样，只需一盎司就会带来无以计数的商业利益。”在广告文案的创作中，好的文字除了醒目易记外，最重要的是让消费者产生共鸣，而且取代性不高。随手翻看时下的报纸杂志广告，诸如“与您共渡欢乐时光”、“风格独特，品位不凡”之类均可适用于汽车、音响等产品的词句可信手拈来，给人感觉平淡无奇，“吊”不起消费者的胃口，更难以促成消费者的行动。应积极挖掘语言的丰富多彩性，选用富有创新性的文字和造句方式。如我国台湾地区的“俏皮宝宝”纸尿裤“有谁比妈妈更能摸清宝宝的底细”。此句一语双关，其一，妈妈帮宝宝换尿裤，不必笨到要将宝宝的裤子全脱下来才知道，只须用手顺着宝宝底部一摸即可；其二，说得直白点，宝宝的“血缘”底细当然只有做妈妈的心里最清楚。看到既俏皮温馨又蕴涵深意的此句，年轻妈妈肯定会心地一笑，心中不产生共鸣才怪。

（四）广告文案要融入情感，意优境美

一篇好的广告文案不应只是空洞、乏味的文字与数字的组合，而是要在完成文案的基本功能（介绍产品、引起兴趣、促使行动）之上，尽可能融入情感给人以美的感受。“天若有情天亦老”，情感是人类永恒的话题，也是维系人与人之间关系的基础。用真实的情感去写，能够感动自己的文字，也一定可以打动其他人。意境是指一切艺术作品所表现出来的情趣和境界，是客观实体与主观情感彼此结合的产物，借由想象力的推动而产生的美感，即为意境美。广告作为一种商业艺术，广告人在对其进行创作时，应当将意境美作为他所追求的最高境界。白沙广告“鹤舞白沙，我心飞翔”，在远天、青山、平湖、绿野之间，白鹤点水，振翅飞远，人手扮鹤，心随鹤翔，并伴之一句浑厚的男音：“这一刻，我已经飞了起来！”，此番意境美，打动了众多的消费者，让消费者再一次体会到道家淡泊无欲、超然志远的平和宁静的境界。“百年润发”之所以能打动众多的消费者，是因为他们看到的不仅仅是洗发水，更是忠贞的爱情和圆满的结局。女主角用意韵绵长的京剧唱出“相爱两不渝，忘不了你”，男主角温柔地为女主角洗那头多少次令他只能在梦中抚摸的亮丽秀发，情景交融，弄人心弦。文案随之打出：“如果说人生的离合是一场戏，那么百年的缘分则是早有安排。”如何不教消费者为之动容动情，此中意味，又有多少情男恋女感同身受，恍若其间。本来无任何生命力的洗发水由此平添了闪亮的灵魂，并为“百年润发”带来了很强的品牌生命力。

优美的意境中融入亲情、爱情、友情等情感，不仅仅是让广告和产品拥有了生命力，更重要的是它能让消费者从中找到自己过去和现在的影子，激起产品和消费者之间的共鸣，由此建立起一个产品或品牌最重要的价值——顾客忠诚度。如贵州青酒的“喝杯青酒，交个朋友”，就将该品牌定位于男人的朋友情义，可以想象，当朋友久别重逢或是相约聚会之际，“喝杯青酒”便已表达了当时心中所有的激动与情感。“雕牌”洗衣粉电视广告以一个天真可爱的女童音说出：“妈妈说，‘雕牌’洗衣粉只要一点点就能洗好多好多的衣服，可省钱了。”并以一句留言：“妈妈，我能帮你干活了！”将因下岗而四处找工作仍无着落的年轻妈妈感动得热泪夺眶而出。这份母女相依为命的人类情感的温馨融入文字并与产品融合，成就了一个宛如童话般的动人的产品故事，声声童音在心头拂之不去，“雕牌”形象也随之深入人心。

三、广告文案的分类

广告文案是以语言文字为媒介符号达成广告目标的重要手段之一，语言文字的表现样式决定着广告文案的体裁分类。尽管广告文案的具体表现形态或简或繁，多种多样，但从人的思维方式划分，广告文案的体裁仍可分为两种最基本的类别形态。

（一）理性式广告文案

它是以事实说服人的一种诉求方法。中国有句老话，叫做“事实胜于雄辩”。事实无疑是具有很强的说服力。在广告说服中，引经据典，提供数据，实行对比，利用严密的逻辑关系构成一种不容否认的内在联系。这类广告文案论点要鲜明，论据要确凿，讲究论证方法，多适用于新产品、竞争性产品以及生产资料性产品。这种形态的广告文案，常见的有以下几种表现形式：

1. 直铺式文案

采用实事求是平铺直叙的撰写方式，不讲究文字的技巧和修饰，提出何以必须购买的充分理由，说服潜在消费者。此类文案主要内容为商品的特质与用途，运用科学的论据予以证实。

例如，海王牛初乳广告正文："牛初乳与牛奶同样没有可比性，奶牛每年分泌普通牛奶的时间有200多天，而分泌初乳的时间只有3天，根本的不同在于牛初乳中含有大量免疫球蛋白，免疫球蛋白是决定体质的重要指标，但这种珍贵的物质无法从牛奶等普通食品中得到，另外，牛初乳相比牛奶，它含有10倍的胰岛素样生长因子，20多倍的VA、VE、VD3，5～6倍的铁，3～4倍的铜等。"

又如红牛饮料广告："全新上市的强化型红牛功能饮料富含氨基酸、维生素等多种营养成分，更添加了8倍牛磺酸，能有效激活脑细胞，缓解视觉疲劳，不仅可以提神醒脑，更能加倍呵护你的身体，令你随时拥有敏锐的判断力，提高工作效率。"

以上广告文案从头至尾没有华丽的辞藻，也没有用过多修饰的语言来诱惑受众，而是将产品特性和由此产生的功能一一准确阐述，以使消费者对产品有全面的认知。

2. 引证式文案

采取引证权威方面的鉴定评论资料或奖励加以证实，或用知名人士的赞扬、推荐来表明产品或劳务的优异性，具有定论性的说服力。尤其是让商品处于极端状况下接受性能考验，真实记录其过程的引证体广告最具说服力。采用引证法应该注意下列事项：广告诉求重点是证明过程的重心；实证内容应简单明了；证明所采用的表现方式应具创意和吸引力；表现手法必须能让人信服；不可作假，以夸张不实的广告欺骗消费者。

与引证体相仿的证言体广告文案，是通过用户发表使用后的好处与感想，来引起其他消费者的注意与认同。采用证言体广告时，创意人员必须深入了解商品性能，确信广告功效，否则便会构成欺骗。最好选择真人真事，亲自作证以取信于消费者。证言式广告是一种比较公式化的表现方式，应该尽量发挥创意性构想，让广告内容活泼生动。

例如，汰渍洗衣粉的电视广告，就是通过一位家庭主妇讲述亲身体验，来证明产品的功效。"家庭主妇：要不是亲身体验，我还不相信呢！祖父六十大寿，在我家院子大摆宴席，我丈夫的新衬衫就把各种美味一一记录，要是洗不干净，好好的一件衣服，就要泡汤了。咳！试试广告介绍的全新汰渍洗衣粉吧！真想不到它的清新洁丽，能够那么快发挥作用，把污渍和汗味消除得如此彻底，衣服恢复干净，还有香味呢！我丈夫很高兴。谢谢！"旁白：全新汰渍洗衣粉。清洁、清爽、清香。

3. 数据式文案

在数据式广告文案中，文案创作者通常依据科技符号或产品的技术参数来展示商品的卓越性能。尤其是高科技产品的广告文案，一般不会用那些表现审美意象的形象性较强的语汇，而是选择"高效率"、"高性能"等概念加以描述。有时为了描述高科技产品的性质和独特功能，不得不使用专业术语或枯燥的数据，这就使得说理型广告文案大多缺乏情绪感染力。但是如果配上图像，就会使广告充满诱惑力。

例如，Polo三箱的杂志文案："一个完美的结果，从来都源于环环相扣的事先考虑。因此，承袭大众优异血统的Polo，特地配备了电子油门E-GAS，用电位测量你的变速要求，从一开始就杜绝了丝毫的油耗浪费。在车里，借助E-GAS的统一协调，每一时刻的发动机转速、车速、变速箱挡位，以及ABS信号，都将综合传递给中央控制单元ECU，由此来判断当时最佳的油门开度。这样，无论你加速、超车，还是启动空调，即刻能得到发动机的最优化响应。有了E-GAS，你可以避免在启动时，因油门踩幅过大所造成的油耗损失；而转弯时，刹车过猛使车辆易侧倾的问题，也将迎刃而解。显而易见，精准的操控性，早已成了Polo与生俱来的本领。"

（二）情感式广告文案

这类广告文案重点是诱发消费者的感情，它必须告诉消费者购买了某种商品后，可以使他的生活更舒适更愉快，从而获得更好的销售效果。这类广告文案多用于化妆品、服装等软性商品上。常见有以下几种表现方式：

1. 故事体

在故事体的广告文案中，通过虚构故事的形式来传递商品或劳务信息。有时采取特点诉求，通过强调产品可以给消费者带来的实际利益或帮助消费者解决问题来赢得消费者的好感；有时利用警告诉求，将负面影响或与事实相反的结果作为诉求重点，展示消费者竭力回避和最为忧虑的现象发生时的情形让消费者产生认同，然后带出能解开消费者心结的应对之策；有时推出悬疑诉求，利用人们的好奇心，再以解谜方式展现商品特性，很容易引起消费者的注意。例如，美国P&G公司为将其产品"海飞丝"洗发护发水打进中国大陆，所设计的广告就是采用故事体。

天真无邪的孩子竟在大庭广众之下揭了母亲的心病——"妈妈，你的肩膀有一粒粒白点。"头皮屑使年轻的母亲十分难堪，怎么办呢？这时，画外音响起了母亲的内心独白——"还好，我看到了海飞丝广告。"悬念把观众自然地引入正题，像是一位头皮屑的"苦主"在向人们介绍她亲身经历的故事。接着是画外音的继续——"四个星期后，用普通洗发水这边还有头皮屑，用海飞丝这边就完全没有了。"

2. 散文体

在散文体广告文案中，一般借助于抒情、叙事、描写等手法表达审美情思，激发读者对广告意境产生审美联想。散文体本来就是一种灵活自由的文学体裁，用在广告文案中更是可长可短，丰富多样。例如，荷花牌涤棉蚊帐的广告词："如烟如雾，玉洁冰清，飘飘然使你如入仙境，甜蜜蜜伴君美梦。借问蓬莱何处寻？就在那'荷花'帐。"

3. 诗歌体

在以诗歌为主要表达方式撰写的广告文案中，有依文言句式、平仄对仗等结构为特色的古诗词类广告文案，也有无拘无束、精美凝练的自由新潮诗体广告文案，后者表现形式上比较随意，符合现代消费大众的阅读习惯和审美标准，在各种诗歌形式的广告文案中运用得较为普遍。例如，左岸咖啡馆——走出芙伊昂丁花园：

"走出芙伊昂丁花园
我闻到他带着花香，果香
他说着：我们是花，是枝，是光
直走进咖啡馆寻找一种灌溉
谁渴了，就来饮，谁倦了，就来沐浴其双翼…
他啜饮了一口芙朵奶茶
那浪漫的念头轻易地结束了古典主义
使他说出的字都溢着蓝莓味与蔷薇香
这种种气息与味觉都记忆在1840年的光影集里
他是雨果。我们都是旅人，相遇在左岸咖啡馆。"

4. 戏剧体

它是从日常生活中提取素材，通过戏剧的张力带出广告产品。戏剧体广告文案大致上分为三种形式:日常生活片段式、剧情式和虚构式。

例如,法国的克隆堡啤酒进军美国市场的广告词:“珍贵的克隆堡啤酒正在源源不断地流向美国,阿尔萨斯人真是舍不得,恳请美国朋友不要全部喝完。”

这则广告词幽默风趣,令人回味无穷。美国人很快就喜欢上了克隆堡啤酒。

5. 曲艺体

在曲艺体广告文案中,以绕口令、相声和快板书形式较为多见。曲艺体广告文案一般通过说白、念唱的形式叙述故事、刻画人物,表达作者对社会生活的审美思考。由于曲艺具有浓厚的民间色彩和通俗化特征,一直为普通老百姓所青睐。绕口令式广告文案利用特殊文字的发音特点,使广告主题产生不同凡响的社会效果。相声式广告文案以其幽默诙谐的喜剧色彩,深受人们的广泛喜爱。广告撰稿人经常选用这些人们喜闻乐见的形式来创作广播广告文案,在消费者中迅速传播并产生深远的影响。

例如,黑劲风电吹风的广播广告文案采用了对口相声形式:

“甲:问你个问题?

乙:你问吧!

甲:你喜欢吹吗?

乙:你才喜欢吹呢!

甲:你算说对了,我的年纪就是吹出来的。

乙:是呀?

甲:我会横着吹,竖着吹,正着吹,反着吹,能把直的吹成弯的,能把丑的吹成美的,能把老头吹成小伙儿,能把老太太吹成大姑娘啊!

乙:呵,都吹悬了!

甲:我从我家乡广东开吹,吹过了大江南北,吹遍了长城内外,我不但在国内吹,我还要吹出亚洲,吹向世界!

乙:你这么吹,人们烦不烦哪?

甲:不但不烦,还特别地喜欢我,尤其是那些大姑娘、小媳妇,抓住我就不撒手哇!

乙:还是个大众情人!请问您尊姓大名啊?

甲:我呀,黑劲风牌电吹风。

乙:咳,绝了!”

这则广告,由于采用了对口相声形式,把看来枯燥乏味的信息内容表演得妙趣横生、幽默轻松,使听众打消了收听广告的抵触心理,百听不厌,于欢笑中强化了对广告内容的记忆。

【小资料】

广告再新不如质量留人

2013 年 5 月 15 日,网友“性感玉米”在其微博上贴出一张他在“淘宝”购物后,收到的一张售后卡片,上面写着“爹,内牛满面,跪求好评,今生唯有以套赠君,来世再以身相许。”截至记者发稿时,这条微博已经被网友转载 1 200 多次,引发网民诸多争议(中新网)。

为了能够吸引眼球增加销售量,淘宝商户的广告文案屡有惊人之举,而为了能够得到顾客好的评价,店家更是花样百出,之前的“亲”相较于这个店主的“爹”来说都是小巫见大巫。

然而在笔者看来，无论是广告文案多么的吸引人都只能让人短暂地停留，如果没有过硬的质量是不会让消费者浪费时间继续看下去的。而这种挑战伦理底线的方式，因其出格的表达方式或许能够吸引到人们的眼球，但是久而久之，审丑疲劳之后，也更加容易引起大众对其的反感，反而得不偿失。

在网络快速发展之后，这种类似淘宝的网络平台上的消费已经渐渐占据了很大的市场份额，消费者可以通过对商品的评论影响到该商品之后的购物者，于是很多商户为了能够获得好评采取各种手段，通过精美的广告和诱人的低价吸引消费者购买商品，然而当消费者发现商品并不符合商家所描述的性能，没有给予好评时，有些商家就会进行电话轰炸，直到消费者将评价改为好评才罢休。

笔者认为，在广告上面花心思吸引顾客是店家用心的表现，但是如果仅仅只在广告上面花心思而不在商品的质量上加大力度就只能说这是商家的投机懒惰。广告再吸引人，无论是新颖的还是庸俗的；都会被人们所忘记，只有质量和口碑才能被人们所记住。与其一味地花这些心思在广告文案上，不如提高商品的质量真正地留住顾客来得实际。

（资料来源：http://news.nen.com.cn/system/2013/05/16/010374164.shtml）

思考：好的广告文案对企业和商品形象塑造有什么重要性？

技能培养：

硅谷别墅（深圳）

稳踞半山中央，三面悬崖，新世界豪园，俨然一座19世纪的欧洲城堡！穿过430米长的林荫道，越过大拱门，眼前是一座3 000平方米的喷泉广场。越过第二道门岗，来到自家大门。从室外门廊、到门厅、到小客厅兼书房，再从廊道前往楼梯间、大客厅、餐厅、酒吧。轻启落地窗，在阳台上凝望前院、内庭和后院。白云悠游。这一整套严格的空间序列，模糊了此刻与一百年前欧洲贵族生活的时空界线——新世界豪园一期别墅及尊贵会所认购登记现已开始，敬请亲临沙河西路西新世界豪园会所售楼现场参观登记。

台湾江南村别墅的广告

中国人忘不掉江南风味，中国人应该享受江南风味的生活。

一条清邃的仄径，垂柳依依，唐时山水地形，中国古典大门转出一地江南风味，轻托着淡淡的山岚，我们仿佛回到故园的江南山水，二十四桥，西子湖苏杭……都在脑海里涌现。

染上的，是春天

等待伊人来
心绪何陶然
等待春天来
喜悦上眉尖
心情多闲适
舒畅每一天
那时候

唇上染出了光辉灿烂
染出了高雅的微笑
明朗的色彩
映出心灵的莹润
——资生堂口红系列

图 8—1

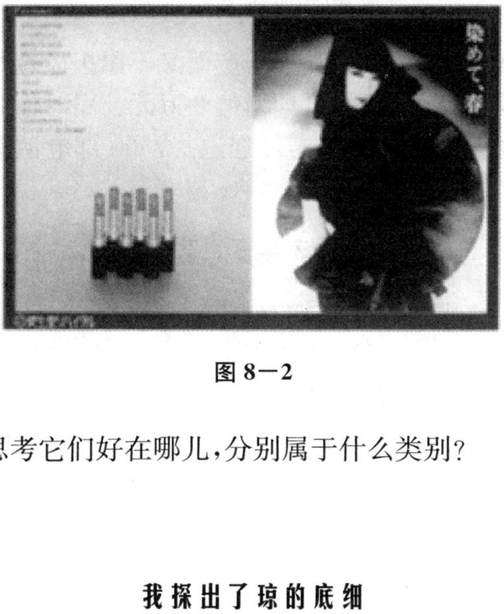

图 8—2

阅读以上广告文案，思考它们好在哪儿，分别属于什么类别？

【案例教学】

我探出了琼的底细

正文：以她的言谈举止，你会以为她是名人大字典中的人物呢。现在我可寻出她的底细来了。她的丈夫有一个银行吗？我的宝贝，他连个银行户头都没有。嗯，这也就是为什么他们的住所家徒四壁、典当一空的原因了？还有，他们的那辆汽车呢？宝贝，那只是“马力”而不是赚钱的力量。他们是用半个美元在奥尔巴克百货公司抽奖得来的！你能想象得到吗？

再看看她的那些服装。当然，她对服装是非常讲究的了。她那貂皮的长围巾、她那巴黎的时装、她那所有的服饰……但是说句真心话，是靠他们的收入吗？哦，我的宝贝，现在我终于查出来了。我刚刚在路上碰见了琼,她正从奥尔巴克百货公司走出来。

奥尔巴克百货公司——纽渥克梅尔市场——第34街帝国大厦对面。

广告语:做千百万生意,赚几分钱利。

分不开的两个人,分不开的肯德基

广告语:分不开的两个人,分不开的肯德基。

广告文案:

“还记得我们100天时,去吃肯德基的情景吗?”

“当然记得。”

“今天是我们的第999天,你却在那么远的地方。”

“是啊,对不起!”

“没关系,只是很想你,想和你去吃肯德基。”

“真的吗? 那你就快过来吧! 我已经买好了,全是你爱吃的那种。”

“我过不去呀!”

“可以的,只要你走进来,到9号桌就可以见到我了。”

女孩半信半疑地进去了,看见男孩已经准备好了一切,女孩感动得边流泪边跑了过去,抱住男孩撒娇地说:“我再也不许你离开了。”

海南三友房地产公司

标题:增值归你,风险我担,如果你想投资房产而又不愿担风险,请来三友新村。

正文:您现在投入10万元,一个半月后即增值3万元。届时你要房,有房,要钱,我们帮您转让,保证30%的收益归您……180个车位,任您选择,500部电话家家有份,容积率3.16,绝无停电,停水之虞……

铁达时表平面广告文案

广告语:不在乎天长地久,只在乎曾经拥有。

正文:

一厢情愿

爱在世界的边缘

梦难圆

咫尺天涯

不再回首

此生隐没在无爱的忧愁

根据以上几则广告文案,了解广告文案的基本构成要素,分析各则文案分别体现了广告文案的哪些要求?

【思维训练】

思考:你印象中最深的广告语是什么? 回想一下为什么记住了它?

品味这么一则手镯的广告语：

没有人能够锁住我，但我多么希望能够。

图 8—3

【实战演练】

广告文案模拟创作

适用情景：

模仿某优秀或经典广告创意，创作一则广告文案（含图示或者影像、文字等）。

实训目的：

如何在事物之间建立关系，并能符合产品或服务的诉求。

实训内容：

在比较事物内在联系的基础上，对企业或产品作更深入的调查，并根据调查的结果，结合企业或产品的广告策略，从不同的角度撰写一个不同的广告文案。

实训要求：

可以与原作是同一产品，也可以是不同产品，语言表达感染力强，能吸引人，激发兴趣。

1. 提供模仿原作；
2. 分析与原作异同；
3. 阐明创意诉求点；
4. 广告定位；
5. 广告对象（与消费群体的吻合度）。

作业形式：

1. 分组陈述，以 PPT 展示，每组不得超过 8 分钟；
2. 小组课堂互评，提问回答时间为 5 分钟；
3. 分组陈述后，各小组需根据课堂意见写作改进方案，统一提交。

实训向导：

1. 了解企业或产品特点，深入市场进行调查；
2. 针对产品在市场上的销售形势，寻求产品独特的诉求方式；
3. 根据这种诉求进行文案创意和文案写作。

第二节　广告文案创作程序

经典语录：

“我从未欣赏过文学派的广告……40年前，广告界好像很受这几则名噪一时却华而不实的散文所影响，而我却一直觉得这类广告很无聊，连一点事实也没有提供给读者。我很同意克劳德·霍普金斯的观点，高雅的文字对广告是明显的不利因素。精雕细刻的笔法也如此。它们喧宾夺主把广告主题的注意力攫掉了。”

——大卫·奥格威

理论基石：

一、广告文案创作要素

一个广告作品的创作，主要是指广告的文案与形象的创作。广告的文与形，又是以文案创作为基础的。广告文案的创作要素，一般由广告主题、核心创意、广告语言、广告技巧四个方面组成。

（一）广告主题

它是广告的灵魂和统帅，又称之为广告的核心思想。一个广告有没有主题，主题确定得正确与否，能否在广告中传达一个完整的销售信息，决定了广告的成败与价值。广告的主题必须鲜明而突出，重点明确，层次分明，能以其独特的诉求重点，传播一种明确的思想或意念。如香烟、饮料等商品多采用甜美欢快的生活片断作题材，表达美好的生活离不开美好的商品的主题，在表现上多采用旅游、休闲、爱情、社交的场景，抒发一种怡然自得的人生享受的气氛和情调。药品和日常家庭用品则要采取展示使用效果的手法，来证明和强调产品的优点和性能，引导消费者进行购买。广告主题是贯通整个广告的具有支配力的要素，能有机地组合其他构成要素成为一个完整的有机体。

（二）核心创意

这是表现广告主题的构思，它是根据广告主题的表现要求，经过反复精心思考和策划，恰当地运用特有的艺术手段，创造出一个新颖独特的构思、意念和意境的全部过程。富有价值的广告创意比直白式表达主题更具有宣传效力，它具有强烈的表现力和说服力，以其个性化的形象给消费者留下深刻的印象。把广告创意写成文案，是广告撰稿人员的职责，而把创意视觉化或听觉化，则是美术设计和制作人员的职责。广告文案表现的创意是视觉化或听觉化的基础。

（三）广告语言

它是广告文案中为了表现主题和创意，所采用的具有一定表达技巧的文字撰写。广告语言包括有声语言和书面语言，它们作用于不同的媒介。但无论运用于何种媒介之中，广告语言最初总是以文字撰写的形式来体现广告构思的。

从我国现有的广告语形式看，可分为口语、诗语、陈述语等几类。口语化的广告语最富感情色彩，最有感召力，最平易近人。诗化语言则来源于我国悠久的诗歌艺术，又吸取了传统的民间风情，富有音乐的节奏，易读易记。而陈述语容易平淡无味，但如果构思新巧，角度别致，也会貌似平静而内起波澜。广告的文字表现任务就是把广告主题通过字、词、句、篇的组织来传达信息，力争做到精练、准确、通俗易懂，使整个文稿富于感染力和表现力。

（四）广告技巧

广告技巧直接为表现主题服务，它是将广告创意视觉化的不可缺少的手段。广告技巧的类别有多种，如文字表达技巧、插图造型技巧、标题设计技巧、色彩光线的运用技巧、音乐画面的配置技巧等，其中文字表达技巧是基础。广告技巧追求创造性，一般来说技巧性愈高的广告作品愈具有艺术感染力。因此广告技巧表现如何，决定着广告创意能否得到完美的体现。一则好的广告的独特信息内涵是以广告文字为依据，同时又是多种广告技巧的综合体现。

总之，为了加强广告文案创作的针对性，要求广告文案的四个创作要素必须和谐统一，相辅相成。在主题的统帅下，四个要素相互制约又相互促进，共同完成文案创作的任务。

二、广告文案的创作过程

广告文案伴随着广告的出现而出现。广告是一种信息传播活动，而传播必须依靠传播者与传播对象均能理解的符号完成，广告作品就是这些符号的最终载体，广告中的语言符号就是文案。文案并不是仅仅局限于语言文字，而是包括语言文字在内的一切能传达信息的语言符号。文案的使命是去形成动机与欲望，建立信任感，给消费者在众多品牌中找一个一定要选择某一品牌的理由。从某种意义上讲，好的广告文案应该像一柄“凶器”，能刺破消费者的钱袋。因此，广告文案拒绝平庸，更忌讳抄袭。文案写作过程是进行创造性思考的过程。优秀的广告文案作为市场竞争的一种主要“凶器”，是艰辛严密思考后的超越性的产物。但这种思考过程并非没有规律可循。关于创造性思考如何进行有很多说法，得到最普遍认可的首推沃勒斯在《思考的艺术》中提到的“四阶段说”。结合著名的广告大师詹姆斯·韦伯·扬的“五阶段论”。广告文案从开始准备到最后完成，其间要经过五个主环节，每个环节环环相扣。当然，在具体运用中，有时对情况了然如掌，则会一气呵成，一挥而就。

（一）收集资料，萃取精华

世界上任何一家工厂要制造任何一种物品，都必须事先提供相应的原材料。广告创作和文案思考也不例外。广告文案在创作前，要广泛收集企业和商品的背景资料，其中包括有关企业和产品的民间传统、历史典故、文献资料和数据、新闻报道、自身总结和权威部门评价等。要充分地了解企业的经营情况，了解和掌握广告产品现在和将来的用户是谁？这些用户是国内的还是国外的？商品在市场上的信誉如何？要有计划地调查采访一些消费者，了解消费者的消费需求、购买方式及购买决策，把握消费者的心理特点。还要了解和掌握竞争对手的情况，注意参阅同类或有关商品的广告资料，知道竞争对手正在进行或可能进行什么样的工作，从而及时调整自己的广告策略。

（二）突出个性，确定主题

广告创作人员对收集到的大量资料，必须进行归纳分析、去粗取精，从众多的资料中把握商品的个性，寻找“商品符合消费者心理需求的鲜明特点”，从而确定广告文案的主题和格调。例如，香皂的共性是去污洁体，但广告如果一味在这方面做宣传，就没有任何新鲜感。某一香皂将其定位为女士香皂，其个性随之得到鲜明突出。还有人注意到了女性对于“美容”、“护肤”的心理需求，于是“它消瘦，你娇艳”、“今年二十，明年十八”等富有个性的广告词在联想中诞生。实际上商品个性确立的过程也是广告主题的确立过程。不同之处在于,广告主题是商品个性凝炼而集中的反映。除了反映商品的个性外,广告主题还包括广告中的观念和情感因素,它是把商品的特殊个性与消费者的心理需求有机地结合在一起。这种从用户心理的角度入手,站在用户立场说话,容易使消费者产生心理共鸣,引起广泛的联想,同时也强化了品牌形象,因而收到了良好的效果。

(三)语言生动,简练深刻

广告文案不同于论述性文章或散文小说,它在有限的字数内,应以巧妙新颖的构思,令人叫绝的妙语,力求给消费者留下深刻的印象。广告文案在执笔写作时,必须适应语言记忆的规律,运用易识、易记、简练深刻而又琅琅上口的词句,采用为人们所喜闻乐见的表现手法,从而使广告文案妙语连珠,先声夺人,以增强广告宣传的效果。如中央电视台广告部为"康巴丝石英钟"制作的广告歌词:"生命如流水,不是水;生活如彩云,不是云。是什么,是什么连着你的心?康巴丝,分分秒秒连着你的心。"这首歌词内容富有哲理,清新,格调高雅、朴实,是广告中的精品。一句着意设置的问句,给人许多亲切温馨的感受,不仅引起人们对"康巴丝石英钟"的注意和兴趣,而且意味深长地提醒人们要珍惜分分秒秒的时间,赋予如流水的生命、如彩云的生活以真正的价值和意义。

欣赏好的广告,不啻是一种艺术享受。如哇哈哈纯净水有"爱你就等于爱自己"的名言;手表上有"一表人材,一见钟情"的优美语句;Canon照相机广告中用"记忆是水,时间是河;捞起来的是回忆,流失掉的是岁月。有一天,你会感叹:岁月如梭,时光荏苒。何不此刻?马上!拥有Canon照相机,凝固您的人生"。许多优秀的广告正是通过精心的艺术构思、多彩多姿的语言艺术手段,寓商品介绍于审美鉴赏之中。

(四)反复修改,推敲润色

广告文案草成之后,还要修改润色,运用各种修辞的手段加工提炼,以使文案的主题更加突出,形式更加完美,文辞更加流畅。修改中要特别注意广告主题不要被华丽的词藻所淹没,如果分寸把握不好,则可能喧宾夺主,使商品信息淹没其中,反倒削弱了广告的宣传功能。美国广告专家大卫·奥格威曾这样说过:"我从未欣赏过文学派的广告……40年前,广告界好像很受这几则名噪一时却华而不实的散文所影响,而我却一直觉得这类广告很无聊,连一点事实也没有提供给读者。我很同意克劳德·霍普金斯的观点,高雅的文字对广告是明显的不利因素。精雕细刻的笔法也如此。它们喧宾夺主把广告主题的注意力攫掉了。"这段话直截了当,虽失之偏激,但用来说明在修改中应注意突出广告主题却是非常合适的。修改文案的方法有多种,或自己字斟句酌,反复推敲,发现不妥之处即时修改;或召开小型座谈会,广泛征求意见;或收集同类产品的广告文案进行比较,寻找自己与众不同的地方。

(五)文面布局,美观大方

广告文案修改润色后,还要考虑文面布局等传播效果,如题头与正文的排列、文字的行距、字体的选择,等等,都要精心设计。在平面广告中,有些把版面安排得密不透风,看上去充分利用空间,实际上降低了人们的注意值。如果文字精练动人,文面又美观大方,就能给读者一种赏心悦目的感觉,引导他们阅读广告内容,从而达到表现商品形象和实现促销的目的。

三、广告文案的撰写

在印刷广告中,图像、标题、副标题、正文、广告语、印记、标识和签名是最重要的组成元素。

说到广告文案的写作，美国广告大师乔治·葛里宾曾经有过这样的描述："标题是否能让你想去读文案的第一句话？而文案的第一句话是否能让你想去读文案的第二句话？……一定要做到让读者看完广告的最后一个字才想去睡觉。"

（一）广告标题

标题就是广告文案的题目，它标明广告的宗旨，又是区分不同广告内容的标志。标题是处于广告首要位置的文字，是读者首先读到的文字，处于吸引人注意力的位置，这就是为什么标题的字号总是比广告其他部分的字号大的缘故。

好的广告标题，是一则优秀的广告文案所必需的，如果标题平淡无味，那么整个广告文案就不可能在铺天盖地的广告中脱颖而出。大卫·奥格威在《一个广告人的自白》中写道："读标题的人平均为读正文的人的五倍。"因此，一则广告的成败，在很大程度上是由标题的质量决定的。在大卫·奥格威看来，标题是大多数平面广告中最重要的部分，它是决定读者是不是去读正文的关键所在。读标题的人数平均为读正文的人数的 5 倍。换句话说，标题占用了近 80％的广告费。奥格威说："如果你在广告标题里没有写点什么有推销力的东西，那你就把人家客户 80％的广告费给浪费掉了。"他还说："换一换标题，十有八九会导致不同的销售效果。"所以广告标题一定要做到能够点明主题、引人注目，从而激发受众对广告的注意和兴趣，由标题煽起读者强烈的购买欲望，促成读者的购买或消费。

1. 标题的类型

广告标题按其内容与组合形式的不同，可分为直接标题、间接标题和复合标题三大类。

（1）直接标题：直接标题是指用直接了当的手法开门见山地向广告接受者揭示广告主题思想，使人们一读就知道广告说的是什么，一般无需再读广告正文。这类标题通常以商品、商标或企业名称来命名。比如：

白猫洗衣粉，洗衫好干净。　　——白猫洗衣粉广告

阿里山瓜子，一嗑就开心。　　——阿里山瓜子广告

直接标题写作简单快速，传递信息清晰准确，一语道破广告主题，但易流于平淡、通俗，缺乏吸引力，不易引起消费者的注意。

（2）间接标题：它是指不直接点明广告主题，而是间接宣传产品功能和特点，欲擒故纵地揭示广告的主题思想的广告标题。采用比拟、影射、夸张等方式，引导消费者阅读正文，进一步注意广告的其他信息（产品的功能和特点）。比如：

热气腾腾，蒸蒸日上。　　——电饭锅广告标题

寒冷与宁静的联想。　　——电冰箱广告标题

你追我赶，共赴前程。　　——齐鲁鞋业有限公司广告标题

间接标题用词讲究，含而不露，追求一种"曲径通幽"的意境，生动活泼，富有情趣，能有效地激发人的好奇心，去看个水落石出，从而达到广而告之的目的。

（3）复合标题；复合标题是有两个或三个标题合用，取直接标题与间接标题两者之长，融为一体，既可使人一目了然，又可引发人的阅读兴趣。复合标题通常由引题、正题、副题三种标题组成。引题的作用是交待背景、烘托气氛或引出正题；正题是主要的标题，作用是传达主要的广告信息；副题的作用一般是对主题的补充和说明。一般来说，标题要尽可能简短、醒目、吸引人，最好用简单的语句。有些标题内容可采用复合标题，但要注意广告中不要出现过多的引题、副题、小标题。

复合标题的组合主要有三种：

第一种：引题＋正题，如：

引题——滴滴精纯，风味顶好。

正题——顶好清香油。

第二种：正题＋副题，如：

正题——脚癣一次净。

副题——三十分钟治愈脚气，无效退款。

第三种，引题＋正题＋副题，如某房产广告：

引题——万科城市花园告诉您——

正题——不要把所有鸡蛋都放在一个篮子里。

副题——购买富有增值潜力的物业，您明智而深远的选择。

不难看出，正题"不要把所有的蛋都放在同一个篮子里"意思是告诉消费者投资要多元化，任何形式的固守一隅或孤注一掷，都是极端不利的和危险的。应该说，这个正题和象征式创意都是相当巧妙的，但说话的主体不明，于是作者增加了一个引题，向消费者强调了广告主名称和说话人是谁，这无疑加深了人们对广告主的印象。但还有一个问题没有解决，正题由于有象征意味，其意义处于隐显之间，是一个半透明结构，要将其明晰化就必须再增写一个副题，要求人们购买万科房产，因为它是可以增值的一种投资。这样一来，引题和正题、副题就构成了一个完整的意义系统，从而有效地刺激起消费者的购买动机。

2. 标题创作方式

标题的创作方式多种多样、丰富多彩，本书介绍一些常用的基本方法。这里的每一种写法背后，实际上是在贯彻一种广告表现方法策略。

(1)直述式标题：直接将广告的要点，用简明扼要的语言表达出来。如：

——薄的让你看不见 奥林巴斯超薄相机 u700。

——hange your head.（BYE 头盔改变你的头型）

(2)新闻式标题：以发布新闻的姿态传递新的信息，或者为了强调广告信息的价值，人为地赋予它"新闻性"。

——"现在波多黎各对新工业提供百分之百的免税。"（波多黎各）

——"纽约正在把它吃光。"（伯恩巴克/来味面包）

——发现一瓶好水。（台湾地区黑松天霖水电视广告）

(3)对比式标题：借用比较的方法，突出产品与其他产品的不同之处。

——当您使用其他药物牙膏不理想时，请您使用蓝天六必治牙膏。

(4)提问式标题：以设问或反问的方式引起诉求对象的好奇心，把读者拉进广告，诱导他们到正文中寻求答案。所提问题必须有具体的答案。

——谁合并了长三角？（中国联通）

——鞋上有 342 个洞，为什么还能防水？（Timberland 野外休闲鞋）

(5)颂扬式标题：正面表扬产品或服务的字词来用作标题。

——可与台式机相媲美的，除了性能，还有价格。（戴尔笔记本电脑）

——噪音听不见，省电看得见！（LG 冰箱）

(6)比喻式标题：用某种有相近特性的东西来作比喻，利于公众的理解。

——同住一层楼，气味不相投。（冰箱）

——每一款普利司通轮胎都如同宝石一般。（普利司通轮胎）

(7)说明式标题：通过说明或注解的形式来写标题。

——从12月23日起，大西洋将缩短20%。（以色列航空公司）

——乐百氏：27层净化！（乐百氏）

(8)号召式标题：用鼓动性的词语来作标题。

——星期五，买葡萄酒的日子。（葡萄酒）

——请品一品龙井茶。（一品龙井茶）

(9)抒情式：用散文抒情的表述方法来写标题。

——没有更动人的嗓子，可以把劳力士描绘得如此优美绝伦。（劳力士表）

——闪烁着金光的女性，不必再用特别的感情。（东方表）

(10)庆贺式：用庆祝的语言来写标题。

——热烈祝贺《楚天都市报》发行突破100万份。（《楚天都市报》2001年订阅广告）

(11)致谢式：以感谢的语言表达方式来写标题。

——“一汽丰田‘三年五十万台’感恩盛典” （一汽丰田）

3. 广告标题的写作要求

广告标题好比广告的眼睛，是吸引消费者、引导消费者行为的重要手段。为此，标题制作必须采用引人注目的独特内容和表现形式，在视觉上也要通盘考虑文稿在版面中的位置，采用能吸引消费者注意力的字体、字号，使之能在一瞬间抓住读者。美国广告大师大卫·奥格威积累几十年广告创作的经验，提出了在广告标题创作中应掌握的原则：

(1)标题应向消费者承诺其所获得的利益，这个利益就是商品所具备的基本效用及附加值。

(2)标题里最好包括商品名称，不要遗漏品牌名。

(3)要把最重要的信息纳入标题中，要始终注意在标题中注入新的吸引人的信息。

(4)标题要富有魅力，应写点诱人继续往下读的东西，这样才能引导读者阅读副题及正文。

(5)使消费者看了标题就能知道广告内容，而不是强迫他们研读正文后，才能理解整个广告内容。

(6)使用迎合广告诉求对象的语调。

(7)就推销而言，较长的标题比词不达意的短标题更有说服力。

(8)避免写一些故意卖弄的标题，晦涩的词句应尽量少用，不要用述阵式的标题。

(9)标题不要用否定词。

(10)使用情绪上、气氛上具有冲击力的语调和词汇。

(二)广告正文

1. 广告正文的内容

广告正文是广告作品里直接承接标题，对广告信息进行展开、说明，对诉求对象进行深入说服的语言或文字内容。一般来说，在企业形象广告中，正文应是企业的优势或业绩；在品牌形象广告中，则应是品牌的特性；在产品广告中，多为产品的特性或对消费者利益的承诺；而在促销为主题的广告中，则一般为具体的优惠、赠品等信息。也就是说，正文需要提供的是更为丰富的信息作佐证，对诉求重点进行解释。

2. 广告正文的写作方式

正文的写作方式有以下几种。

(1)记叙式:以陈述记叙为主要表达方式而撰写的广告正文。用事实本身说话,线索鲜明,过程性强,具有较强的说服力。

(2)描写体:通过描摹、描绘手段,重在对产品及服务进行具体形象的描绘与再现,给消费者留下具体而深刻的印象。

(3)说明式:以说明为主要表达方式而撰写的正文,简明扼要地介绍企业的情况、商品的性能特点、服务的风格特色等。

(4)主观表白式:以广告主的口吻展开诉求,直接表白"我们"如何或"我"如何。这种方式在企业广告中被广泛使用。

(5)代言人式:电视广告最常用的方式。广告中广告形象以各种身份(名人、明星、消费者)的代言人,向诉求对象说话。例如,雕牌透明皂电视广告:

一位正在自家小院里洗衣服的大妈对在一旁读报纸的大爷说:"肥皂啊我一直用雕牌,透明皂我还是用雕牌。雕牌透明皂就是实在,洗得干净还不褪色呢。"

(6)独白式:以虚构的人物的内心独白式展开诉求。在平面和广播广告中,一般以"我"的口吻;电视广告中则以画外音或字幕出现较多。这类广告多带有个人色彩和感情色彩,私密性较强,一般不适合加进关于企业、产品的"硬"信息。例如,白沙集团的电视广告:

这一刻我已经飞了起来。鹤舞白沙,我心飞翔。

此外,广告正文还可以有诗歌式、散文式等表现方式。

(三)广告语

广告语指的是广告主为了表达企业理念或品牌特征、产品功能,长期使用、反复使用、简明扼要的宣传短句。例如:"好空调,格力造"传达了格力空调的品质特点;蒙牛酸酸乳 2008 年广告语"酸酸甜甜我做主"突出了产品的个性;"香喷喷,好吃看得见"表达了康师傅方便面的特性;"好丽友,好朋友"展示了好丽友蛋黄派的品牌定位。

1. 广告语的作用

广告语又称广告口号、主题句(themeline)、标题句(tagline),是为了加强诉求对象对企业、产品或服务的印象而在广告中长期、反复使用的简短口号性语句。它基于长远的销售利益,向消费者传达一种长期不变的观念。

虽然有时候某则广告的标题就是广告语,但是广告语和广告标题是不同的。广告标题是一般放广告正文上面的广告文案的题目,内容一般要体现新、奇、美等特点,随着广告内容的变化而变化。而广告语是可以放在任何地方的宣传企业或产品的观念或意识,语言朴素自然,一般长期不变。

2. 广告语的写法

(1)表达企业的核心理念,反映企业最本质的特征,决定消费者如何看待企业和它所提供的产品。企业的核心理念包括:企业目标、宗旨、精神、服务原则、对消费者对社会的承诺等。例如:

让我们做得更好!(飞利浦)——承诺;

科技以人为本(诺基亚)——企业原则;

为了更美好的明天(杜邦)——社会承诺;

九巴服务，日日进步(九龙巴士)——服务原则。

(2)传达品牌形象、品牌价值、品牌个性。如果企业的品牌及其相关要素的定位十分明确，品牌定位、品牌个性与观念、品牌与目标消费群体的感情联系等都可以作为广告语的内容。例如：

“容声，容声，质量的保证”——品质定位；

给电脑一颗奔腾的“芯”——技术定位；

不在乎天长地久，只在乎曾经拥有(铁达时表)——爱情观念的沟通；

非常可乐，中国人自己的可乐——民族自豪感。

(3)表现企业与产品优势。产品或企业的优势(如技术优势、材质优势、服务优势、功能优势)，能给消费者带来的利益等都可以作为广告语的内容。例如：

农夫山泉，有点甜(农夫山泉)——产品特点；

要想皮肤好，早晚用大宝——利益承诺；

汽车要加油，我要喝红牛(红牛维生素功能饮料)。

3. 广告语的写作要求

(1)通俗简短，易懂易记：使用广告语的目的，在于通过反复强调和宣传，加深和强化消费者对广告内容的印象和记忆，因此，广告语的用语一定要通俗简短，易懂、易诵、易记，琅琅上口，方便传播。广告语不能太长，尤其是对于稍纵即逝的广播电视广告，更应力求简短。通常一句广告语以不超过20个字为宜，最好在10个字以内。同时，广告语应注意口语化，贴近生活，使人感到亲切自然，在不知不觉中就接受了广告商品。

(2)突出特点，个性鲜明：广告语相当于一则广告的名字，必须与众不同，才能成为消费者识别的标志。因此，广告语应尽量包括企业名称和商品品牌，并强调本商品或企业的独特之处，具有鲜明的个性。

(3)情趣相生，号召力强：广告语应该像行军打仗时吹起的号角，具有极强的鼓动性和号召力，能够立刻调动起消费者的情绪、兴趣、记忆和行动。因此，广告语用语切不可陈词滥调、干瘪枯燥、味同嚼蜡，而应情趣相生，富有情感的冲击力。

(四)广告随文

随文即广告文案的附属部分，它是放在广告文案最后的附加说明，其目的是告诉消费者购买的时间、地点、联系方法等。因此，随文应写明企业名称(甚至包括商标、商品名、公司标识)、地址、电话、商品、价格、购买手续、银行账号、经销部门、销售日期、联系人等。随文写作的要求是：首先，为保证广告文案传达信息的完整性，正文中没有写到或无法纳入正文，又确为消费者所必须了解的信息，都应在随文中补充说明，不应遗漏。其次，应保持语言文字风格的一致，不能认为随文无关紧要而写作马虎、不予重视、虎头蛇尾，破坏了文案的统一。再次，务必准确，不能出现任何差错。因为涉及购买方法，所以务必核实，做到万无一失。一则广告一般不会将上述四个部分全部列出，应根据广告目标、媒体选择等有所取舍。例如，广州时代玫瑰园文案的随文：

投资商：时代地产广东玫瑰园

发展商：时代名苑房地产开发有限公司

园林设计：澳洲格拉斯比

看楼专车接送点：宏城广场、烈士陵园正门口、广源好又多、三元里地铁站(C出口)

公交线路:223、76、529、805、684、804、76A、268、539、832、夜 9、夜 12

有了这些较详细的文字,那些对时代玫瑰园情有独钟的人们,就能够按照提示信息去看楼、买楼,而不至于找不到该楼盘。

【小资料】

台湾地区三阳野狼 125 摩托车的悬念式报纸广告标题:

第一天的标题

今天不要买摩托车。请您稍候六天。买摩托车你必须慎重考虑。有一辆意想不到的好车,就要来了。

第二天的标题

今天不要买摩托车。请您稍候五天。买摩托车你必须慎重考虑。有一辆意想不到的好车,就要来了。

第三天的标题

今天不要买摩托车,请您再稍候四天。买摩托车你必须慎重考虑。有一辆意想不到的好车,就要来了。

第四天的标题

请再稍候三天。要买摩托车,您必须考虑到外型、耗油量、马力、耐用度等。有一辆与众不同的好车就要来了。

第五天的标题

让您久候的这部外型、动力、耐用度、省油都能令您满意的野狼 125 机车,就要来了,烦您再稍候两天。

第六天的标题

对不起,让您久候的三阳野狼 125 摩托车,明天就要来了。

广告语欣赏

邦迪创可贴:成长难免有创伤

北京晚报:晚报,不晚报

麦氏咖啡:滴滴香浓,意犹未尽;好东西要与好朋友分享

柯达:串起生活每一刻

丰田汽车:车到山前必有路,有路必有丰田车

UPS 快递:珍惜所托,一如亲递

飞利浦:让我们做的更好

义务献血:我不认识你,但我谢谢你!

王老吉:怕上火,喝王老吉

孔府家酒:孔府家酒,叫人想家

海尔:海尔,中国造 真诚到永远

中国联通:情系中国结,联通四海心

伊利:为梦想创造可能　　有我,中国强

舒肤佳:促进健康为全家

农夫山泉：农夫山泉，有点甜
创维彩电：不闪的才是健康的
西门子冰箱：0℃不结冰，长久保持第一天的新鲜
中国网通：由我天地宽
美的空调：原来生活可以更美的
M&M巧克力：只溶在口，不溶在手
动感地带：我的地盘，听我的
汰渍洗衣粉：有汰渍没污渍
嘉士伯啤酒：可能是世界上最好的啤酒
恒源祥：恒源祥，羊羊羊

技能培养：

海尔银色变频冰箱系列广告

一、系列广告欣赏

1. 报纸系列广告文案

第一则广告文案："百变的月亮——银色变频"；第二则广告文案："默默的月亮——银色变频"；第三则广告文案："冷冷的月亮——银色变频"；第四则广告文案："静静的月亮——银色变频"。

图8—4　百变的月亮

图8—5　默默的月亮

图8—6　冷冷的月亮

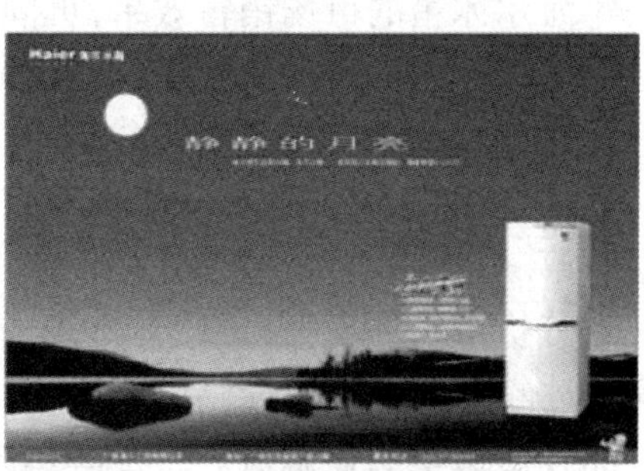

图8—7　静静的月亮

图 8—8 完美的月亮

2. 电视系列广告文案

第一则广告文案:“自动控冷”;第二则广告文案:“变频节能”;第三则广告文案:“变频静音”;第四则广告文案:“银色变频”。

二、海尔银色变频冰箱系列广告写作过程分析

海尔银色变频冰箱系列广告,由广州市致诚广告有限公司策划制作,2000 年获全国报纸优秀广告奖,“广州日报杯”家用电气类金奖。该系列广告由电视广告、平面广告、报纸广告组成。广告刊播以后,银色变频冰箱的销售取得了预期的效果。以广州为例,广告实施一个星期内,广州 14 家大中型商场,共销售海尔银色变频冰箱 200 多台,其他型号海尔冰箱 800 多台。2001 年春节刚过,广州市场的海尔银色变频冰箱 2 000 余台全部销售一空。这情景引起其他竞争品牌的强烈关注。

海尔银色变频冰箱系列广告的写作过程是怎样的呢?给我们留下的宝贵经验是什么?

根据刘戈《外表平常如水,内在震撼在雷——海尔银色变频冰箱系列广告诞生记》(《中国广告》2001 年第 6 期)一文的介绍,这则系列广告文案的诞生经历了一个艰难的过程,现作简要介绍。

第一步:明确广告目的,分析产品特点。2000 年 10 月底,海尔正式委托广州市致诚广告有限公司策划海尔新产品——银色变频冰箱上市推广案,并创作广告作品。海尔提出三点要求:超过去年海尔冰箱的市场销售效果;巩固海尔冰箱在高档冰箱市场的地位;带动海尔其他冰箱的销售。致诚广告公司将这些要求定为广告目的。

明确目的之后,致诚广告公司又分析国产冰箱现状,了解该产品特点:第一,产品优势:科技含量高,数字变频、三温四控和深冷速冷技术等多项技术业界领先;第二,产品价位:属高档耐用消费品;第三,产品卖点:银色外观+数字变频技术。

第二步:分析市场环境,决定广告形式。策划小组走访广州上百家商场,分析市场调研资料,发现海尔冰箱在广州市场面临巨大压力:一是与西门子、华凌、容声等几种冰箱大品牌相比较,海尔的品牌渗透率明显偏低。二是海尔冰箱距主流消费形态较远,与海尔冰箱一直想塑造的高档产品的愿望有距离。

致诚广告有限公司策划小组也发现银色变频冰箱具有优势商品的特点:产品直观属性与信任属性的完美结合,即银色+变频。策划小组决定采用系列广告形式。

第三步：调查消费需求，确定广告诉求。了解了产品，熟知市场状况，但消费者状况如何呢？策划小组选取了120位即将购买冰箱者，通过家庭讨论、购买过程、购买决定三次调查后发现，每一个消费购买行为都经历了由消费心理向购买心理的转变过程，并且有以下特点：一是未来消费者购买冰箱的需求趋势为乔迁、婚嫁和产品更新换代；二是多数购买者已将冰箱作为整体家庭环境的一部分进行考虑；三是购买的焦点已偏向产品外观(直观属性)。

在以上分析的基础上，广告策划小组觉得应以产品直观属性为主、信任属性为辅进行整合推广，创造一个有记忆度、能和产品完美契合的载体，使银色变频冰箱脱颖而出。从而确定了此次系列广告诉求点：高格调的品位。产品高档品性与目标消费群的高雅生活品位共同决定了海尔冰箱的高格调的品位。强化产品的直观属性(银色外观)，以此涵盖产品信任属性(数字变频技术)。

第四步：撰写广告文案，进行广告整合。有了详尽的市场分析、明确的目标消费群、清晰的诉求定位，策划小组开始了艰苦的创作，小组成员们为此日夜奋战，相继提出了几十个创意，大家还觉得不满意。难道就没有能整合"银色变频"冰箱直观属性与信任属性的载体吗？

当大家在会议室内激烈地争议着的时候，一位同事抬头看着天上的一轮弯月突然问道："你们觉得它像什么？"大家众说纷纭："像镰刀"、"像小船"、"像银色！"真是一语惊破梦中人，一句"像银色"顿时打开了大家的思路。月亮不是一个很好的载体吗？银色变频就像月亮。接下去的创作变得一帆风顺。第二天，大伙儿热火朝天地开工了。连续几个昼夜的不停奋战，文案终于写成功了。

(资料来源：http://h.jdk.blog.163.com/blog/static/4535102120091117608417/)

思考：

1. 结合海尔银色变频冰箱系列广告的写作过程，分析广告文案创作的基础。

2. 分析海尔银色变频冰箱系列广告，讨论广告文案的构成。

【案例教学】

"凡客体"广告

2010年7月，凡客诚品(VANCL)邀请了青年作家韩寒和青年偶像王珞丹出任形象代言人，一系列的广告也铺天盖地地出现在公众的眼帘。该广告系列意在戏谑主流文化，彰显该品牌的自我路线和个性形象。然其另类手法也招致不少网友围观，网络上出现了大批恶搞"凡客体"的帖子。"爱网络、爱自由；爱晚起、爱夜间大排档……"这些个性标签经过网友的想象和加工，已变成众多明星甚至个人的标签。通常凡客体以此为开头。据不完全统计，截至2010年8月5日，已经有2 000多张"凡客体"图片在微博、开心网、QQ群以及各大论坛上疯狂转载。黄晓明、唐骏和曾子墨等千余位明星或被恶搞或被追捧。此外，也有不少是网友个人和企业出于乐趣制作的"凡客体"。

一、品牌资料介绍

VANCL(凡客诚品)，由欧美著名设计师领衔企划，集结顶级男装品牌经典款式之精华，同时参考亚洲男士体型特点，精选高支面料贴身制作，让用户以中等价位享受奢侈品质，提倡简约、纵深、自在、环保。VANCL运营所属之凡客诚品(北京)科技有限公司，主体运作者均系原卓越网骨干班底。

“凡客体”:原是凡客诚品的广告文案,最早出自前奥美创意总监、远山广告合伙人邱欣宇之手。它是凡客诚品(VANCL)广告文案宣传的文体,该广告意在戏谑主流文化,彰显该品牌的个性形象 。

“凡客体广告”:是以韩寒和王珞丹为模版,并将许多名人设为恶搞对象,集众多网友之智慧,利用创意 PS 和格式化文案做出来的图片,作为一种个人签名和名片出现在公众视野。

二、广告文案

图 8—9 凡客广告(1)

图 8—10 凡客广告(2)

凡客体广告文案走红:一切的一切,都是从韩寒给凡客诚品做的广告开始的……2010 年 7 月以来,中国青年作家韩寒、演员王珞丹出任凡客诚品(VANCL)形象代言人,各种性质的广告也铺天盖地地出现在公众的眼帘。VANCL 表示韩寒是互联网成就的时代先锋,既有极高知名度也有争议性,不担心韩寒的争议性,就是要剑走偏锋、打破常规;VANCL CEO 陈年也直言:VANCL 就是要胡做,互联网企业不需要条条框框的束缚。

韩寒、王珞丹的广告词采用 80 后生人的口吻调侃社会,戏谑主流文化,彰显出 VANCL 个性品牌形象。然其另类手法也招致不少网友围观,网络上就出现了大批采用 VANCL 体恶搞的帖子,代言人也被掉包成芙蓉姐姐、凤姐、小沈阳、犀利哥、李宇春、曾轶可、付笛声、赵忠祥、成龙、郑大世、C 罗、卡卡、贝克汉姆、余秋雨、多啦 A 梦等。广告词更是极尽调侃,令人捧腹,随即也被众网友恶搞称为:“凡客体”。

三、凡客体文案构思

所谓的“凡客体”最早出自前奥美创意总监、远山广告合伙人邱欣宇之手。作为一位资深的广告创意人,当记者问及这个广告创意如何诞生时,他的脸庞透过一丝淡然的表情:“我们在研究和剖析 VANCL 两位代言人的特质和品牌的诉求后认为,韩寒、王珞丹都属于 80 后靠自我奋斗、努力获得成功的代表,他们的个性既符合现代年轻人的成长心态,也能和 VANCL 品牌进行很好的融合。”邱欣宇说。“于是,我们想出以这种能表达自我且极富个性化的语言。”“但坦白讲,我们此前的确不知道这条广告是否会火。一条广告成功与否取决于天时地利等太多不可测因素。”在开心网上,网友们以“凡客无处不在”,“凡客广告球星版”和“凡客火了”等诸多夺人眼球的标题广为传送。微博上,网友们也竞相上传和转发各种不同版本的“凡客体”。在微博上,搜索“凡客体”这个关键词,已有 1 600 多条相关信息。甚至有网友在微博上写着:“做‘凡客体’上瘾了,怎么办?” 这些“凡客体”经过网民的改造后,或冷嘲热讽、或幽默风趣,但也不乏温馨感人。有网友在微博上写着:“凡客体的山寨广告最近很火,在想要不要给老爸也设计一个,印在 T 恤上,当生日礼物。”此外,记者看到除了真实人物被“凡客体”外,甚至央视大楼、QQ 以及网络游戏人物等也均被恶搞。网友调侃道“在‘凡客体’世界,只有想不到,没有看不到”。

图 8—11　凡客广告(3)

原版凡客广告词:
韩寒 :
爱网络,爱自由,
爱晚起,爱夜间大排档,爱赛车;
也爱 29 块的 T-SHIRT,我不是什么旗手,
不是谁的代言,我是韩寒,
我只代表我自己。
我和你一样,我是凡客。

图 8—12　凡客广告(4)

王珞丹:
我爱表演,不爱扮演;
我爱奋斗,也爱享受生活;
我爱漂亮衣服,更爱打折标签;
不是米莱,不是钱小样,不是大明星,
我是王珞丹,
我没什么特别,我很特别;
我和别人不一样,我和你一样,我是凡客。

恶搞凡客广告词：

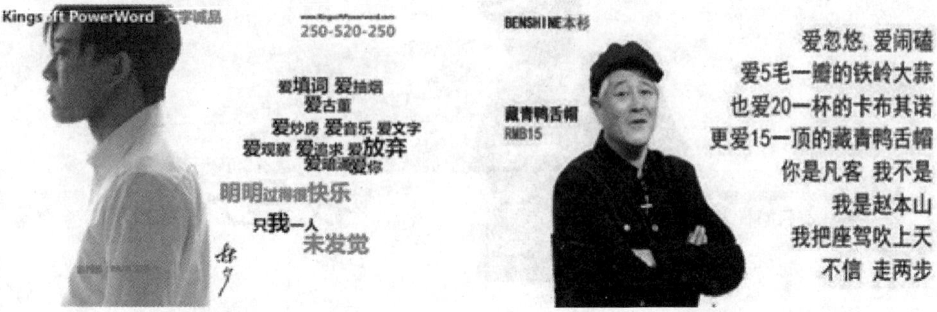

图 8—13　凡客广告(5)

四、总结

凡客广告文案很有“创意”；

广告“微时代”到来，重视“围脖”平台；

“噱头”广告要适可而止。

（资料来源：http://baike.baidu.com/view/4055632.htm）

【实战演练】

广告标题创意

一、适用情景：

小王的广告创意虽然得到了经理的肯定，但公司还是没有采纳。尽管如此，小王已经非常满足，因为经理让她为广告创意进行文案创作。小王本身中文底子非常扎实，她很喜欢这项工作。那么广告文案该如何创作？文案创作中的标题写作是重中之重，应该如何着手呢？

二、实训目的：

通过对不同类别产品的广告标题撰写，提高学生对广告标题的创意能力。

三、实训内容：

根据广告标题的不同形式和广告创意技巧，撰写食品类、工业产品类、化妆品类的广告标题 10～15 条。

四、实训要求：

个人完成，团队评论。

1. 撰写 10 条广告标题，要求广告标题有新意，创意形式不限；
2. 以不同的创意技巧撰写 10 条广告标题，要求视野开阔，创意独特，能吸引人；
3. 创意长、短文案标题各 5 条，并比较其特点，要求长文案不少于 12 字。

五、作业步骤

选定本土企业或者自己熟悉的产品—了解企业或产品特点—创意多个标题—选定标题。

六、实训向导：

1. 选定产品类别；

2. 深入企业或市场，了解企业或产品特点；
3. 从不同的角度创意多个甚至几十个标题；
4. 多中选优，选定最满意的一个。

第三节　广告文案的修辞

经典语录：

大部分的广告代理商、业务人员的数目，往往是文案人员的两倍。如果你是个酪农，你所雇用的挤奶工人，会比牛的数目多一倍吗？

——大卫·奥格威

理论基石：

美国一位广告学者曾说，广告是神奇的魔术，它有一种神奇的力量，使被宣传的产品蒙上神圣的光环。不可否认，广告要具备魔力，主要依靠语言资源的开发，语言是广告点石成金的魔术棒。修辞就是依据题旨情境，运用各种表现手法，提高语言表达效果的一种活动。从广义上讲修辞是指运用语言的方法、技巧和规律；从狭义上讲是指对语言的艺术加工。我们所讲的修辞技巧就是指的后一种含义。修辞是广告语言的常规武器，恰当的修辞能使文案妙趣横生，引人入胜。采用不同的句式或修辞格会取得不同的效果。如：

——提起她来，十里八村没有一个不说她漂亮的。(双重否定)
——她长得鼻子是鼻子，眼是眼的，越端详越好看。(熟语)
——她长得好像仙女一样。(明喻)
——她长得简直就是个人样子。(暗喻)
——都说王晓明漂亮，她比王晓明还漂亮。(衬托)
——她可是百里挑一的大美人。(夸张)
——她就是咱村的“七仙女”。(借代)
——看见她一眼，这辈子就算没白活。(夸张)
——她是现代的赵飞燕、东方的维纳斯、中国的戴安娜。(排比)

当然，广告语言不仅仅为了修辞而修辞，它的主要目标是使文案能够用一种生动的方式体现广告创意和策略。无论使用什么样的修辞方法，首先要注意的都是要将信息准确地表述出来。如果过分地依赖修辞，结果造成语意不详，广告效果反而大打折扣。下面介绍几种常用的修辞手法。

一、比喻

比喻又叫打比方，古人称之为“比”，是根据甲、乙两类不同事物的相似点，用乙事物来比喻甲事物的修辞技巧。它把深奥的道理说得浅显易懂，将抽象的事物进行形象的表现，把陌生的概念变成熟悉的事物，将平淡表现为生动。

在广告文案中，比喻就是运用某种与广告商品(或服务)有类似点的事物来说明广告所要表现的事物。它有三大要素，本体——说明或描述的对象，喻体——用作比喻的事物，喻词——用来连接本体、喻体表示比喻关系的词语。因三大要素的有无，人们将比喻分为明喻、暗喻、借喻三种。如：

——水果要保鲜，疏菜也要保鲜，皮肤更要保鲜。

——招聘女秘书，长相像妙龄少年，思考像成年男子，处事像成熟女士，工作起来像一头驴子。

——只要一点点，清水变鸡汤。

——每天仅花 2 分钱，请进一位好医生。

二、押韵

押韵是广告语言中最常见的修辞手段之一，即在广告语中，某些句子的末尾一字韵母相同或相近，造成音调和谐优美，便于口头传诵和记忆。例如：

——统一一百，满意一百

——长城电扇，电扇长城

——恒、源、祥，绒线羊毛衫，羊羊羊

——晶晶亮，透心凉

——“早一粒，晚一粒，远离感冒困扰”

三、对偶

对偶又称对仗，是将结构相同或基本相同、字数相等、意义上密切相联的两个短语或句子对称排列的修辞技巧。在广告中用对偶句构成广告语，具有精练、含蓄、典雅的特点，感染力强，便于记诵。如：

——喝孔府宴酒，做天下文章

——穿金猴皮鞋，走金光大道

——可增见闻，可解乡思

——古有千里马，今有日产车

——世事无绝对，唯有真情趣

四、双关

双关是利用语言或语义条件，有意使语句顾及表面和内里两种意思，言在此而意在彼的一种修辞技巧。它的特点是一语关涉表里两层意思：表层意思从词面即可了解，里层意思深藏于词里，经分析可以理解到。表层意思（词面）出现，是为次；里层意思（词里）不出现，是为主。里层意思才是作者真正要表达的内容。广告中成功运用双关的手法，会使语言幽默风趣，显得别开生面，给人以新鲜感，同时也提高了广告语言的文化品位，给人以美的享受。如：

——古井贡酒，“饮”以为荣

——趁早下“斑”，请勿“痘”留

——第一流的产品，为足下增光

——阿里山瓜子，一嗑就开心

——水仙的名气，的确是“吹”出来的

五、引用

引用是指援引、借用或改动成语典故、格言俗语、名人名言等现成的语言文字，凭借它们的生动性和普及性来达到使受众迅速接受的目的的修辞手法。在写作时引用成语、典故、谚语、诗词等来说明问题，形成新的意境，可使文案更生动，更有说服力。在广告语言的运用中，根据引用内容的不同，可分为引用名言、引用诗句、引用成语、引用消费者的话等几种。

（一）引用名言

它是指引用社会名人的话，以期借助名人效应，达到迅速传播的目的。例如，某广告公司的招聘广告就引用了美国前总统罗斯福的一句名言：不当总统，就做广告人。

（二）引用成语

引用人们普遍熟悉的成语、俗语作广告语，易被受众认同和接受。例如，金正 VCD 广告：一失足成千古恨，真金不怕火炼，金正 VCD。

（三）引用诗句

引用古今中外有名的诗句，可加深消费者的印象。例如，某锁厂广告：一夫当关，万夫莫开。

（四）引用消费者的话

消费者的话真正反映了他们的心声，引用消费者的话，可达到真实、可信的效果，极易沟通目标消费群体。例如黑妹牙膏的广告：长城永不倒，国人当自强。作为中国人，我首选的牙膏当然是国货中的佼佼者——黑妹牙膏。

六、排比

排比是把结构相同或相似、语气一致、意思密切相关联的三个或三个以上句子或词组排列在一起，以表达同一范围、同一性质的含义的修辞方法。它是使语势得到增强、感情得到加深的修辞技巧。广告语言中的排比往往以广告的主要信息的反复出现和各排比句对商品的说明、赞美，来达到突出重点、深化内容、加强语气的目的。如新画王广告："看新画王、听新画王、用新画王"，《人民日报》海外版广告：对恋念故土的华人、华侨，是亲切的乡音；对关心中国的外国朋友，是友谊的纽带，对欲展身手的工商企业，是成功的指南。

七、比拟

比拟是在语言表达中有意把物当作人写，或把人当作物写，或把甲物当作乙物来写的修辞技巧。将物比成人，并赋予其人格化，称之为"拟人"；将人比作物，并使之物性化，即为"拟物"。将比拟用到文案写作上，将广告信息中的物性转化成为人性、人性转化成为物性，并赋予其形象特征。例如：

——公道不公道，只有我知道。（电子称）

——除了妈妈，最爱护我的就是强生。（强生婴儿护肤品广告）

——给你的肌肤也来杯鸡尾酒吧。（兰寇护肤品广告）

八、对比

对比又称对照，是指把不同的事物或事物不同的方面放在一起作比照，以便需要说明的对象和含义更加突出。广告中的对比就是将所要广告的商品(或服务)与同类商品(或服务)之间,或商品(或服务)本身前后改革与变化之间进行比较,借用对比来突出差异,显示所要广告的商品(或服务)与众不同的优势,从而使消费者在比较中产生信赖感,采取购买行动。如:

——皮张之厚无以复加,利润之薄无以复减。

——二锅头的价钱,茅台酒的品质。

——学历不高,一样高薪就业。

九、夸张

夸张是指在语言的表达中,故意言过其实,对客观的人、事、物尽力作扩大或缩小的描述的修辞技巧。运用夸张手法,对夸张的度要有严格的分寸,否则就成了吹牛。恰当的夸张能够进一步表明商品的质量特点。例如:

——神州处处有人烟,有人烟处就有《半月谈》

——今年二十,明年十八

——城乡路万千,路路有航天

——地球人都知道

——弹指一刷牡丹卡,大奖红利滚滚来

十、连珠

连珠又称顶针,指前一句结尾做下一句开头、语意紧密相连的修辞手法。如:

——"中国"美食在广州,广州美食在"中国"。

——车到山前必有路,有路必有丰田车。

——"今年过节不收礼,收礼只收脑白金"。

以上一些修辞手法,是当代广告语言设计中常用的表现手段。然而,在广告的实际运用中,并不只限于这些,其他如拈连、反复、反语、衬托、暗示,等等,都可以根据商品、服务或企业的本质特征和具体的诉求点作不同的选用。

【小资料】

美国旅行者保险公司的广告文案

这是美国旅行者保险公司的广告,居然连标题也没有,画面是一幅女人的照片,她看上去六十来岁,站在走廊上平静地仰望着月光,似乎在追忆着一段往事,而文案则是她讲出的故事:

当我 28 岁时,我认为今生今世我很可能不会结婚了。我的个子太高,双手及双腿又不协调,常常碍事。衣服穿在我身上,也从来没有像穿到别的女郎身上那样好看。似乎绝不可能有一位护花使者会骑着他的白马来把我带去。

可是终于有一个男人陪伴我了。爱维莱特并不是你在 16 岁时所梦想的那种世故练达的情人,而是一位羞怯并笨拙的人,有时也会手足无措。

他看上了我自己都不知道的我的优点。至此,我方感到不虚此生。事实上,我俩当时都是如此。很快地,我俩互相融洽无间,如果不在一起就有怅然若失的感觉。我们认为,这可能就是小说所写的那类爱情故事,以后我们就结婚了。

那是在四月中的一天，苹果树的花盛开着，大地一片芬芳。那是近三十年前的事了，自从那一天以后，几乎每天都如此不变。

我不能相信，已经过了这许多岁月。岁月载着爱维和我安静地度过，就像驾着独木舟行驶在平静的河中，你并未感觉到舟在移动。我们从来未去过欧洲，我们甚至还没有去过加州。我认为我们并不需要去，因为家对我们已经是足够大了。

我希望我们能生几个孩子，但是未能如愿。也许上帝觉得，我有了爱维莱特已经够了。

唉！爱维在两年前的四月故去。安静地，含着微笑，就和他生前一样。苹果树的花仍在盛开，大地仍然充满了甜蜜的气息。而我则怅然若失，欲哭无泪。当我弟弟来帮助我料理爱维的后事时，我发觉他是那么体贴关心我，就和他往常的所作所为一样。他在银行里并没有给我留下很多钱，但有一张照顾我余生全部生活费用的保险单。

就一个女人所诚心相爱的男人过世之后而论，我实在是和别的女人一样地心满意足了。

（广告随文大意）：为了您挚爱的家人，请致电旅行者保险公司。

（资料来源：吕尚彬．广告文案教程．北京大学出版社，2007）

【案例教学】

乌江榨菜，正宗涪陵榨菜，

始于 1898 年，

巴国古都涪陵因乌江（古称涪水）而得名，

涪陵榨菜名冠世界三大名腌菜之首。

乌江榨菜色如暖玉，其味鲜、香、嫩、脆，更为涪陵榨菜之精品！

腌制乌江榨菜要经三清三洗，三腌三榨。

一清一洗，翡翠洗：精选上品“乌江翡翠头”，以清洌的泉水清洗表面风尘，还原翠玉本色；

二清二洗，去盐霜：将初腌榨菜，以清泉洗去多余盐霜，确保复腌之时风味饱满，层次分明；

三清三洗，黄玉洗：将成型榨菜，起筋去皮，再以清泉浸洗至通体宛如黄玉之色；

一腌一榨，榨龙骨：将初腌翡翠头堆成盘龙状，榨得菜芯韧性十足，咬劲十足；

三腌二榨，榨龙髓：将复腌榨菜以付器压榨，榨得菜芯内开出层层龙鳞纹，加入秘制天香，其味自然入骨入髓；

三腌三榨，榨龙涎：将腌成之榨菜再次压榨，榨出鲜、香、嫩、脆层次分明的绝妙滋味。

分析：乌江榨菜广告文案是如何体现乌江榨菜的特点而打动消费者的？

【思维训练】

根据画面和创意，你能为康柏电脑的售后服务系列广告配上合适的文案标题吗？

创意提示：

从现在起，每部康柏电脑的背后，都有强劲售后服务支援。我们的网点遍布全球服务网点，向您承诺快速和信心。

画面一：飞奔的雪豹；

画面二：母袋鼠温情地看着胸前的小袋鼠；

画面三：漫山遍野的兔洞。

【实战演练】

广告模拟

模拟要求

以小组为单位，每组6道题目。

小组的部分成员根据提示，用肢体语言表达题板所给的产品品牌，注意：可以说出产品的广告语，但是广告语中不能包含题板的任何信息。其余成员猜出产品名称。

每道题目限15秒。

优胜组可以要求失败组表演一个节目。

广告文案创作

一、适用情景

小王创作的广告标题，获得了项目组成员的一致认可，但是经理告诉她，她的文案正文部分还要再修改一下，因为有些内容太侧重文字雕琢，而忽略了目标对象的需求。那么，一份高质量的文案该怎么做呢？

二、实训目的

通过对广告文案的撰写，全面提高学生文案创意的写作能力。

三、实训内容

在确定标题的基础上，对企业或产品作更深入的调查，并根据调查的结果，结合企业或产品的广告策略，从不同的角度以不同的表现形式撰写不同篇幅的广告文案。

四、实训要求

个人完成，团队评论。

1. 撰写5篇不同产品类型的短文案；

2. 以不同的表现形式撰写3篇长文案，其中一篇要求是故事型，一篇为产品剖析型，另一篇不限形式，自由发挥；

3. 长文案要求400字以上，语言表达能力强，能吸引人，激发兴趣。

五、作业步骤

全面深入了解企业或产品特点，选定文案的形式进行文案创意。

六：实训向导

1. 了解企业或产品特点，深入市场进行调查；

2. 针对产品在市场上的销售形势，寻求产品独特的诉求方式；

3. 根据这种诉求进行文案创意和文案写作。

第九章　广告创意

【学习目标】

了解广告创意的内涵、特点、原则与分类；

掌握广告创意简报、广告创意的思维方法与广告创意的过程；

掌握 USP 论、品牌形象论、ROI 论、共鸣论、定位论和品牌个性论等广告创意的理论及操作方法；

掌握几种常见的广告创意的技术。

【能力目标】

能够通过本章的学习，培养学生运用广告创意思维进行广告创意的能力，激发学生学习广告创意的兴趣；

要求学生能够根据给定情景积极创作优秀的广告创意作品，具备较强的收集、分析资料的能力，能多角度思考问题，具有水平及垂直思维方式，善于触类旁通。

第一节　广告创意的基本理论

经典语录：

创意是广告人对广告创作对象进行想象、加工、组合和创造，使商品潜在的现实美（它的良好的性能、品格、包装、服务等），升华为消费者都能感受到的艺术美的创造性劳动。

——杨荣刚

创意是广告的灵魂，是将广告赋予精神和生命的活动。　　——威廉·伯恩巴克

理论基石：

创意是广告的灵魂，是通过构思来创造广告作品的艺术形象。创意是广告人对广告的创作对象进行想象、加工、组合和创造的过程，它使商品潜在的现实美（如它的性能、品格、包装与服务等）升华为消费者都能感受到的艺术美（如它的形象、美感、高贵与愉悦的精神体验等）的一种创造性的劳动。

一、广告创意的内涵

在英语中，常常用 creative 或 idea，来表示创意，意思是创新、创造、创作、创造物等。创意作为广告活动的专门词汇，可以理解为如同小说、绘画、剧本一样的构思过程。创意，从字面上理解，是“创造意象之意”，从这一层面进行挖掘，是广告人对广告的创作对象进行想象、加工、组合和创造的过程。创意是通过构思创造广告作品的艺术形象，创意是广告人聪明才智的表现，只有有创意的广告才是有灵气的广告。广告有了灵气，就会受人瞩目、令人回味。它打破了心理定势，增加了吸引力，为广告增光添彩。所以我们说创意是广告的生命，是广告的灵魂。

关于广告创意，一直有狭义和广义之分。狭义的广告创意主要是指广告画面和文稿的设计创作，是“小创意”；广义的广告创意是指广告活动中涉及创造性领域的所有环节，如广告战略创意、广告策略创意和广告主题创意、文稿创意、图像创意、版面设计创意等，为“大创意”。本书从狭义角度来论述广告创意。我们所下的定义是：广告创意是广告创造过程中，紧紧围绕广告主题，选择一定的表现元素所进行的符合市场需求的创造性思维活动，是为了达到广告目的，对广告的主题、内容和表现形式所进行的创造与谋划，它渗透于广告业务的各个方面。

二、广告创意的特征

（一）真实性

广告创意不同于文学创作，文学可以天马行空，任我驰骋，广告创意则必须立足现实，体现真实。这个现实就是商品的实际属性。广告创意的艺术处理必须严格限制在不曲解商品的实际功能的范围以内，限制在不损害消费者利益的前提之下。因此，大卫·奥格威说：广告创意实际是在“戴着枷锁起舞”。

（二）抓住消费心理

广告创意是通过一系列的心理活动完成的。因此，研究广告创意的特征应该着力于探寻消费者心理活动的轨迹和特点，只有正确把握了消费者心理的广告创意才是好的创意，才能打动消费者。

（三）运用艺术策略

广告创意虽然源于现实，来源于真实，却要打开想象的大门，集中凝练出主题思想与广告语，并且从表象、意象、意念、联想中获取创造的素材，形成形象化的妙语、诗歌、音乐和富有感染力的构图、画面，成为一幅完美的、形象化的艺术作品。

（四）充分发挥想象

广告创意不同于新闻写作。新闻是对新近发生或发现的事实的报道。新闻必须绝对忠实于事实。而广告创意则可以想象，可以夸张，可以平添情节，可以制造悬念，可以戏剧化，可以音乐化，可以借助想象、幻想、猜想、联想与灵感，可以运用荒诞、怪异、幻视、变形等手法。

三、广告创意的原则

创新思维（或称创造性思维），是指人们在思维过程中能够不断提出新问题和想出解决问题的方式的独特思维。可以说，凡是能想出新点子、创造出新事物、发现新路子的思维都属于创新思维。在广告创意过程中必须运用创新思维。为此，应把握以下原则。

（一）统一性原则

广告创意必须与广告目标和营销目标相吻合。在创意活动中，广告创意必须是围绕着广告目标和营销目标进行创意，必须是从广告服务对象出发，最终又回到服务对象的创造性行为。广告创意的轨道就是广告主的产品、企业和营销策略。任何艺术范围的营造，都是为了刺激人们的消费心理，促成营销目标的实现。

例如，有些产品启用明星做广告，但却没能找到明星与产品之间的联系，创意缺乏相关性，受众看了广告之后，只记得某明星做了一则广告，却把广告所应该表达的主要信息给忘了，这种创意无疑是失败的。明星巩俐代言的大洋摩托车广告，由于产品特性和代言人之间几乎毫无关联性可言，所以导致广告信息本末倒置，成为一个活生生的失败案例。

（二）新奇性原则

日本广告心理学家川胜久认为："要捉住大众的眼睛和耳朵，是广告的第一步作用。"意思是说，广告创意要千方百计地吸引消费者的注意力，使其关注广告内容。只有这样才能在消费者心中留下印象，才能发挥广告的作用。而"要吸引消费者的注意力，同时让他们来买你的产品，非要有很好的点子（即创意）不可"（奥格威语）。因此，用各种可能的新奇手段去吸引尽可能多的消费者的注意，是广告创意的一个重要原则。

例如，"白加黑"感冒片电视广告中用了一种新颖的手法，五彩缤纷的电视画面突然消失了，屏幕上一半黑一半白，而且信号极不稳定，此画面一下子引起人们的注意："怎么了，电视出毛病了？"正当你着急的时候，突然看到屏幕上出现一行字"感冒了，怎么办？你可选择白加黑的方法"，紧张的神经这才松弛下来，而下面的广告信息已经乘机钻进你的脑际：白天吃白色药片，不打瞌睡，晚上吃黑色药片，可以睡得很香。这则电视广告不但引人注意，而且给人印象深刻，其成功之处正在于出人意料，使人感到惊奇。

（三）简单性原则

简单性原则又称"KISS 原则"。KISS 是英文" Keep It Simple Stupid"的缩写，意思是"使之简单笨拙"。广告创意必须简单明了、纯真质朴、切中主题，才能使人过目不忘，印象深刻。

例如，九华痔疮栓的"屁股笑了"广告，执简去繁，避实就虚，慧眼独具，一下子捕捉了隐伏在产品和受众二者逻辑定理之下的潜在关联性，用毛笔勾勒了一道弯弯的弧线，将屁股（药品的治疗部位）和微笑嘴形（疗后的肯定）同构在一起，通过超现实的重新组合，以反空间、反结构的异常面貌出现，在视觉上有强烈的吸引力，同时也使受众从心理、物理、生理诸角度引起新的联想和撞击。

（四）合规性原则

合规性原则是指广告创意必须符合广告法律法规和广告的社会责任。随着广告事业的蓬勃发展，广告的商业目标和社会伦理的冲突时有发生，广告主与竞争对手的火药味也愈来愈浓，广告对消费者，尤其是青少年的影响越来越大。因此，广告创意的内容必须要受广告法律法规和社会伦理道德以及各国家各地区风俗习惯的约束，以保证广告文化的正面影响。

比如，不能做香烟广告，不能做比较广告和以"性"为诉求点的广告，不能做违反风俗习惯、宗教信仰和价值观念的广告，等等。

（五）情感性原则

情感是人类永恒的话题，以情感为诉求来进行广告创意，是当今广告创意的一种主要趋向。在一个商品消费高度成熟的社会里，消费者追求的是一种与自己感觉、情绪和内心深处的情感相一致的“感性消费”,而不仅仅注重于广告商品的性能和特点。因此,若能在广告创意中注入浓浓的情感因素,便可以打动人,感动人,从而影响人。广告传播便能在消费者强烈的感情共鸣中,达到非同一般的效果。许多成功的广告创意,都是在消费者的情感方面大做文章从而脱颖而出的。

例如,美国贝尔电话公司广告,曾设计了这样一则广告来打动消费者:一天傍晚,一对老夫妇正在进餐,电话铃响,老妇去另一房间接电话,回来后,老先生问:“谁的电话?”老妇回答:“是女儿打来的。”又问:“有什么事?”回答:“没有。”老先生惊奇地问:“没事?几千里地打来电话?”老妇呜咽道:“她说她爱我们。”俩人顿时相对无言,激动不已。这时出现旁白:“用电话传递你的爱吧!”这则广告以最易引起人们共鸣的亲情入手,通过远在千里之遥的子女用电话向年迈的父母传达爱心而赋予电话以强烈的感情色彩,营造了一种浓浓的亲情氛围,最后则水到渠成地推出要宣传的企业——贝尔电话公司。整个过程自然得体、情真意切,有很强的感染力。

(六)特色性原则

广告创意贵在“新”。要做到这一点,就要突破常规,出人意料,与众不同。切忌因袭雷同,似曾相识。没有原创性,广告就缺乏吸引力和生命力。当然,借鉴是允许的,但不能模仿照搬。只有超越,才能卓越。

例如,自动贩卖机给人的感觉总是有点冷冰冰的,即使一样的咖啡,从那里面出来也好像变了味儿。如果咖啡馆里漂亮的姑娘在呢?——这个别出心裁的咖啡贩卖机就把那个姑娘搬来了。她还挺忙,除了泡咖啡,还要为一家就业机构做广告,呼吁大家不要受现状的局限,打开视野,选择更适合自己的工作。她的表情像在告诉大家:“在这个狭小的空间里工作,真的不如去咖啡馆里啊。”

四、广告创意的过程

“创意无法则”被很多创意人奉为教条。头脑活跃的广告人天马行空,灵光乍现,好的创意往往在不经意间迸发,循规蹈矩反而有可能约束创意的发散,因此有些人认为创意是不需要法则的,甚至认为遵循法则产生的创意一定不是好创意。在广告界流传着这样一句话:创意像爱情一样不可分析。广告创意的最终形成表面上看起来很短,实际上需要很悠长的酝酿。产生创意的整个过程可以大致划分为前后相互关联的五个阶段:即收集原始资料—用心分析资料—深思熟虑—实际产生创意—实际应用。

(一)调查阶段——收集原始资料

广告创意是建立在广告调查和市场分析基础上的,创意从收集原始资料开始,包括:知识资料的收集和以往经验的组织。创意人员必须掌握两方面的资料:(1)与消费者的愿望、爱好以及生活方式有关的一般资料;(2)与广告的产品和服务有关的资料。

表 9—1　　收集资料内容一览表

资料类型	资料内容
产品资料	公司概况,产品情况(规格、质量、包装等)
竞争对手资料	竞争对手的市场占有率、财务状况、产能利用率、创新能力、对手的领导人分析
市场资料	市场竞争状况分析、市场特点、消费状况、产品零售价格调查等
消费者资料	年龄、性别、民族、生活习惯、区域、国家、家庭收入、目标消费者消费心理、消费行为、消费特征分析等

（二）分析阶段——找出商品最有特色的地方

分析从调查资料中获得的问题点，并从中提取该产品具有吸引力的卖点，把商品能够打动消费者的关键点列举出来。主要有几个方面：

（1）广告商品与同类商品所具有的共同属性有哪些？

（2）与竞争商品相比较，广告商品的特殊属性是什么，优点、特点在什么地方？从不同角度对商品的特性进行列举分析。

（3）商品的生命周期正处于哪个阶段？

（4）列出广告商品的竞争优势会给消费者带来的种种便利。

（5）找出消费者最关心、最迫切需要的要求，抓住这一点，往往就抓住了创意的突破口。

例如：新型小轿车的特性（见表9－2）：

表9－2　　新型小轿车的特性

新型小轿车的特性	这些性能带给消费者的利益
车速快	节约时间，体会到驾驶的乐趣
耗油量小	提高效率，节约开支
安全系数高	人身安全有保障
具有环保性能	该车具有现代意识
价格不高	能够使中等收入的家庭成员进入有车族的行列
—	—

（三）酝酿阶段——为提出创意做心理准备

对已形成的广告概念进行孵化，听其自然，放任自流，将广告概念全部放开，尽量不去想这个问题，只是把它置于潜意识的心智中，让思维进入“无所为”的状态中。

（四）开发阶段——多提出几个创意

在构思过程中，可能会提出多个新的创意，这些创意往往具有不同的特点，要注意把每一个新的创意记下来，不能“浅尝辄止”，满足于一两个创意。

（五）评价决定阶段——确定最好的创意

对形成的各种广告创意进行分析评估，选择出合适的广告创意。

例如：如何区别一个好创意？

第一，它是否与产品有一定的联系？

第二，是否从未有人将这个创意应用于这个类别的产品？

第三，是否不仅不落俗套，而且又有娱乐性？广告的信息是否感动你？是否有冲击力？是否能吸引某些人的注意力？

第四，是否引人思考？这点很关键。人们是否会参与到广告中？是否启动了他们头脑中的小马达，使他们真正介入对未来的憧憬中？是否有激发性和劝服力？

第五，我是否喜欢？如果你喜欢这则广告，受众也就很可能喜欢这则广告。

五、广告创意的思维

广告创意是一种新颖独特、别具一格的创造性的思维活动，但它并非天马行空，率意而得。

思维方法对于广告的成败关系极大。运用适当的方法和技巧，是广告创意获得圆满成功的根本保证。一般来说，广告创意的思维方式有以下几种。

（一）形象与抽象的思维方法

形象思维又称直觉思维，是指借助于具体形象来进行思考，具有生动性、实感性等特点的思维活动。通俗地说，形象思维就是由“形”而及“象”，由“象”而及“形”的思维过程。形象思维以直觉为基础，通过某一具体事物引发想象而产生创意。

例如，海王银杏叶片的电视广告篮球篇，广告语触目惊心：“三十岁的人，六十岁的心脏；六十岁的人，三十岁的心脏。”用非常形象的瘪下去的篮球和充满气的篮球来象征，给人印象相当深刻，与产品功效的联系也是十分巧妙的，产品的信念“健康成就未来”和广告片契合得很紧。

抽象思维即逻辑思维。它是借助概念、判断、推理等抽象形式来反映现象的一种概括性、论证性的思维活动。在广告创意中表现为运用抽象化手法来表现具体的事物或情感、意念等。

如唇膏广告，“集中一点，博取永久印象”；发酵粉广告，“支撑面团的力量”；紧身胸衣广告，“为你塑造最迷人的线条”等。由于抽象语言、意象的能指范围更广泛，使语言意味有了一定的模糊性和弹性，使语言的理解有更大的心理张力。经过接受者的两次创造，在消费者心中广告语言意象内容更丰富、更生动，更具美感。“永久印象”，“迷人线条”引发多少美妙遐想。“线条”是指胸衣，指合体，指体形，高雅优美而富有情趣。如“支撑面团的力量”这一类抽象语言的运用，常使广告语言超乎常规，出语不凡，印象深刻。

（二）发散与聚合的思维方法

发散性思维（扩散思维、立体思维、辐射思维）指的是由一点向四面八方想象、散发开去的思考问题的方法。广告创意运用这一思维方法可以充分调动积淀在大脑中的知识、信息和观念，运用丰富的想象，海阔天空，重新排列组合，产生更多新的意念和方案。如运用发散思维，一个曲别针就有 3 000 种用途。

例如，一位生下来就双目失明的善良少女，多次听人说，绿色象征着生命、和平、青春，它是最美的色彩。可是，她怎么也捉摸不出绿色的模样。于是，她请求别人给她讲讲“什么是绿色？”这个问题可难住了不少人。可以告诉她：绿色，其实你自己给别人的色彩就是绿色！她就会明白，与人为善就是绿色——最美的色彩；给人一个灿烂的微笑——也是绿色的。

聚合性思维（收敛思维、集中思维）是以某个问题为中心，运用多种方法、知识或手段，从不同的方向和不同的角度，将思维指向这个中心点。如果说发散思维是扩大想象的话，聚合思维是回收想象。

相对发散思维，聚合思维是一种异中求同、量中求质的方法。只扩散而不集中，势必会造成一盘散沙或鱼龙混杂的局面，因此，扩散后必须进行筛选和集中，通过分析比较，选择出具有价值的设想和方案。

（三）顺向和逆向的思维方法

顺向思维是常规的、传统的思维方法，是人们按照从上到下、从小到大、从左到右、从前到后、从低到高等常规的序列方向进行思考的方法。逆向思维是一种反常规、反传统的思考方法。它标新立异，常常让创意和策划工作获得新的突破，其主要特点是逆潮流而行，别人认为不常用的方式，我偏偏敢于采用，别人认为没有希望的市场我就要去开拓。广告创意中采用顺向思维是一条熟悉顺畅的路，但它往往会使创意思维陷入一种固定的方向，只想表达产品如何好，会给人带来什么好处等。当大家都从顺向寻觅时，逆向探索往往更能找到出奇制胜的创意新路。

例如，美国七喜汽水(7up)在可口可乐和百事可乐的夹缝之中，不和它们硬碰硬，而是另辟蹊径，寻找突破口，使出“非可乐”的招数，声称自己“不含咖啡因”，稳固地保持了自己第三品牌的地位。

(四)垂直和水平的思维方法

垂直思维是指人们根据事物本身的发展过程来进行深入分析和研究，即向上或向下进行垂直思考。世界知名的思维训练专家德波诺在《新的思维》一书中，用“挖井”作比喻，论述了垂直思维和横向思维两种不同方法的关系。德波诺说，垂直思维从单一的概念出发，并沿着这个概念一直推进，直到找出最佳方案或方法。这正如挖一口水井，一直挖，挖得很深但仍不见出水，继续挖。如果选址错误，可能耗费大量人力、财力仍达不到目的。

在一种结构范围中，按照有顺序的、可预测的、程序化的方向进行思维，是符合事物发展方向和人类习惯的思维方式。它遵循由低到高、由浅到深、有始到终等线索，注重逻辑推理，顺着一条思路往下延伸，直到找到问题答案。

如七喜汽水，曾在1968年以“非可乐”的定位突围，10年后，销量下跌，立即在1982年底重新定位为“不含咖啡因”的可乐，20世纪90年代初又一次策划新的定位，标榜“与众不同、口味独特”，塑造幽默、创新、重视自我的品牌性格。

水平思维(横向思维)是指摆脱对某种事物的固有思维模式，从与某一事物相互关联的其他事物中分析比较，另辟蹊径，寻找突破口。横向思维要求我们首先从各种不同角度思索问题。思维的惯性很容易使自己在一个特定的问题领域中作循环思索，这个时候就需要跳出来，看一看其他领域，从别的地方找一些材料以启发自己。

例如，带伤疤的苹果，按照垂直思维的思路：伤，被虫子咬了；或是存放的时间太长，烂掉了；或是在运输过程中挤压太厉害所致。以水平思考法：伤疤，标记。

(五)头脑风暴法

头脑风暴法也称智力激励法，是由美国BBDO广告公司经理奥斯本创立的。它是一种通过小型会议的组织形式，诱发集体智慧，相互启发灵感，最终产生创造性思维的创意方法。

1. 头脑风暴法的操作程序

(1)准备阶段。广告创意负责人事先对所议问题进行分析研究，弄清问题的实质，找到问题的关键，拟订所要达到的目标；同时，选定会议参加人员(一般为5～10人)，确定会议的时间、地点和所要解决的问题，准备会议资料。

(2)热身阶段。这个阶段的关键是创造一种自由、宽松、祥和的氛围，使与会者无拘无束。会议开始后，主持人首先宣布会议的规则，谈论一些热点或有趣的话题，使与会者思维处于轻松活跃状态，逐步导入会议议题。

(3)明确问题。主持人扼要地介绍有待解决的问题，力求简洁、明确，以免影响与会者的思维和想象力。

(4)重新表述问题。经过一段时间讨论后，与会者对问题有了较深的认识和理解。主持人或书记员对会议发言记录进行整理和归纳，找出富有创意的见解和有启发性的表述，为进一步讨论提供参考。

(5)畅谈阶段。该阶段是头脑风暴法的创意阶段。为激发与会者的思维和形象力，让与会者真正做到畅所欲言，自由轻松地讨论问题。与会者应遵守以下三个规则：一是不要私下交谈，以免分散注意力；二是不妨碍和批评他人发言，与会者只谈自己的想法；三是发表的见解要简单明了，一次发言只谈一种见解。

(6)筛选阶段。在会议结束后的一两天内，主持人应向与会者了解会后的新想法和新思路，补充会议记录；然后将与会者的想法整理成若干方案，根据可识别性、创新性、可实施性等标准进行筛选；经过多次反复的比较和选优，最后确定1～3个最佳方案。这些方案是多种创意的组合，是集体智慧综合作用的结果。

2. 头脑风暴法应遵循一定的原则

(1)自由畅谈原则。参加者不应受到任何限制，让思维自由驰骋；从不同角度、不同层次、不同方位展开想象，尽可能地标新立异，提出独创性的想法。

(2)延迟评判原则。头脑风暴必须坚持当场不对任何设想作出评价，不论是肯定或是否定，也不发表评论性意见。为防止评判意见对与会者思维的约束，破坏自由畅谈的气氛，一切评价和判断都要延迟到会后进行。

(3)禁止批评原则。绝对禁止批评原则要求与会者不得进行批评和自我批评，以免抑制创造性思维。

(4)追求数量原则。头脑风暴会议的目标是获得尽可能多的设想，至于设想的质量问题，可留到会后研究。在某种意义上，设想的质量和数量密切相关，产生的设想越多，其中的创造性设想就可能越多。

(5)会后处理原则。通过组织头脑风暴畅谈会，能获得大量与议题有关的设想，对这些设想的分析整理工作，通常安排在会后进行。设想处理的方式有两种：一种是专家评审，即聘请有关专家和与会者代表共同评审；另一种是两次会议评审，即组织与会者举行第二次会议，对设想进行评价处理。

【知识链接】

巴巴拉·明托

1961年，巴巴拉·明托成为哈佛商学院录取的第一批女学员之一。1963年，明托被麦肯锡国际管理咨询公司聘请为该公司有史以来的第一位女性咨询顾问。她在写作方面的长处很快得到赏识，并于1966年被公司派往英国伦敦，负责提高麦肯锡公司日益增多的欧洲员工的写作能力。30多年来，她致力于向人们传授明托金字塔原理，传授对象是那些接受过商业或专业培训，但在工作中需要撰写复杂的报告、研究性文章、备忘录或演示文稿的人士以及其他社会各界人士。迄今，明托已为美国、欧洲、澳大利亚、新西兰和中东等国家和地区的绝大部分公司和管理咨询公司讲过课，并在哈佛商学院、斯坦佛商学院、芝加哥商学院、伦敦商学院以及纽约州立大学等做过讲座。现在，明托金字塔原理已成为麦肯锡公司的公司标准，并被认为是麦肯锡公司组织结构的一个重要部分。神密的金字塔是人类建筑史上最伟大的奇迹之一。而"金字塔原理"是我们高效地组织思想的奇妙方法之一。在很多时候，我们常常发现自己或别人有词不达意的情况发生。问题的出现，不是出在内容上或表达技巧上，而是出在如何有序、高质量地组织思想素材上。麦肯锡公司经典工具"金字塔原理"是解决这一问题的良方。

在这本由巴巴拉·明托——也就是"明托金字塔原理"发明者——创作的《金字塔原理》书中，作者对这种神密的思维工具进行全方位的解密。对有志于提升系统思维能力的人，《金字塔原理》一书有着巨大的实用价值。

【小资料】

詹姆斯·韦伯·扬《产生创意的方法》

“创意有着某种神秘特质，就像传奇小说般在南海中会突然出现许多岛屿。”

“根据古代水手讲，在航海图上所表示的深海洋的某些点上，会在水面上突然出现可爱的环状珊瑚岛，那里边充满了奇幻的气氛。”

“我想，许多创意的形成也是这样，它们的出现，好像在脑际白茫茫的一片飘浮中，突然便跳出了一些若有若无的‘岛屿’，和水手所见的一样充满了奇幻气氛，并且是一种无法解说的状态。”

创意的出现，的确是一种不期而至突如其来的灵感，它就像是乌云密布时的一道闪电、黑暗摸索中的豁然开朗、百思不得其解时的茅塞顿开，给人一种“众里寻她千百度，蓦然回首，那人却在灯火阑珊处”的惊喜。这个阶段是最令人兴奋的。

【案例教学】

阿基米德与皇冠——一个创意产生的故事

当海罗在锡拉丘兹称王之后，为了显示自己的丰功伟绩，决定在一座圣庙里放上一顶金冠，奉献给不朽的神灵。于是这位国王就拿一些黄金叫一个珠宝匠为他做这一顶皇冠。过了不久，珠宝匠便把做好的皇冠交给了国王。国王称了一下皇冠的重量，虽然与他拿给珠宝匠的黄金的重量一样，但国王还是怀疑珠宝匠在皇冠中掺进白银，盗取同样重量的黄金。国王想，怎样才能确定珠宝匠有没有在皇冠中掺白银呢？他把这件事交给了阿基米德。

阿基米德接受了任务，他立刻想到，解决这个问题的关键就是测量出皇冠的体积。虽然皇冠的重量与国王给的黄金是一样的，但是，如果能够测量出皇冠的体积与黄金的体积的差异，事情就会真相大白。具体来说，如果皇冠的体积与黄金的体积是一样的，那么珠宝匠就没有掺假；如果皇冠的体积比黄金的体积要大，那就必然是掺进白银了，因为白银的密度比黄金的密度要小，同样重量的白银一定会比黄金的体积要大。

然而，像皇冠这样的不规则形状，如何才能准确地测量出它的体积呢？阿基米德本来想把皇冠融化掉，再与同重量的纯金比一下体积，这样便很快知道皇冠是不是纯金的了，但是，这样会把皇冠给毁掉，如果用这种方法去验证皇冠是否纯金，那么世界上就再也没有这个纯金皇冠了。阿基米德百思不得其解，弄得他心烦意乱。于是他准备去洗个澡放松一下。下浴缸之前，皇冠的事情又浮现于脑际：

皇冠，皇冠的体积，这个不规则的、奇形怪状的东西，叫我如何测量？

我现在要下水了，这是满满的一缸水。我现在把一只脚放下了水，浴缸里的水开始往外溢出。我现在已经下水了，浴缸里的水往外溢出的更多。我现在泡在水里，在我没有下水之前是满满的一缸水，在我下水之时浴缸里的水慢慢往外溢出了不少，怎么现在仍然还是满满的一缸水呢？为什么？因为我？是的，因为我。因为我的身体替代了那部分溢出的水。这就是说我的身体在水中所占的空间和刚才被我挤出去的那部分水所占的空间完全相同。这就是说，刚才被我挤出去的那部分水的体积和我身体的体积完全相等。我的身体是一个不规则体，是没有办法来测量的，但被我挤出去的那部分水的体积却是可以测量的！若把那部分溢出去的水的体积测量出来，我身体的体积不就被测量出来了吗？

假如我是皇冠，皇冠就是我。我泡在水里，就是皇冠泡在水里。如果把皇冠浸在水中，如何？那被排出的水的体积就一定是皇冠的体积了。

"Eureka！尤里卡！"这可找到解决问题的办法了！

他一下子从浴缸里跳出来，连衣服也顾不上穿，光着身子欣喜若狂地跑回家去：

"尤里卡！尤里卡！我找到了！我找到了！"

（资料来源 http://ettc.sysu.edu.cn/policy/asp_adc/adv/0200_subject/sub_01_htm）

【思维训练】

请从下列意象中随意抽取5个，用独特的有意义的话串联成短文，为某一产品作广告：

飞鸟　向日葵　风筝　鱼　创可贴　刺猬　沙漠　书　风笛　玫瑰
左岸咖啡馆　派克笔　石头　伞　罗马表　郁金香　鹦鹉

【实战演练】

优秀广告创意选择和评价

一、适用情景

小李刚到某广告传播有限公司上班，创意经理拿出公司最近几年的经典作品让小李进行观赏并点评。小李想这是公司给自己的一项任务，也是一种考验，因为从点评上可以看出一个人的专业深度和真实水平。那么，该怎么对公司的广告作品进行评价呢？

二、实训目的

培养学生将广告理论中的相关知识应用于特定广告情景；发挥创造性思维，进行创意性的推荐环节设计与展示；能从专业角度对广告作品的优劣进行评价，并提出改进意见。

三、实训内容

学生利用课余时间收集优秀广告作品；将优秀广告作品以PPT的形式展示出来；对广告作品进行解读和点评。

四、实训要求

具有广告沟通技巧的基本技能；充分了解广告目标对象的心理状态；准确把握消费者需求；挖掘产品卖点，展示过程中集中体现诉求点。

五、实训步骤

1. 每位同学选择一个你喜欢的产品或品牌（不限于实物），结合广告推荐的相关理论运用向全班同学进行推荐；每位同学可以充分发挥创造性思维，进行创意性的推荐环节设计与展示。

2. 推荐环节进行展示（设计内容不限于PPT、实物展示等），时间不超过8分钟；评分规则：每位同学根据观后感受进行投票，投票分Yes和No。每位同学的最终得分为得票数乘以系数。

第二节 广告创意的策略

经典语录：

要吸引消费者的注意力，同时让他们买你的产品，非要有很好的点子不可。除非你的广告有很好的点子，不然它就像很快被黑夜吞噬的船只。

——大卫·奥格威

旧的元素，新的组合。

——詹姆斯·韦伯·扬

理论基石：

广告创意观，即对广告创意的基本理念。它是如何看待广告的核心观念，是进行广告创意的指导思想。自20世纪以来，现代广告迅猛发展，从广告实践中产生又影响指导广告活动的创意理论也不断发展，并形成众多各具特色的创意策略。

一、USP策略

（一）UPS策略的含义

USP是由英文Unique Selling Proposition的首写字母组成的，是独特的销售主张的意思。它是罗瑟·瑞夫斯(Rosser Reeves 1910—1984)在20世纪50年代提出的一种有广泛影响的广告理论。瑞夫斯是世界十大广告公司之一的达彼斯广告公司的老板，美国杰出撰文家称号的第一位得主、科学派的代表人物，其著作《实效的广告——USP》影响巨大。他针对当时广告界过分迷信"原创性"和排斥法则的弊病，尖锐地批评广告缺乏理论基础，倡导"广告迈向专业化"，强调科学原则和"实效"。他创造的USP理论建立在长期深入的科学调查基础之上，对广告实践具有重大指导意义。

（二）USP策略的基本要点

第一，每一个广告都必须向消费者提出一个说辞(Proposition)，必须让消费者明白，购买广告中的产品可以获得什么具体的利益。

第二，提出的这个销售主张或说辞必须是竞争对手没有提出或无法提出的，并且无论在品牌方面还是承诺方面都要独具一格。

第三，所强调的主张必须是强而有力的，必须聚集在一个点上，集中打动、感动和引导消费者来买相应的产品。

（三）UPS策略的作用

由于科学技术急速发展，人类社会不断向前推动，靠单一化、模式化的广告创意和表现已不能引起大众的注意和兴趣，必须在产品中寻找并在广告中陈述产品的独特之处，即实施独特的销售主题。这一新的广告创意策略一经问世便立即在广告界引起热烈响应，并在20世纪五六十年代得到普遍推广。该学说指出，在消费者心目中，一旦将这种特有的主张或许诺同特定的品牌联系在一起，USP就会给该产品以持久受益的地位。例如，可口可乐是红色，百事可乐为蓝色，前者寓意着热情、奔放，富有激情；后者象征着未来，突出"百事——新一代"这一主题。虽然其他饮料也有采用红色与蓝色作为自己的标准色，但是，可口和百事首先占有了这些特性，因而，其他品牌就难以从消费者的心目中将其夺走。

例如，德宝纸手巾两则电视广告。一则是一女子在饭桌上以纸手巾擦拭被汤水弄脏的脸，结果劣质的手巾留下了斑点纸屑在脸上，旁边男子尴尬急呼“赶紧赶紧”，女子用德宝才干净地擦去脸上污迹；另一则中一对情侣在喷泉边，男友为女友擦拭水珠也是留下一大堆纸屑，女友用德宝擦拭干净后飘然而去，不料刚才垫坐的劣质纸手巾仍然留在屁股上，甚是不雅。两则广告都是取材生活，是每个人都可能遇到的尴尬场面，妙就妙在德宝最先把它发掘出来，这可说是USP思维的一大胜利。

二、品牌形象论

在全球广告界久负盛名的科学派的代表人物大卫·奥格威，作为20世纪60年代美国广告创意革命的三大旗手之一，20世纪60年代中期所倡导的“品牌形象”观念，经过40多年的实践，这一创意策略得到越来越多的工商业和广告界人士的青睐，显示了较强的生命力。1992年，奥美环球广告公司全面推出“品牌管家”的作业概念，为品牌提供“360度全方位服务”，获得极大成功。成功的典型案例是大家熟知的万宝路(Marlboro)和可口可乐品牌形象。美国的快餐品牌“麦当劳”和“肯德基”也分别以“麦当劳叔叔”和“肯德基上校”的形象来体现品牌特点，输入民族性格的符码。

(一)品牌的含义

品牌是什么？目前，人人都在谈论品牌，可要准确回答这个问题，还真不是一件容易的事情。普通消费者认为品牌是牌子(brand，trademark)。著名营销学者菲利浦·科特勒(Philipkotter)的定义，所谓品牌，就是一个名字，称谓、符号或设计，或是上述的总和，其目的是要使自己的产品或服务有别于竞争者。这是从市场营销一般意义上定义，而在广告中所涉及的品牌以及品牌形象其内涵与之稍有区别。

广告策略中的品牌，体现为消费者对品牌所蕴含的诸多信息，如名称，标记、符号、发音、利益的提供、产品的特色、市场的评价、发展的历史等的认知和接受的程度，它建立在消费者的心中，更多地体现为一种主观的认识。

(二)品牌形象论的要点

奥格威的品牌形象论的基本要点有以下五方面内容：

(1)品牌和品牌的相似点越多，选择品牌的理智考虑就越少；为塑造品牌服务是广告最主要的目标，品牌形象是创作具有销售力广告的一个必要手段。如各种品牌的威士忌、香烟、啤酒、洗涤剂等之间没有什么显著差别，这时，为品牌树立一种突出的形象就可以为厂商在市场获得较大的占有率和利润。

(2)形象指的是品牌个性。最终决定品牌市场地位的是品牌总体上的性格，而不是产品间微不足道的差异。个性鲜明的品牌形象才能让目标消费者心动和行动。如“哈撒韦”衬衫广告中那位戴眼罩的英俊男士给人以浪漫、独特的感觉，所以“哈撒韦”品牌的与众不同的个性自然走进了消费者的心中。

(3)品牌形象要反映购买者的自我意象。如啤酒、香烟和汽车等用来表现自我的产品，如果广告做得低俗便会影响销售，因为谁也不想让别人看到自己使用低格调的产品。消费者购买时追求的是“实质利益+心理利益”。

(4)每一则广告都是对品牌的长程投资，品牌形象是一种长期的战略。因此，广告应保持一贯的风格与形象，尽力去维护一个好的品牌形象，并使之不断地成长、丰满。这反映出品牌资源累积的思想。

(5)影响品牌形象的因素。影响品牌形象的因素有它的名称、包装、价格、广告的风格、赞助、投放市场的时间长短等。这反映出在20世纪80年代末才正式提出的“整合传播”思想。

例如，美国啤酒有一则易拉罐啤酒电视广告，广告主题是突出开罐不用开瓶器，轻易一拉瓶盖便可以饮用，极为方便。

日本发布的广告创意，是一位姑娘用纤弱的手指轻轻一拉，啤酒罐盖便打开了，表示毫不费力。而美国发布的广告创意，用一位50岁上下的老年人——这人相貌不扬、衣衫褴褛，右手拿着啤酒对着观众说：“从今以后不必再用牙齿了！”尔后他很得意地一笑，就在他笑的一瞬间，人们发现他没有两颗门牙。这种不同的广告创意，前者平淡，后者幽默风趣，有新意。

(三)品牌形象的形成

每一品牌在市场中都存在着品牌形象。品牌形象意味着人们从一个品牌所联想到的一切情感与美学品质。品牌形象给产品附加了虚幻的形象、个性和象征，使人们对同样的东西产生不同的感觉和情感，这正是品牌形象发生作用的心理基础。树立品牌形象，必须为品牌选择和创造合适的广告意象，能够表现品牌特质和个性，并能为消费者接受。从广告实践来看，广告意象的选择和创造可以有以下几种：

1. 合适的模特儿

例如：将“西部牛仔”形象深深印在脑海中的“万宝路”香烟广告。

2. 商标人物

李奥·贝纳于1935年为绿色巨人公司的豌豆虚构的“绿色巨人”人物形象，也是一个非常成功的品牌形象。

3. 拟人化的动物卡通形象

可口可乐公司于1997年推出“Qoo”形象，以年轻人为目标市场的广告策划中，为满足年轻人自我认同的需求，反映年轻饮用者的特性和向往，在其创意中便着力塑造了一个超级乐天派，调皮捣蛋又爱欺负人，不过只要一喝Qoo这种好喝的饮料小脸蛋就会变得红通通的，最喜欢在洗澡后喝。虽然是小孩子，但想法却很成熟，让人摸不着头绪，而且少一根筋的他，偏偏活动力又超强，有时可是会让人大喊吃不消的可爱形象。

4. 名人形象

力士香皂的印刷品广告中插印影星照片，从而树立起“力士香皂，国际影星所使用的香皂”这一形象。

5. 普通人形象

法国一家广告公司曾请了一位80岁高龄的洗衣老妇充当洗衣机广告主角，播出不久，这位老太太便成了大明星，这个品牌洗衣机的销售额，也从全国第四位升至第二位。

三、定位理论

定位理论是由美国著名营销专家艾尔·莱斯和杰克·特劳特在20世纪70年代提出的，并集中反映在他们的著作《定位：为你的心志而战》中，这是一本关于传播沟通的教科书。1996年，特劳特整理了25年来的工作经验，写出《新定位》一书，更与时代贴近，但其核心思想仍源自早年提出的定位论。

(一)"定位"理论的基本要点

第一,广告的目标是使某一品牌、公司或产品在受众心目中获得一个据点,一个认定的区域位置,或者占有一席之地。

第二,广告应将火力集中在一个狭窄的目标上,在受众的心智上下功夫,是要创造出一个心理的位置。

第三,应该运用广告创造出独有的位置,特别是"第一说法、第一事件、第一位置"。只有创造第一,才能在受众心中形成难以忘怀的、不易混淆的优势效果。

第四,广告表现出的差异性,并不是指出产品的特殊功能或利益,而是要显示和实现品牌之间的差异。

第五,有效定位一旦建立,无论何时何地,只要受众产生了相关的需求,就会自动想到广告中的品牌或产品,达到"先入为主"的效果。

如:七喜(Seven Up)是美国豪迪饮料公司1929年上市的一种柠檬口味饮料。1968年,7-Up成功地从可口可乐和百事可乐的包围中突围出来,创造了一个主题,取名"非可乐"(Uncola),明确地把它定位于非可乐的位置。此定位获得极大成功,受到了公众的积极响应,7-Up的销量猛增,当年其销售量就增加了14%,到1973年增加了50%。"非可乐"的广告语变得很流行,因为它正好迎合了20世纪60年代年轻人反家庭的情绪,它独一无二的定位抓住了年轻人的饮料市场。

类似的还有脑白金"送礼就送脑白金"的礼品定位;红色罐装王老吉"怕上火就喝王老吉"的产品功效定位;娃哈哈营养快线"早上喝一瓶,精神一上午"的饮用时间定位等。

(二)广告定位策略

1. 首次定位

定位对象首次进入空白心智,对于受众来说,这方面的信息要是心理所第一次感知的,要占得最先与最大。比如农夫山泉第一个提出"有点甜"这一概念特征,同时第一个采用特殊瓶盖,靠着两个方面的首次定位,农夫山泉很快被消费者接受,迅速畅销于市场。

2. 关联定位

使定位对象与竞争对手发生关联,并确立与竞争对象的定位相反的或可比的定位概念。使宣传的品牌既与现有商品类别有关联,又有区别。日本一家经济暖气机同时兼有中央暖气系统和石油或瓦斯暖气炉两种商品的特性。中央暖气系统费用高昂又不适合小房间,石油或瓦斯暖气炉有油烟气味。经济暖气机排除了两者的缺点。经权衡得失,厂商决定采用与中央暖气系统造成关联的商品定位,并以"中央暖气系统新发现——小房间专用"为广告标题,因而获得意外的销售业绩。

3. 特色定位

在遭遇无敌地位的竞争对手的情况下,可利用自己在潜在受众心理中所拥有的地位,并巩固之,使之确立为心理中同类对象的新位置。七喜的"非可乐"定位就是一个典型的关联定位。既借可乐的名声提高自己的知名度,又凸显自己与可乐的不同。

4. 单一位置定位

处于领导者,要以另外的新品牌来压制竞争者。因为每一个品牌都在其潜在顾客心理中安置了独自所占据的一个特定处所。宝洁公司为全球最大的洗涤化妆用品公司,为了保持其在中国洗发水市场上处于绝对垄断地位,针对不同的消费者不同的需要,先后推出了飘柔、潘婷、海飞丝、沙宣、润妍,以满足消费者个性化需求,从而保持宝洁公司在洗发水市场上的领导者地位。

5. 扩大名称

处于领导者,用更广的名称或增加其适用范围来保持其地位。很多药品,在刚推向市场时,为了让消费者尽快接受,往往只是宣传一个重要的功能,但当其被消费者接受后,往往就扩大其宣传面,以巩固扩大其消费群体。

6. 类别品牌定位

当一个强大的品牌名称成了产品类别名的代表或代替物时,必须给公司的一个真正成功的新产品以一个新的名称,而不能采用"搭便车"的做法,沿袭公司原有产品的名称。当"小天鹅"成了洗衣机的名牌产品,同时又成为洗衣机代名词的时候,小天鹅公司开发空调产品时,就没有沿有"小天鹅"商标,而是重新塑造一个"波尔卡"品牌。就是采用这一定位策略。

7. 销售量定位

前面说到,消费者由于缺乏安全感,喜欢买跟别人一样的东西,有着较强的从众心理。所以那些在同行中有较好销量的企业经常宣传自己的销量领先,以便使消费者产生一种信任感。如"民星饲料,国有饲料销量第一","波斯登羽绒服,连续六年全国销量遥遥领先"。还有美国山咖(Sanka)咖啡的广播广告说:"我们在美国是销售第三大的咖啡。"又如"艾维斯(Avis)在出租行业只是第二位,那么为什么租我们的车?我们更加努力呀!"

8. 再定位

它也称重新定位,即打破事物在消费者心理中所保持的原有位置与结构,使事物按照新的观念在消费者心理中重新排位,调理关系,以创造一个有利于自己的新的秩序。李奥·贝纳用"牛仔"形象为万宝路香烟重新定位,使原先一直销路不畅的女士香烟一跃成为全球第一品牌。大卫·奥格威的戴眼罩的模特,使默默无闻116年的"哈撒韦"衬衫一下子走红美国。这都是广告界著名的再定位案例。

艾尔·莱斯和杰克·特劳特曾为沙碧娜航空公司做过一个策划。该公司的航线由北美直飞比利时的布鲁塞尔,尽管已经做了很多广告,宣传飞机好、饭食丰美之类,但顾客不饱满的状况却依然故我,调查后发现,问题症结不在航空公司本身,而是因为比利时当时作为旅游地还默默无闻,于是"为比利时做广告,而不是为沙碧娜"的想法蹦了出来,震撼人心的创意出来了:"比利时有五个阿姆斯特丹!"

再如宝洁公司旗下的舒肤佳香皂提出的"洁肤而且杀菌,唯有舒肤佳香皂取得中华医学会认可",也是有效利用了先声夺人、承诺快人一步的方法。

企业定位不仅是自身形象定位,同时也是经营领域定位,两者是相互关联的。例如人们提到"一次成像"摄影技术就很容易想到拍立得公司;人们谈起复印公司,就会想到施乐公司;人们谈到大型计算机时,毫无疑问想到IBM公司;谈到飞机,立即想到波音公司。这些公司都在经营领域内为自己确立了无可匹敌的市场地位,成为人们的首选。

四、企业形象(CI)理论

(一)企业形象识别

企业识别(Corporate Identity,简称CI)是指一系列符号的组合,这些符号标示着一个企业所能标识自己、区别外界的内在特点和个性。它是塑造企业形象的一种有力手段。CIS

(Corporate Identify System)即企业形象识别系统,20世纪50年代诞生于美国,由IBM公司首先推出蓝色基调视觉识别标识,引起社会反响。20世纪70年代在世界范围内被广泛运用到企业的经营管理中,掀起一场CIS热潮。1988年由广东太阳神集团首次引入CIS,而后很多企业相继导入并逐渐成长为中国知名企业,产品也成为知名品牌。

(二)企业形象理论的要点

CI理论是通过一系列的形象设计,将企业的经营理念、行为规范和视觉识别有序地传达给社会公众,并被社会公众认识(recognize)、认同(agree)和内化(Inside turn)的系统策略。其基本要点是:

(1)强调广告形式、构成、标志、广告语等的鲜明性和发布上的统一性,这种统一性是由CI总战略所规定的。广告应注意延续和积累效果。

(2)广告应着眼塑造公司整体形象,而不仅是单一品牌形象。

(3)CI理论的广告虽然也以形象为主,但重视的是整体统一形象和网络相关形象。

例如:IBM"蓝色IBM系统符号"的CI设计和可口可乐在20世纪70年代推出的红色波浪标志系统。

五、品牌个性理论

(一)品牌个性理论的产生

品牌个性理论的英文全称是"Brand Character",简称BC理论。BC理论产生的基础是美国格雷广告公司提出的"品牌性格哲学论",日本小林太三郎教授提出的"企业性格论",从而形成了广告策划创意中的一种后起的、充满生命力的新策略流派——"品牌个性论"。BC理论可用"产品+定位+个性=品牌个性"来表示,意思是广告在"说什么"时,不只是"说利益(产品)","说形象(定位)",还要"说个性"。

(二)品牌个性论的基本要点

(1)在与消费者的沟通中,从标志到形象再到个性,"个性"是最高的层面。品牌个性比品牌形象更深一层,形象只是造成认同,个性可以造成崇拜。

(2)为了实现更好的传播沟通效果,应该品牌人性化,即思考"如果这个品牌是一个人,它应该是什么样子……"(找出其价值观,外观,行为,声音等特征)。

(3)塑造品牌个性应使之独具一格,令人心动,历久不衰,关键是用什么核心图案或主题文案能表现出品牌的特定个性。

(4)寻找选择能代表品牌个性的象征物往往很重要。例如,"花旗参"以鹰为象征物;IBM以大象为象征物;"万宝路"以马和牛仔为象征物。

六、ROI理论

(一)ROI理论的含义

ROI是一种实用的广告创意指南,是广告大师W. 伯恩巴克创立的DDB广告国际有限公司制定出的广告策略上的一套独特概念主张。ROI的英文全称是"Relevance, Originality, Impact",译为"关联性,原创性,震撼性"。

(二)ROI理论的基本观点

ROI的基本观点是:

(1)一个好的广告创意应具备三个基本特质:关联性(revelance),原创性(originality)和震撼性(impact)。

(2)关联性要求广告创意要与商品、消费者、竞争者相关,没有关联性的广告就失去广告的意义;原创力要求广告创意要突破常规、出人意料、与众不同,没有原创力,广告就缺乏吸引力和生命力;震撼力要求广告创意能够深入到人性的深处,冲击消费者的心灵,没有震撼性,广告就难以给人留下深刻印象。

(3)同时实现"关联"、"创新"和"震撼"是一个广告的要求,因此必须明确解决下列五个基本问题:广告的目的是什么? 广告的对象是谁? 品牌有什么特别的个性? 何种媒体最适合? 受众的突破口或切入口在哪里?

针对消费者需要的"关联"并不难,不关联但点子新奇也容易办到。真正难的是,既要"关联"又要"创新"和"震撼"。ROI 理论的成功之作是绝对伏特加酒的"绝对"广告。创作者首先找出了广告与商品的相关性,说了很多诸如"绝对标准"的广告语诉求;然后又发挥原创力,出人意料地表达该产品与众不同的视觉效果和精神内涵,使消费者在视觉上和观念上深受震憾。

又如,盛世长城制作的一则公益广告《别人的孩子》没有说教达理,而是用"幼吾幼以及人之幼"为创意,始终用孩子为线,以感性的形式表达,直击人性中美好的层面。广告用最平凡的面孔,演绎最生活的画面,点燃最真实的感动。"别人的孩子供给你一日三餐,别人的孩子为你铺平道路,别人的孩子会送你上班下班,别人的孩子保护你远离危险,别人的孩子救你于危难间,别人的孩子甚至为你把生命贡献。他只要一个机会长大成人,就像你的孩子。"文案中没有华丽的文字堆砌,但却让潜在人们内心深处的爱和希望升华。

七、共鸣论

(一)共鸣论的主张

共鸣论主张在广告中述说受众珍贵的、难以忘怀的生活经历、人生体验和感受,以唤起并激发其内心深处的回忆,同时赋予品牌特定的内涵和象征意义,建立受众的移情联想。通过广告与生活经历的共鸣作用而产生效果和震撼。

(二)共鸣论的要点

该理论的要点主要包括:

(1)该策略最适合大众化的产品和服务,拟定广告主题内容前,必须深入了解消费者。

(2)选择目标对象的普遍的生活方式加以模仿。

(3)构造一种能与目标对象普遍但又怀念的经历相匹配的环境,使之能与目标对象真实的或想象的经历联接起来。

(4)侧重的主题内容是:爱情、童年回忆、亲情等。

例如,"铁达时"手表的广告是一个典型的案例。"不在乎天长地久,只在乎曾经拥有"的广告词配以兵荒马乱战争年代的动人爱情场面,使消费者对该品牌产生强烈的共鸣。

八、魔岛理论

(一)魔岛理论的提出

魔岛理论是詹姆斯·韦伯·扬(James Webb Young,1886—1973)提出的,它是说,灯泡一亮,灵感一来,创意于是诞生。在古代的水手传说中认为有一种魔岛存在。他们说,根据航海图的指示，这一带明明应该是一片汪洋大海，却突然冒出一道环状的海岛。更神奇的说法是，水手在入睡前，海上还是一片汪洋，第二天早上醒来，却发现周围出现了一座小岛，大家称之为“魔岛”。后世的科学家知道，这些“魔岛”实际上是经过无数的珊瑚经年累月地成长，最后一刻才升出海面。创意的产生，有时候也像“魔岛”一样，在人的脑海中悄然浮现，神秘而不可捉摸。这种方式产生的想法会稍纵即逝，所以应该随时将想法记录下来。可能你随手写下来的东西就会成为改变人生的源泉。

（二）魔岛理论的基本要点

其基本要点为：

(1)创意的产生表现为灵感的突现，但这灵感“魔岛”的出现是创意人员前期积累的结果。

(2)积累越丰富，可用于创意的素材越多，广告创意的成功概率越大，创作的灵感越活跃。

例如，有一个人洗脚，洗完脚之后在穿袜子的时候突然想到，如果袜子可以在人们洗完脚之后帮助人按摩就好了。于是他记下了这个想法并且动手去做，结果发明了一种新的袜子。这种袜子的底部有 18 个按摩穴，人们穿上袜子之后走路时就感觉到是在按摩。新加坡的一家公司生产按摩椅。他们请了一位著名歌星拍摄了一则广告：广告上的歌星一边躺在按摩椅上享受按摩，一边听音乐，并且这个按摩椅可以根据不同的音乐节奏调节按摩的力度和大小。比如听的是古典音乐，按摩椅后面敲槌的速度就很慢，如果是摇滚乐，则敲槌的速度很快，也就是说把音乐和按摩结合在一起，突破了传统的观念。

魔岛理论主要谈的是“发明”，也就是德鲁克讲的“聪明的创意”（bright idea），它是生成的、独创的，然而我们生活中大部分的创意并不是“发明”，而是“有效的模仿”、“改良性的主意”或者“拼凑式的创造”，这一类不聪明的创意有时候可以通过读书、研究而得到预期的效果。

【知识链接】

罗瑟·瑞夫斯(Rosser Reeves 1910－1984)，曾经是弗吉尼亚银行的一个文员，移居纽约后，开始在广告公司工作，1940 年加入达彼思公司。在长期的实践中，罗瑟·瑞夫斯不断发展自己的创意哲学，并强调研究产品的卖点对家庭消费的重要性，帮助总督香烟、高露洁牙膏重塑了形象；1952 年帮助德怀特·艾森豪威尔竞选总统成功，对美国政治广告活动产生巨大的影响。

【小资料】

“绿色青豆巨人”广告创意

广告标题：月光下的收成。

文案：“无论日间或夜晚，都在转瞬间选妥，风味绝佳……从产地到装罐不超过 3 个小时。”

评析：“月光下的收成”即体现青豆巨人豌豆独特的新鲜的价值，又蕴涵了浪漫的气息和温和的关切。

李奥·贝纳以自己创作的广告作品为例，说明了三种可能与固有刺激创意法背离的创意方法。

(1)用许多不证自明的事实作成一篇无趣味的自吹自擂的文章。这种人可能会这样写广告——“如果你想要最好的豌豆，你就要青豆巨人。青豆巨人经过精心种植与罐装，保证你最后对味道满意。因为它们是同类产品中最好的，所以这些大而嫩的豌豆在美国最畅销。今天就在你买东西的食品杂货店中买一些吧。”

(2)用明显的夸大之词构成夸张的狂想曲。李奥·贝纳指出，有这样倾向的创意人员可能会醉心于这样的文案——“在蔬菜王国中的大颗绿宝石。你从来不会知道一颗豌豆能够像这样似露的甜蜜，像六月清晨那么新鲜并洋溢着丰富的豌豆的芬芳。把它端到烛光照射的餐桌上，如果你丈夫把你的手握得更紧一点也不足为奇。”

(3)炫耀才华，舞文弄墨。这类创意人可能会这样写下去——“这种豌豆计划永远终止蔬菜战争。青豆巨人，它不过与玉米粒那么大，剥豌豆的人能够剥下。青豆巨人有一个保证豌豆永存于世的计划——豌豆在大地，善意满人间。”

【案例教学】

动物历险记——南京“公交站牌”广告创意

初夏的南京并不炎热，正是动物四处串门的好时候，接二连三的怪事就发生了，正如你们看到的。

灯箱广告之一《老鼠篇》

旁白：我曾经可以头也不回地从这个灯箱前溜过，但我却鬼使神差地瞄了一眼。没想到这家伙的吸引力大得可以吸眼球，就这一眼把我的肠子都悔青了。如果上天再给我一次重来的机会，我一定把一直追我的那只猫引到这……

灯箱广告之二《毛驴篇》

旁白：不许叫我瞎驴，不许叫我独眼驴，不许叫我海盗驴。虽然看起来有点酷，但其实我什么都不是。我就是驮着张国老路过这时，好奇地瞄了这家伙一眼，没想到这家伙的吸引力大得把眼球都吸走了。现在我知道他骑驴时为什么要看唱本了，不看唱本不就看到这家伙了吗？这老家伙，太贼了。

灯箱广告之三《猪篇》

旁白：我不是八戒，是九戒。西天取经路上，什么样的大风大浪都挺过来了。谁知道修成正果后，因为看了一眼这灯箱，就晚节不保了。我就是再通天彻地，也不知道这家伙的吸引力大得能把眼球吸走啊！现在这模样让我怎么回去见高老庄的高小姐啊！从此我就多了一戒：绝对戒看大唐灵狮的灯箱。

不管我们是否承认，读图时代已经到来。好广告要能在复杂的环境里迅速吸引目光，户外广告更是如此。这几则南京公交站牌广告，就从眼球入手，用“眼球”吸引眼球，颇具创意，主题表达直接、贴切，形式生动、新颖，没有过多的深意，一看就明白，可以让过路者“停步，注目”，是近来不可多得的平面创意作品。文案精巧有趣，读者会心一笑。真正好的创意，经常给人的感觉是如此简洁，拍案叫绝，豁然开朗。完美如果泛滥，残缺则成大美。

（资料来源：http://xwcb.100xuexi.com/HP/20100727/DetailD1291252.shtml）

思考：

1. 广告创意和广告效果有什么关系？南京“公交站牌”广告创意给我们最大的启示是什么？

2. 怎样才能构思出好的广告创意？

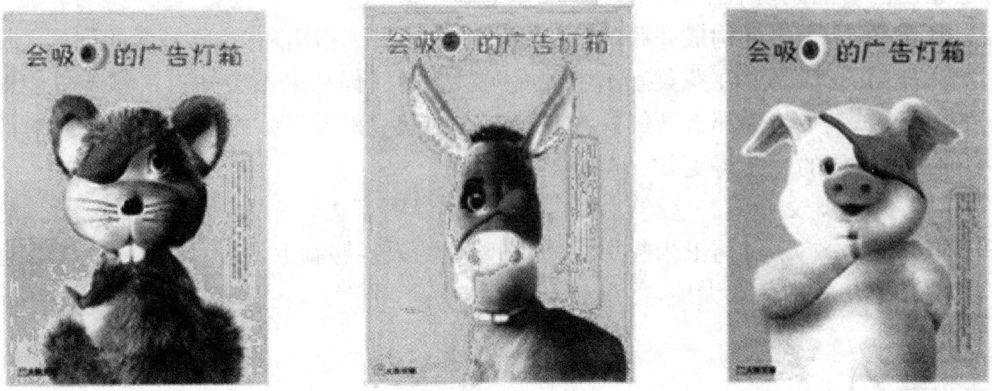

图 9—1　南京公交站牌的灯箱广告

为什么雕牌天然皂粉广告会紧急更改

“你泡了吗？泡了。你漂了吗？漂了。”“泡泡漂漂晾起来”雕牌天然皂粉的这一广告播出后，引发了诸多消费者的不满。

为什么消费者会不满呢？

有人认为这则广告打了情色广告的擦边球，让人联想到的内容很不健康。

据了解，这则广告是按照洗衣服先浸泡再漂洗的有效程序进行创意的，广告词只是想告诉消费者如何使用本产品才能达到最好的效果，并没有过多可供人联想的含义。

说到广告播出后出现的争议，公司认为“我们比较冤枉”，不管从广告字面还是创意本身，他们并没有打擦边球的初衷，市场反响是他们始料不及的。9 月初广告制作播出后，就有消费者反映有负面影响，作为全国知名的公司，没有必要通过这种哗众取宠的广告方式引起人们的注意。

（资料来源：华商报 . 2003. 10）

思考：

1. 雕牌天然皂粉广告紧急更改的原因是什么？

2. 一个好的广告创意会被受众误解吗？

3. 你认为应该如何评价一个好的广告创意？

【实战演练】

感受广告创意

一、实训目的：通过对市场上同类商品广告创意的调查分析，使同学们初步直观感受广告创意的内在魅力，了解广告创意对促进商品销售、树立品牌形象、细分市场等方面的作用。

二、实训内容：调查收集 10 种同类商品广告并分析其创意内涵。

三、实训要求：团队完成。

1. 分组调查并收集同类商品广告；

2. 分析同类商品广告创意，并用书面文字形式进行归纳；

3. 按每小组 4～5 人分组进行实训，每小组收集不少于 10 种处于竞争的同类商品广告，

小组集体分析研究结束后,上交1份《关于同类广告创意的调查分析报告》;

4. 考核办法:每小组保质保量完成练习,小组集体成绩也为小组成员个人成绩。

四、作业步骤:分组→确定各小组拟调查的商品类别→收集同类商品广告10种,形式不限→小组讨论→书面归纳总结讨论意见→完成广告创意的《调查分析报告》。

第三节　广告作品的主要类型

经典语录:

好广告不只在传达讯息,它能以信息和希望,穿透大众心灵。 ——李奥贝纳

理论基石:

广告的艺术形式、艺术手法、艺术技巧都要有较高的水准,广告才可以获得成功。广告文字要言简意赅,画面要优美动人,音乐要动听感人,立意要深入浅出。

广告主要有平面广告、影视广告、广播广告三大类。

一、平面广告

平面广告设计除了在视觉上给人一种美的享受外,更重要的是向广大的消费者传达一种信息、一种理念,因此在平面设计中应该注重表面视觉上的美观,还应该考虑到信息传达性。现在的平面广告设计主要是由图形、方案和色彩三个基本要素构成的,无论是报纸广告、杂志广告,还是我们经常看到的户外广告等,都是由这些要素通过巧妙的安排、配置组合而成的。

(一)图形要素

1. 具象图形

具象图形是广告设计中主要的视觉形式之一,它是通过借鉴绘画与造型艺术的形式来表达主题目的不同意境和格调,体现出比较直观的视觉效果。在广告设计中,充分利用具象图形的特征,可以形成独特的格调和强烈的视觉效果,同时,因为具象图形的艺术感染力,可以被广泛应用于广告设计的各个领域。

2. 抽象图形

抽象图形是高度概念化的表现,从简洁的画面中反映出现代科技的发展,具有极大的原创性。抽象图形在设计过程中不受任何表现对象和技巧的约束,也不受时间与空间的限制,宏观视觉与具象图形相结合,作品的形式更为丰富。抽象图形在表现广告内容或产品时,往往具有简洁、明快和强烈的效果,同时也可以增加作品的表现寓意。

3. 影像式图形

影像式图形多以摄影为造型手段,适合应用于表现具有真实感和写实性的广告中,能够准确地表现物体的外貌和细节部分,充分展现各种产品的特性。影像式图形作品是设计与摄影等现代技术的结合,有效地传达各种信息,以真实的形象和巧妙的寓意表达出广告主题。

(二)方案要素

1. 标题

标题是表现广告主题的短句，是广告文案的一部分，应放置于能够被快速注意的位置。标题具有图形的视觉效果以及文案的说明效果。可以根据广告不同的主题，配合图形造形的需要，选用不同的字体、字号，运用视觉艺术语言，引导公众的视线自觉地从标题转移到图形、正文上。

2. 正文

正文即为广告要传播的商品说明文，它详细地叙述了商品内容，具有说明、解答、鼓动、号召的作用。正文内容撰写要采用日常语言，简单易懂，表达生动、贴切、形象、扣人心弦，让公众心悦诚服地信任商品，以达到传播信息的目的。正文编排时以集中为宜，一般置于版面的下方，也可以置于左方或右方的位置。

3. 广告语

广告语也称标语，是在整体广告策划的某个阶段内反复使用的，用以体现企业精神或宣传商品特征，以吸引公众注意的专用宣传语句，能给人留下深刻印象。广告语的文字必须易读好记、押韵顺口、富于情感，编排时可以放在版面的任何位置，但要位居广告标题之后，不能本末倒置。

4. 附文

附文是指广告发布者的公司名、地址、邮编、电话、传真号码等，方便公众与广告发布者取得联系，以购买商品。它一般置于版面的下方或次要的位置。

(三)色彩要素

色彩是把握人的视觉的第一个关键因素所在，也是一幅广告表现形式的重点所在，它与公众的生理和心理反应密切相关，公众对广告的第一印象是通过色彩得到的。艳丽、典雅、灰暗等色彩感觉影响着公众对广告内容的注意力。鲜艳、明快、和谐的色彩组合会对公众产生较好的吸引力；陈旧、破碎的用色会导致公众产生“这是旧广告”的想法，而不会引起注意。因此，色彩在平面广告中有着特殊的诉求力。

现代平面广告设计是由色彩、图形、文案三大要素构成的，图形和文案都离不开色彩的表现，色彩传达从某种意义来说是第一位的。色彩是由色相、明度、纯度三个元素组成的。色相即红、黄、绿、蓝、黑等不同的颜色；明度是指某一单色的明暗程度；纯度即单色色相的鲜艳度、饱和度，也称彩度。运用不同的色彩能为广告带来不同的感观效果。

设计师通过在广告中运用不同的色彩，以表现出广告的主题创意，并充分展现出色彩魅力。首先必须认真分析研究色彩的各种因素。由于人们的经历、年龄、文化背景、风俗习惯及生理反应有所不同，其存在一定的主观性，但对颜色的象征性、情感性的表现，人们又有着许多共同的感受。在色彩配置和色彩组调设计中，设计师要把握好色彩的冷暖对比、明暗对比、面积对比、混合调合、面积调合、明度调合、色相调合、倾向调合等。色彩组调要保持画面的均衡、呼应和色彩的条理性。广告画面要有明确的主色调，还要处理好图形色和底色的关系。

二、影视广告

(一)影视广告的声音

声音与光一样，在影视语言中也是塑造空间的重要手段，特别是在塑造画面外空间方面更有着不可替代的作用。比如画面中的人物与银幕外的人对话就是很好的例子，画外的声音则可以塑造更加广阔、更加丰富的空间。

电影在1895年诞生以后经历了很长的一段只有画面没有声音的默片时期。但在默片时期，为了适应人们感知客观事物的习惯，同时也为掩盖放映机的噪声，在放映影片的时候总有乐队、钢琴或唱片为之伴奏。因为人们的视觉空间总是和声音联系在一起的，生活本身就充满着声音，一个完全没有声音的空间，总会使人感觉不具体、不真实。为此，不少人做出了巨大的努力，终于在1927年摄制出了人类历史上第一部有声电影——美国的《爵士歌王》。

影视广告中的声音是由人声、音响、音乐三个部分构成的，这里需要强调一下的是画面与声音的关系问题，即如何正确对待视与听两方面结合的问题。在一部影视片中绝不能简单、机械地强调以谁为主，或以谁为辅，关键是要具体问题具体分析，两者要很好地配合。更确切地说，视觉与听觉这两者要相互融合，应该做到与人们观察、辨析事物的行为方式完全吻合。这一点只要想一想我们在日常生活中的情景并不难理解，因为我们随时随地都是极度灵活地使用自己的眼睛与耳朵的，绝无首先考虑主次之分。多年来的影视创作实践告诉我们，声音会改变画面的性质，画面也会使声音变形。两者的关系如影随形，相互支撑，但又变化无穷，有着无限的生命力。

（二）影视广告的图像要素

图像，亦即呈现在电视屏幕上的映像，它们是现实生活中具体的、动态的景物的形状和颜色的影像。电视广告中的图像逼真生动，只要视觉健全就可以感受到它的存在，因为这是摄影机对现实生活的忠实记录，可以达到乱真的地步，它给观众的感受简直就像面对客观现实一样。科学家们经过研究发现，视与听是人类接受外界信息的两条最主要的生理渠道。有资料表明，人们通过视觉获得的信息约占人们所获信息总量的83%，而来自听觉渠道的约占11%。我国著名学者田木相在其《电视文化学》的论著中曾指出："看电视新闻明显地要比听广播新闻多掌握900倍以上的信息。"因为人们感受客观世界的主要渠道是通过眼睛。

美国全国广告人协会的调查报告：广告中如果没有图片，将减少75%的效果，而如果广告中没有声音配合说明，效果只减少25%。可见图像，也就是视觉要素对电视广告有多么重要。

（三）影视广告拍摄要素

1. 画格与画帧

画格与画帧分别为电影、电视的最小构成单位，即一幅画面，英文通称Frame。也就是说，每一画格，每一画帧，如果单独、静止地来观看，都是一幅完整的、独立的、类似于绘画艺术中的画面。

由于电影胶片与电视摄像的记录方式不一样，所以相同的单位时间，二者所获得的画面幅数并不相同。电影1秒钟记录下24格画面，而PAL制的电视1秒钟记录25幅画面（N制的则是30幅画面）。电影每秒钟24格之中的一格画面，我们称之为一画格；电视每秒钟25幅画面中的一幅我们称之为一画帧。然而要特别注意的是，尽管画格与画帧的形式都是一幅画面，但电影、电视中的画格和画帧与绘画艺术作品中的画面有着极大的区别。因为影视中的画格与画帧基本上不单独存在，也很难单独拿出来欣赏。所以为了区别于绘画艺术，也为了区别一般人所理解的电影、电视上的画面概念，还是称它为一格或一帧更准确些。

2. 镜头

镜头是由画面构成的，但镜头并不等于画面。有时一个画面就是一个镜头，有时，一个镜头却有许多画面。一般来说，镜头能够单独表达一定的含义，而画面则不一定。

3. 影响镜头画面的要素

画面无疑是视听语言中最为重要的部分，因此，研究影响影视镜头画面的各种因素对于视

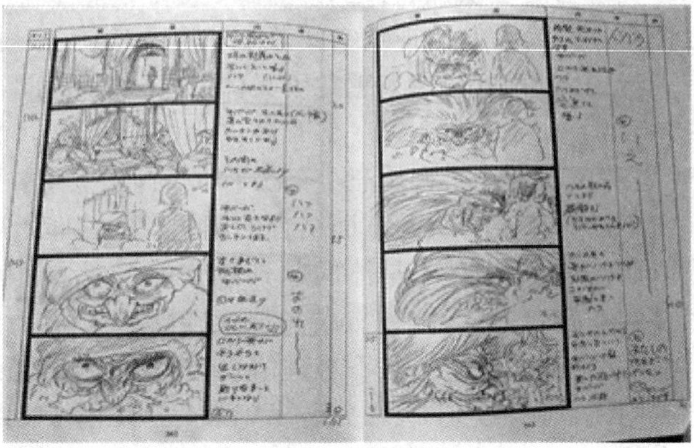

图 9—2　镜头画面

听语言有着极其重要的意义。

影响电影、电视画面表意的首要因素应当是镜头的景别。也就是说，摄影师从取景框截取的景物的大小、多少，能极大地影响画面的含义和流露出的情绪。而决定画面景别大小的因素是摄影机的机位和摄影机镜头的焦距长短。

(1)远景，也称大全景。远景是视距最远的景别，这种景别的画面可以展示辽阔宏大的场景，展示人物活动的空间或环境氛围。远景给人的感觉好像是站在很远的地方观看风景一样。远取其势，是远景的特长。

图 9—3　远景画面

(2)全景。全景的画面比远景小一些，具体地说，是在取景框内以能容纳站立的全身人为准。全景可以使观众看到人物的全身动作及其周围的部分环境。全景与远景一样也是一种最基本的介绍型的景别，多用来介绍环境和展示事物的全貌。因此在叙事的段落中，全景一般不可缺少，因为要用它来确定事件发展的空间范围，所以一般又称为“定位镜头”。

(3)中景。一般摄取人的膝盖以上，这种画面可显示人物大半身的形体动作，能给人物表演以自由活动的空间，既能表现人物之间的关系，又不会与周围的环境气氛脱节，尤其可以表现手的动作。中景是影视作品中比较常用的一种景别。

图 9—4　全景画面

图 9—5　中景画面

(4)近景。它是摄取人物腰部以上的一种景别。这种画面能使观众看清楚人物的某种形体动作和面部表情，或者物体的某些细节，在广告中比较常用。

(5)特写。即肩部以上或人体的某个局部、一小件物品或物品的某一细部的镜头。一般是指人物的面部，特写是视距最近的镜头。它的取景是将所要突出、强调的物体占满银幕。当然也有人称视距更近、取景更小的为大特写。特写镜头的表现力极为丰富，能给人以体察入微的感觉。要注意的是特写镜头常常是主观性很强的镜头，带有极大的强迫性，有明显的提醒和暗示作用。特写或大特写在电视广告中运用得极多，常被用来强调产品品牌或产品细部。

三、广播广告

广播广告的独特之处就是通过声音来传递广告信息，也就是"以声夺人"。广播广告中的声音包括人声(广告的语言部分，就是广告词)、音响和音乐，也称广播广告的三要素。

(一)人声

广播媒体中的语言与平面印刷媒体中的语言有着本质的区别，印刷媒体中的语言是抽象

图 9－6　巴黎埃菲尔铁塔近景画面

图 9－7　特写画面

符号式的文字语言，而广播中的语言则只能是有声的口头语言，这一点是广告策划者必须加以区分的。广播广告的语言表现方式比较多，在这里介绍几种常用的表现方式。

(1)比喻法。即将广告产品间接地用其他东西比喻。例如，在砂糖广告中，可以将砂糖比喻为白雪。又如，有一则牙刷广播广告："××品牌牙刷，就是一毛不拔。"

(2)逆向表达法。即不从顺向来看待事物，而是从相反的方向来考虑事情，以发现新的观点。

(3)暗示法。利用一些为大家熟悉的名言、格言、谚语等，来暗示某一事物。

(4)列举法。即将广告产品的所有成分、色泽、款式、价格等内容一一列举，分别向媒体受众展示。

(5)重复法。即广告中的关键词重复运用，以突出广告产品的品牌，例如，韩国现代集团的广告"技术的现代，现代的技术"。

(6)定义法。例如"威士忌是生命之泉"，这种方法改变了广告产品原有的概念，使它与生活中的某一事件联系起来，使媒体受众形成一种有利于产品销售的联想。

(7)语源法。即运用一些有悠久历史的语句，以突出广告产品的经营历史或优异品质，例如，“车到山前必有路，有路就有丰田车”。

(8)现写法。它又称活写法，即设定某种情景，以现场报导的形式描写整个过程，使媒体受众产生身临其境的感受。

(9)修辞疑问法。即以问卷的形式直接将广告产品的有关信息告诉媒体受众，使他们对产品形成一个完整的概念。

(10)否定诉求法。大多数广告常以产品的特点或优点作为诉求主题，以给媒体受众留下正面的印象，而否定诉求则以产品的不足或缺点作为诉求点，从反面的角度将广告产品的特征客观地告诉媒体受众，如果运用得当，这种方法比正面诉求更为有力。例如，“××品牌手表，48 小时误差两秒钟”。

(11)夸张法。即通过艺术的手法夸张广告产品的功能，增强广告产品对媒体受众的吸引力。夸张法与夸大不同，夸张法是一种艺术形式，而夸大则带有一定的欺骗性。运用夸张法不是指说假话，而是通过一定的艺术形式将广告产品的特征或功能渲染出来，以增强其视听效果。

(12)反复法。即将同样或类似的表现反复地强调，例如，广告歌多出现在一则广播广告中，以加深听众对广告产品品牌的印象。

(13)双关语法。即说俏皮话，通过一些幽默的俏皮话将广告产品的信息传输给媒体受众。

(二)音响

音响是广播广告的主要表现手段之一。其作用是可以大大增强广播广告的表现力和感染力。音响可以创造一个声音的环境，可以叙述或表现一个事件，也可以表现思想和情感。

(1)音响的叙事性。现实中一切生物和自然现象都有自己独特的声音。如风声、鸟鸣、马嘶等。也就是说，声音总是和形象联系在一起的，这也正是声音能够令人产生视觉联想化的前提。

广播广告中的人物不需说他打破了盘子，我们只要听到陶瓷破碎的声音和感叹声就可以了。要表现喝饮料的过程，只需要打开盖时“嘭”的一声，再加上喝饮料时“咕嘟咕嘟”的声音，最后是喝过舒适地感慨一声“啊……”就可以了。同样，要表现火车站的环境，只需用乘客们的嘈杂声、车轮转动声、汽笛声就能把听众带到这个环境中。

(2)音响的表现力。音响的表现力主要是通过联想来实现的，而这种联想又是通过独特的广告创意而引发的。和视觉一样，声音也同样具有非凡的表现力。因此，对音响的巧妙使用，可以把许多无法或难以表现的东西轻而易举地传达给听众。例如，药品广告的效果在广播广告中很难予以表现，因为它无法像电视那样可以运用画面进行演示，而一则胃肠药品的广播广告却运用自然音响达到这一目的。即：雷声(约 5 秒钟时间的雷鸣)雨声(倾盆大雨)号角声(雨声停后约两秒)胃肠药品名，从而把服后的效果表现得恰如其分。

(3)音响的个性化。现代企业大多比较重视企业形象识别系统(CI)的建构，以期通过设计独特的视觉形象为企业赋予个性，从而将本企业从众多的企业中突出来。也就是说，企业创作出富有个性化特征的音响作为自己的标志，使人们一听到这个声音就知道是什么产品或是哪家企业。

(三)音乐

音乐是一种抽象的艺术形式，具有强烈的情绪性，对于人的情感、态度、行为影响极大。音乐在广播广告中发挥多种作用：

(1)可以活跃广告的气氛，使广播广告的内容丰满起来。

(2)能够增强广播广告的吸引力，引起媒体受众的注意，美好的音乐常能使听众沉浸在想象之中。

(3)有利于塑造广告产品的形象，突出产品的个性。

(4)有特点的音乐也可以成为广告产品的标志，使媒体受众轻易地将产品与其他产品区别开来。

技能培养：

影视广告的制作

一、前期准备

拍摄一部电视广告片相当复杂，是个系统工程，需要方方面面的人员相互协作才能完成。因此，拍摄前的准备工作就显得尤为重要。

二、实际拍摄

电视广告创意是通过拍摄，在色彩、照明、构图三要素中体现出来的。所以，拍摄时在保证体现创意精髓和后期制作需要的前提下，要力求在这三方面有所注意。

1. 色彩

关于电视广告的色彩特别要强调以下几个要点：

(1)色彩要和广告主题、产品形象相符，并且保持前后有一定的色调和情绪；

(2)色彩要明朗悦目，通常以明度高的色彩为重点色，以吸引注意力；

(3)背景色一般不应与产品色彩相近，要能使产品突出出来，所以常选明度、纯度都较低的色彩；

(4)细节色彩处理要统一，使人易记，易联想；

(5)色彩处理宜简洁精练，忌繁琐杂乱；

(6)用有色滤光镜、有色遮光片或控制白平衡调节，都可以制造广告所需的色调和情调，但切忌滥用。

2. 照明

现代电视广告的照明和其他节目制作有所不同，不仅在于要让观众看清楚，更主要在于加强表现力，更好地完成信息传达。因而，在制造气氛、渲染环境、突出商品主题方面更需创造性。

3. 构图

在照明、色彩、构图三者中，构图是最重要的。因为它是把所有元素在电视画面方格内进行组合以形成最终的视觉图像。构图是活动的，影像在不断变化，需要随时随地掌握它。电视广告构图的直接目的在于通过物体同物体之间的关系、运动和运动的关系、运动和物体的关系来造成纵深感，创造三维空间，进而使观众能越过画面表层而进入画面内部，从而达到电视广告的传达目标。它要求摄影师不能以漫不经心或随随便便的态度来对待画面构图，不仅要能做到把观众注意力吸引到场面中，还要能准确地把它引导到所需要的地方。可以这么说：整部广告片的成功，很大程度上要依仗摄影师构图时的“眼力”。

三、后期制作

电视广告后期制作的程序包括：冲胶片、胶转磁、剪辑、配音、作曲（或选曲）、特技处理（数码制作）、合成。当然，电视摄像机便没有胶片冲洗以及胶转磁的过程了。后期制作最关键的程序应当说是剪辑。

（一）剪辑

剪辑是影片胶转磁以后首先要进行的最重要的一道制作工序。剪辑就是把以前根据创意、构思拍摄的零散的素材段落组接成完整的电视广告作品。剪辑，是影视创作的基础，是利用影像结构化的过程去创造含义。剪辑阶段的重要人物是剪辑师，剪辑师坐在编辑机前，就像厨师站在灶前一样，面对着各种原料、调料，究竟能炒出一盘什么样的菜，就全靠他了。

剪接的具体工作是这样的：剪辑师先要将所有的素材仔细研究，然后再进行精心的挑选与组合。我们知道一般广告片的素材与最后完成片的比例常常是几十比一，在国外，则能达到一百比一，甚至更多。由此可见，光是挑选素材这一项工作就要耗去很多时间。而且挑选素材的工作又非常重要，马虎不得。因为剪辑工作从挑选素材就已经开始了，在审视素材的同时必须考虑如何运用于这一素材。为了慎重起见，一条广告片通常要先进行粗剪，然后再进行精剪才能完成。也有的时候一条 30 秒的电视广告要剪三四遍才能满意。

（二）录音

离开了声音影视语言就会黯然失色，电影、电视的声音是十分重要的。所以电视广告片的录音就显得特别重要。在广告片剪辑完成后，接下来的工作就是给剪好的广告片录音。录音分为人声的录音也就是给电视广告配音的录音和音乐的录音。

无论是人声的录音还是音乐、音响的录音，在进入录音棚之前，都应尽量先给配音演员和乐队讲解好广告原始创意的意图与精神，并把配音的文本发给他们，以便他们能提前进入状态，并尽可能发挥配音演员和乐队演奏员的创造性。同时，也要与录音师做一定的沟通，请他在录音技术上给予一定配合。

录音也和现场的拍摄一样需要预演多遍，这其中也要注意把握分寸感，并不是次数越多越好。

（三）合成

合成是电视广告制作的最后一道工序，也是最重要的环节之一。这里要注意的是合成绝不是将声音与画面或其他某些特技素材简单地编辑完成在一盘播出带上。一项集艺术性、技术性、经验性相结合的编辑工作，它需要导演、剪辑师、录音师的密切配合。电视广告片能否达到原来创作的意图和境界，全靠最后合成阶段的控制与把握。其中，各种画面与声音的主次、轻重、衔接都在最后合成的瞬间完成。如果没有丰富的创作经验与操作技巧是难以胜任的。

（四）后期的特技制作

后期的特技制作历来是非常重要的，因为前期拍摄的作业再先进也永远代替不了后期的特技制作。近年来，随着电子和计算机技术的飞速发展，模拟信号的特技手段正在被数字化特技手段所代替，而且特技效果日新月异，各种数码特技工作站对画面的创造、修补，简直可以达到出神入化的地步。

虽然有了先进的数码特技，但前期拍摄依然非常重要，不能过多地依赖后期的数码特技，因为有些实拍是无法代替的。

（五）加字幕

字幕既可用字幕机叠加，也可通过非线性编辑系统把各类文字叠在电视广告画面上。一般来说，重要的信息如产品特点、广告口号、品牌及其型号或听不明白的信息如歌词，需要用字幕显示。

(六)配音

由于电视广告播出质量通常要求较高，大多数情况下声音和画面是分别单独录制的。这就要把声音和画面分别录好和剪辑好后合在一起，也就是把录好的声音拷在剪辑后的纯画面带上，或者在纯声音(如音乐)的带上配画面。旁白、对白需要对口型，音效需要对动作，旁白和音乐要与画面内容一致或与字幕同步。一条广告如果只有现场声和旁白，或者只有旁白和音乐的话，只要把两者分别录在一、二声道就行了。但是，很多广告既有现场声、又有旁白和音乐，这就要先把其中两种声音混合，再来分配声道。当然广告歌曲和配乐有时也是必不可少的。

【实战演练】

要求同学们通过对典型广告案例梳理其创意脉络的同时，进行精彩评点，也可以涉及由此折射出来的政治经济背景、地域特征、历史脉络和民俗风情，以及广告传达的观念和企业文化的传播主线。每一个经典影视广告都代表了一个区域市场一段时期典型的广告传播，同学们的评点介绍都应精练地描述广告传播的观念、企业的文化、与受众的沟通和对社会生活意识层面的影响及广告传达的效果。

第十章 广告表现与创作

【学习目标】

了解广告表现的类型、广告文案的含义和分类；

理解广告表现的技巧、广告画的创作；

掌握广告文案的写作。

【能力目标】

通过对广告表现的学习和理解，能对现实中的广告作出分析，并能够进行简单的文案创作。

第一节 广告表现

经典语录：

夸张是创作的基本原则。

——高尔基

理论基石：

“今年20，明年18”；“雀巢咖啡，味道好极了”；“车到山前必有路，有路必有丰田车”……每当提起这些记忆犹新的广告词、广告画面的时候，都能给人留下美好的回忆。它们为什么能在五彩缤纷的广告中脱颖而出，引人注目？它们最后的成品为什么能成为广告专家、消费者交口称赞的杰作呢？这里就有一个广告表现的问题。

一、广告表现的含义

要创作出一个优秀的广告，除了前面提到的要有优秀的广告策划和广告创意之外，还有一个至关重要的环节，那就是广告表现过程。

（一）广告表现是创意的物化过程

广告表现是整个广告工作的一个中心转折点，其前面的工作多为科学调研、分析，提出构思、创意；其后面的工作多是将前面工作的结果，即停留在纸张上和脑海中的文字、构想转化成具体的、实实在在的广告作品。简言之，广告表现就是借助各种表现手段、表现形式、表现符号将广告创意转化成广告作品的过程，是广告创意的物化过程。

(二)广告表现服务于广告主题

广告表现是将广告主题通过一定的艺术手法表现出来,是广告创作与广告制作形成的与广告对象见面的最终形式。它能够增强广告功效,并说服或影响消费者(广告对象)购买。广告表现在整个广告活动中占有极其重要的地位。具体来说,广告表现就是使用各种传播手段和传播技巧向目标消费者传达既定的广告主题,其具体形式就是广告作品。

(三)广告表现是各种符号的组合

广告表现的符号有语言文字、图像、色彩、音乐、音响等。广告就是通过这些符号或者其组合来传达信息的。

(四)广告表现是广告创意的再创造

这个再创造就是完成特定的信息编排,同时传达效果。信息的编排就是在计算机上、在纸上,或者在非线性的编辑器上把所有的关于广告创意设定的信息物化的过程。这些都要通过专业的表现人员来做,然后形成了一个广告作品。因此,创意是很多人都可以做的,可是表现一定要专业人士。

广告表现包括各种媒介广告作品的设计与制作,如广播、电视、报纸、杂志,等等。不同的产品、市场,不同的广告策略,不同的媒介,有不同的表现形式和手段,但是要想创造出我们津津乐道的"南方芝麻糊"等广告的效果,就需要了解广告表现中的基本原则和要求。

二、广告表现手段

广告表现的最终结果是广告作品,表现作品的手法虽五花八门、千奇百怪,但表现作品手段即只有语言手段和非语言手段两种。

(一)语言文字

1. 语言文字的内容

广告作品中的语言文字部分,包括平面广告中的标题、正文、随文、广告语,广播电视广告中的解说词以及商标、商品名称、价格、企业名址等。语言文字还可以分为无声语言和有声语言。平面广告中,绝大部分的语言是无声的,偶尔有些广告也能够发出语言的声音,以刺激消费者的听觉器官。广播电视广告的语言大多是有声的,但出现在电视屏幕上的字幕也是无声的。网络广告运用多媒体技术,广告语言更能有效地刺激受众的感官。

2. 语言文字的运用

在运用语言文字方面应该注意:

(1)要掌握好词语创造的随意性特点。词语是能够随意组合的,但必须约定俗成,符合社会语言习惯和承受能力。创造新的词语,要使人们能够接受和理解。

(2)要掌握好语言开放性的特点。在语言的选择上,既要扬弃,又要吸纳,创造活泼、生动、贴切、富有刺激性的广告语言。

(3)要注意非语言表现的补充。当语言表现已穷尽其力时,应注意运用非语言手段来配合。

(二)非语言文字

它是指语言之外的一切能够传递信息的手段。在广告表现中,非语言主要有图像、色彩、音乐、音响等。

1. 图像

它包括图画和动态图像。平面广告中的插图，包括绘画和摄影照片，运用图画，可以直观地表现广告商品，增强注意力和说服力。注意图画的表现要具有真实感，能体现广告主题，与广告文字相配合使用，还要考虑与媒体传播相适应。动态图像广告，如电视广告、电影广告、网络视频、多媒体播放器等采用活动的画面，所传递的信息表现形式多种多样、形象生动、娱乐性强，已经成为最受欢迎的形式。

2. 色彩

色彩是广告表现的一种重要手段，能够刺激受众，产生强烈的心理效果，加强记忆，产生联想，促进购买。

3. 音乐、音响

在广播、电视、电影、网络视频、多媒体播放器等广告中，经常要运用音乐和音响。音乐要注意与广告主题相协调。音响有环境音响、产品音响、人物音响等，要清晰、悦耳，防止噪音。有时音乐也用于户外广告的表现中，如有的户外广告牌会在有人经过时播放广告音乐、音响。

还有气味以及各种艺术形式，如舞蹈、雕塑、建筑等，也是非语言文字手段，也可以用到广告表现中。

三、广告表现的流程

广告表现是一项程序性很强的创作工作，一般要经过以下几个基本环节：

第一，接受广告作品的创作任务，了解广告产品的特征，即对产品的品名、性能、功效、价格、外观、包装、装潢等特征有全面的把握，以便创作时能融会于作品之中。

第二，充分理解广告创意主题，把握好创意。广告作品的创作不同于一般的艺术作品的创作，它强调服务功能和商业宣传色彩，它是广告创意主题的形象表现。在这一阶段，广告创作人员应与策划人员进行周密洽商，从而明确创意，寻求创作灵感。

第三，构思创作，拟出多个广告作品的草图以供选择。

第四，把广告作品草图交由广告策划创意人员和广告主审定。如果广告作品草图能够通过审定，表明它符合创意要求，能够为推介商品、促销进行服务，即可进入下一操作环节。反之，广告作品草图未能通过审定，那么广告创作人员就需要重新构思，重出草图，然后重新提交审定。

第五，通过审定，制作样本(最后定稿)。

第六，根据样本(最后定稿)，进行成品制作。广告表现广告作品的创作是一个动态的过程，各个环节相互衔接，彼此循环，构成一个整体。

四、广告表现的技巧

一个很形象的说法，在我们呼吸的空气中是由氮气、氧气和广告组成的，每一天消费者有意识或无意识中都会接受大量的广告信息。广告中成功的信息传递，往往是首先作用于消费者的视觉和听觉，继而激发其心理感应，促进一系列的心理活动，最后导致消费者的购买行为。20世纪初，刘易斯就注意到消费者接受广告的心理历程，并把它描述为“注意(attention)—兴趣(interest)—欲望(desire)—行动(action)”，即AIDA。在这个过程中，引起注意是消费者接受广告的开端。一则广告只有引起消费者注意才能向受众传递产品或服务信息，没有引起消费者注意的广告任其创意多么巧妙，制作多么精良，信息多么明确，消费者不去看它，便是一则失败的广告。因此,引起消费者的注意是广告成功的前提。

（一）广告引起注意的原理

1. 注意含义及其特征

注意是心理或意识活动对一定对象的指向和集中,它是我们所熟悉的一种心理现象,明显地表示了人的主观意识对客观事物的警觉性和选择性。注意主要由两种因素引起:一是刺激的深刻性,如外界刺激的强烈程度以及刺激物的突变等;二是主体的意向性,如根据生理需要、生活需要、主体兴趣而自觉地促使感觉器官集中于某种事物。由于引起注意的因素不同,人的意识所起的作用的反应特点和反应时序也有所不同。

注意具有两大特点:指向性和集中性。所谓指向性,表明的是人的心理活动所具有的选择性,即在每一瞬间把心理活动有选择地指向某一目标,而同时离开其他对象。所谓集中性,是指人的心理活动只集中于少数事物上,对其他事物视而不见、听而不闻,并以全部精力来对付被注意的某一事物,使心理活动不断地深入下去。这是因为在同一时间内,人们只能捕捉自己最感兴趣的少数信息。在广告活动中,充分地利用注意的这两个特点,可以使消费者专注于广告宣传对象,使之离开一切与广告宣传无关的其他事物,这样,就可以使广告宣传的内容在消费者的心理活动中得到清晰、鲜明的反映。

在人的活动中,注意具有一系列的重要功能。首先是选择的功能,即选择有意义的、符合需要的和与当前活动相一致的有关刺激或影响,避开或舍弃无关的、非本质的、附加的和与之竞争的各种刺激和影响,抑制对它们的反应。其次,注意具有保持的功能,即使注意的对象的印象或内容维持在意识中,一直保持到达到目的为止。具体地说,一直保持到得到清晰、准确的反应。最后,注意具有调节和监督的功能,即控制心理活动向着一定方向或目标进行。在注意的所有这些功能中,对活动进行调节和监督,是其最重要的功能。

注意对于人类具有十分重要的意义。它使人的心理活动处于一种积极的状态之中,对心理活动的进行有组织和维持的作用。它保证人们能够及时地集中自己的心理活动,正确地反映客观事物,使人能够更好地适应环境,从而改造环境。只有集中注意力,才能保证人们感知的形象清晰完整,记忆牢固。所以,注意在人的心理活动中占据着重要的地位。

2. 消费者注意广告的形式

根据产生和保持注意的有无目的和意志努力的程度不同,在心理学上把注意分为无意注意和有意注意两种形式。有意注意是一种自觉的、有预定目的的、在必要时还需要付出一定的意志努力的注意。有意注意是根据人的主观需要,把精力集中在某一事物上的特有的心理现象。其特点是,主体预先有内在的要求,并将注意集中在已暴露的目标上。有意注意是一种主动服从于一定的活动任务的注意,它受人的主观意识的自觉调节和支配。无意注意指事先没有预定的目的,也无需作任何意志努力的注意。无意注意是一种定向反射,是由于环境中的变化所引起的有机体的一种应答性反应。当外界环境发生的变化作用于有机体时,有机体把相应的感觉器官朝着变化的环境。借助于这种反射通常可以全面地了解刺激物的性质、意义和作用,使有机体适应新的环境变化,并确定活动的方向。例如,你近期正打算购买一台电脑,你要跑各家商店去看,还会在报纸、杂志、网络上寻找与电脑相关的信息,这就是有意注意。又比如,你正在看电视剧,突然插播进来一则洗发水的广告,让你了解了这个品牌,这就是无意注意。

相对而言,有意注意对于广告刺激的要求,没有无意注意要求的那么高。消费者在注意广告信息时大多处于无意注意状态下，只有少数有明确需求或专业人士会在有意注意状态下去接受信息，因此，引起消费者的注意便是引起消费者的无意注意。

引起无意注意的原因，可分为客观刺激物本身和人的主观状态。在设置广告时，这是必须考虑的两个因素。其中，刺激物的特点包含有几项内容：刺激物的绝对强度和相对强度，同时起作用的各种刺激物之间的对比关系，以及刺激物的活动、变化和新异性。人的内在主观状态，包括人对事物的兴趣、爱好、需要和态度，人的情感和情绪状况，以及人的知识经验等。凡是能够使刺激物在这些方面迎合消费者的广告创意，几乎都能取得利用人们的无意注意的功效。

然而，由此是否可以认为广告的第一目的在于尽可能多地引起消费者的注意呢？答案是否定的。如果把引起注意作为广告的第一目的的话，将不可避免地给广告实践带来危害。例如，为了追求广告的吸引力，滥用暴力、恐怖、色情手法，这不但会转移对广告信息本身的注意，还会引起消费者的反感。因此，引起注意只能是广告成功的手段，而不是目的。

（二）广告表现技巧

广告界流行这样一句话：使人注意到你的广告，就等于你的产品推销出去了一半。可见在商业广告设计中，充分应用注意的心理功效，是提高广告效果的重要环节。根据注意产生的原因及特点，广告表现要吸引和维持消费者的注意，可以采用以下几种方法和技巧。

1. 陈述事实法

采用直接陈述、数据、图表、实物图像等事实向消费者传递产品或服务的特征、性能和购买利益。对广告商品或服务的实质性的信息进行归纳，选取最有说服力的真实内容向受众传达。对于新产品、具有新功能的产品或者技术含量比较高、消费者关注度高的产品，展示最重要的事实信息非常重要。例如，海王牛初乳的广告："普通奶牛每年分泌奶水的时间有 200 多天，而分泌初乳的时间只有 3 天，根本的不同在于牛初乳中含有大量免疫球蛋白，免疫球蛋白是决定体质的重要指标，但这种珍贵的物质无法从牛奶等普通食品中得到。另外，牛初乳相比牛奶，它含有 10 倍的胰岛素样生长因子，20 多倍的 VA、VE、VD3，5～6 倍的铁，3～4 倍的铜等。"像这种广告是非常典型的信息展示的广告，它直接介绍产品的优势、品质等信息，引起消费者的关注。

诸如珠宝、首饰、家居用品等则最适合采用实物的图像信息进行展示。

2. 功能展示法

功能展示法的要点是要使受众接受广告提出的概念，并且展示功能和陈述具体的理由。在传达产品特性和功能时，广告可以对产品如何具备这种功能和特性进行详尽说明和直观演示，从而加深诉求对象的理解和记忆。诸如洗衣粉、洗发水、护肤品等产品的广告广泛采用这种方法。洗衣粉具有新一代配方，添加某种特别成分，能够更有效地去除某种污渍；洗发水含有某种成分，如含有活力锌成分，能够更好地护养头部皮肤。

3. 实证演示法

实证演示法就是通过现实的表演示范画面，向广告的受众展现商品的功能和使用知识，它是消费者最容易理解和接受的方法。典型的示范包括：洗衣粉对洗涤效果的演示，洗发水对洗发护发效果的演示，牙膏对坚固牙齿或美白牙齿的演示，等等。例如汰渍洗衣粉的广告，采用上门采访的形式，深入普通消费者家庭，通过直接的使用效果的演示来传达汰渍"有汰渍，没污渍"的产品功效。

还有一些消费者没有使用过的产品，也应该采用实证演示法。例如九阳全自动豆浆机的电视广告，为了表达该豆浆机操作简单，广告采用一个六七岁的小女孩来演示如何操作豆浆机，只需轻轻按一下，香浓豆浆就OK啦！

4. 比较衬托法

比较是一种趋向于对立冲突的艺术美中最突出的表现手法。它把作品中所描绘的事物的性质和特点放在鲜明的对照和直接对比中来表现，借彼显此，互比互衬，从对比所呈现的差别中，达到集中、简洁、曲折变化的表现。通过这种手法更鲜明地强调或提示产品的性能和特点，给消费者以深刻的视觉感受。比较常用的方式有：

(1)与竞争对手比较。有研究发现，在美国比较性广告占播放广告的20%～30%。在我国，《广告法》第12条规定："广告不得贬低其他生产经营者的商品或者服务。"虽然如此，很多企业还是采用了机智巧妙、针锋相对而又不露痕迹的对比衬托手法。但是这里要慎用，用得不好就会有侵权、毁誉等纠纷缠身。

(2)与相关事物进行比较。选择诉求对象比较熟悉的、与产品相似或相反特性的事物与产品特性并列呈现，从而轻松传递出最重要的事实和信息。像美的空调的广告，将空调与芭蕉扇进行类比，芭蕉扇是世界上最省电、最安静的纳凉方式，而美的空调的省电与安静仅次于芭蕉扇。

(3)与自己产品不同的方面比较。这种比较分为两种形式：一种是纵向比较，如新一代的产品在性能、价格或者其他方面更有优势时采用；另一种是横向比较，将自己不同型号、类型的产品进行比较，从而突出产品之间的差异性。如快克感冒药"大泳圈小泳圈，大雨伞小雨伞，大快克小快克"，大人用大快克，小孩儿用小快克，通过对比把成人用药和儿童用药区别开来。

作为一种常见的行之有效的表现手法，可以说，一切艺术都受惠于对比表现手法。对比手法的运用，不仅使广告主题加强了表现力度，而且饱含情趣，扩大了广告作品的感染力。对比手法运用得成功，能使貌似平凡的画面处理隐含着丰富的意味，展示了广告主题表现的不同层次和深度。

5. 名人推荐法

借助知名人士推荐商品，也就是请名人当品牌或产品的代言人。现在名人广告铺天盖地，如霸王防脱发洗发水的广告由成龙推荐，闪亮滴眼液由周杰伦推荐"谁用谁闪亮"，还有葛优的"神州行，我看行"。名人效益是值得借鉴的，因为人们在关注名人的同时，也会注意到他所代言的产品，名人的高知名度很快就会带来产品的高知名度。这种方式是非常简单易得的方式，也是一个会取得很好效果的方式。需要注意的是，名人要和广告目标定位、广告宣传策略和广告的诉求内容相一致。但是名人推荐也有一些问题，比如名人出现了负面报道，或者代言的产品过多让消费者产生混淆感觉等。

6. 幽默法

诉诸幽默是用轻松活泼、诙谐幽默的风格，夸张巧妙的情节，来引起诉求对象的兴趣，从而提高诉求对象的注意率，让诉求对象在轻松的氛围中感受到产品或者服务的功能特性或品牌个性。幽默可以缩短广告和诉求对象之间的距离，减少诉求对象的心理排斥感。

一家眼镜店的广告语是："眼睛是心灵的窗户，为了保护你的灵魂，请为你的窗户装上玻璃。"一家餐馆的广告语是："请到这里用餐吧，否则你我都要挨饿了！"这些广告语风趣幽默，读后让人忍俊不禁，思之让人拍案叫绝，很能吸引诉求对象的注意。

例如，Diploma脱脂奶粉平面广告文案：

标题：试图使他们相会！

正文：亲爱的扣眼，你好！我是纽扣，你记得我们已经有多久没在一起了？尽管每天都能见到你的倩影，但肥嘟嘟的肚皮横亘在你我之间，让我们有如牛郎与织女般地不幸。不过在此告诉你个好消息，主人决定极力促成我们的相聚，相信主人在食用了 Diploma 脱脂奶粉后，我们不久就可以天长地久永不分离。

本案采用拟人手法，让“纽扣”写信给“扣眼”，倾诉他们的相思之苦，表达他们渴望越过主人那如大山般的肚皮相聚的希冀，从而幽默地传达出 Diploma 脱脂奶粉具有减肥功效的主诉信息。

7. 讲故事法

“故事广告”不卖产品卖感情，这种表现方式的好处是自然而然地引领消费者的思维和情感，便于消费者接受广告信息。精妙的情节更便于消费者记忆和联想，从而引起诉求对象的共鸣。消费者不仅是一个物质的人，更是一个有血有肉、具有丰富情感需要的人，特别是今天消费者的需要正从量的满足、质的满足上升到感情的、心理的和符号的满足，它是一个高层次的需要。尤其是那些同质化程度较高的产品（如饮料、食品），或者功能已经为消费者熟悉的产品（如钻戒、手表、服装），还有想与竞争对手的理性诉求形成区别的产品，比较适合采用故事法。

如果可以找到产品或者产品使用者与人类的某种普遍情感或情绪的联系，或者可以建立起某种合理的关联，那么它们就会成为广告中有效的情感诉求工具。故事法主要有下面几种。

（1）亲情。它主要体现家庭成员之间的血源关系，如父子、母女之情，兄弟姐妹之情，以及跨代的亲人之情。主要表现家庭的幸福、快乐、满足、思念之情。例如，雕牌洗衣粉的“下岗篇”。妈妈下岗了，家庭生活日显拮据，妈妈外出找工作没有结果，女儿真情表白：“妈妈说，雕牌洗衣粉，只用一点点，就能洗好多好多衣服，可省钱了。妈妈，我能帮您干活了。”该广告引起了消费者内心深处的震撼以及强烈的情感共鸣，品牌迅速得以认同和提升。

（2）爱情。以青年消费者为目标市场的产品，都容易和爱情建立关联，如钻石饰品、贵重手表都可以代表爱情的坚贞、永恒。甚至日常用品，也可以挖掘出与爱情的联系。喜之郎水晶之恋果冻的电视广告就是从朦胧的恋情的角度进行诉求的。水晶之恋是一个名字，更是产品与消费者之间一个感性的沟通平台。广告用消费者的心情写消费者的故事，将那些让你心跳的、心动的话语寄托在产品上面：“水晶之恋果冻代表爱的语言。绿色，偏偏喜欢你；紫色，有你真精彩；黄色，谢谢你的爱；红色，真的好想你；透明，我只在乎你；粉红，爱你一生不变。明天的明天，你还会送我水晶之恋吗?”水晶之恋通过对年轻人感情的诉求，使年轻人爱上了色彩的物语，深深打动了目标消费者。

（3）友情。其主要诉求朋友之间的感情，如同学之情、战友之情、同事之情。友情是我们日常生活和情感中不可缺少的重要部分。一些产品和服务，可以是友情的连接带、催化剂，是沟通和强化友情的媒介和手段。如麦斯威尔咖啡的经典广告语“好东西要和好朋友分享”，还有好丽友蛋黄派不变的广告语“好丽友，好朋友”，都是通过产品传达和表现友情。

【小资料】

街头搞笑广告语

某公共场所禁烟广告——“为了使地毯没有洞，也为了使您肺部没有洞，请不要吸烟。”

某公路交通广告——“如果你的汽车会游泳的话，请照直开，不必刹车。”

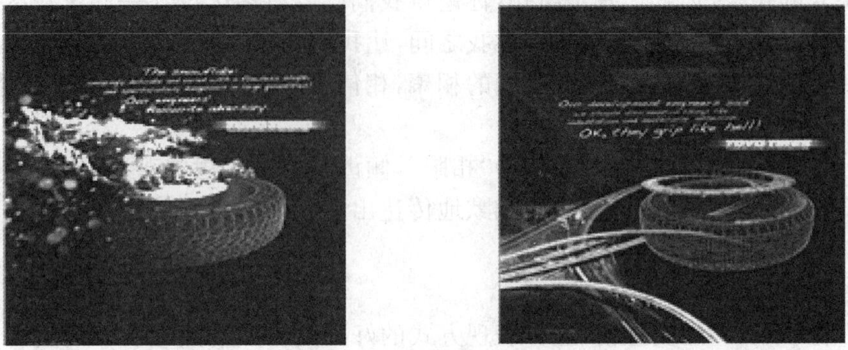

图 10－1　街头搞笑广告语

某新书广告——“本书作者是百万富翁，未婚，他所希望的对象就是小说中描写的女主人公!”

某汽车陈列室广告——“永远要让驾驶执照比你自己先到期。”

某洗衣机广告——“闲妻良母!”

某化妆品广告——“趁早下‘斑’，请勿‘痘’留。”

某酸汁饮料广告——小别意酸酸，欢聚心甜甜。

某印刷公司广告——除钞票外承印一切。

某鲜花店广告——今日本店的玫瑰售价最为低廉，甚至可以买几朵送给太太。

抢劫者须知——本行职员只懂西班牙语，请您抢劫时一定要有耐心，最好携带翻译一名，谢谢!

餐馆广告——“如果你不进来吃，我俩都要挨饿。”

旅行社广告——“请飞往北极度蜜月吧，当地夜长 24 小时。”

瑞士旅游公司的广告——“还不快去阿尔卑斯山玩玩，6000 年后这山就没了。”

法语学习班的招生广告——“如果你听了一节课后不喜欢这门课程，你可以要求退回你的学费，但必须用法语说。”

美容院的广告——“请不要向从本院出来的女士调情，她或许就是你的外祖母。”

【案例教学】

平面广告创意表现常用技法

一、直接展示法

这是一种最常见的表现手法。它将产品或主题直接如实地展示在广告版面上，充分运用摄影或绘画等技巧的写实表现能力，细致刻划和着力渲染产品的质感、形态和功能用途，将产品精美的质地引人入胜地呈现出来，给人以逼真的现实感，使消费者对所宣传的产品产生一种亲切感和信任感。

这种手法由于直接将产品推向消费者面前，所以要十分注意画面上产品的组合和展示角度，应着力突出产品的品牌和产品本身最容易打动人心的部位，运用色光和背景进行烘托，使产品置身于一个具有感染力的空间，这样才能增强广告画面的视觉冲击力。

二、突出特征法

突出特征的手法也是我们常见的运用得十分普遍的表现手法，是突出广告主题的重要手法之一，有着不可忽略的表现价值。在广告表现中，这些应着力加以突出和渲染的特征，一般由富有个性的产品形象、与众不同的特殊能力、厂商的企业标志和产品的商标等要素来决定。

图 10—2 突出特征法广告

运用各种方式抓住和强调产品或主题本身与众不同的特征，并把它鲜明地表现出来，将这些特征置于广告画面的主要视觉部位或加以烘托处理，使观众在接触广告画面的瞬间即很快感受到，对其产生注意和发生视觉兴趣，达到刺激购买欲望的促销目的。

三、对比衬托法

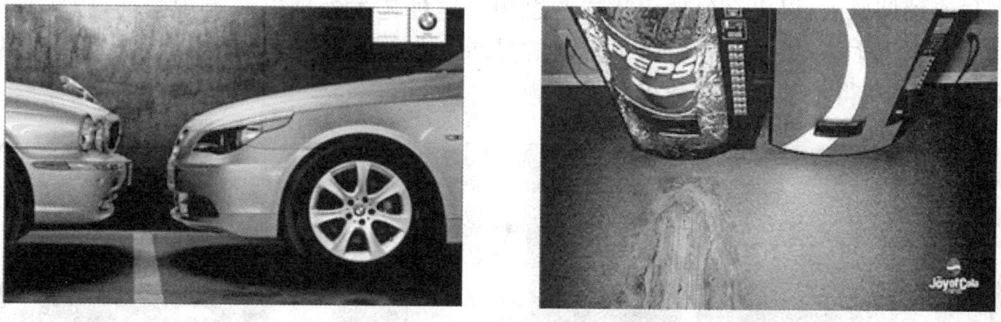

图 10—3 对比衬托法广告

对比是一种趋向于对立冲突的艺术美中最突出的表现手法。它把作品中所描绘的事物的性质和特点放在鲜明的对照和直接对比中来表现，借彼显此，互比互衬，从对比所呈现的差别中，达到集中、简洁、曲折变化的表现。通过这种手法更鲜明地强调或提示产品的性能和特点，给消费者以深刻的视觉感受。

作为一种常见的行之有效的表现手法，可以说，一切艺术都受惠于对比表现手法。对比手法的运用，不仅使广告主题加强了表现力度，而且饱含情趣，扩大了广告作品的感染力。对比手法运用得成功，能使貌似平凡的画面处理隐含着丰富的意味，展示了广告主题表现的不同层次和深度。

四、合理夸张法

借助想象，对广告作品中所宣传的对象的品质或特性的某个方面进行相当明显的过分夸大，以加深或扩大这些特征的认识。文学家高尔基指出："夸张是创作的基本原则。"通过这种手法能更鲜明地强调或揭示事物的实质，加强作品的艺术效果。

图 10－4 合理夸张法广告

夸张是一般中求新奇变化，通过虚构把对象的特点和个性中美的方面进行夸大，赋予人们一种新奇与变化的情趣。按其表现的特征，夸张可以分为形态夸张和神情夸张两种类型。前者为表象性的处理品，后者则为含蓄性的情态处理品。通过夸张手法的运用，为广告的艺术美注入了浓郁的感情色彩，使产品的特征性鲜明、突出、动人。

五、以小见大法

在广告设计中对立体形象进行强调、取舍、浓缩，以独到的想象抓住一点或一个局部加以集中描写或延伸放大，以更充分地表达主题思想。这种艺术处理以一点观全面，以小见大，从不全到全的表现手法，给设计者带来了很大的灵活性和无限的表现力，同时为接受者提供了广阔的想象空间，获得生动的情趣和丰富的联想。

图 10－5 以小见大法广告

以小见大中的"小"，是广告画面描写的焦点和视觉兴趣中心，它既是广告创意的浓缩和生发，也是设计者匠心独具的安排，因而它已不是一般意义的"小"，而是小中寓大，以小胜大的高度提炼的产物，是简洁的刻意追求。

六、运用联想法

在审美的过程中通过丰富的联想，能突破时空的界限，扩大艺术形象的容量，加深画面的意境。

通过联想，人们在审美对象上看到自己或与自己有关的经验，美感往往显得特别强烈，从而使审美对象与审美者融合为一体，在产生联想过程中引发了美感共鸣，其感情的强度总是激烈的、丰富的。

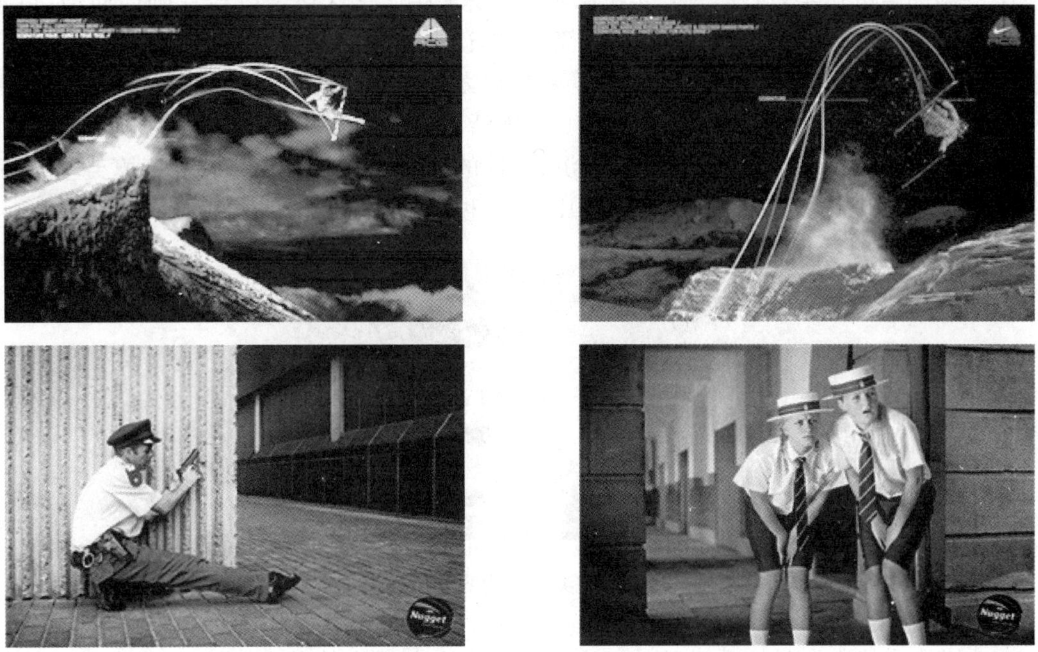

图 10—6　运用联想法广告

七、富于幽默法

幽默法是指广告作品中巧妙地再现喜剧性特征，抓住生活现象中局部性的东西，通过人们的性格、外貌和举止的某些可笑的特征表现出来。

幽默的表现手法，往往运用饶有风趣的情节，巧妙的安排，把某种需要肯定的事物，无限延伸到漫画的程度，造成一种充满情趣、引人发笑而又耐人寻味的幽默意境。

幽默的矛盾冲突可以达到出乎意料之外，又在情理之中的艺术效果，勾引起观赏者会心的微笑，以别具一格的方式，发挥艺术感染力的作用。

德芙巧克力电视广告

2007 年 CCTV 每天黄金时段都会播出德芙巧克力的最新电视广告。专业人士评价它把德芙牛奶巧克力的魅力及纯美品质刻画得丝丝入扣。其独特的创意及制作拍摄技巧，也将德芙牛奶巧克力带向了全新的境界。这则广告片的成功不只在于创意构思，更在于技术效果。这则广告的制作延续了德芙以往的优雅气质，主角还是采用美女，唯美的画面，优雅的音乐，明快的色彩，给人总的第一印象就是难以言喻的舒心。

广告的大致内容：广告片从一片飞鸟飞过的天空开始，背景音乐响起，镜头转到露台上正在看书的女人（虽然广告采用的不是众人皆知的大牌明星，可是它采用了美女相反更能体现广告的唯美，让人心生美的感受），露台咖啡厅的男侍者的目光一直落在她身上，女人拿出巧克力的动作流畅，将一块送入口中，画面变成牛奶与巧克力交融的情景（采用 Photo-Sonics 的镜头捕捉，呈现出缓缓旋转运动的美）。顺滑丝感的感觉从口中延续到身边，咖啡色的丝绸轻绕过女人裸出一侧的香肩上，接着又随风轻拂在抚过书页的手背上，最后轻轻环绕在走过的男侍身上，女人一脸甜蜜的微笑，沉浸在阅读和德芙所带来的愉悦里（整个广告片画面简洁，色彩淡雅，灰白的浅色映衬着巧克力的浓郁，情节简单，却让人印象深刻。此广告背景音乐也为广告加分不少，音乐营造的浪漫气氛使主角享受着巧克力带来的愉悦感受时，观众也伴着醉人的音乐感受生活的浪漫，让你觉得只要吃一块德芙，生活就会更加美妙……）。最后丝绸揭开，画面正中一行字：愉悦一刻，更享丝滑。同时低沉、感性的独白响起：愉悦一刻，更享德芙丝滑（简洁明快，紧扣广告表现的愉悦感）。整个广告片仅 30 秒，却令人回味无穷。

图 10—7　德芙巧克力高中女生广告

2009 年的德芙广告明信片选用高中女生，唯美地表达出德芙所包含的对浪漫爱情的憧憬。广告内容为：轻松的音乐响起（贯穿始终），女主角（憧憬爱情、崇尚时尚，追求浪漫，讲究青春的年轻群体，尤其是年轻情侣和年轻女性）正伏案微笑，看到门缝里出现一张明信片，她按照明信片上所说的来到那个地方，突然一条丝巾状的巧克力蒙住了她的眼睛，让她看到了一个美丽的世界，然后她乘着男主角的车来到一个美丽的郊外（轻松愉悦的音乐贯穿始终，多个唯美画面构成一个浪漫的爱情故事，整个广告中，弥漫的是甜蜜、浪漫的情愫，营造的是愉悦、时尚的气氛），看到一个方盒子，方盒子里飘出一条棕色丝巾（使用联想通过棕色丝巾把德芙的丝滑具体形象化，一步一步地引出文案"此刻尽丝滑"，强化了目标顾客的印象）再一次蒙住了她的眼睛，当她睁开眼睛时，她的手里多了一盒德芙巧克力。旁白响起：发现新德芙，更多丝滑感受，更多愉悦惊喜。文案出现：此刻尽丝滑。

分析：这么美的电视广告的表现技巧是什么呢？试着找几则你熟悉的广告，分析其表现手法。

第二节　平面广告的创作

经典语录：

许多平面及电视广告，看起来就像委员会开会的会议记录，事实也是如此。最具销售力的广告，往往是由个人独立完成的作品。他必先深入研究产品，调查资料及其他案例，然后关紧办公室大门，埋首做广告。

——大卫·奥格威

理论基石：

平面广告属于视觉类广告。所谓视觉类广告，是指构成要素有图形、文字、色彩或立体造型为符号语言传递广告信息的一类广告作品的总成。而平面广告则是指以二维空间结构为基本结构的广告作品。其主要构成要素有文字、图形、色彩和构图三种结构形式。其基本特征是：以视觉符号中的文字、图形、色彩为基本的语言符号，作品呈二维空间结构状态，如报纸广告、杂志广告、DM广告等。但是，有时候平面广告又不仅限于二维空间的表现。它会通过不同媒介的组合与应用，或同一媒介中媒介的延伸，来创造出多维空间的广告表现。如：三面的高立柱广告，特殊环境中的户外广告，各式各样的POP广告等。

一、平面广告的创作

（一）平面广告的类型

平面广告的类型，按照不同的标准，可进行多个层面的划分。

根据平面广告作品的表现形式，可以将它分为文字元素类的作品、图形元素类的作品、色彩影像元素类的作品。

(1)文字元素类作品，是指完全用文字符号来传递信息的广告作品。

(2)图形元素类作品，主要指由那些简单的画面加以一定的文字说明所组成的广告作品。

(3)色彩影像元素类作品，它的制作多数以专门的广告摄影作品，再配以一定的广告文案，然后由专业的设计师进行设计，最后再通过先进的印刷设备进行大量的制作。

（二）平面广告的设计

1. 平面广告文字设计

文字设计在平面广告中的应用从功能上分，包括以下四个主要部分：

(1)文字内容设计：

①品牌文字形象：主要包括商品品牌、企业名称、企业文字性标识等，是企业抽象理念的一种具象表述，代表了广告商或广告产品的形象，是广告内容的构成要素之一。

②标题文字：是广告中文字的核心部分，是一则广告主题的高度概括，对图形含义起到说明与升华的作用。

③广告语：它是企业或商品相对长期使用的广告宣传口号，是一种将广告信息浓缩成精练上口、便于重复和记忆的短句。

④正文：正文是关于广告企业和商品的详细信息，通常是企业理念、产品功能、服务项目的详尽解释，有时也是对广告标题的进一步说明。

(2)平面广告文字设计应遵循的原则：

①阅读性强：文字是语言的可视形象，是信息沟通的工具。而要沟通，首要前提是明白对方在说什么。文字是表现在平面上的语言，信息桥梁是否畅通取决于文字是否能被消费者看得明白，在此基础上才谈得上信息的沟通。

②与广告内容相结合：广告文字设计应针对企业或商品的特点，通过点、线、面的造型组合来体现不同的个性特征。文字是在长期的使用过程中形成的约定俗成的一种语言表现符号，其构形方式是由不同造型的单个元素按照一定的组合规律构成的元素组合体，能传达出丰富的情感。

③艺术性的表现:美的造型能引发美的联想,这种联想促使造型在人的脑海中产生持续的印象,而印象能产生记忆,消费者对广告内容的记忆又是促使其产生购买行为的潜在动力。

④适应性:文字产生、演变、发展的过程,说明文字设计是具有时代性的。社会的进步带来文明的发展,不同时代背景下对文字的阅读使用需求促使字体发生变化,不同历史时期人们的审美标准也是不尽相同的。

(3)平面广告字体设计方法:

①字体变化:字形变化是对广告文字的整体外形结构进行变化。

②笔形变化:笔画是构成文字的基本元素,笔画的形状特点对字体风格的形成起到至关重要的作用。

③结构变化:结构是笔画组成的依据,是长期以来在人们心目中形成的固有认识。

④排列变化:大多数平面广告形象字体都是由几个字符组合而成的,基础印刷字体的排列是很规整的,打破这种规整的排列,重新安排排列秩序也是一种变化的手法。

2. 平面广告色彩设计

色彩的感觉对平面广告的色彩设计有很重要的参考意义,这是基于大多数的视觉体验而形成的共识性的色彩解释,反映了大多数广告受众对色彩的认识。

表 10—1　　色彩的感觉

色彩	主要色彩的单色形象
红	华丽、艳丽、强烈、活动、女性、夏季、都市、游玩
橙	欢喜、狂欢、洗练、热闹、行动、快乐、满足
黄	希望、清爽、摩登、年轻、欢乐、柔软、愉快
黄绿	清新、田园、青春、摩登、幸福、和平、自然
绿	新鲜、安息、理想、清静、安详、田园、青春
蓝	沉着、科学、理智、快捷、冷淡、细密、理想
紫	高贵、古风、雅致、潇洒、神秘、优雅、担心
白	清洁、神圣、纯真、浪漫、清新、漂亮、洁净
灰	土气、坚硬、无聊、雅致、孤独、时髦、认真
黑	严肃、正式、机械、厚重、男性、夜、工作

平面广告设计的色彩搭配中要注意到色相对比、明度对比、纯度对比、冷暖对比和色调的调和。

3. 平面广告图形设计

图形是视觉的语言,其与文字相比最大的区别是具有直观性、真实性、准确性等特点,通过写实性绘画或摄影图片能直接展现事物的形状、颜色、材料、质感等特征,让人们感到真实可靠,有很强的视觉吸引力与说服力。图形表现是主观与客观的统一,是一种以视觉形象为载体来传达信息的途径。

平面广告设计中图形的使用是非常重要的,一幅好的广告图形所产生的说服力与感召力往往胜过千言万语的文字说明。

平面广告图形的分类：

产品图形：在平面广告中直接展现商品的形象，是平面广告设计中最常用的表现手法。

图形创意：这种表现形式可以增强产品广告的形象个性和趣味性。

摄影：目前在所有的商业广告宣传设计中，用摄影作为图形的占了90%以上。

广告插画：具有不同于摄影艺术的表现力，作品中融入了作者的个人理解和创造，富于感性色彩。

二、报纸广告的创作

报纸是最先出现的大众传播媒介，也是广告传播应用最早、历史最长的大众传播载体。在传播媒介高度发达的今天，报纸仍然不失为提供广告信息服务的优良工具。现在报纸已成为人们日常生活的一部分。由于报纸种类多、发行量大、传播范围广，因此报纸广告在广告传播中占据主要地位。

(一)报纸广告的表现形式

报纸主要运用字符、图形、色样、构图等版面语言表现广告内容，其表现形式丰富多彩，加上报纸版面大，设计人员可充分根据广告宣传的主题要求，选用富有特征的表现形式进行宣传。

报纸广告常见的表现形式主要有纯文字型和图文并茂型。

纯文字型广告可发挥汉字字体和字意的多变性原则，用优美的造型和丰富的内容来渲染广告主题，适宜于表现信息内容比较抽象、庄重而严谨、针对性较强、时效性较快的广告。

图文并茂广告由多种视觉要素构成，既有文字又有图片。通过绘图、摄影等手段，可以直观地展现商品的形状、特征等，而文字则能对商品作进一步的说明和解释。这样，既刺激消费者的感官，又有助于受众对广告内容的理解。

(二)报纸广告的创作过程

1. 报纸广告的创作过程

报纸广告的创作主要经过这样几个过程：

(1)设计草图：根据前期的构思与设计，画出广告草图，并加上标题。有时在广告设计中需要画多张草图，通过比较鉴别后选定最满意的一张。

(2)确定字体：设计时要考虑用什么字号、什么字体，包括标题和广告正文，以求广告作品的协调统一。

(3)终稿草图：将草图送到创意部门征求意见，修改以后就可以制作终稿草图了。在终稿草图里，插图和字体、字号等都要和广告作品相一致。

(4)审定清样：将终稿草图进一步整理修改后做成广告画稿，之后送去制版，印出的第一版就是清样。清样仍需要经客户审定，最后才能交付排版、印刷。

现在大多数报纸都采用激光照排，印刷过程通过计算机进行，有些环节还可以简化。比如广告草图的整理修改可以直接在电脑上进行，直接得到清样，交付印刷。

2. 报纸广告的创作技巧

很多人在读报时，遇到广告往往是一扫而过，视而不见。因此，要让报纸广告收到良好的效果，如何提高报纸广告的注目率成为有必要研究的一项工作。

(1)确定报纸广告的版面。报社根据报纸版面编排和版面美观的需要，通常制定几种标准的广告分栏尺寸。广告设计人员必须根据广告的内容、预期达到的视觉传达效果，合理地选择广告栏式，并最终与广告主共同协商确定。以大报为例，分栏尺寸（宽×高）一般为：整版 35cm×49cm；半版 35cm×24.5cm；通栏（横式）35cm×8cm；通栏（竖式）17cm×49cm；报眼（刊头）15cm×10cm。

刊登某种栏式的广告通常需要和报社事先约定。有时按照客户的要求，在可能的情况下，报社也会开辟一些特殊的广告栏式甚至广告增刊，如横跨两个整版（或半版）的广告形式。广告版面空间的大小，对广告注目率有直接的影响。一般情况下，版面越大，注目率就越高。在国外，报纸广告大型化已成为一种发展趋势。整版或横跨双页版广告的使用率越来越高，它所产生的强刺激能够对读者产生较大的影响。但版面越大，所付出的购买费也越高。

(2)报纸广告位置的选择。报纸广告的位置，是指广告刊登在报纸版面的位置。它包括两个方面：一是版序，即广告安排在哪一版；二是指广告位于某一版面的空间位置。一般而言，报纸正版的广告最引人注目，其他各版，可因版面安排的内容而各有侧重。按照人们对横排文字的翻阅习惯，读者阅读版面的位置，首先是上半版，然后是下半版。在上半版，读者首先注意的是左上区，然后是右上区，按顺时针方向移到下半版，先是右下区，最后到左下区。因此，在同一版面上的广告，读者的注目率通常是左半版优于右半版，上半版优于下半版。

(3)影响报纸广告版面选择的因素。刊登报纸广告时，版面的选择最为重要，媒介策划人员必须先充分地了解目标消费者的阅读习惯，再决定将广告投放于哪一天及哪一版。

①曝光率：头版广告是曝光率最高的版面，此外，新闻、娱乐、体育版也是曝光率较高的版组。

②广告与内容的相关性：广告所要传达的产品信息如果与报纸版面的内容有一定的相关性，那么在这种版面里投放的广告最容易吸引消费者的注意。例如：体育产品比较合适在体育版组里做广告，手机适合在娱乐版组里做广告。

③阅读停留时间：全版广告与半版广告的区别不仅仅只在面积大小，读者的阅读停留时间也是一个重要差异点。广告在报纸里的地位永远从属于新闻，最重要的位置总是留给新闻。广告不是在下边就是两边站的位置，全版广告可以取得独立的位置，但不利的是读者一看到整版广告，便忽略过去，停留时间很短，有时还不如半版广告。

(4)报纸广告版式结构的视觉感受。横向版式使受众的视觉体验到宽阔、平坦，使消费者产生平和宁静、惬意的心理感觉。竖向版式视觉体验到高远、修长，有升腾之气，适宜于女性、楼盘、探险旅游等行业选择。整页版式是财大气粗的企业、百年老店或后起新星常采用的形式。跨页、整版使受众的视觉体验到气势恢弘的感觉，充分体现了企业的实力。但广告并不是越大越好，因为版面的大小与企业在消费者心中的地位和接受度是相关联的。异型(特异)版式使受众的视觉体验到年轻、活力和朝阳感，赋予企业的创新精神，更能引起消费者的关注，并留下深刻的记忆。

报纸广告的版式有 1/2 版横版与竖版、1/4 版横版与竖版、1/8 版横版与竖版以及中缝和题花等。

(5)报纸广告文字排列方式。垂直与水平方向排列的文字稳重、平静，倾斜的文字动感强，通过不同文字方向的编排组合，可以产生十分丰富的变化。报纸广告文字排列的方式主要有以下几种：

①齐头散尾：齐头散尾的文字犹如行进中的彗星，有明确的方向性，可以起到视觉指引的作用，但此种排法不适用于大量的文字。应根据版面设计形式需要决定左齐和右齐。

②左齐段落法：这是最常见的文章排法，符合人的阅读习惯。但要注意的是：段落中每行

文字不宜过长，否则换行阅读很吃力，应利用版面分栏控制大篇幅文字的段落宽度。

③中轴对称法：这种排法经常用于对称构图的版面，以保持形式上的统一。

④齐头齐尾：齐头齐尾的文字如同规范的几何形体，最具规整性。

⑤提示法：通过首字母放大、前缀指引符、字符加粗、加框、下划线等方式，将所要突出的文字段、行、组、词、字表示出来，引起重视。在报纸广告设计中常用于广告正文中比较重要、需要强调的部分。

⑥文字绕图：弥补图形造成的版面空缺，文字与图保持一定间距自动绕行跨越。

⑦曲线排列：曲线排列的文字优美而有流动感，但这种排法适用场合较少，一般是为了与版面的曲线构图保持一致的形式美感。此种排法不适用于大量的文字。

三、杂志广告的创作

杂志广告同报纸广告有很多相似之处。杂志广告不同于报纸广告的主要特点是有较强的针对性。不同的杂志拥有不同的读者群。使用杂志广告较多的产品主要是药品及医疗用品、服装衣料、化妆品、日用品、机械产品、金融保险业等。近年来，杂志广告的收入呈逐年上升趋势。因此，对设计制作好杂志广告，也提出了更高的要求。

（一）杂志广告的特点

杂志广告的英文为 Magazine Advertising，按其性质可分为专业性杂志、行业性杂志、消费者杂志等，根据适用情况的不同而有所区分，一般采用铜板纸四色印刷，所以在价格上比报纸广告贵，但企业和商家却乐于运用杂志广告进行宣传，这是由于杂志广告所具有的商业价值的特点。

1. 针对性

杂志有其特定的读者范围，使其具有特定的针对性，是各类专业商品广告的良好媒介。杂志种类繁多，涉及面广，专业性杂志针对不同的读者对象，安排相应的阅读内容，因而就能受到不同的读者对象的欢迎。杂志的读者广泛，但也相对固定，从广告传播上来说，这种特点有利于明确传播对象，广告可以有的放矢。

2. 持久性

杂志是除书籍外的一种具有持久性的媒介。杂志比报纸具有较长的保存期，这是因为杂志所刊载的内容具有较强的知识性价值的原故。杂志中的文章篇幅较长，读者不仅能仔细阅读，且在不经意间会多次浏览，这种特性也使得杂志广告与读者接触几率增多，间接增加了广告信息的传达率。且杂志保存周期长，有利于广告长时间地发挥作用，这是杂志最大的优势。

3. 深刻性

杂志广告通常每一个广告占据一页或 1/2 的篇幅，可以对广告内容作较为深入细致的介绍，以全面地反映商品或企业的优势。

4. 艺术性

杂志的纸张质感细腻，其封面、封底常使用彩色印刷，图文并茂，无论原作是摄影的照片还是绘画作品、电脑设计的作品，都可以充分体现原作效果，是报纸广告难以比拟的。杂志广告页面往往放在封底或封里位置，印制精致、醒目、突出，有利于吸引读者仔细阅读欣赏。

（二）杂志广告制作的要求

1. 图片精美、色彩鲜明

杂志是近距离的读物，在图片的选择上要求视觉冲击力很强，色彩鲜艳明快，艺术欣赏性高，还应注意与产品的关联性和情感诉求因素的合理调整，才能真正做到吸引视线的目的。

2. 创意新颖、个性独特

在杂志广告设计过程中还应注意创意和产品的关联性，通过很好的创意，结合产品的特点进行适度的夸张、比喻，让广告受众感觉既超脱想象，也在情理之中，同时也突出了广告信息的个性化特征，与广告受众心理相吻合，这样才能使目标受众易于接受并认可。

3. 正确利用版面

位置与尺寸大小是杂志版面的两个重要要素。杂志内各版面的位置一般可以分为封面、封底、封二、封三、扉页和内页等。上述版面顺序，一般按照广告费由多到少，广告效果由大到小的顺序排列。据调查了解，如果把最高注意度列为100，则各版面注意度比例如表10－2所示。

表10－2　　版面注意度比例表

版面	注目度	版面	注目度
封面	100	封二	95
封底	100	封三	90
扉页	90	底扉	85
正中内页	85	内页	50

同一版面的广告位置也和报纸一样，上比下好，中间比下面好。大比小好，横排字则左比右好，竖排字则右比左好。

3. 情景配合

杂志广告的情景配合与报纸广告的要求大体相同，即同类广告最好集中在一个版面内；内容相反或能够产生反响式干扰的广告在不同的版页上，以确保单个杂志广告的效果。

（三）杂志广告的创作技巧

杂志广告在制作中，要注意图文并茂、形式多样，尽可能吸引更多的读者。

1. 杂志广告的创作要考虑版面的位置

杂志的封面往往反映了杂志主题形象的宣传意图，其注目价值很高。封底、封二、封三、扉页等版面位置的注目价值不同，给公众留下的印象也不尽相同。

2. 注意版面的视觉效果

杂志广告的表现，在重视整体广告策略的大原则之下应该强化的是高度的视觉效果。在编排、形象创作和制作上保持高格调、高亲和度和令人回味的欣赏价值，是每则杂志广告能否打动读者的关键因素。杂志广告要充分运用合理的布局、平衡、比例等因素，使广告版面给人以和谐统一、协调完整的直观印象。杂志广告中选用的照片、图画都应该是百里挑一的上乘之作，以留住读者的目光，不让读者轻易地把广告翻过去。

3. 注意广告的文笔风格

在文章的风格上，杂志广告应适应特定杂志媒介的特点，提炼广告内容，太长的文章需要删节。虽然杂志广告的重复阅读率高于报纸，但广告的文案要尽量避免像报纸广告文案一样的理性，适当地强调散文式色彩，增强适读性，对减轻读者的逆反心理和增强亲和力都是有益的。

在设计杂志广告时要充分发挥杂志采用现代化的印刷制作技术和纸张丰富精美的特点，

应用情节化的生活形态的意境与氛围渲染，充分体现精致的视觉效果。杂志广告的插图多采用摄影图片或超写实的表现手法，直接陈述产品的视觉特征。要注意合理的版面分割。多采用二分法或黄金比例，使画面与文字独立成区，精心处理图片区与文字区的边界。

【小资料】

杂志广告图片和排版的注意事项

一、对于图片的注意事项：

(1)图片必须有一个鲜明的主体。

(2)图片宜产生一悬念，用以吸引观看。

(3)功能性产品的图片，使用前后对比极有说服力。

(4)照片的吸引力更胜手绘。

(5)图片中只需重点突出一个卖点，不宜过于繁复。

(6)人物脸部不宜大于实际尺寸。

(7)以目标消费对象的心态来考虑图片主体。

(8)“婴儿”、“小动物”、“性”为主体的图片最具影响力。

(9)男性产品使用性感女郎可能会造成男性对产品的忽视。

(10)彩色图片的吸引力比黑白的高出1倍。

(11)食品类广告馋涎欲滴的照片必不可少。

(12)使用明星照片能加强记忆力。

二、对于排版的注意事项

(1)重要的英语标题不宜使用全大写。(降低认知度)

(2)标题不宜重叠于图片之上。(干扰视线)

(3)标题中无标点。(通常情形下)

(4)内文每行不宜过长。(人们习惯阅读的文字为每行40字)

(5)内文排列必须有条理有规律，不能过于凌乱。(不便阅读)

(6)内文宜使用白底黑字，细线体字。(有助阅读)

(7)深底反白的内文极难阅读。(加快眼部疲劳)

【案例教学】

香奈儿5号香水平面广告作品一

主题：香奈儿5号。

表现元素：性感迷人的模特，N°5鱼尾裙。

艺术构思：背景大大的不同颜色的5字，模特身着鱼尾裙，仿佛是踏着水而来的一般，身体的曲线、抖动的裙摆将我们的目光牢牢锁住，不单是这样，当你慢慢地欣赏时，你会注意到她们的手中拿着的是N°5，瓶盖拧开带走一串N°5，另一只手上的瓶子倾斜，香奈儿5号就这么的一洒而落，作品的整个画面都具有动感，香奈儿5号的香味就随着这动感向外扩散，让我们整个人都沉醉于无尽的温柔中。

香奈儿5号香水平面广告作品二

主题：如获至宝。

表现元素：女人，CHANEL 香水瓶。

艺术构思：女人双手抱住瓶盖，仿佛如获至宝一般，女人的下半身却“深陷”瓶身中，双脚无法够着瓶底，然而女人的表情却是欢喜、享受、愉悦的，这说明 CHANEL 香水对女人有着致命的吸引力，既是被淹没也心甘情愿，也要紧紧抓住不放手，这就是香奈儿的诱惑。

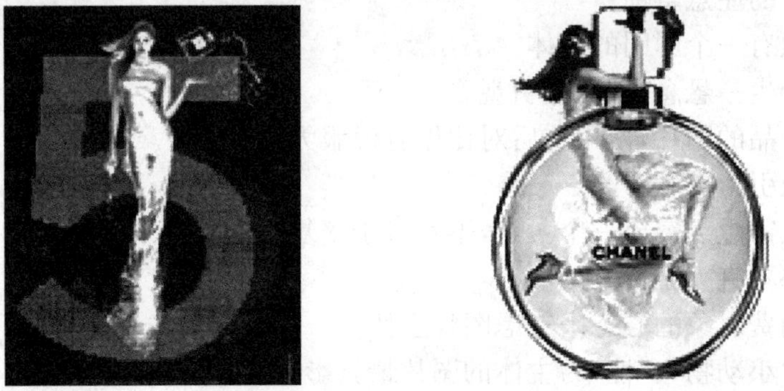

图 10—8　香奈儿香水平面广告

思考：

1. 结合案例对上述平面广告创意及制作进行分析说明。

2. 案例对我们进行平面广告设计有何启示？

万科棠樾报纸广告

01　游子篇

我的心先于我的人回来，
它的心先于它的形来回。
因为去美国读书，
走的时候大哥给金毛取名“小布什”。
几年一晃而过。
那边的小布什下台了，
我家的小布什却大的不敢认了。
原以为，它会冲我汪汪，
没想到它不吭声。
我才站稳，它就围着我绕。
蹭得我满身都是激动的雨水。
可那眼神，
亲切的还和以前一摸一样。
小布什——你不是在流泪吧？

图 10－9　游子广告

02　新衣篇
多少人看到了父母的童真，
几个人看明了爸妈的情真。
妈妈一直都爱美，
一年里有好多日子都会制新装。
可能，穿什么衣服做什么，
就是她的一种仪式。
我这出去几年回来，
肯定也成了她的又一个节日。
当然，MSN 里妈妈告诉我，
一大家子刚刚搬进了棠樾国宅。
大哥二哥和我们，各得其所的户型，
回家岂止是双喜啊。
妈妈，我懂你的心思，
房子不同了——心还是一样的对吗？

图 10－1　新衣广告

（资料来源：www.docin.com）

问题：试对上述报纸广告进行评析。

【实战演练】

小组配合，假定一位同学需要在《大河报》上发布一次寻找家教的分类广告，请分工策划，并写出相关广告文案。

第三节　电子广告的创作

经典语录：

赢得新客户的最好方法，就是为现有客户创造出色的广告，从而吸引潜在客户。

——大卫·奥格威

理论基石：

电子广告就其形式而言，只是传递信息的一种方式，是广告主与受众间的媒介，其结果是为了达到一定的商业目的或政治目的。此处的电子广告主要包括广播和电视广告。

一、广播广告的创作

广播广告是一种纯音响型的广告形式，主要作用于受众的听觉系统，具有快捷、广泛、通俗、悦耳和灵活的特点。电台的广播广告是现代广告的一个重要构成部分。

（一）广播广告创作技巧

广播广告的三要素，即语言、音响、音乐，它们并不是简单地相加，而是相融。三者融为一体，变化无穷，魅力无穷，不仅能弥补单一的语言、音乐或音响的不足，而且可以发挥整合效能，从而产生强大的表现力，大大地开拓了媒体受众的“视觉空间”，令人产生身临其境的感觉。当然，这三者各自的特色和所起的作用是不一样的。

1. 注意语言的主导地位

在广播广告中，语言是传达信息的主要手段，也是使广播广告具备说服力和影响力的关键，音响和音乐也都是为这个目标服务的。一则广播广告可以没有音响和音乐，只要语言引人入胜，符合听觉规律，切合消费者心理需要，照样是一个好的广播广告。当然，音响和音乐的恰当使用会大大增添广告语言的魅力，加强广播广告的整体效果。但是，如果片面追求形式，刻意在音响和音乐上雕琢，而忽略了对广告语言的精益求精，就会喧宾夺主，达不到广告目的。

2. 广播广告三要素的几种组合方式

广播广告的三要素，即语言、音响、音乐之间的结合有不同方式。

(1)只有语言，没有音响和音乐。这是广播广告中常见的一种。其优点是简洁明了，制作简便，具有短、平、快的特点；缺点是容易显得单薄、平板，缺乏吸引力。

(2)音乐和语言相互配合。它具体可分成以下几种形式：以音乐开头，然后与语言相混插；以语言开头，然后与音乐相混插；语言与音乐齐头并进；语言和音乐交替出现。

(3)音响和语言相互配合。这种配合分为以下几种形式：以音响开头；音响和语言交替出现。

(4)音响、音乐和语言的配合。这种配合分为以下三种形式：以音乐开头，穿插语言和音响；以音响开头，穿插语言和音响；以语言开头，穿插音乐和音响。

（二）广播广告的制作

广播广告的制作一般要经过准备、录制和合成三个阶段。

1. 准备阶段

首先要确定演播脚本及录音文案。广播广告同样需要专职导演来负责完成广播广告脚本的录制。作为专职导演，要对原来的脚本创意进行最终的确定，要最终确定播出脚本的每一句台词、音响效果、音乐情绪、整体格调以及录音方案等。

接下来是选择与确定演员。广播广告脚本中的各种角色分别由谁来扮演是十分重要的，它是广播效果成败的关键。选择播音演员的声音形象，即合适的音质、音调和音色个性，是决定广播广告能否实现最终创意要求的关键一步，一定要注意避免公式化、概念化的声音，否则会给人以虚假感。

最后，是音乐、音响资料的收集和确定。即使是选用已有的音乐曲目也要事先准备好，如果是专门作曲则更应该与作曲家和演唱者及乐队事先联系好，确定最后的音乐方案和演员演唱方案。音响效果资料也应提早准备好。

2. 录音

在一切准备就绪之后就可以进录音棚录音了。在录音阶段也要经过两个过程，首先是预演，接下来才是正式录音。

预演时，要求演员将脚本的台词排练数遍，同时检查录音设备情况及效果。这个过程不可省略。在经过预演彩排后，在导演对整个艺术气氛以及录音技术指标的严格控制下，便可开始正式录音。

3. 合成

合成是广播广告制作的最后一道工序。合成阶段需要导演和录音师密切配合，将各种声音的主次、轻重、衔接都完成得天衣无缝。广播广告的合成阶段与影视广告的编辑合成阶段非常相似，是一项高度艺术性、技术性、经验性相结合的编辑工作。

4. 广播广告脚本的制作

一般来说，广播广告的长度是30秒和60秒。脚本包括以下内容：客户、产品、媒介、描述（长度和广告类型）、播出时间、脚本主题、脚本陈述。

其中，前六项内容一般写在脚本的左上角，只是起到识别的作用；脚本陈述放在它们的下面，是脚本的核心内容。需要注意的是：

（1）音效和音乐部分要另起一行，并在底下画线（教材用括号），以提醒制作人注意，并表示它们在广告中的地位。

（2）广告中的每一位演员都必须注明角色，包括播音员这个角色。至于是否使用播音员，根据创意的方式来具体决定。

（3）注明音调。要标明播音员或其他角色是以生气的、滑稽的、讽刺的，还是其他方式念（说）出来。如果不能成功地达到所要求的表达方式或不能表现出特殊的声音，将会破坏整个广告。

二、电视广告的创作

在各种大众传播媒介中，电视出现得较晚，但是后来居上，成为目前最有影响的传播媒介。一般而言，电视图像具有形象生动、娱乐性强、表现形式多样等特点，往往由于造型别致、寓意深远，给公众留下深刻的印象。

（一）电视广告的表现形式

电视广告与广播媒体一样，也是瞬时媒体，受众对电视广告所持的是“爱理不理，可有可无”的态度，要使电视广告成为面对面的销售方式，就要在创意方面加倍努力，以独特的技巧和富有吸引力的手法传达广告讯息。从表现形式上看电视广告有以下表现形式：

(1)故事式：用讲故事形式来表达商品与受众的关系，使受众产生共鸣。

(2)时间式：用记录片或叙事手法，向受众交代时代进展与商品的关系。

(3)印证式：用知名人士或普通人士来引证商品的用途及好处，以达到有口皆碑的效果，但广告的技巧必须高明，否则受众会怀疑被访者言辞的可信度及真实性。

(4)示范式：用比较或示范的手法，表现出商品过人之处或独特的优点。

(5)比喻式：用浅显易懂、人所共知的比喻，引出广告商品的主题。

(6)幽默式：用幽默风趣的语言或手法，含蓄地宣传商品的特征，使受众在轻松愉快的气氛中领会与接受广告信息。

(7)悬念式：用悬念手法提高受众的注意力及好奇心，然后带出商品。

(8)解决问题式：将一个难题夸张，然后将商品介绍出来，提供解决难题的答案。

(9)名人推荐式：用知名人士来介绍推荐商品，利用他们的聚焦力和号召力，来影响目标受众的态度，刺激购买欲。

(10)特殊效果式：在音响、画面、镜头等方面加上特殊效果，营造气氛，使受众在视觉方面产生新刺激，留下难忘的印象。

（二）电视广告摄制类型

电视广告片摄制类型有卡通片、活动片、死动片、木偶片和纪录片等多种类型。

1. 卡通片

卡通片(Cartoon)，又称动画片(Animation)。卡通片利用人的“视觉残象”原理，使画中的东西产生动感。卡通片将有连续动作的各个画面逐格拍摄，然后以每秒钟转动 24 格速度放映，使观众看到人或物的动态。卡通片每分钟放映画面 1 440 格，每小时 86 400 格，因此，卡通片的绘制费很高，造价昂贵。但目前随着电脑绘画技术的发展，卡通片的制作方式也越来越多。

卡通片可与写实片(live action)合成，叫做合成卡通片，形成半动画片写实，其合成形式有以下几种。其一是动画与真景物合成。动画中的人或物走进真实环境中。如一些牙膏广告，一个可爱的动画小男孩骑在真正的牙膏上，增添了不少情趣。其二是动画与真人合成。其三是动画的背景与人物同实物合成。其四是抽象动画与商品合成。卡通片在艺术构思上，特别擅长于表现夸张的、幻想的、虚构的题材和情节。它能把幻想与现实紧紧地交织在一起，把幻想的东西通过具体形象表现出来而具有独特的感染力，这是动画艺术的特性。例如，让手表、电视机、电冰箱跳舞，让汽车、自行车在空中飞翔。卡通片中的主角人物或动物，往往也用虚构情节加强渲染力。例如，为增强观众对商标的印象，商标中的动物图形，从商标中走出来介绍商品。由于卡通片的这些特点，传达特殊广告内容或者针对小孩等特殊目标市场作广告时，利用卡通片广告效果比较好。但是针对成人作卡通片广告时要谨慎。因为一些成人会把动画片广告内容理解为人为的表现，特别是过分的夸张反而会引起观众的反感。

2. 活动片

活动片也叫写实广告片(live action)。拍摄真人、真物、真景，这是常用的广告片。这些广告给观众以真实感和现实感。

3. 死动片

死动片也叫特殊效果片(special effects)。电视广告拍摄时，运用特技使商品会跳、会跑、会转，如牙膏从盒里跳出来，药丸从瓶里滚出来成字，又自动跑进瓶里。这是将商品每摆一个位置拍摄一格画面，连续拍 24 格，就成为一种可动的商品。

特别是利用结合戏剧性的音乐或音像、照片效果来制作特殊效果片，使观众长时记忆这些特殊效果广告。并且这些特殊效果能引起观众的愉快的感情。但是，也必须考虑观众也许只注意广告的特殊效果，不注意广告内容的可能性，那就不会达到预期的广告效果。

4. 木偶片

如拉线木偶、手持木偶、死动片木偶等。

5. 纪录片

纪录片包括现场转播与现场录像两种形式，如拍摄顾客盈门、产品实际操作、时装表演和明星推荐商品等。

(三)电视广告脚本

电视广告作品的形成是一个复杂的过程，在摄制前，究竟要运用哪些要素，如何表现，需要先打“草稿”。这就是通过电视广告脚本的形式体现出来，做好基础性的工作。

电视广告脚本借鉴了电影文学中的蒙太奇思维和电影语言。蒙太奇是法语 montage 的译音，原是法语建筑学上的一个术语，意为构成和装配，后被借用过来，引用在电影上就是剪辑和组合。简要地说，蒙太奇就是根据影片所要表达的内容和观众的心理顺序，将一部影片分别拍摄成许多镜头，然后再按原定的构思组合起来。例如万科金色家园电视广告《小狗篇》的分镜头脚本。

表 10—3　　**分镜头脚本**

镜号	景别	画　面	画外音	时间
1	远景(全)	绿茵茵的草坪上，一只可爱的小狗蹦蹦跳跳，欢快地玩耍着	柔和的音乐	1s
2	近景(切)	忽然，小狗停了下来	柔和的音乐停	1s
3	近景(全)	一只可爱的狮子狗瞪着双玻璃球似的大眼睛(特写眼睛的神态)	静音	1s
4	远景(移)	左右张望，好像在寻找什么	静音	1s
5	近景(转)	猛然间，小狗向前急奔(特写奔跑的脚步和身体起伏的状态)	急促的音乐	3s
6	近景(全+移)	小狗猛然停住，回头张望(特写回头神态)	急促音乐停	2s
7	近景(全+转)	“Go home”，小狗撒腿狂奔(镜头从小狗转向远方)	急促音乐起旁白(童声)：Go home	1s
8	近景(全)	(黑屏)“I am here”。	旁白(童声)：I am here	1s
9	远景(全)	一个小男孩模糊的背影，带着小狗向前奔跑，远方模糊的金色一期楼房	音乐渐缓	1s
10	远景(全)	小狗、男孩、楼房模糊渐隐	音乐停	1s
11	近景(切)	(黑屏)金色家园标版现，渐隐	旁白(浑厚男音)：万科地产	1s

资料来源：http://www.4a98.com。

(四)电视广告制作程序

一则电视广告虽然很短,但它的制作却与摄制一部电影一样,在通过了设计方案之后,还要经过准备、摄制、编辑、配音合成等程序。

1. 准备

导演根据策划脚本的具体要求,实地勘察外景(或搭景)。同步进行的还有两个工作:一是找演员,挑选的演员必须具有相当的表演技巧,才能把设计方案的艺术构思表现出来。找演员的工作一般由副导演去做,每个人物至少有 2~3 个人选,提供给导演最后确定;另一个工作是确定该广告的制作人员,其中包括摄影师、照相师、录音师、化装师、美术设计人员等。当导演分镜头剧本确定出来以后,就要召集演出和制作人员开一个工作会议。

会议的中心内容是讨论和阅读分镜头剧本,如果演职人员还有一些好的建议,会议上经过策划负责人的认可,可以对导演分镜头剧本加以局部调整。

通过工作人员会议,全体演职人员应该熟悉该广告的表现主题,明确各自所担负的职责。然后,模特或演员在熟读脚本的基础上,按照导演的要求进行排练,摄影师、照明师、录音师和美工等制作人员则要进行实拍前的一系列准备工作,导演要同制作人员一起研究、设想画面与声音的表现方式及其将会达到的效果。这一阶段导演是核心人物。

2. 摄制

广告摄制比一般的影视剧摄影要求有更高的技术和艺术水平。必须在用光和构图上多下功夫,并适当地运用各种摄影技巧。由于特写、大特写在广告摄影中占有非常重要的地位,因此要注重特写的摄制工作。

3. 编辑

首先进行的是工作样片的编辑,通常是由导演和画面编辑在剪接室里完成的。通过剪接把工作样片准确地编辑到所规定的秒数中。编辑的重点包括各镜头的顺序、镜头长度和节奏。这些都要根据导演的分镜头剧本来进行。工作样片编辑好以后,可以给策划负责人和客户代表放映,以得到他们的认可。

4. 配音合成

配音是指由配音员或解说员来播讲广告词,配音配得好不好,对广告的质量影响极大。我们说广告是用说明、说服、劝导的方法和态度与观众打交道的。应该选择语调亲切、音质好、音色好听、口齿清楚的人来配音。合成即是将分轨道录制的解说词、音乐、音响等声音混合录音之后,输入磁带,与画面吻合。这是广告制作中的最后一道工序。

【小资料】

电视广告制作流程

制作一则广告通常分为四个阶段:企划(策划、创意)、筹备(制作准备阶段,拍摄前的准备)、拍摄(制作进行阶段)和后期制作。

1. 企划阶段

企划阶段是整个广告制作过程最重要的龙头,客户的意见,片子的方向,等等。它包括以下几个方面的内容:

(1)个案的引进。电视广告的长度、形式(拍摄方式)和内容一定要清楚,在此基础上决定是否接单还是不接单。

(2)脚本沟通。注意客户的意见,与客户沟通好想法。

(3)企划会议。资料收集;制作计划的研究和制定;制定制作脚本(分镜脚本);估价;确定制作日程。

2. 筹备阶段

筹备阶段是整个制作最重要的阶段,准备工作的好坏将直接影响最后片子的质量。它包括以下几个方面的内容:

(1)内部说明会。要把每个人的职能确定下来,让全剧组人员了解明确方向,包括后期制作人员。主要做好内部沟通、确定职能和工作阐述三项工作。

(2)制作准备会。包括组班子和工作执行两大工作。主要内容如下:

①选演员。收集演员资料,安排演员面谈,注意临时演员的选择确定,注意有没有拍过同类商品,是否需要注明该演员不能拍摄竞争品牌影片的条例。

②确定场景。外景要确定寻找方向,并要实地考察是否符合制作要求,同时收集外景照片及录像资料,并确定费用及所需的联络。内景一是选景,同外景;二是置景,首先确定方案、绘出设计图、确定置景预算、置景时间等。注意外景需要的就是阳光,注意季节和气象有何影响,是否需要灯光作辅助,内外景在需要灯光时,用电情况如何。

③服装、化妆、道具。列出所需道具清单,注意是否有特殊道具需要设计制作;演员服装的准备,要注意颜色,款式,季节,这些都需要一一确定;注意电视技术特点,禁用细网格服饰等;化什么妆,浓妆还是淡妆,早妆还是晚妆,需要准备什么样的发型;等等。注意服装、化妆、道具和影片影调之间的关系。

④天气情况。注意在工作日程内天气的变化,从而影响进度,应及时调整,并通知所有工作人员和客户。

⑤工作设备及材料。摄影(像)机及附件、灯光器材、胶片、磁带、交通工具,以及制作进行时所有的设备和材料和所需费用情况,由相应人员负责准备。

⑥动物。什么动物,有无训练师,需要什么样的演出。

⑦商品。演出的方式、时间和背景,所需的数量、包装情况,是否需要新的包装和标签等,客户不能提供成品或成品不能在拍摄时使用怎么办,是否需要仿制品或替代品。

⑧脚本绘制。导演的分镜脚本必须绘制出来,涉及动画演示的,也必须绘制出设计稿。

⑨字幕。字幕内容、出字方式和时间、字体、大小、颜色。

⑩音效样本。对白、旁白、音乐、音效,必须做出样本带。

⑪拍摄试验。制作中的疑点难点,是否需要进行拍摄试验。

⑫保险。拍摄高难动作人员是否需要办理保险,租借价值较高的道具和物品是否需要办理保险,以常规判断。

⑬费用申请。由制片负责,与导演商定制作预算,报负责人审批后,向财务借款。

⑭会议记录。最后一定要有清楚详细的会议记录。

(3)制作检查会。这是拍摄前的最后一次会议,没有任何一件细节允许遗漏,制作脚本和创意脚本在会议讨论过程中做比较是否有什么偏差,所有的细节是否达成协议,合约签订了没有,否则不能进行拍摄。

3. 进行阶段

进行现场拍摄，准备得越充分，拍摄越顺利。因此，要坚持以下几条原则：

(1)以导演为中心，有条不紊。

(2)一定要将制作分镜脚本中的镜头全部拍完，只可多拍，不能少拍，成功拍摄的镜头，最好有3遍。

(3)制片配合，注意调遣人员，做好行政后勤工作，协助导演控制进度。

(4)注意拍摄现场的安全，防止意外事件发生。

4. 后期制作阶段

后期制作阶段主要包括以下内容：

(1)冲印、转磁，(胶片制作)转成数码BETACAM和BETACAM SP。

(2)初剪，在BETACAM SP编辑机上或非线编辑设备上进行初编。

(3)动画、字幕、制作汇总，进行电编合成(数码合成)。

(4)声部，对白、旁白录音，音效制作，音乐选曲或作曲。

(5)音像合成，制作初编版。

(6)初编版试映。

(7)修改：及时记录客户的修改意见，并以书面形式确定修改的方案和完成时间。

(8)制作播出带(B拷贝)

(9)制片进行决算，向财务报账。

【案例教学】

广播广告脚本

一、樱花电器篇

(音效：蟋蟀)；(音效：开空调)

女：睡觉26度；(音效：沐浴)

女：洗澡42度；(音效：倒茶)

女：泡茶85度；(音效：温波炉、炉盘点火)

女：面包90度，点灶90度；(音效：众人温馨的笑)

女：家人的欢笑100度。

女：就在这一刻，我把家热起来了！

男：发现生活的情趣——樱花电器！

二、顾家工艺沙发篇

(音效：雨声)

一次美丽邂逅于一杯香浓咖啡：

我坐这边，她在那边。(音效：鸟鸣声、潮水声)

一段浪漫旅途始于一张幸福船票：

我倚左舷，她在我身边。(音效：逐渐增响的背景音乐声)

一生美好时光，一张温暖沙发。

有情、有爱、有顾家，

顾家工艺沙发，因为顾家，所以爱家。

三、金嗓子喉宝篇

（音效1：浪漫的音乐——烛光晚餐）

（音效2：咳嗽的声音）

男：亲爱的，为了今晚！（比较沙哑的声音）

（音效3：碰杯的声音）

女：你真心爱我吗！（在耳边小声说话）

男：我！我！不爱你!!!（声音停顿、着急，还是说不出来）

女：（生气的语气）你！你！哼……（气急败坏）

（音效4：大嘴巴子的声音——高跟鞋的声音）

（拍桌子的声音，伴随着碟子、碗筷的震动声）

男：我 我 我不爱你还爱谁！（委屈地说出来）

旁白：甜蜜的时刻，怎能忘记金嗓子喉宝。

四、海河大道篇

背景音乐（悠扬）

音效：水声＋海鸥声（渐弱）

男声：一扇窗就可以拥有整个海河；一扇窗就可以俯瞰整座城市，凭窗揽景漫步人生，相约海河大道。26299999，海河大道稀贵发售中。

五、中瑞曼哈顿房产篇

男声：熙熙攘攘的都市；（汽车声，人群的嘈杂声……）忙忙碌碌的工作。（忙碌的办公场景、电话声音……）回到中瑞·曼哈顿的家，卸下满身的疲惫，开始享受温馨的家庭乐趣！（清新的空气，鸟鸣，流水声……）；（开门的声音）

女儿：爸爸！回来啦！（女儿的笑声……）

女声：老公，吃饭啰！（欢快的背景音乐，干杯声，一家人和谐就餐的快乐场面……）

浑厚男声：品质房产中瑞·曼哈顿，注重于打造每一个细节，体现独到细致的关怀，在洗尽城市浮华中体验回归自然的生活乐趣！

问题：试对上述广播广告脚本进行评析。

【实战演练】

选择一个产品，对其进行深入了解，分别创作一份广播和电视广告文案。

参考文献

1. 王朝蓬，王红．商品广告基础．高等教育出版社，2001.
2. 张金海．广告经营学．武汉大学出版社，2002.
3. 吴建．应用广告学．四川大学出版社，2003.
4. 丁柏铨．广告文案写作教程．复旦大学出版社，2005.
5. 丁俊杰．广告学．航空工业出版社，2005.
6. 李凌锋．广告基础．电子科技大学出版社，2006.
7. 严学军，汪涛．广告策划与原理．高等教育出版社，2006.
8. 蒋旭峰，杜骏飞．广告策划与创意．中国人民大学出版社，2006.
9. 金萍华，汤蓉．实用广告学．东南大学出版社，2006.
10. (美)阿伦斯．当代广告学．人民邮电出版社，2006.
11. 高凯征．广告通论．中南大学出版社，2007.
12. 金星，杨军．广告学实用教程．北京师范大学出版社，2007.
13. 陶应虎．广告理论与策划．清华大学出版社，2007.
14. 马瑞，汪燕霞，王锋．广告媒体概论．中国轻工业出版社，2007.
15. 马青．广告创意设计．浙江大学出版社，2007.
16. 杨海军．广告创意．郑州大学出版社，2007.
17. 胡晓云．现代广告学．浙江大学出版社，2007.
18. 郜明．广告经营与管理．复旦大学出版社，2008.
19. 陈爱国．广告原理与实务．冶金工业出版社，2008.
20. 何修猛．现代广告学．复旦大学出版社，2008.
21. 张丽娟．广告原理与实务．清华大学出版社，2008.
22. 郭庆然．广告理论与实务．对外经济贸易大学出版社，2008.
23. 吴柏林．广告学原理．清华大学出版社，2009.
24. 王伟明．广告学导论．上海交通大学出版社，2009.
25. 维尔斯．广告学：原理与实务．中国人民大学出版社，2009.
26. 李景东．现代广告学．中山大学出版社，2010.
27. 徐艟．广告学．合肥工业大学出版社，2010.
28. 王雁飞，朱瑜．广告与消费心理学．清华大学出版社，2011.
29. 陈振兴．市场实现·广告策划．重庆大学出版社，2011.
30. 姜智彬．广告学概论．化学工业出版社，2012.